Weiße Westen —
Rote Roben

Von den Farbordnungen des Mittelalters
zum individuellen Farbgeschmack

Staatliche Museen
Preußischer Kulturbesitz Berlin

Museum für Völkerkunde und
Museum für Deutsche Volkskunde

Katalog zur Sonderausstellung
Staatliche Museen Preußischer Kulturbesitz
Lansstraße 8, 1000 Berlin 33 (Dahlem)

Öffnungszeiten: Dienstag – Sonntag, 9 – 17 Uhr

Ausstellungsdauer:
vom 10. Dezember 1983 bis 11. März 1984

Heide Nixdorff   Heidi Müller

Weiße Westen — Rote Roben

Von den Farbordnungen
des Mittelalters
zum individuellen Farbgeschmack

Mit einem Beitrag von
Bernhard Zepernick
und Else-Marie Karlsson-Strese

Berlin, im Dezember 1983

© 1983 Staatliche Museen Preußischer Kulturbesitz
Museum für Völkerkunde, Abt. Europa,
und Museum für Deutsche Volkskunde

Gesamtherstellung: Reiter-Druck, Berlin
Einbandentwurf: Monika Funke, Berlin

Fotos:
Ute Franz und Gisela Oestreich, Staatliche Museen
Preußischer Kulturbesitz
Jörg P. Anders, Berlin Abb. 52, 57, 61, 67, 73, 74, 80,
86, 95, 96, 97
Manfred Grünwald, Krefeld Abb. 28
Harry Janetschek, Berlin Abb. 108
Gerald Schultz, Berlin Abb. 109
Roland Siemoneit, Berlin Abb. 105
Roman Soumar, München Abb. 100, 101, 103

Ausstellungsdesign:
Monika Funke und Christian Michael Küssner, Berlin

Printed in Germany
ISBN 3-88609-119-8

Vorwort

Während der Bearbeitung der volks- und völkerkundlichen Trachtensammlungen und deren Studium rückte die Frage nach der Stellung der Volkstrachten im Gesamtkontext der Kostümgeschichte immer mehr in den Vordergrund. Durch diesbezügliche Gespräche der beiden Verfasserinnen ergab sich der Wunsch, anhand einer Detailstudie diesen vielschichtigen Verflechtungen einmal nachzugehen.

Weil uns die Farbe als das sprechendste Kriterium innerhalb der Bekleidung erschien, wurde sie zum Thema dieser Studie gemacht. Denn die Bedeutung und Funktion der Grundfarben einschließlich von Schwarz und Weiß sind dem Wechsel weniger unterworfen gewesen, als die Schnitt- und Gewandformen sowie die Ornamentik. Über Jahrhunderte ist Schwarz z. B. als Trauerfarbe, Purpurrot als Machtfarbe eingesetzt worden. Eine Fülle von bisher unbearbeiteten Phänomenen tauchten bei der vorbereitenden Arbeit auf: Im Mittelalter erscheint die Gesellschaft als ein nach Ständen differenzierter „Farbkörper", heute kann jeder einzelne zu jeder Tages- und Jahreszeit, zu jedem Anlaß als kleiner „Farbkosmos" erscheinen. Im Mittelalter liebte man, obgleich es färbetechnisch größter Anstrengungen bedurfte, die reinen Grundfarben auch für die Bekleidung. Im 19. und 20. Jahrhundert, als die Anilinfärberei leuchtendste Farben ermöglichte, wurden von der Mode dunkle, gebrochene bevorzugt. Bis ins Mittelalter wurden die Färberezepte für das königliche Purpur als Geheimnis gehütet. Als im 19. Jahrhundert (1856) das „Anilinpurpur" als synthetischer Farbstoff entdeckt wurde, hatte der Erfinder Perkin seine Not, einen Absatzmarkt dafür zu finden. Erst als man sie in eine der Zeit angemessene müde Modefarbe, in „Mauve" umtaufte, konnte sie den Texilmarkt für eine Zeit erobern. Solange die höheren Stände die reinen Farben besonders schätzten, wetteiferten die niederen, sich ihnen anzupassen. Als jene nach der Französischen Revolution jedoch das düstere Grau bevorzugten, wandte sich die Landbevölkerung von der neuesten Mode ab, ging ihre eigenen Wege und stellte Grundfarben und gemischte Farbtöne aus der Vergangenheit beliebig zusammen. Sie wählte ihre Farben weiter nach gesellschaftlich festgelegten Regeln aus. Wir fragen seit dem 19. Jahrhundert nach der Kleidsamkeit der Farben, nach ihrem ästhetischen Verhältnis zu Teint, Augen- und Haarfarbe. Neben den festgelegten Farbregeln, neben persönlicher Vorliebe und ästhetischem Zeitgeschmack konnte partiell eine Farbe auch in den Vordergrund

treten, weil z. B. wirtschaftliche Gesichtspunkte, etwa die Förderung des Anbaus einer Farbpflanze oder die Mode es nahelegten.

Aus der Vielfalt dieser Aspekte kristallisierten sich drei Fragenkomplexe für die geplante Ausstellung heraus: 1. Wo und wieweit die durch die mittelalterliche Ständestruktur geprägten Farbordnungen auf symbolischer Grundlage heute noch eine Rolle spielen, 2. wieweit sich in der Veränderung im Farbbild verschiedener Zeiten und Gesellschaftsgruppen eine Gesetzmäßigkeit zeigen läßt, die sich durch die Erkenntnisse der Farbenlehre stützen läßt, 3. ob die Aspekte des Farberlebens, der intellektuell-symbolische, der psychisch-ästhetische oder der optischästhetische im Zusammenhang mit bestimmten Farbtendenzen gesehen werden können.

Bei der Auswahl der Objekte in 31 Museen des Inund Auslandes wurden uns die Schwierigkeiten deutlich, diese Kategorien der Farbauffassung optisch sichtbar zu machen. Daher entschlossen wir uns, die Einzelfarben nach Grundfarben gegliedert in den Mittelpunkt zu stellen und diese nach ihrer Bedeutung und Funktion im Wandel der Geschichte zu zeigen. Die alten Farbordnungen, die Entwicklung der Farbästhetik und die Fragen der Einstellung des Menschen zur Kleiderfarbe werden als Hintergrundinformation in den Wandvitrinen gezeigt.

Der die Ausstellung begleitende Katalog dagegen soll weniger die einzelnen Objekte nach traditionellen textiltechnischen Gesichtspunkten, als mehr die bei der Arbeit aufgeworfenen Fragen zu diesem Thema erläutern.

Wir hatten also weder im Sinn, Kontinuitäten von einmal geprägten Bedeutungsinhalten der Einzelfarbe zu rekonstruieren, noch schraken wir davor zurück, wenn uns die Farbe einmal als „paranormales Wesen" begegnete.

Die Verknüpfung von symbolischen, psychologischen, ästhetischen, ethnischen, stil- und wirtschaftsgeschichtlichen Aspekten bei der Farbe in der Bekleidung machte es erforderlich, neben volks- und völkerkundlicher sowie kostüm- und kunstgeschichtlicher Literatur auch Veröffentlichungen zur Psychologie und Theologie mit einzubeziehen. Daß wir uns damit gelegentlich auf Glatteis begaben, ist uns bewußt; auch, daß viele Fragen, z. B. zum Bedeutungswandel von Farben und Farbklängen, nur kurz oder gar nicht berührt wurden. Dennoch hoffen wir, daß die Auswahl der behandelten Gesichtspunkte einerseits Motivationen zu weiteren Studien zum Thema Bekleidung zu geben vermag und andererseits auch der Laie praktische Anregungen für eine bewußtere Farbwahl seiner Garderobe gewinnen kann.

Unser Dank gebührt dem ehemaligen Generaldirektor der Staatlichen Museen Preußischer Kulturbesitz,

Herrn Prof. Dr. Stephan Waetzoldt, der uns während vorbereitender Gespräche ermutigte, dieses gewagte Projekt in Angriff zu nehmen. Ferner danken wir unseren Direktoren, Herrn Prof. Kurt Krieger und Herrn Prof. Theodor Kohlmann, die uns den Freiraum zur Erarbeitung der Ausstellung gewährten. Frau Gretel Wagner, Kunstbibliothek, danken wir für ihre freundliche Unterstützung und Beratung in allen kostümgeschichtlichen Fragen. Herr Prof. Manfred Richter, Bundesamt für Materialprüfung, hat uns in Fragen zur Geschichte der Farbenlehre tatkräftig unterstützt.

Unser Dank gilt ferner den Damen und Herren der auswärtigen Museen und den Kollegen der Gemäldegalerie, Nationalgalerie, des Kupferstichkabinetts, des Kunstgewerbemuseums und der Kunstbibliothek der Staatlichen Museen Stiftung Preußischer Kulturbesitz, ferner des Berlin Museums, die uns in großzügiger Weise Leihgaben für die Ausstellung zur Verfügung stellten. Besondere Anregung und Hilfe während unserer Reisen erhielten wir von Frau Dr. Mary de Jong und Frau Itse Mej, Nederlands Kostuummuseum Den Haag, und von Madame Madeleine Delpierre, Musée de la Mode et du Costume, Paris. Unseren Kollegen Herrn Dr. Bernhard Zepernick, Botanisches Museum Berlin, und Frau Dr. Else Marie Karlsson-Strese, Freie Universität Berlin, danken wir für die freundliche Bereitschaft, einen Beitrag zu den traditionellen Farblieferanten und Färbetechniken beizusteuern.

Die technische Abwicklung der Arbeit wäre nicht möglich gewesen ohne den wochenlangen unermüdlichen Einsatz von Frau Christa Nugel. Frau Dr. Elisabeth Walther und Frau Dr. Regine Falkenberg danken wir für gewissenhaftes Korrekturlesen, Frau Felicitas Frenzel für das Schreiben des Typoskripts. Die Fotoaufnahmen im Hause wurden von Frau Gisela Oestreich und Frau Ute Franz mit äußerster Sorgfalt ausgeführt. Für die Vorbereitung der Ausstellung konnten wir Frau Dr. Beate Wild gewinnen, die als „Mädchen für alles" vielfältigste Hilfe leistete.

Stellvertretend für die Mitarbeiter der Textilrestaurierungswerkstatt danken wir Frau Renate Strelow für die Betreuung der Restaurierungsarbeiten.

Für die umsichtige technische Betreuung der Ausstellung während der Aufbauphase sind wir stellvertretend für alle beteiligten Mitarbeiter Herrn Klaus Scharn besonders zu Dank verpflichtet. Schließlich danken wir Herrn Olaf Holy, Reiterdruck, für die Beratung beim Design und die sorgfältige Betreuung der Gesamtherstellung des Katalogs.

Berlin, November 1983

Heidi Müller   Heide Nixdorff

Leihgeber

Berlin	Staatliche Museen Preußischer Kulturbesitz:
	Gemäldegalerie
	Kunstbibliothek
	Kunstgewerbemuseum
	Kupferstichkabinett
	Museum für Völkerkunde, Abt. Europa
	Museum für Deutsche Volkskunde
	Nationalgalerie
	Berlin Museum
Braunschweig	Herzog Anton Ulrich-Museum
Frankfurt/Main	Historisches Museum
	Museum für Kunsthandwerk
Hannover	Historisches Museum am Hohen Ufer
	Kestner-Museum
Hildesheim	Diözesan-Museum
Kassel	Staatliche Kunstsammlungen Kassel, Hessisches Landesmuseum
Köln	Kunstgewerbemuseum
Krefeld	Deutsches Textilmuseum
Marburg	Marburger Universitätsmuseum für Kunst und Kulturgeschichte
München	Bayerisches Nationalmuseum
Paderborn	Erzbischöfliches Diözesanmuseum
Stuttgart	Württembergisches Landesmuseum
Basel	Historisches Museum
Bern	Bernisches Historisches Museum
Wien	Kunsthistorisches Museum, Monturdepot
	Modesammlungen des Historischen Museums
	Österreichisches Museum für angewandte Kunst
Salzburg	Salzburger Museum, Carolino Augusteum
Zwettl	Stift Zwettl, Kunst- und Schatzkammer
Amsterdam	Rijksmuseum
Den Haag	Nederlands Kostuummuseum Den Haag
Brüssel	Musées Royaux d'Art et d'Histoire
Mulhouse	Musée de l'Impression sur Étoffes
Paris	Musée de la Mode et du Costume

Inhaltsverzeichnis

I. Natürliche Farbstofflieferanten und Stoffärbeprozesse

1. Färben, ein Bedürfnis des Menschen

Der Mensch ist von Natur aus so beschaffen, daß er die ihn umgebende Welt in Farben wahrnehmen kann. Was wundert es, daß er auch seine eigenen Schöpfungen farbig gestalten möchte. Das Verlangen zum Malen und Färben finden wir vor Jahrtausenden ebenso wie heute, bei den Naturvölkern[1] ebenso wie in den Hochkulturen. Schon aus der frühesten Zeit der Menschheitsgeschichte kennen wir Meisterwerke, beispielsweise die berühmten Höhlenmalereien von Altamira in Nordspanien. In der Altsteinzeit, vor etwa 15 000 Jahren, bemalte der Mensch die Höhle mit mehrfarbigen Tierbildern, vorherrschend ockerrot, gelb, braun und schwarz; auch mit verschiedenen Farbtönen und Farbkontrasten wurde hier gearbeitet. Aus der Jungsteinzeit können wir bereits das Färben von Geweben als sicher annehmen. Reste dafür verwendbarer Pflanzen wurden immer wieder in ausgegrabenen Siedlungen gefunden, wenn auch der letzte Beweis, daß sie tatsächlich zum Färben benutzt wurden, noch aussteht. Aus den Schweizer Pfahlbaugebieten kennen wir nach Reinerth 1926 für Gelb den Wau (*Reseda luteola* L.), für Gelbrot das Sumpflabkraut(*Galium palustre* L.), für Rot die Weiße Melde (*Chenopodium album* L.) und für Blau den Zwergholunder oder Attich (*Sambucus ebulus* L.). Diese Pflanzen nennt auch Vogt 1946, der für Blau noch den Waid (*Isatis tinctoria* L.) hinzufügt[2]. Nach neuen Untersuchungen[3] sind auch noch die Schwarzerle (*Alnus glutinosa* Gaertn.) und die Große Brennessel (*Urtica dioica* L.) in Betracht zu ziehen.

Im Laufe der Jahrhunderte wurden immer mehr Pflanzen entdeckt, die man zum Färben verwenden konnte. Manche mögen wieder in Vergessenheit geraten sein, aber einige sind bis heute dem Volk in Erinnerung geblieben. So konnte Riter-Studnička 1958 für die Volksfärbekunst in Bosnien und der Herzegowina 33 Pflanzenarten angeben[4]. Aus einem ganz anderen Gebiet der Erde, aus Polynesien, kennen wir sogar 95 Pflanzenarten, die dort zur Farbstoffgewinnung benutzt werden[5]. Wirklich wichtig waren für diese Leute allerdings nur wenige Färbepflanzen, und zwar die Gelbwurz (*Curcuma longa* L.), *Morinda citrifolia* L., die ebenfalls gelb und nach Zugabe von Korallenkalk rot färbt, sowie die Lichtnuß (*Aleurites moluccana* Willd.) für Schwarz und die aus Amerika stammende und erst im vorigen Jahrhundert eingeführte, rotfärbende *Bixa*

Abb. 1
Färbermeister bei der Arbeit. Aus: Jost Amman, Eygentliche Beschreibung aller Stände (meist „Ständebuch" genannt), mit Reimen von Hans Sachs. Nürnberg 1568.

orellana L. Übrigens sind *Curcuma* und *Bixa* auch bei uns als Lebensmittelfarbe in Gebrauch.

Auch in Europa schälten sich mit der Zeit aus einer Vielzahl von Färbepflanzen die wichtigsten heraus, die dann feldmäßig angebaut werden konnten. Das Färberhandwerk, das sich inzwischen herausgebildet hatte, mußte nämlich berufsmäßig und gewinnbringend arbeiten; es brauchte dazu nur wenige Pflanzen, von denen aber sicher sein mußte, daß sie in genügender Menge zur Verfügung standen. Die wichtigsten, die im folgenden noch ausführlicher besprochen werden sollen, waren der offenbar schon in der Steinzeit benutzte Waid (*Isatis tinctoria* L.) und Indigo (*Indigofera tinctoria* L.) für Blau, der ebenfalls aus der

11

Isatis tinctoria.   Dyer's Woad.

Indigofera tinctoria L.

Steinzeit bekannte Wau (*Reseda luteola* L.) sowie Saflor (*Carthamus tinctorius* L.) und Safran (*Crocus sativus* L.) für gelbe bis orangerote Töne und Krapp (*Rubia tinctorum* L.) für Rot. Dazu kamen die tierischen Farbstoffe Purpur aus Schneckenarten und Kermes aus Schildläusen. In den letzten Jahrhunderten wurden noch einige Farbhölzer wichtig[6], besonders Blauholz (*Haematoxylum campechianum* L.), aber auch die Rothölzer und Gelbholz. Aus diesen wenigen Farbstoffen konnten die Färber nicht etwa nur wenige, fest vorgegebene Farbtöne herstellen, sondern sie hatten viele Möglichkeiten, durch Mischung der Farben (z. B. Grün aus Gelb und Blau), Vorbehandlung mit Beizen usw. die Farbpalette zu erweitern und zu variieren (Abb. 1).

Neben den Kunden der Färbermeister gab es natürlich immer noch die Landbevölkerung, die ihre selbst hergestellten Stoffe für den Eigenbedarf auch selber färbte. Sie brauchte jeweils nur kleine Mengen an Farbstoff und konnte sich daher die nötigen Pflanzen, soweit sie nicht im eigenen Garten gezogen wurden, in der freien Natur sammeln. Hier beschränkte man sich nicht auf wenige Standardpflanzen, sondern nahm, was jeweils vorhanden und erreichbar war. Man konnte ja ähnliche Farbstoffe aus vielen Pflanzen gewinnen. Der Vater der einen Verfasserin dieser Zeilen (Karlsson) mußte als Kind in Schweden selbst noch Pflanzen sammeln. Man nahm dort verschiedene Flechten, wie die an Bäumen hängende Bartflechte (*Usnea barbata* s. lat.), die auf Steinen wachsende Tuscheflechte (*Umbilicaria pustulata*) und die Roßhaarflechte (*Alectoria jubata* Ach.), aber auch die Blätter von der Birke (*Betula pendula* Roth), vom Mädesüß (*Filipendula ulmaria* Maxim.), das Kraut des Schachtelhalms (*Equisetum sylvaticum* L.) und andere. Was damals Notwendigkeit war, wird heute wieder Wunsch vieler Menschen: ihre Stoffe und ihre Wolle selbst zu färben und dazu auch wieder natürliche Farbstoffe zu verwenden.

Abb. 2
Färber-Waid, *Isatis tinctoria* L. Verschieden beblätterter Stengel; Blütenstand teils schon mit Früchten. Unten links Früchte. Aus: J. T. Boswell Syme, English botany, 3. Aufl. Bd. I, Tafel CLXI. London 1863.

Abb. 3
Indigo, *Indigofera tinctoria* L. Blühender und fruchtender Zweig. G, H: die fast zur Röhre verwachsenen Staubblätter; N, O: Frucht. Aus: O. C. Berg & C. F. Schmidt, Darstellung und Beschreibung sämmtlicher in der Pharmacopoea Borussica aufgeführten offizinellen Gewächse, 3. Bd., Nr. XXX d. Leipzig 1861.

2. Die wichtigsten Quellen pflanzlicher und tierischer Farbstoffe

Waid

Den blauen Farbstoff gewinnt man aus dem Kraut des Färber-Waids, *Isatis tinctoria* Linné (Abb. 2), der zur Familie der Kreuzblütler (*Cruciferae*) gehört. Es ist ein zweijähriges, in Gestalt und Größe sehr variables Kraut von 25 – 140 cm Höhe. Die Blätter sind bläulichgrün, die untersten länglich-lanzettlich und gestielt, die obersten pfeilförmig und stengelumfassend. Die Blüten sind nur etwa 4 mm groß, mit vier sattgelben Kronblättern, und stehen in dichten, verzweigten Blütenständen. Die länglichen Früchte sind sehr platt, zur Spitze hin flügelartig verbreitert, zur Reifezeit schwarzviolett und hängen herab.

Die Art ist heimisch in Vorderasien, den kontinentaleuropäischen Steppengebieten, Südeuropa und Nordafrika, wurde aber durch Kultur über weite Gebiete Europas, Nordamerikas und Australiens verbreitet. Es ist eine wärmeliebende Pionierpflanze in Steinschutt- und Geröllgesellschaften sowie Trocken- und Halbtrockenrasen. Man findet sie an Wegen, Bahndämmen und in Steinbrüchen, auch in Weinbergen, von der Ebene bis in mittlere (seltener höhere) Gebirgslagen. In der Schweiz und in Süddeutschland sind die Vorkommen zerstreut (nur stellenweise häufiger), in Norddeutschland und den Niederlanden dagegen sehr selten. Blütezeit ist Mai bis Juli.

Die für die Farbstoffbildung wichtige Substanz, von Beijerinck Isatan genannt, ist in ihrer chemischen Struktur noch unbekannt. Sie spaltet aber Indoxyl ab, das durch Luftsauerstoff zu Indigo oxidiert wird. Die chemische Übereinstimmung des aus dem Waid gewonnenen blauen Farbstoffs mit dem Indigo aus *Indigofera tinctoria* wurde von Planer und Trommsdorff erkannt.

Waid wurde bereits in vorgeschichtlicher Zeit in Europa zum Färben benutzt. Darauf deuten einmal stein-

Abb. 4

links: Krapp, *Rubia tinctorum* L. 1: blühendes Stengelstück; 1a: unterirdischer Ausläufer („Wurzel").
rechts: Färber-Saflor, *Carthamus tinctorius* L. var. *tinctorius*. Aus: C. G. Calwer, Landwirthschaftliche und technische Pflanzenkunde, III. Abtheilung: Deutschlands technische Pflanzen, Tafel 9. Stuttgart 1854.

Abb. 5

Wau, *Reseda luteola* L. Aus: J. C. Sepp & J. Kops, Flora Batava, IV. deel (ohne Tafelnummer oder Seitenzahl). Amsterdam 1822.

Reseda Luteola.

zeitliche Funde aus Frankreich hin[7], zum andern wissen wir von Caesar, daß „sich alle Britannier mit Waid dunkelblau anmalen und dadurch in der Schlacht einen um so greulicheren Anblick bieten" (Caesar, Der Gallische Krieg, V 14, 2). Auch die Ägypter, Griechen und Römer kannten den Farbstoff. Im Mittelalter wurde die Pflanze bei uns in großer Menge angebaut, besonders in Thüringen[8] und im Haspengau[9]. Waid wurde damals noch viel gebraucht, da Indigo auf Umwegen aus den Tropen importiert werden mußte und deshalb zu teuer war. Nach der Entdeckung des Seeweges nach Indien wurde Indigo viel billiger, so daß er im 17. Jahrhundert den Waid vom Markt verdrängen konnte.

Indigo

Den blauen Farbstoff gewinnt man aus den Blättern des Indigo, *Indigofera tinctoria* Linné (Abb. 3), der zur Familie der Hülsenfrüchtler (*Leguminosae*) gehört. Es ist ein gegen 150 cm hoher, reich verzweigter Halbstrauch mit unpaarig gefiederten Blättern. Die rosenroten oder weißen Blüten haben teilweise verwachsene Staubblätter und stehen in achselständigen Trauben. Die Früchte sind braune, im Querschnitt runde Hülsen.

Die Art ist in den gesamten Tropen verbreitet, auch wohl durch den Anbau verbreitet worden. Wild ist sie nicht sicher bekannt; ihre Heimat ist vermutlich Westafrika, nach anderer Auffassung Indien. Angebaut wurde sie in Afrika, Südasien und Mittelamerika; heute wird sie nur noch in Indien kultiviert. Blütezeit ist Juli.

Die Blätter enthalten das farblose Glykosid Indikan, das zur Farbstoffgewinnung durch Hydrolyse in Zucker und Indoxyl gespalten wird; das Indoxyl oxidiert zu Indigo. 1881 glückte dem deutschen Chemiker Adolf von Baeyer die Synthese, die 1890 von K. Heuman so gestaltet wurde, daß danach Indigo in großtechnischem Maßstab aus Steinkohlenteer hergestellt werden konnte.

Indigo ist bereits im griechisch-römischen Altertum bekannt gewesen und benutzt worden, wie aus Berichten des römischen Architekten Vitruv (13 v. Chr.) sowie des griechischen Arztes Dioskurides und des römischen Naturforschers Plinius d. Ä. (beide im ersten nachchristlichen Jahrhundert) eindeutig hervorgeht[10]. Er hat aber wohl keine allzu große Rolle gespielt, weil er eingeführt werden mußte und infolgedessen teuer war. Dies blieb auch im Mittelalter so, und erst Ende des 14. Jahrhunderts ist Indigo von Italien aus über die Alpen nach Mitteleuropa gelangt[11]. Mit der Entdeckung des Seeweges nach Indien konnte er aber sehr viel billiger eingeführt werden als bisher, und da der Indigo etwa dreißigmal so ergiebig

ist wie der den gleichen Farbstoff liefernde einheimische Waid, wurde er nunmehr zu einem ernsthaften Konkurrenten. Um die volkswirtschaftlich bedeutenden Waidkulturen zu retten, versuchten zwar verschiedene Regierungen, die Einfuhr und die Verwendung von Indigo zu verbieten, hatten jedoch damit keinen dauerhaften Erfolg. In den folgenden Jahrhunderten erlangte der Indigo weltwirtschaftliche Bedeutung. Zunächst betrieben die Spanier den Indigo-Anbau in ihren südamerikanischen Kolonien; seit Mitte des 17. Jahrhunderts entstanden dann auf den französischen und britischen Besitzungen Westindiens ausgedehnte Indigo-Plantagen (Indigoterien). Mitte des 18. Jahrhunderts hatten die Briten große Pflanzungen in Südkarolina, die ihnen aber mit der Unabhängigkeit der USA verlorengingen. Dafür legten sie in Indien neue Pflanzungen an, die im Laufe des 19. Jahrhunderts noch beträchtlich erweitert wurden und praktisch den Weltmarkt beherrschten. Der synthetische Indigo, der 1897 erstmals von der Badischen Anilin- und Sodafabrik (BASF) zu einem konkurrenzfähigen Preis hergestellt werden konnte und schon bald danach deutlich billiger als das Naturprodukt wurde, brachte sehr schnell den völligen Zusammenbruch der Indigokulturen.

Purpur

Den Purpurfarbstoff gewinnt man aus einigen Schnekkenarten der Gattungen *Murex* und *Purpura*, besonders aus dem Brandhorn oder der Herkuleskeule, *Murex brandaris* Linné (Abb. 6), und dem Hochschwanz, *Murex trunculus* Linné, die zur Stachelschneckenfamilie (*Muricidae*) gehören. Das Brandhorn hat ein bis 10 cm langes Gehäuse mit sechs bis sieben Schalenumgängen. Auf den unteren Umgängen befinden sich Radiärwülste mit je 2 Höckern oder langen Stacheln, die durch eine Rinne gefurcht sind und von Spiralstreifen gekreuzt werden. Ein sehr langer Schalenfortsatz umgibt das Rohr für das Einströmen des Atemwassers (Atemrohr, Sipho). Die gelblich-weiße Schale hat eine orangegelbe Mündung mit gezähneltem Außenrand und glattem Innenrand. Die an der Wand der Atemhöhle liegende Schleimdrüse (Hypobranchialdrüse) sondert große Mengen einer zunächst blaßgelblichen Flüssigkeit ab, die im Sonnenlicht bald durch Grün in Dunkelviolett und Violettblau übergeht und diese Färbung beibehält.

Die Art ist heimisch im Mittelmeer. Sie ist häufig und lebt auf sandigem Meeresboden, wo sie sich gern zwischen Seegras aufhält. Als Nahrung dient ihr Fleisch, und zwar sowohl erjagte Beute als auch Aas. Die Laichzeit ist Mai bis Juni. Die Art ist eßbar und daher oft auf Fischmärkten zu finden.

Die andere viel verwendete Schneckenart, der Hochschwanz, ist dem Brandhorn recht ähnlich; das Gehäuse wird aber nur bis 8 cm lang, die Stacheln sind kurz, und das Siphonalrohr ist mäßig lang und etwas zurückgebogen. Die Schale ist grauweiß mit drei braunvioletten Bändern. Die Art ist ebenfalls im Mittelmeer heimisch, sie ist häufig und kommt von der Gezeitenzone bis in tieferes Wasser vor, bevorzugt aber harten Meeresboden. Auch diese Art ist eßbar und wird deshalb gelegentlich auf Fischmärkten angetroffen.

Purpur wurde zuerst von den Phöniziern zum Färben von Geweben benutzt, später dann auch von Griechen und Römern[12]. Nach den wieder aufgefundenen Resten der alten Fabriken wurden *Murex trunculus* und *Murex brandaris* verwendet. Die Bedeutung der Farbe schwankte mehrmals je nach den politischen Gegebenheiten zwischen einem Symbol für weltliche bzw. religiöse Macht und dem Anzeichen persönlicher Wohlhabenheit. Anfang des 15. Jahrhunderts begann aber die Purpurfarbe, verdrängt durch den lebhafter roten Scharlach, aus der Mode zu kommen. Die byzantinischen Kaiser und die römische Kirche hielten am längsten am Purpur fest. Bedeutende Färberwerkstätten hatten sie in Konstantinopel und Palermo. Mit der Eroberung Konstantinopels durch die osmanischen Türken 1453 endete dort die Purpurfärberei. Wenige Jahre später, 1464, ordnete Papst Paul II. an, daß die Kardinalsgewänder künftig mit Scharlach statt mit Purpur zu färben seien. Damit war die Färberei mit der kostbarsten Farbe des Altertums so gut wie erloschen. Sie lebte allerdings in bescheidenem Maße und an weit voneinander entfernt liegenden Orten noch lange Zeit weiter, sogar bis in unser Jahrhundert hinein. Dabei wurden allerdings nicht die beiden im Mittelmeer heimischen *Murex*-Arten, sondern an den Küsten des Atlantik lebende Arten der nahe verwandten Gattung *Purpura* benutzt. 1685 veröffentlichte die Philosophical Society of Oxford einen Brief von Wiliam Cole, in dem er mitteilt, daß an der irischen Küste noch gewerbsmäßig Leinen mit Schneckensaft gefärbt wird. Im 19. Jahrhundert berichtet der norwegische Geistliche Ström, daß die Mädchen in seiner Gegend ihre Wäsche mit Purpur zeichnen. Verwendet wurde nach dem deutschen Zoologen Eduard von Martens, der sich besonders mit dem Nachleben der Purpurfärbung befaßt hat[13], in beiden Fällen *Purpura lapillus*. 1858 beobachtete der französische Zoologe Henri de Lacaze-Duthiers, daß Fischer auf der Balearen-Insel Menorca ihre Wäsche mit dem Saft von *Purpura haemastoma* zeichneten. Aber nicht nur in Europa, auch in Mittelamerika wurde mit Purpur gefärbt, wo *Purpura patula* als Farblieferant in Frage kommt. Daß die Indianer Baumwollfäden mit Schneckensaft färben, berichteten der englische Jesuit Thomas Gage 1625 von Costarica und die spanischen Naturforscher Ge-

org und Antonio de Ulloa 1736 von Ecuador. Am Anfang unseres Jahrhunderts wurden noch Purpurröcke von den Frauen in Tehuantepec (Mexiko) getragen, wie Cäcilie Seler 1900 und die amerikanische Ethnologin Zelia Nuttall 1909 mitteilten[14]. Ebenfalls 1909 gelang dem Wiener Chemiker Paul Friedländer die Aufklärung der Struktur des Purpurfarbstoffs: Es ist ein dem Indigo verwandter Stoff, 6.6'-Dibromindigo. Diese Tat hat aber im Gegensatz zur Strukturaufklärung anderer Farbstoffe, etwa des Indigos, keinerlei technische und wirtschaftliche Folgen gehabt, da keine Nachfrage mehr nach Purpur besteht.

Scharlach

Den roten Farbstoff gewinnt man aus den Leibern weiblicher Tiere verschiedener Schildlaus-Arten, die zur Unterordnung der Schildläuse (*Coccinea*) gehören. Um eine Vorstellung von den insgesamt recht ähnlichen Arten zu geben, sei hier die Echte Cochenillelaus beschrieben. Die Männchen sind 1,5 mm lang, karminrot mit milchigweißen Flügeln und zwei langen Schwanzborsten, die zweimal so lang sind wie der Körper. Die Weibchen sind fast kugelig, 2,5 bis 2,8 mm lang und ebenfalls rot. Sie haben ihre Larvenform eigentlich nie aufgegeben, haben keine Flügel und bewegen sich, nachdem sie sich an einer Stelle ihrer Wirtspflanze festgesaugt haben, nicht mehr fort. Mit der Zeit werden sie immer unförmiger, Fühler und Beine sind kaum noch zu sehen, und so gleichen sie viel eher einer Beere als einem Insekt. Es ist kein Wunder, daß die Alten sie für einen Pflanzenteil gehalten haben. Nachdem sie ihre Eier unter sich abgelegt haben, sterben sie und bleiben aber auch jetzt noch an ihrem Platz als schützender Schild für die Eier und die junge Brut.

Die färbende Substanz der Schildläuse ist die Karminsäure. Die Färberei mit Schildlausfarbstoff ist uns zuerst von den Phöniziern bekannt, dann von den Griechen und Römern[15]. Hier im Mittelmeerraum wurde die Kermeslaus, *Kermes vermilio*, benutzt; sie lebt auf der Kermeseiche, *Quercus coccifera* Linné, die in Südeuropa und Vorderasien vorkommt. Gefärbt hat man damit Wolle, Seide und auch Leder (das rote Saffianleder). In Ost- und Mitteleuropa nahm man eine andere Schildlaus, die Polnische Koschenillelaus oder das Johannisblut, *Margarodes polonicus* Linné; sie saugt an den Wurzeln des Ausdauernden Knäuels, *Scleranthus perennis* Linné, das in den Ebenen Mitteleuropas bis Westasiens verbreitet ist. Da diese Laus aber weniger Farbstoff enthält als die Kermeslaus und zudem schwerer zu gewinnen ist (man mußte die Pflanzen ausgraben, die Tiere an den Wurzeln absammeln und die Pflanzen dann wieder eingraben), wurde der Kermesfarbstoff seit dem frühen Mittelalter

Abb. 6
Gehäuse des Brandhorns, *Murex brandaris* L. Blick
schräg von unten auf die Mündung und die Rinne für
das Atemrohr. Das Exemplar wurde mir dankens-
werterweise von Herrn Dr. D. Jung, I. Zoologlsches
Institut der Freien Universität Berlin, zur Verfügung
gestellt.

auch nach Mitteleuropa gehandelt. Im ausgehenden Mittelalter und in der Renaissance war Venedig der bedeutendste Umschlagplatz für den aus dem östlichen Mittelmeergebiet kommenden und Marseille für den aus dem westlichen Mittelmeergebiet kommenden Kermes. Seit der Entdeckung Amerikas gelangte der Farbstoff einer weiteren Schildlausart nach Europa: der Echten Cochenille-Laus, *Dactylopius cacti* (*Coccus cacti* Linné). Sie lebt in Mexiko auf *Opuntia*-Arten, besonders auf dem Feigenkaktus *Opuntia ficus-indica* Miller. Daß die Tiere vor allem auf *Nopalea cochenillifera* Salm-Dyck (*Opuntia cochenillifera* Miller) gezüchtet worden sein sollen, wie man früher meist angab, muß nach neueren Untersuchungen bezweifelt werden[16]. Bereits vor 1540 wurde Cochenille in Spanien gehandelt. Dieser Farbstoff, den man ebenfalls zur Woll-, Seiden- und Saffianlederfärbung und auch zur Baumwollfärbung benutzte, verdrängte zunehmend den Kermes. Um sich von Mexiko als zunächst alleinigem Lieferland unabhängig zu machen, wurden Cochenillezuchten in Mittelamerika sowie 1826 von den Spaniern auf den Kanarischen Inseln und 1830 von den Holländern auf Java angelegt. Nach 1880 verdrängten dann aber die Teerfarbstoffe auch die Cochenille, die heute nur noch in der Kosmetik (Lippenstift), als Lebensmittelfarbe und als Farbstoff in der mikroskopischen Technik eine gewisse Rolle spielt.

Krapp

Den roten Farbstoff gewinnt man aus den Wurzeln des Krapp oder der Färber-Röte, *Rubia tinctorum* Linné (Abb. 4), die zur Röte-Familie (*Rubiaceae*) gehört. Es ist eine 30—100 cm hohe ausdauernde Pflanze mit orangeroten unterirdischen Ausläufern. Die Stengel klimmen oder stehen aufrecht. Sie sind vierkantig geflügelt, sommergrün und nicht verholzend. Die Rippen wirken rauh durch Stacheln (Klimmhaare). Die hellgrünen Blätter stehen zu vier bis sechs in Quirlen; sie sind kurz gestielt, lanzettlich, mit rauhem Rand und Mittelnerv, da sie ebenfalls mit Klimmhaaren besetzt sind. Die gelbgrünen Blüten sind nur etwa 2 mm breit; sie stehen in reichverzweigten lockeren Blütenständen. Die Früchte sind weniger als erbsengroße, rotbraune bis fast schwarze Steinfrüchte.
Die Art ist heimisch im östlichen mittelmeerischen Hartlaubgebiet bis Vorder- und Mittelasien; im übrigen Südeuropa und Nordafrika ist sie eingebürgert und in wärmeren Gebieten Mitteleuropas gelegentlich verwildert. Wir finden sie auf Äckern, Weinbergen, Schuttplätzen und an Wegrändern von der Ebene bis in mittlere Gebirgslagen. Blütezeit ist Mai bis August.
Der in den Wurzeln vorkommende rote Farbstoff Alizarin wurde 1826 von Jean Jacques Colin und Pierre

Jean Robiquet entdeckt. 1868 und 1869 gelang es C. Graebe und C. Liebermann, die chemische Struktur aufzuklären und Alizarin aus Steinkohlenteer synthetisch herzustellen.
Die Wurzel wurde schon im Altertum von den Bewohnern des Vorderen Orients, von Ägyptern, Persern, Indern, Griechen und Römern zum Färben von Geweben benutzt[17]. Daneben diente sie aber auch (wie noch heute) medizinischen Zwecken und wurde von Hippokrates, Dioskurides und Galenus — den bedeutenden Ärzten des Altertums — als Heilmittel verwendet. Der Anbau erfolgte auf Feldern oder in Olivenhainen zwischen den Ölbäumen. Karl der Große empfahl in seinem „Capitulare de villis vel curtis imperialibus" den Anbau auf seinem Grundbesitz. In größerem Maße setzte sich der Anbau in Mitteleuropa erst im 16. Jahrhundert durch, und seit dieser Zeit waren die Niederländer führend im Krappanbau. Ihre sehr gute und gesuchte Qualität bildete eine bedeutende Einnahmequelle[18]. Noch 1839 versuchte man in Belgien den Anbau durch staatliche Prämien weiter auszudehnen[19]. Er ging aber um diese Zeit schon infolge billigerer Einfuhren aus dem Ausland ständig zurück. Ab 1870 kam er dann mit der synthetischen Alizarin-Herstellung völlig zum Erliegen.

Wau

Den gelben Farbstoff gewinnt man aus dem Kraut des Wau oder der Färber-Resede, *Reseda luteola* Linné (Abb. 5), die zur Wau-Familie (*Resedaceae*) gehört. Es ist eine zweijährige Pflanze von 50—150 cm Höhe mit überwinternder Blattrosette und aufrechtem Stengel. Die Blätter sind schmal-lanzettlich und unbehaart. Die 4—5 mm großen Blüten haben einen vierteiligen Kelch und vier zum Teil mehrzipflige blaßgelbe Kronblätter. Sie sitzen in langen Trauben. Die Frucht ist eine 4—6 mm große stumpf sechskantige Kapsel.
Das natürliche Verbreitungsareal der Art erstreckt sich von den Laubwaldgebieten Westeuropas und den Kanarischen Inseln über das Mittelmeergebiet und Nordafrika bis nach Afghanistan. Die Art wurde in Mitteleuropa eingebürgert und weiter nordwärts bis nach England und Südskandinavien sowie Nordamerika eingeschleppt. Die Pflanze ist seit der Jüngeren Steinzeit Kulturbegleiter und lebt als Rohbodenpionier auf warmen und ziemlich trockenen, kalkhaltigen, nährstoffreichen Böden in der Ebene, seltener in mittleren Gebirgslagen. Wir finden sie zerstreut in Schuttunkrautfluren, an Wegrändern, in Bahnanlagen und zuweilen auch in Weinbergen. Blütezeit ist je nach der geographischen Lage März bis Oktober.
Der gelbe Farbstoff ist das Luteolin. Es wird als Abkochung aus dem getrockneten Kraut gewonnen und eignet sich besonders zum licht- und waschechten

Crocus sativus

Abb. 7
Echter Safran, *Crocus sativus* L. Blühende Pflanze.
Links der freipräparierte Griffel mit den drei Narben-
ästen, rechts ein Narbenast. Aus: F. G. Hayne,
Getreue Darstellung und Beschreibung der in der
Arzneykunde gebräuchlichen Gewächse, 6. Bd., Nr. 25.
Berlin 1819.

Färben von Seide und Wolle. Wau gehörte bereits zu
den in der Jungsteinzeit benutzten Farben, wie wir
aus schweizerischen Fundstellen schließen können[20].
Von den Römern wurde er in der römischen Kaiserzeit zum Färben von Stoffen verwendet. Besonders
im 15. und 16. Jahrhundert wurde Wau in Mitteleuropa
vielerorts zur Tuchfärberei angebaut, und in Aalst war
sogar ein Waumarkt[21]. Im 20. Jahrhundert wurde der
Wau schließlich durch Anilinfarben verdrängt.

Saflor

Den gelben bis orangeroten Farbstoff gewinnt man
aus den Blüten des Färber-Saflors, *Carthamus tinctorius* Linné (Abb. 4), der zur Familie der Korbblütler
(Compositae) gehört und in zwei Varietäten vorkommt:
der bedornten (*C. tinctorius* var. *tinctorius*) und der
unbedornten (*C. tinctorius* var. *inermis* Schweinfurth).
Es ist ein einjähriges, in Gestalt und Größe recht variables Kraut von 10—120 cm Höhe. Die den Stengel
etwas umfassenden Blätter sind herzförmig und wie
der ästige Stengel unbehaart, am Rande dornig ge-

zähnt bzw. bei der unbedornten Varietät dornenlos.
Die Blüten sitzen in bis zu 4 cm großen länglichen
Körben, die von den obersten Laubblättern zusätzlich
umhüllt sind. Die Blumenkrone verfärbt sich während
ihrer Entwicklung. Sie ist zunächst gelb, später orange
und bei einigen Formen schließlich feuerrot. Die
Früchte tragen keinen Haarkranz (Pappus), sondern
schuppenförmige Flugeinrichtungen.
Die Art ist nur in Kultur bekannt. Ihr frühgeschicht-
liches Anbauareal reicht von Europa über Indien bis
Südwestchina und über Ägypten und den Sudan bis
nach Abessinien. Heute liegen die Hauptanbaugebie-
te in Indien, Nordostafrika und Kalifornien. Gelegentlich finden wir die Pflanze bei uns verwildert, besonders an Bahndämmen, Schuttplätzen und Wegrändern. Sie liebt lockere Böden in warmen Lagen und
geht vom Tiefland bis in mittlere Gebirgshöhen. Blütezeit ist Juli bis September. Das Hauptpigment der
Blüten ist das gelbe Carthamin, das durch Oxidation
in das rot-orange Carthamon, das eigentliche färbende Prinzip des Blütenextraktes, übergeht.
Als Heimat der Art, als dasjenige Gebiet, wo aus Wild-
sippen die Kulturform entstanden ist, muß nach heu-

tigen Erkenntnissen[22] Vorderasien gelten, wie es schon der deutsche Afrikaforscher Schweinfurth Ende des vorigen Jahrhunderts vermutet hat. Hier wurde der Saflor vor Jahrtausenden in Kultur genommen, teils wegen des Farbstoffes aus den Blüten, teils wegen des Öls aus den Samen. Aus dem Gebiet der armenisch-kurdischen Gebirge bis Syrien und Palästina ist der Anbau offenbar sehr früh einerseits in die ägyptische, andererseits in die indische Hochkultur vorgedrungen. Die ältesten Funde von Blüten des Färber-Saflors stammen aus Ägypten aus der Zeit um 1600 v. Chr. Schweinfurth fand sie zusammen mit Weidenblättern in Blumenkränzen, die der Mumie Amenophis I. (Neues Reich, 18. Dynastie) beigegeben waren. Auch aus jüngerer Zeit (19.–20. Dynastie) sind Saflor-Blüten zusammen mit Weidenblättern als Mumienkränze bekanntgeworden. Nach Europa kam die Saflorkultur durch die Araber. Alle europäischen Namen der Pflanze gehen auf arabische Ursprünge zurück: kurtum wurde Carthamus usw. in den romanischen Sprachen und asfur (= gelb) wurde Saflor usw. in den germanischen und slawischen Sprachen. Anfang des 18. Jahrhunderts verdrängten billigere Importe aus Ägypten den Anbau in Mitteleuropa; mit Einführung der Anilinfarben im 19. Jahrhundert kam er dann praktisch zum Erliegen. Aber dennoch wurde die Pflanze noch vor zwanzig Jahren im Spreewald in Gärten gezogen, um mit ihrem Farbstoff Quark zu färben[23]. Auch in den großen Basaren des Orients werden die aromatischen Blüten noch heute als Lebensmittelfarbe gehandelt.

Safran

Den gelben Farbstoff gewinnt man aus den Narbenästen des Echten Safrans, Crocus sativus Linné (Abb. 7), der zur Schwertlilien-Familie (Iridaceae) gehört. Es ist eine 10–30 cm hohe ausdauernde Knollenpflanze. Die im Herbst erscheinenden sechs bis zehn Blätter sind schmal-lineal mit weißem Mittelnerv. Die aufrechten glockenförmigen Blüten sind rötlich-lila mit dunkleren Adern. Der Griffel ist fast so lang wie die Blütenblätter, seine drei wohlriechenden ziegelroten Narbenäste neigen sich herab. Das Pigment der Narbenäste ist das wasserlösliche orangegelbe Crocin.
Die Art ist nur in Kultur bekannt. Als Heimat müssen wir Griechenland annehmen, da eine wilde Unterart, aus der die Kulturart vermutlich entstanden ist, nur in Griechenland vorkommt. Das frühgeschichtliche Anbauareal des Echten Safrans umfaßte das Mittelmeergebiet und Vorderasien. Heute ist er vom Mittelmeergebiet bis nach Indien verbreitet mit Anbauschwerpunkten in Spanien, Südfrankreich und der Sowjetunion. Als Kulturrelikt kommt die Pflanze z. B. in der Schweiz und im Elsaß auf trockenen Wiesen der un-

teren Gebirgslagen vor. Blütezeit ist September bis November.
Als Färbemittel und Gewürz war Safran bereits den Alten Ägyptern, Griechen und Römern bekannt. Seit dem Mittelalter wird er auch medizinisch genutzt. Venedig besaß sogar ein eigenes „Safran-Amt". Auch heute hat er seine Bedeutung als Gewürz, Speisefarbe und Medikament nicht verloren.

3. Färbetechnik

Wie kommt es, daß nicht alle Farbstoffe auf Wolle oder Baumwolle beständig sind? Die schönen Farben z. B. vom Rotkohl oder Brombeersaft verlocken schon zum Färben. Leider muß man aber feststellen, daß diese roten bis blauen Farbtöne weder licht- noch waschecht sind. Dieser Farbstoff, der in Blättern, Blüten und Früchten weit verbreitet ist, gehört zur Gruppe der Anthocyane, wird am Licht zersetzt und geht keine chemische Bindung mit Baumwoll- oder Wollfasern ein.
Färben heißt, daß ein Farbstoff in Interaktion (Wechselwirkung) mit einem Material tritt. Je besser die Affinität (Anheftung) zwischen Farbstoffmolekül und den Molekülen des zu färbenden Materials ist, desto farbechter ist die Farbe. Wie stark diese Affinität ist, hängt sowohl von der chemischen Struktur des Farbstoffes als auch der des Materials ab.
Pflanzliche Fasern — wie z. B. Baumwolle, Leinen und Reyon — bestehen chemisch aus neutraler Zellulose. Das lange Zellulosemolekül setzt sich aus vielen kleineren Untereinheiten (Traubenzucker) zusammen, an denen eine salzartige Bindung zum Farbstoff nur schwer möglich ist. Tierische Fasern — wie Wolle oder Seide — dagegen bestehen aus Protein (Eiweiß) und lassen sich leichter anfärben. Dies beruht auf dem amphoteren Charakter des Eiweißes tierischer Fasern, d. h. die Proteine können sich teils als Säure, teils als Base verhalten. Proteine sind wie Zellulose ebenfalls große Moleküle, die aus aneinandergereihten Bausteinen bestehen. Die Bausteine sind verschiedene Aminosäuren, die nicht neutral sind, sondern oft freie Amino- ($-NH_2$) und Säure- ($-COOH$) Gruppen tragen. Diese Gruppen sind reaktionsfreudig und gehen somit viel besser als neutrale Zellulosemoleküle eine chemische Bindung mit dem Farbstoff ein.
Auch die verschiedenen Farbstoffe haben unterschiedliche Eigenschaften. Je nachdem, was und womit gefärbt wird, kann man die Farbstoffe in direktziehende, Beizen-, Entwicklungs-, Küpen- und saure und basische Wollfarbstoffe unterteilen[24]. Die folgende kurze Vorstellung der Färbetechniken erhebt allerdings nicht den Anspruch, vollständig zu sein. Es wird nur ein Teilgebiet behandelt, das sich vornehmlich mit den klassischen Färbeverfahren von Textilien befaßt.

Direktziehende Farbstoffe

Einige Farbstoffe besitzen die Fähigkeit, direkt auf den Pflanzenfasern aufgezogen zu werden. Erreicht wird eine sehr lockere Bindung (Wasserstoffbrückenbindung) zwischen Farbstoff- und Zellulosemolekül. Diese schwache Anheftung des Farbstoffs am Material führt dazu, daß die Farbe nicht besonders waschecht ist. Zu den Direktfarbstoffen, auch substantive (Baumwoll-)Farbstoffe genannt, gehören viele Vertreter aus der Gruppe der Azofarbstoffe, wie z. B. das Kongorot, das 1884 erstmals von Böttiger synthetisiert wurde. Kongorot war der erste synthetische substantive Farbstoff, mit dem man Baumwolle direkt färben konnte[25]. Von den natürlichen Farbstoffen sind solche aus Flechten, z. B. aus der Bartflechte, Haarflechte, Rentierflechte und Isländisch Moos, zu den direktziehenden Farbstoffen zu zählen[26], ferner das Curcumin aus den Wurzeln der Gelbwurz.

Beizenfarbstoffe

Beizenfarbstoffe sind Farbstoffe, die sich auf gebeizte Fasern aufziehen lassen. Die Beize dient als Bindeglied zwischen Farbstoff und Faser. Diese Farbstoffe werden in erster Linie zum Anfärben von pflanzlichem Material verwendet.
Die Zellulose pflanzlicher Fasern enthält, wie schon erwähnt, keine Säure- oder Aminogruppen und kann daher oft nicht ohne weiteres mit sauren oder basischen Farbstoffen gefärbt werden. Um den Farbstoff dennoch auf der Faser zu fixieren, bedient man sich einer Beize. Als Beize können Salze von Aluminium (Aluminiumacetat), Alaun, Kalium (Weinstein), Chrom, Eisen und Zinn verwendet werden. Das Gewebe wird in der Salzlösung getränkt und anschließend getrocknet oder gedämpft. Durch diese Behandlung wird erreicht, daß auf der Faser eine schwach basisch reagierende Schicht hinterbleibt, die als Bindeglied zwischen dem sauren Farbstoff und der Faser dient. Die Farbstoffe gehen mit Hilfe dieser „Brücke" einen schwerlöslichen Komplex mit dem Fasermolekül ein. Diese beständige Verbindung wird Farblack genannt.
Alizarin ist einer der traditionsreichsten Beizenfarbstoffe, der schon im Altertum aus der Krappwurzel (Rubia tinctorum) gewonnen wurde. Auch die roten Farbstoffe aus verschiedenen Schildlausarten (Kermes, Cochenille) gehörten jahrhundertelang zu den wichtigsten Beizenfarbstoffen, ebenso das Luteolin aus dem Wau (Reseda luteola). Da diese sauren Farbstoffe nur in alkalischer (basischer) Lösung gut färben, wurde früher oft Urin zugegeben.
Wird dagegen mit einem basischen Farbstoff gefärbt, muß eine schwach sauer reagierende Verbindung wie Tannin (ein Gerbstoff) als Beize dienen. Als Beispiel

kann ein Vertreter aus der Azofarbstoffgruppe, das Chrysoidin, genannt werden, das heute noch zum Färben von tannierter Baumwolle sowie Leder und Papier verwendet wird[27].
Bewährt hat sich auch das Beizen von tierischen Fasern mit Salzen des Alauns, Weinsteins, Aluminiums, Chroms, Kupfers und Eisens. Die mit den Farbstoffen und Fasern gebildeten Farblacke sind von guter Beständigkeit. Neben der Fixierung des Farbstoffs auf der Faser tragen gewisse Beizen auch zur Farbnuancierung bei.

Entwicklungsfarbstoffe

Eine besondere Färbetechnik besteht darin, daß die Farbstoffe direkt auf der Faser entwickelt werden. Das Farbbad enthält Vorstufen des Farbstoffes, die durch eine chemische Reaktion zum echten Farbstoff umgewandelt werden. Dieser Vorgang findet auch auf dem zu färbenden Gewebe statt, und der Farbstoff bleibt fest an der Faser haften. Ein Beispiel ist Anilinschwarz.
Eine Sonderstellung nimmt der Farbstoff Purpur (6.6'-Dibromindigo) ein, der aus Drüsen von Purpurschnecken (Murex- und Purpura-Arten) gewonnen wird. Purpur besitzt strukturell große Ähnlichkeit mit Indigo, und beide kommen als fast farblose Vorstufen im Färbebad vor. Trotzdem erfolgt die Färbung mit Purpur wesentlich anders. Das Gewebe wird in einer Farblösung gebadet und anschließend aufgehängt. Durch das Sonnenlicht entwickelt sich aus der gelblichen Vorstufe zunächst ein gelbgrüner Farbton, der langsam in Rot und später in Violett übergeht. Die Umwandlung der Vorstufe in die Farbe wird also durch einen photochemischen Prozeß direkt auf den Textilien erzielt. Diese Farbe ist von hoher Licht- und Waschechtheit.

Küpenfarbstoffe

Die Küpenfärbung ist eine sehr alte Färbetechnik, mit der eine sehr beständige, wasch- und lichtechte Färbung erzielt wird.
Bei der Verküpung wird durch einen chemischen Vorgang (Reduktion) ein wasserunlöslicher Farbstoff in eine wasserlösliche Form überführt. Die wasserlösliche reduzierte Form wird Leukoverbindung genannt, da sie farblos ist oder nicht die Ursprungsfarbe besitzt. Erst die Leukoverbindung verleiht dem Farbstoff die Eigenschaft, sich mit den Fasern — meist pflanzlicher Gewebe — zu verbinden. Durch das Aufhängen des Gewebes in der Luft wird der Reduktionsvorgang rückgängig gemacht, d. h. durch die Oxidation mit Luftsauerstoff kehrt direkt auf der Faser der far-

bige wasserunlösliche Zustand wieder zurück. Der Farbstoff wird somit fest an das Gewebe gebunden. Durch die Wasserunlöslichkeit des Farbstoffes wird eine hochgradige Waschechtheit erreicht. Schematisch gesehen umfaßt die Küpenfärbung folgende Schritte:

Reduktion   Oxidation
Farbstoff → Leukoverbindung → Farbstoff
wasserunlöslich   wasserlöslich   wasserunlöslich

Um den Farbstoff in eine wasserlösliche Form zu überführen, wurde früher nicht direkt ein Reduktionsmittel zugegeben (Natriumdithionit ist seit 1871 als Reduktionsmittel patentiert), sondern der Farbstoff wurde in großen Kübeln gegoren (fermentiert), was letztlich den gleichen chemischen Prozeß bewirkte. Die so erhaltene Brühe nannte man Küpe, was aus dem Wort Kübel abzuleiten ist.
Ein sehr alter Küpenfarbstoff ist Indigo[28], womit nachweislich schon im 3. Jahrtausend v. Chr. gefärbt wurde. Man erzielte eine färbende Küpe, indem zerstoßenes Pflanzenmaterial von *Indigofera tinctoria* oder *Isatis tinctoria* zusammen mit Urin — „vornehmlich von einem Mann, der starke alkoholische Getränke zu sich nimmt" — fermentiert wurde[29].

Saure (Woll-)Farbstoffe

Tierische Fasern sind wegen des Vorhandenseins von Amino- und Säuregruppen befähigt, sowohl saure wie auch basische Farbstoffe unter Salzbildung zu binden. Da die Aminogruppen der Woll- oder Seidenfasern alkalisch (basisch) wirken, ist es relativ leicht, ein Farbstoffmolekül, das einen Säurerest enthält, an dieser Gruppe fest zu binden (kovalente Bindung). Durch diese Bindung verliert der Farbstoff auch seine Löslichkeit und haftet fest an der Wollfaser. Trägt also das Farbstoffmolekül eine oder mehrere Säuregruppen, läßt es sich als direktziehender saurer Wollfarbstoff verwenden. Zu diesen Farbstoffen gehören z. B. Amidoschwarz, Martinsgelb und Alizarin-Saphirol.

Basische (Woll-)Farbstoffe

Bei den basischen Farbstoffen liegt das umgekehrte Verhältnis vor. Der Farbstoff enthält in seinem Molekül basische Gruppen, die mit der Säuregruppe des Proteins in der tierischen Faser reagieren. Die Bindung, die dabei entsteht, ist fest, und somit lassen sich Wolle und Seide einfach färben. Beispiele sind Meldolas Blau und Methylenblau sowie das Berberin aus der Berberitze (*Berberis vulgaris*).

Anmerkungen

1   vgl. A. Bühler 1948
2   H. Reinerth 1926; Ciba 1946/66 S. 2437
3   A. Heitz, S. Jacomet & H. Zoller 1981 S. 151; E. Ruoff 1981 S. 256
4   H. Riter-Studnička 1958
5   B. Zepernick 1967 1 und 2
6   vgl. Ciba 1937/10
7   vgl. Ciba 1946/66
8   vgl. J. Helm 1971 S. 378
9   vgl. J. Hiemeleers 1978 S. 210
10 K. Reinking 1924
11 vgl. hierzu und zum folgenden Ciba 1950/93
12 vgl. hierzu und zum folgenden Ciba 1936/4
13 vgl. E. von Martens 1874, 1894 S. 661, 1898
14 C. Seler 1900 S. 69; Z. Nuttall 1909
15 vgl. hierzu und zum folgenden Ciba 1936/7
16 vgl. J. Helm 1971 S. 298 und W. Hoffmann 1982 S. 237
17 vgl. hierzu und zum folgenden Ciba 1940/47
18 Gids voor de kruidentuin 1968 S. 55
19 vgl. hierzu J. Hiemeleers 1978 S. 210
20 Ciba 1946/66
21 J. Hiemeleers 1978 S. 209
22 siehe hierzu wie zum ganzen Abschnitt P. Hanelt 1961
23 P. Hanelt 1974 S. 325
24 vgl. H.-H. Vogt 1973
25 H. Beyer 1968
26 K. Hentschel 1942
27 L. & M. Fieser 1968
28 zur Geschichte der Indigofärberei und den Färbeverfahren vgl. Ciba 1950/93
29 G. A. Hansson & A. M. Ryd 1973

II. Farbordnungen als Grundlage für die Bekleidung

1. Die Ständegesellschaft und ihre Farben

Das Ständesystem

Die mittelalterliche Welt wird durch die zentrale Idee des Standes bestimmt, der das geistige und politische Leben durchdringt und gleichsam als überstaatliche Organisation die Gesellschaft formt. Ihre geistige Grundlage und theologische Legitimation findet diese Idee in der Philosopie der Scholastik, vor allem Thomas von Aquins, in dessen Vorstellungen der *ordo*-Gedanke eine zentrale Rolle spielt.

Jeder Stand wird als Teil des göttlichen Weltgebäudes verstanden. Dabei beschränkt sich der Begriff zunächst nicht auf die uns heute geläufige Vorstellung. Unterschiedliche Gruppierungen wie der soziale Stand, der Berufsstand, die geistlichen Orden oder der jungfräuliche Stand werden unter diesem Begriff zusammengefaßt[1].

Für die Gliederung der Gesellschaft gibt es kein festgelegtes Schema. Neben Einteilungen in zwei, drei und vier Stände kommen Gruppierungen bis zu 12 Ständen, häufig mit zahlreichen Untergruppen, vor. Dennoch ist ein Grundschema mit einer Gliederung in Fürsten, Adel, Geistlichkeit, Bürger und Bauern im 13. Jahrhundert bereits bekannt. Der Rang jedes Standes wird nach dieser Grundidee von dem Wert bestimmt, der ihm und den ihm zugeteilten Aufgaben in Hinblick auf das Weltganze zugewiesen scheint: das einfache Volk ebenso wie die Bürger zur Arbeit, die Geistlichkeit zur Verbreitung des Glaubens und der Adel, dem die höchste Stellung zukommt, zum Schutz von Kirche und Untertanen.

Zunehmende Differenzierung der städtischen Bevölkerung und ein wachsendes Selbstverständnis der zu Wohlstand und Reichtum gelangten Kaufleute führen vor allem im 15. und 16. Jahrhundert zu einem stärkeren Bewußtsein eigener Stellung und Würde, das zu einer Ästhetisierung städtischer Lebensformen, insbesondere aber der Kleidung, Anlaß gibt. Bei festlichen Anlässen und selbst im Alltag werden ganze Hierarchien von Stoffen, Pelzen und Farben aufgeboten, um den äußeren Rahmen für dieses Standesbewußtsein abzustecken. Die Realität des städtischen Lebens, in der wohlhabende Bürger nach Anerkennung drängen und auch durch das Tragen kostbarer Stoffe ihre Gleichstellung mit dem niederen Adel anstreben, gerät immer mehr in Konflikt mit dieser Standesidee.

In dieser Zeit setzen in ganz Europa Verordnungen ein, die diesen Kleiderluxus zu steuern suchen. Die historische Forschung hat das Aufkommen der Kleiderordnungen in den europäischen Ländern im 13. und vor allem im 14. Jahrhundert bisher nicht befriedigend klären können. Als Gründe werden neben wirtschaftlichen Gesichtspunkten die verstärkte Reglementierung aller Bereiche städtischer Gemeinwesen durch die Obrigkeit genannt. Vieles spricht allerdings dafür, daß nicht allein den Fürsten oder den Stadtherren an diesen Verordnungen gelegen ist, sondern daß auch die Bürger selbst, vor allem die reichen Kaufleute und wohlhabenden Handwerker, zunehmend die Aufstellung von Kleiderreglements unterstützen.

Dies mögen die äußeren Anlässe gewesen sein, die auf unterschiedlichste Weise beim Zustandekommen der Kleiderordnungen beteiligt sind, einem Phänomen, das die Gesellschaft bis zur Französischen Revolution begleiten sollte. Besonders scheint der Konflikt mit der alten Standesidee eine Erklärung zu bieten, die der Bedeutung dieses Phänomens am nächsten kommt. Der Grund dafür ist das zu wirtschaftlicher Macht und zu Ansehen gelangte Bürgertum, das durch seine Leistungen auch im kulturellen Bereich zu einem Selbstverständnis gelangt, das die alte Position des Adels in Frage stellt[2].

Kleiderordnungen

Nach Frankreich, wo bereits Ende des 12. Jahrhunderts eine Verordnung gegen den Kleiderluxus bekannt ist, werden in Spanien, Aragon und Kastilien im 13. Jahrhundert die ersten Kleiderordnungen erlassen[3]. In Spanien schreiten die Fürsten seit 1234 gegen den verschwenderischen Gebrauch der Seide ein[4], und die italienischen Städte untersagen seit dem Ende des 13. Jahrhunderts in rasch wechselnden Luxusgesetzen das Tragen von Stickereien und Kleiderschleppen[5]. Nach der großen Pest in Europa, von Kirche und Obrigkeit in ihren Predigten und Erlassen als Strafe Gottes für die Hoffart der Menschen bezeichnet, sind die Kleiderordnungen um die Mitte des 14. Jahrhunderts in Europa mit Ausnahme der Niederlande Teil der städtischen Gesetzgebung.

In Deutschland beginnen sie 1356 mit einer Verordnung der Stadt Speyer, die sehr ausführliche Angaben über das Tragen verzierter Kleider, Pelze und Stoffe für Bürger und Bürgerinnen macht. Die Einführung ist in ihrem Grundton den zeitgenössischen Predigten angepaßt, die übermäßigen Aufwand an Kleidung als Hoffart anprangern, jener Todsünde, die das Mittelalter als Auflehnung gegen die göttliche Weltordnung anspricht. Der Rat der Stadt erläßt seine Verordnung daher in der erklärten Absicht, die „Bürger billig vor Schaden und Ungemach" zu bewahren und „alle solche Stücke als hiernach genannt und beschrieben sind, die Hoffart und Übermut verursachen", zu verbieten, „Gott zu Lob und zu Ehren und den Leuten zu Nutz und Frommen"[6].

Die Luxusverordnungen des 14. Jahrhunderts reagieren vor allem auf die neue Mode, die von Burgund ausgehend bald ganz Europa erfaßt. Diese Kleidung mit ihren körperbetonten Formen, Schleppen und Schnabelschuhen mußte den Widerspruch von Kirche und Obrigkeit als Hüter von Moral und Ordnung hervorrufen. So schnell wie im 14. und 15. Jahrhundert die Mode wechselt, so häufig werden daher Luxusverbote erlassen. Wie überall in Europa sind die Kleiderordnungen in Deutschland bis zum Ende des 15. Jahrhunderts vorwiegend Angelegenheit der Städte. Ihr erklärtes, wenn auch nie erreichtes Ziel ist die Einschränkung des Luxus und Kleideraufwandes, dem sie durch immer neue Verbote Herr zu werden versuchen. Die Gesetze unterscheiden zunächst nur zwischen Reichen und Armen, zwischen „Bürgern" und „Einwohnern"[7], wobei als Unterscheidungskriterium das jeweilige Vermögen gilt. Erst als sich die Gesellschaftsstruktur in den Städten festigt, werden auch die Gruppierungen der Kleiderordnungen differenzierter.

Wenngleich die meisten Verordnungen des 14. und 15. Jahrhunderts das Tragen kostbarer Kleidung für die Gesamtheit der städtischen Bevölkerung verbietet, verfolgen sie doch auch die Absicht, dem Adel die Kleiderprivilegien kostbarer Goldstoffe zu erhalten. Im Laufe des 15. Jahrhunderts nimmt die soziale Differenzierung der Bürger in der Kleidung zu und zeigt, daß der Konkurrenzkampf nicht nur zwischen Adel und Bürgertum geführt wird, sondern daß auch die einzelnen Bürgerschichten darum bemüht sind, sich durch Unterschiede in der Kleidung gegeneinander abzugrenzen.

Frankreich mit seiner straffer geführten Verwaltung trägt dieser Entwicklung am frühesten Rechnung, indem es unter Karl VII. seine Verordnungen über den Kleideraufwand dem ständischen Grundmuster anpaßt.

In Deutschland, wo diese Entwicklung ähnlich ist, wird erst Ende des 15. Jahrhunderts das Bestreben in den Kleiderordnungen sichtbar, die verschiedenen Stände durch detaillierte, festgelegte Angaben in der Kleidung gegeneinander abzugrenzen. Da sich die Städte dieser Entwicklung allein nicht mehr gewachsen zeigen, sieht sich das Reich in den letzten Jahren des 15. Jahrhunderts veranlaßt, sich um eine übergreifende Regelung zu bemühen. Die Reichstagsabschiede von 1497 und 1498 und die Polizeiverordnungen von 1500, 1530, 1548 und 1577 erlassen erstmals Rahmengesetze, deren Hauptgewicht darauf gelegt ist, „die verschiedenen Stände in strenger Sonderung zu halten"[8]. Standesgemäße Kleidung ist fortan Richtschnur und Maßstab aller Polizeiverordnungen.

In ihrem Sinn werden alle Argumente neu gedeutet: Als sittenstreng und ehrbar gilt nur derjenige, der sich seinem Stand entsprechend kleidet und deren Grenzen achtet[9].

Im 16. und 17. Jahrhundert gibt es daher keine Verordnung, die nicht jedes Detail der Kleidung, sei es die Verbrämung der Röcke, die Länge der Kleider oder die Feder am Hut diesem Anspruch unterordnet. Die Verordnungen des 17. Jahrhunderts werden immer detaillierter in der Gliederung der einzelnen Standesgruppen, wobei die Berufszugehörigkeit als wichtigstes Unterscheidungsmerkmal dient. Sie enthalten lange Reihen von Aufzählungen von den besitzlosen bis zu den angesehenen Handwerkern[10]. In dieser Zeit treten verstärkt wirtschaftliche Gesichtspunkte in den Vordergrund. Im Sinn einer merkantilistischen Politik beziehen sich die Verbote auf importierte Luxusgüter sowie auf Gold- und Silbertrachten bei Bürgern und Bauern[11]. Nach der Mitte des 18. Jahrhunderts werden Kleiderordnungen immer seltener, richten sich zunehmend gegen den Kleideraufwand des untersten Standes und insbesondere der Dienstboten. Mit der Französischen Revolution verschwinden die Kleidergesetze endgültig, die die ständisch gegliederte Gesellschaft seit dem Spätmittelalter begleitet hatten. Ihre Wirkung entsprach in keiner Zeit den Vorstellungen der Obrigkeiten. Dies ist von den Zeitgenossen in verschiedenen Jahrhunderten mit Zorn und Resignation immer wieder eingestanden worden. Daß die Notwendigkeit gesetzlicher Regelungen dennoch so lange anerkannt wird, läßt sich sicher nur daraus verstehen, daß ständisches Denken im 18. Jahrhundert immer noch stark verwurzelt ist.

Für Übertretungen drohen die Kleiderordnungen in allen Jahrhunderten Strafen an, die meist darin bestehen, die beanstandeten Kleidungsstücke oder eine Geldstrafe in festgesetzter Höhe einzuziehen[12]. In der Regel sind Ratsdiener und Stadtbüttel mit der Aufgabe betraut, die Einhaltung der Kleiderverordnungen zu überwachen, beanstandete Stücke auf offener Straße abzunehmen oder zu kostbare Borten von der Kleidung zu trennen. Denn in der Regel sehen die Behörden ein wirksameres Mittel darin, das Corpus delicti selbst einzuziehen, als in Geldbußen, die das Problem nicht lösen. In dieser Weise verfährt 1730

Freiberger Amalgamir-
arbeiter.

Schwefelhütten-
arbeiter.

Freiberger Hütten-
mann.

Blaufarben-
arbeiter.

Saigerhütten-
arbeiter.

Bergmann

Königl. Sächs. Berg- und Hütten-Arbeiter in Parade.

Abb. 8
Königlich-sächsischer Berg- und Hüttenarbeiter in
Parade, mit roten, gelben und blauen Schürzen,
C. A. Müller Lith. v. W. Bässler (nach G. E. Rost) um
1840, kolorierte Kreidelithographie. Kunstbibliothek
SMPK Berlin

ein Richter in Dachau, als die Verbote, Gold, Silber und Seide an der Kleidung zu verwenden, auch durch wiederholtes Verlesen der Kleiderordnung nicht eingehalten werden. Er läßt die betreffenden Bauern ins Amtshaus kommen und zwingt sie, die beanstandeten Gold- und Silberborten von den Kleidern zu trennen[13]. Vielfach machen es auch die zahlreichen Sonderregelungen, die verschiedene Gruppen von den landesherrlichen oder städtischen Vorschriften befreien, unmöglich, die Kleiderordnungen durchzusetzen. Sonderrechte genießen seit dem 16. Jahrhundert z. B. die Mitglieder der Universitäten, besonders Professoren und Doktoren, die Dienerschaft des Adels sowie verschiedene Berufsgruppen, die wie die Bergbeamten den Landesherren unterstehen, seit dem Ende des 17. Jahrhunderts mit eigenen Uniformen ausgestattet werden und an keine sonstige Kleiderordnung gebunden sind. Auch die Postmeister, die eine Reichslivree tragen, sind von einer Standeskleidung nach kurfürstlichen oder städtischen Ordnungen befreit (Abb. 8). Gerade die letzten Beispiele zeigen, daß die zunehmende Uniformierung der Beamten und zahlreicher Berufe zu Konflikten mit den alten Kleiderordnungen führt. Ihre Wirkung beschränkt sich daher in der 2. Hälfte des 18. Jahrhunderts vorwiegend auf übertriebenen Kleideraufwand der städtischen Dienstboten und der Landbevölkerung, während sich die Bürger in den Städten in ihrer Kleidung schon weitgehend emanzipiert haben.

Gold- und Silbertrachten

Gehen die Kleiderordnungen sehr beredt auf Stoffe und Details im Kleiderschnitt oder auf modische Besonderheiten wie Schnabelschuhe und Pluderhosen ein, so sind sie in ihren Angaben zur Farbigkeit eher einsilbig. Bei näherer Betrachtung geben diese wenigen Angaben allerdings einige Aufschlüsse darüber, welchen Wert farbige Kleidung in der Ständegesellschaft hat und nach welchem Maßstab sie bewertet wird. Die Anmerkungen zur Farbe lassen sich in zwei Punkten zusammenfassen und beziehen sich zum einen auf kostbare Gold- und Silberstoffe sowie teure mit Cochenille gefärbte, karmesinrote Seiden und zum anderen auf die aus mehreren Stoffen in unterschiedlichen Farben zusammengesetzten Kleider der Miparti-Mode[14]. Das Hauptinteresse der Kleiderordnungen vom 14. bis zum 18. Jahrhundert gilt der kostbaren Kleidung, vor allem den Gold- und Silberstoffen, -borten und -stickereien. Aufgrund ihrer Kostbarkeit und ihres Glanzes gelten sie als Inbegriff alles Prächtigen und werden auf diese Weise zum Maßstab ständischer Differenzierung in der Kleidung.
Die Souveräne, die sich über die Luxusverordnungen stellen, behalten sich das Tragen ganzer Kleidungs-

stücke aus den begehrten „Gold- und Silberstücken" vor, Stoffen, die zunächst aus dem Orient importiert und seit dem 13. Jahrhundert zunehmend in den italienischen Städten produziert werden. Zunächst ganz in den Dienst der höfischen und kirchlichen Repräsentation gestellt, hat sich das städtische Patriziat seit dem 15. Jahrhundert gegenüber dem Adel zumindest den Vorteil erkämpft, seine Kleider mit den glänzenden Stoffen zu verbrämen. Es bleibt aber weiterhin Vorrecht der fürstlichen Häuser, ganze Gewänder aus den begehrten Brokaten zu tragen. Rechnungen der französischen Könige aus dem 14. Jahrhundert erwähnen z. B. gold- und silberbroschierte Seiden aus dem Orient und aus Italien und ein Inventarverzeichnis des Herzogs der Normandie von 1363 grüne Kleiderstoffe mit goldenen Vögeln aus Italien[15]. Sind noch im Spätmittelalter Kleider aus kostbarem Gold- und Silberbrokat wegen ihres hohen Preises in den meisten Städten Italiens das Privileg weniger, zu denen die Fürsten, die Frauen der Statthalter und die Töchter des Dogen gehören, so nimmt mit der Ausweitung des Textilgewerbes auch der Gebrauch der teuren Stoffe in den Städten zu. Ein Barometer dafür sind die seit dem 14. Jahrhundert in rascher Folge erlassenen Luxusverordnungen[16].

Vor allem das Stadtpatriziat, das seine Position vielfach dem Textilgewerbe verdankt, setzt alles daran, diese durch aufwendige Kleidung zur Schau zu stellen, wobei die einfachen klaren Schnitte der Renaissancekleidung die kostbaren Stoffe mit ihren großformatigen Mustern besonders hervorheben. In Frankreich, wo die italienischen Stoffe im 15. und 16. Jahrhundert ebenfalls zur Modekleidung gehören, versucht Franz I. durch eine Verordnung, 1532 das Tragen von Gold- und Silberbrokat sogar für Feudalherren zu verbieten und allein den Prinzen aus königlichem Haus zu erlauben. Auch die deutschen Kleidergesetze vertreten zu dieser Zeit eine ähnliche Richtung wie die übrigen europäischen Länder, die sich an der italienischen Mode orientieren. Trotz der verwirrenden Details dieser Erlasse und der Versuche der Obrigkeit, die Standeszugehörigkeit der Bürger und deren Würde mit der Elle zu bemessen, wird die Tendenz deutlich, die führende Rolle des Stadtpatriziats, das seine Stellung gegenüber dem niederen Adel mittlerweile festigen konnte, auch in der Kleidung zum Ausdruck zu bringen. Sind in der Hierarchie der Kleiderstoffe die kostbaren „Gold- und Silberstücke" den Souveränen und Fürsten, Verbrämungen der Kleider mit weniger gold- und silberbroschierten Stoffen von bestimmter Breite sowie silberne und goldene Borten und Bänder den Rittern und übrigen Vertretern des Adels erlaubt, so wird dieses Vorrecht seit dem Ende des 15. Jahrhunderts zunehmend den Patriziern zugestanden. In München etwa haben die Frauen der Geschlechter die Erlaubnis, eine 3/4 Elle Gold- und Silbergewebe für ihre Kleidung und bis zu einer 3/4 Unze Gold für Schleier und Hemden zu verwenden[17]. In der 2. Hälfte des 17. und im 18. Jahrhundert übernimmt Frankreich nicht nur die führende Position in der Mode, sondern entwickelt sich unter der Wirtschaftspolitik des französischen Ministers Colbert zum führenden Produzenten von Luxuswaren in ganz Europa. Vor allem Seiden und Brokate, Gold- und Silberspitzen und Tressen für die Männer- und Frauenkleidung werden zu begehrten Ausfuhrartikeln in die Nachbarländer.

Seit Anfang des 17. Jahrhunderts beginnen sich in verschiedenen Städten Süddeutschlands bei den Bürgerfrauen bereits gold- und silberbestickte Hauben, die im 16. Jahrhundert zuvor nur dem Adel und den Patrizierinnen zugestanden werden, gegen die offiziellen städtischen Ordnungen durchzusetzen. Ein Ansbacher Stadtpfarrer beklagt sich 1616 darüber, daß sogar „gemeiner mitreuter, ambtsdiener und burger weiber und töchter es so grob machen", daß sich in seinen Augen dagegen selbst die Frauen aus dem Adel des 16. Jahrhunderts wie einfache Handwerkerfrauen ausnehmen[18].

Um die Mitte des 18. Jahrhunderts zeigen die zahlreichen Verordnungen gegen „Gold- und Silbertrachten" in Süddeutschland, daß sich die Mode um diese Zeit bei den Bürgerfrauen bereits voll durchgesetzt hat. Wenn auch mit geringem Erfolg, versuchen die Behörden weiterhin, in der Stadt und auf dem Land die Entwicklung durch Bestrafung bei wiederholten Verstößen gegen die Kleiderordnung aufzuhalten. Besonders die Goldhauben, die in der 2. Hälfte des 18. Jahrhunderts zur bürgerlichen Festkleidung gehören, scheinen den Unwillen der Obrigkeit auf sich gezogen zu haben[19]. Dies zeigt etwa das Vorgehen von Münchner Amtsleuten, die am Neujahrsmorgen des Jahres 1749 einer großen Zahl von Frauen nach dem Kirchbesuch die goldverzierten Hauben vom Kopf reißen und einziehen[20]. Selbst die allem Modischen aufgeschlossenen weiblichen Dienstboten haben sich das Recht zum Tragen einer Goldhaube zu Ende des 18. Jahrhunderts ertrotzt[21], und auch die Landbevölkerung versucht es den Bürgern in der Kleidung nachzutun, wenngleich die Obrigkeit gerade hier besonders streng durchgreift[22].

Sind für die Luxusgesetze im 17. Jahrhundert zunehmend wirtschaftliche Gesichtspunkte maßgebend, hinter denen die religiös-moralischen Motivationen zurücktreten, so setzt sich diese Entwicklung im 18. Jahrhundert fort. Um die Mitte des Jahrhunderts geraten merkantilistische Politik und Gewerbeförderung schließlich in immer stärkeren Konflikt mit den alten ständischen Kleidergesetzen. So entstehen z. B. in Deutschland und Österreich zunehmend neue Gewerbe und Manufakturen, die als Ersatz für die teuren ausländischen Luxusartikel billige Galanteriewaren in Gold und Silber für den eigenen Bedarf herstellen und auf steigenden Absatz bei allen Schichten der Bevölkerung ausgerichtet sind, während die Kleiderordnungen auf Einschränkung des Bedarfs bei Bürgern, Dienstboten und bei der Landbevölkerung abzielen.

Diese Widersprüchlichkeit wird von der Obrigkeit durchaus gesehen und hat zur Folge, daß nach 1760 kaum mehr neue Verordnungen dieser Art erlassen werden. So lehnt z. B. in Österreich die für die inländischen Gewerbe zuständige Kommerzhofstelle im Interesse der einheimischen Industrie 1762 die von Kaiserin Maria Theresia beabsichtigte Neufassung der Kleidervorschriften ab. Allerdings stimmt die Kaiserin erst vier Jahre später der Auffassung ihrer Räte zu, die neben wirtschaftlichen Erwägungen vor allem auf die Undurchführbarkeit der Vorschriften hingewiesen hatten[23].

Ihren Höhepunkt erreicht die Goldhaubenmode erst nach Aufhebung der ständischen Kleiderordnung zu Beginn des 19. Jahrhunderts in den Städten entlang der Donau, von Regensburg bis nach Wien, wo sie zum vielbestaunten Kennzeichen biedermeierlicher Kleidertrachten gehört. Ausgangspunkt ist die Linzer Goldhaube, die in ihrer charakteristischen Helmform seit dem Ende des 18. Jahrhunderts als Bürgerhaube vorkommt. Mit Vorliebe wird sie von den Frauen und Töchtern der begüterten Eisengewerkefamilien Oberösterreichs getragen, die zu ihrer Verbreitung bis in die Steiermark und nach Kärnten beitragen.

Selbst um die Mitte des 19. Jahrhunderts, als nicht mehr Standeszugehörigkeit, sondern Vermögen über das Tragen der Hauben entscheidet, erscheint sie in den Augen der Landbevölkerung als typisch städtische, das Kopftuch dagegen als bäuerliche Kopfbedeckung[24].

Zahlreiche bäuerliche Festtrachten des 19. Jahrhunderts in Europa, die nach der Aufhebung der alten Ständeordnung die bürgerlichen Goldhauben übernehmen und weiterentwickeln, zeigen die gleiche Wertschätzung für glänzende, goldverzierte Stoffe wie die Kleidung von Adel und Bürgertum in den vorangehenden Jahrhunderten (Abb. 9)

Kleiderfarben des Adels im Mittelalter

Beklagen einzelne Gedichte des Hochmittelalters, daß sich die Bauern in rote, grüne und braune Kleider aus kostbaren Genter Tuchen kleiden, so wird damit sicher keine reale Zeitsituation skizziert, wonach die Landbevölkerung ihre dunkle, graue zugunsten farbiger Kleidung abgelegt hat. Vereinzelte Versuche, mittelalterliche Inventare für die Kostümgeschichte auszuwerten, deuten darauf hin, daß selbst der Großteil der Stadtbevölkerung zu dieser Zeit meist graue, braune und blaue Kleidung trägt[25]. Die Absicht solcher

Abb. 9
Goldhauben, 19. Jh., 1. Linzer Goldhaube, 2. Wallen-
horst/Osnabrück, 3. Mlada Boleslav/CSSR. Museum
für Deutsche Volkskunde SMPK Berlin (1/2), Museum
für Völkerkunde SMPK Berlin (3)

Gedichte geht eher dahin, selbst vereinzelte Versuche der unteren Schichten, sich der farbigen Kleidung zuzuwenden, als Anmaßung und Auflehnung gegen die festgelegte Weltordnung zu rügen. Noch vor der Ausbildung der eigentlichen Ständegesellschaft und reglementierender Kleiderordnungen im 14. Jahrhundert wird die Farbe im Mitittelalter ein wichtiges Kennzeichen sozialer Gliederung der Gesellschaft in Hörige und Unfreie, zu denen die Bauern gehören, auf der einen und Freie, Edle und Fürsten auf der anderen Seite. Volle Farbtöne gelten als schön und werden als Zeichen für Vornehmheit von der höfischen Gesellschaft getragen, alle gebrochenen, ins Schmutzige und Grau spielenden Töne als unschön betrachtet und den unteren Volksschichten als Zeichen ihrer niedrigen Herkunft zugewiesen. Diese Vorstellung, reine Farben auf der einen und unreine Töne auf der anderen Seite mit sozialen Wertvorstellungen zu verbinden, hat das Mittelalter nahezu zum Gesetz erhoben[26]. Der Adel wählt als Zeichen seiner Stellung leuchtende, tiefe Farbtöne. Als elegant und vornehm gelten die sieben Farben Rot, Blau, Grün, Gelb, Braun, Weiß und Schwarz. Bevorzugt wird allerdings Rot getragen, das in verschiedenen Spielarten vom leuchtenden Scharlach bis zum Karmesin vorkommt. Alle abgetönten Farben, selbst helles Rot, lichtes Blau oder Grün werden als unelegant abgelehnt[27]. Wenn die einzelnen Kleidungsstücke auch einfarbig bleiben, wird ihr Eindruck dadurch ins Bunte gesteigert, daß man für Ober- und Untergewänder verschiedenfarbige Stoffe wählt und diese wiederum mit andersfarbigem Futter versieht.

Um die Mitte des 14. Jahrhunderts allerdings hat die bäuerliche Bevölkerung bereits die Farben des Adels für sich erobert. Sie trägt einfarbige rote, grüne, gelbe oder leuchtend blaue Kleider sowie Kombinationen verschiedenfarbiger Teile. Damit büßt die Farbe ihre prägende Kraft als Kennzeichen des Adels ein. Dies hat zur Folge, daß die reinen wie die gebrochenen Farben als soziales Unterscheidungsmerkmal zwischen Adel und unteren Bevölkerungsgruppen aufgegeben werden. Erst als die alte Deklassierung der unreinen Farben aufgehoben ist, akzeptiert der Adel sie für die höfische Kleidung. Nur so ist zu verstehen, daß der burgundische Hof, dessen Prachtentfaltung in Europa als unerreicht gilt, von nun an neben Schwarz und Weiß auch Grau als Modefarbe wählt. Rot bleibt weiterhin vornehmste und bevorzugte Farbe und behauptet sich im Spätmittelalter als Vorrecht des Adels. Erst als in der Renaissance in italienischen Städten mit dem Erstarken des Bürgertums die Bedeutung des Adels abnimmt, verliert rote Kleidung ihre Bedeutung als Standesmerkmal. In Deutschland allerdings haben roter Mantel und rote Schuhe zu Beginn des 16. Jahrhunderts ihre alte Bedeutung noch nicht eingebüßt, sondern gelten noch immer als Privileg des Adels[28].

Abb. 10
Geteilte Tracht in horizontaler und vertikaler Aufgliederung, aus: Sachsenspiegel 14. Jh., Universitätsbibliothek Heidelberg

Miparti-Mode

Beginnen einerseits schon die gemusterten Stoffe im 15. Jahrhundert Einfluß auf die Mode zu nehmen, so versucht vor allem die Männermode andererseits noch immer die Farbigkeit durch Zusammensetzen verschiedenartiger Stoffe zu steigern. Vorgebildet in den livreeartig getragenen Wappenröcken des Hochmittelalters, übernehmen Adel und reiche Bürger die Miparti-Mode, die in Deutschland später als „geteilte Tracht" bezeichnet wird und in der mittelalterliches Farbempfinden seine letzte Steigerung erfährt (Abb. 10).

In der engen, körperbetonten Kleidung wird die männliche Gestalt in vertikale, zum Teil auch horizontale symmetrisch gegeneinander versetzte Farbabschnitte aufgeteilt. Häufig verwendete Farbkombinationen in der Kleidung sind Rot-Weiß, Rot-Grün und Rot-Gelb. Symmetrische Farbteilung wird allerdings bald durch asymmetrische vertikal angeordnete Streifen ersetzt[29]. Die Mode erfreute sich im 14. und vor allem im 15. Jahrhundert in den oberitalienischen Städten besonders bei jungen Adligen großer Beliebtheit, ebenso bei den Bürgern, denn gerade seit dieser Zeit verbieten zahlreich auftretende Kleiderordnungen die in mehr als zwei Farben geteilte Kleidung[30]. Noch konservativer verhält sich die Obrigkeit in den deutschen und Schweizer Städten. Sie wendet sich gegen jegliches Tragen geteilter und gestreifter Kleider in der erklärten Absicht, ihren Bürgern wiederum das Tragen einfarbiger Kleidung zu empfehlen. In Deutschland schätzen Adel und reiches Bürgertum Ende des 15. und zu Beginn des 16. Jahrhunderts mehrfarbig gestreifte, enge Beinkleider, deren grelle Farbwirkung durch die darüber getragenen dunklen Schauben allerdings stark zurückgedrängt wird[31].

Selbst die Frauenkleidung, die bisher wenig Anteil an dieser Mode hatte, nimmt nun die Elemente der Farbteilung auf und verbindet mit Vorliebe leuchtende Farbstreifen wie Rot und Gelb im Unterschied zur Männermode in horizontaler Anordnung[32].

Anfang des 16. Jahrhunderts erhält die Mipartimode durch Zierschlitze in der Kleidung einen neuen Akzent. Diese aus Italien stammende Modeneuheit, offenbar durch die Schweizer Fußtruppen von ihren Kriegszügen in Italien nach Norden gebracht, wird hier zunächst vom Adel und vom Bürgertum übernommen, ehe sie auch von den Landsknechten in Verbindung mit der „geteilten Tracht" aufgegriffen wird[33]. Besonders als die Schlitze in der Kleidung nach 1510 immer größer werden und das ganze Gewand überziehen, ist es von den Landsknechten in so abenteuerlicher Weise „zerhauen", „zerhackt" und mit farbigem, bauschigem Unterfutter ausgestattet worden, daß ihre Kleidung schließlich nur noch aus bunten Fetzen zu bestehen scheint. Die „zerhauene" Kleidung wird in den folgenden Jahrzehnten geradezu zu einem Standesmerkmal der Landsknechte in Deutschland, die in ihrer grellen Farbigkeit auch in der zweiten Hälfte des 16. Jahrhunderts erhalten bleibt, als Adel und Bürgertum in Deutschland sich bereits den dunklen Kleiderfarben zuwenden[34]. Die Farbigkeit der Tracht der Schweizer Fußtruppen blieb in der Kleidung der Schweizergarde des Papstes erhalten (Abb. 11).

Die Bürger der Städte

Den Wunsch der wohlhabenden Renaissancebürger, ihre neu gewonnene Machtposition in der Kleidung zu zeigen, bringt nichts besser zum Ausdruck als Schaube und Barett, die im 16. Jahrhundert als bürgerliche Standeskleidung schlechthin gelten. Allerdings wird unter dem Einfluß der Reformation die Kleidung immer dunkler, bis sie in der 2. Hälfte des 16. Jahrhunderts in das feierliche Schwarz der spanischen Mode

einmündet. Auf der anderen Seite zeigen verschiedene Gemälde der Zeit, daß außer dem Adel selbst Patrizier und Kaufleute stark farbige Kleidungsstücke bevorzugen, mit Vorliebe aus karmesin- und rosenroten Seidenstoffen.

Als im Zeitalter der Entdeckungen das Interesse an fremden Völkern und Kontinenten zunimmt, entstehen seit der 2. Hälfte des 16. Jahrhunderts in ganz Europa Trachtenbücher, die die Kleidung fremder Länder und Völker und ebenso die der eigenen Nation abbilden. Selbst Reisetagebücher und Stammbücher enthalten vielfach farbige Darstellungen von Kleidertrachten. In Deutschland beschäftigen sich die Trachtenbücher ausführlich mit den süddeutschen Handelsstädten Nürnberg und Augsburg, die zu dieser Zeit auch in der Mode eine führende Rolle spielen[35].

In den Trachtenbüchern paradieren die Stände in ihrer Kleidung, in der sie bei Hochzeiten, Begräbnissen und selbst beim Kirchgang auftreten, in streng hierarchischer Anordnung vom Patrizier bis zur Dienstmagd. In der Männerkleidung hat sich Schwarz als vornehmste Farbe durchgesetzt, wenngleich für Wams und Hose vielfach Braun oder Braunviolett eine gewisse Belebung bringen. Auch in der Frauentracht macht sich der Einfluß der spanischen Mode in der schwarzen Kirchgangskleidung bemerkbar. Darüber hinaus wird durch farbigen Kleiderbesatz in klaren, kräftigen Farbtönen, besonders in Rot und Grün, ein kontrastreicher Farbeindruck in der weiblichen Kleidung erzielt, der an die mittelalterliche Tracht erinnert. Beliebt zur dunklen Tracht sind rote Unterröcke, die unter dem geschlitzten Überrock sichtbar getragen werden oder nur durch Anheben des Oberkleides hervorblitzen. Schwarz als vornehmste Farbe hat sich in der zweiten Hälfte des 16. Jahrhunderts selbst in der Hochzeitskleidung der Augsburger Patrizierinnen, allerdings mit goldgelben Besatz- und Futterstoffen versehen, durchgesetzt.

Ganzfarbige Kleider in kräftigen Tönen sind den höchsten Festanlässen vorbehalten[36]. In mehreren deutschen Städten tragen die Patrizierinnen zur Hochzeit rote Kleider in unterschiedlichen Tönen von Karmin über Purpur bis Violett. Dazu kommt ein leuchtendes Scharlachrot, das vorwiegend in der Unterkleidung hervortritt. Reiche Abstufungen in der Farbigkeit zeigt die Nürnberger Tracht[37]. Vorherrschend in der Kleidung der „Kronenbraut" sind violette, bis ins Purpur spielende Töne der langen, als Obergewand getragenen Schaube, die bis ins 18. Jahrhundert zur Hochzeitskleidung gehört, und zu der ein leuchtend roter Unterrock getragen wird[38].

Unverheiratete Mädchen aller Stände tragen zur Festkleidung außerdem grüne Röcke mit einzelnen oder zahlreichen roten Besatzstreifen, während Schwarz nur sehr selten auftritt. Als besonders vornehm gelten für die Töchter des obersten Standes, wenn sie zum Tanz oder als Brautjungfern gehen, rosafarbige, ins bläuliche übergehende Oberkleider, die offenbar mit den in Nachlaßinventaren genannten „leibfarbigen" Kleidungsstücken übereinstimmen. Häufig werden sie mit grünen Besatzstreifen versehen[39]. Rot in dunkleren Tönen, insbesondere kostbares Karmesin, das die Kleiderordnungen den Bürgern immer wieder verbieten, tragen mit Vorliebe verheiratete Patrizierfrauen in verschiedenen Städten, häufig mit großen Mustern, nach der Mode der italienischen Seidenstoffe des 15. und 16. Jahrhunderts.

Der Quellenwert solcher Trachtendarstellungen ist häufig in Zweifel gezogen worden. Vergleicht man sie aber mit städtischen Aussteuerlisten und Nachlaßinventaren, so zeigt sich eine grundsätzliche Übereinstimmung in der Farbigkeit einzelner Kleidungsstücke, andererseits wird deutlich, daß der Gesamteindruck der Frauentracht sehr viel farbiger gewesen ist, als dies die Trachtenbilder vermuten lassen. Kleiderverzeichnisse Nürnberger Patrizierinnen aus der Mitte und der 2. Hälfte des 16. Jahrhunderts nennen ganze Kleider in Schwarz und Rot, Röcke in Weiß, Rot, Grün und Schwarz und Unterröcke in Rot, Grün, Gelb, Braun und Schwarz sowie schwarze lange Mäntel mit farbigem Unterfutter, die ebenfalls in den bildlichen Darstellungen vorkommen[40]. Im Unterschied zu den Trachtenbildern erwähnen die Inventare eine große Zahl verschiedenfarbiger Schauben, die, über den Kleidern getragen, ein wesentlich lebhafteres Bild vermitteln. Zum Nachlaß der Hedwig Löffelholz z. B. gehören bei ihrem Tod 1537 acht Schauben, darunter solche in leuchtendem und dunklem Rot, in Sittichgrün mit rotem Besatz und in Schwarz[41]. Selbst vierzig Jahre später hat die farbige Schaube als modisches Paradestück nichts an Attraktivität verloren[42].

Die Frauentracht der Bürgerinnen in Deutschland zeichnet sich im 16. Jahrhundert durch kräftige klare Farbtöne wie Rot, Grün oder Gelb in starken Kontrasten und ungemusterten Stoffen aus, die sich neben der zunehmend dunkler werdenden Kleidung behaupten. Italien und Frankreich sind in ihrer Kleidung dem Schwarz der spanischen Mode weit weniger gefolgt als die übrigen Länder Europas. Vor allem in Italien werden mit Vorliebe gemusterte Samt- und Seidenstoffe in Gelb, Blau, Grün oder Rot-Blau bevorzugt, die mit einfarbigen Unterkleidern kombiniert werden.

Im 17. Jahrhundert verstärkt sich in der bürgerlichen Repräsentationstracht die Neigung zu schwarzer Kleidung, nicht zuletzt unter dem Einfluß der Mode der calvinistisch geprägten Niederlande. Zur dunklen Bürgerkleidung trägt man auch in Holland gern hellrote Unterröcke, deren kontrastierende Farbwirkung bei aufgerafftem Oberrock zur Geltung kommt. Zudem zeigen verschiedene Gemälde mit Darstellungen aus dem bürgerlichen Alltagsleben, daß sich Rot als Klei-

derfarbe auch in der Kleidung der einfachen Bürgerfrauen und Dienstboten behauptet[43]. In der 1. Hälfte des 17. Jahrhunderts kommen neben der dunklen Kleidung bei den wohlhabenden Bürgerinnen zunehmend glänzende Atlasseiden in hellen rosenroten, blauen und gelben Tönen in Mode (Abb. 12, 13).

In Deutschland tritt die schwarze Kirchgangskleidung immer stärker in den Vordergrund, und ähnlich wie 1673 in Freiberg in Sachsen, bestimmen zahlreiche Städte, „es solle niemand in andern als in schwarzen Kleidern zur Kirche kommen"[44]. Demgegenüber versucht die Obrigkeit, den Aufwand der schwarzen Trauerkleidung sowohl bei den Bürgern wie beim Adel einzudämmen[45].

Grüne Kleidung ist im 17. Jahrhundert als Kennzeichen des bürgerlichen Standes vielfach getragen worden. Dies gilt z. B. für eine einfache Nürnberger Bürgerbraut, deren rotes Kleid im Unterschied zur Patrizierin und als Kennzeichen ihres Standes mit einem breiten dunkelgrünen Stoffbesatz versehen ist. Die dazugehörenden Brautjungfern schließlich tragen statt des roten Brautkleides in einer weiteren Abstufung eine moosgrüne Tracht mit dunkelgrünem Besatz[46]. Solche Zuordnungen lassen sich allein aus bildlichen Darstellungen des 17. Jahrhunderts ablesen, während die zeitgenössischen Kleiderordnungen keine vergleichbaren Aussagen bieten. Hier führen obrigkeitliche Erlasse anderer Art weiter, die Farbigkeit zur Kennzeichnung der Aussteuermöbel verschiedener Stände einsetzen. 1653 erläßt der Braunschweiger Rat eine Verordnung, nach der die Brauttruhen des ersten Standes rot, des zweiten grün, des dritten licht- und dunkelgrün und des vierten mit „geringer" Farbe gestrichen sein sollten. Hier werden die gleichen Farbabstufungen von Rot und Grün als Abzeichen der verschiedenen Bürgerschichten eingesetzt, wie dies bei der Nürnberger Tracht zu beobachten ist[47]. Auch später hat Grün, wie es die Bürger tragen, seine Gültigkeit als Standesmerkmal nicht verloren. So erscheint es verwunderlich, daß König Friedrich Wilhelm I. von Preußen diese Farbe als wenig angemessen, ja als unschön empfindet und aus seiner Kleidung verbannt. Selbst auf der Jagd, wo Grün auch beim Adel allgemein verbreitet ist, verzichtet er darauf und trägt stattdessen einen dunkelblauen Rock.

Als das Patriziat zu Beginn des 18. Jahrhunderts seine führende Rolle in den Reichsstädten einbüßt, nimmt auch sein Einfluß auf die bürgerliche Standeskleidung ab. Selbst die alte rote Hochzeitstracht der Nürnberger Patrizierinnen, die aus der reichsstädtischen Blütezeit übernommen und fast 200 Jahre konserviert wird, verliert um die Mitte des 18. Jahrhunderts ihre allgemeine Verbindlichkeit[48]. Dennoch bewahrt auch im 18. Jahrhundert die bürgerliche Hochzeitstracht ihre führende Position unter den weiblichen Standestrachten, deren Farbigkeit durch die

Abb. 11
Hellebardier der Schweizergarde, kolorierte Kreidelithographie. Kunstbibliothek SMPK Berlin

Abb. 12, 13
Sechs bürgerliche Frauentrachten, monogr. AMH fecit,
deutsch? 1. Hälfte 17. Jh., Deckfarbenmalerei. Kunstbibliothek SMPK Berlin

prägende Kraft der schwarzen Kirchgangskleidung immer stärker zurücktritt. Die einfache Augsburger Bürgerbraut trägt um 1725 bereits ein schwarzes Oberkleid, den sogenannten Justaucorps[49]. Darunter wird ein scharlachroter Rock sichtbar, der als Ausdruck höchster Farbigkeit in der städtischen Hochzeitskleidung sowohl von der Braut als auch von den geladenen weiblichen Hochzeitsgästen zur Schau getragen wird, während er in Nürnberg um die Mitte des Jahrhunderts bereits unter dem schwarzen Überrock verschwunden ist[50] (Abb. 14, 15, 16).

Modisch aufgeschlossener als das konservative Patriziat verhalten sich neben den Kaufleuten die zu Wohlstand gelangten Handwerker. Überwiegen im 17. Jahrhundert auch in Frankreich noch dunkle Kleider in Schwarz, Violett, Grau und vor allem Braun aus Wolle und Leinen, bisweilen sogar aus Seide, so werden gegen Ende des Jahrhunderts bereits nach höfischem Vorbild leuchtende Farben, Rot, Blau und Gelb, getragen. Zu Beginn des 18. Jahrhunderts nimmt bei den Handwerkern der Kleideraufwand und mit der Vorliebe für die neue Rokokomode auch die Freude an heller Farbigkeit und gebrochenen Kleiderfarben zu. In der zweiten Jahrhunderthälfte hat sich die bürgerliche Kleidung vielfach ganz der höfischen Modefarbigkeit angepaßt. Die Frau eines französischen Perückenmachers, eines im 18. Jahrhundert meist sehr wohlhabenden Handwerkers, hinterläßt 1779 neben Kleidern aus weißem und braunem Taft solche aus rosa und hellblau gestreifter Seide, gemustertem Indienne und gelbem Leinen. Enthält dieser Nachlaß eine breite Palette heller modischer Farben, so zeigt ein Vergleich mit der Frau eines Webergesellen, deren Kleider aus blaugestreiftem Leinen bestehen, daß weiterhin starke Unterschiede in der Farbigkeit der Kleidung zwischen einzelnen Bürgerschichten bestehen[51].

In der Männerkleidung bleibt der braune Wollrock, der im 17. Jahrhundert getragen wurde, in Deutschland während des ganzen 18. Jahrhunderts angemessene Standeskleidung des einfachen Bürgers. Braune unverzierte Wollröcke ohne Tressen und Bortenbesatz mit Kniehosen trägt der Kaufmann, der Schultheiß ebenso wie der Handwerker[52]. Anders als bei der ungefärbten bäuerlichen Lodenkleidung in bräunlichen Mischtönen, kommen verschieden gefärbte Töne von Dunkelbraun bis zum Rotbraun vor, das besonders von Wirten geschätzt wird[53].

Schwarz als Kleiderfarbe hat sich besonders in der Kirchgangstracht gehalten, die zugleich als bürgerliche Repräsentationskleidung getragen wird. In Frankreich gilt der schwarze Tuchrock und gegen Ende des 18. Jahrhunderts der schwarze Frack als Kleidung der Vertreter des Standes in der Nationalversammlung, und selbst nach Auflösung der alten Ständeordnung hat er einen so gewichtigen Platz in

der bürgerlichen Mode inne, daß er das ganze 19. Jahrhundert hindurch als ein Standesabzeichen verwendet wird[54].

Amtstrachten

War es einerseits das Vorrecht der höheren Stände, durch Farben die Buntheit ihrer Kleidung zu steigern, ist das mehrfarbige Wappenkleid des 12. und 13. Jahrhunderts andererseits Zeichen der Abhängigkeit der Ministerialen und Dienstleute, die mit ihrer geteilten Tracht das enge Dienstverhältnis zu einem adligen Herrn mit ihrer ganzen Person zum Ausdruck bringen, auch wenn sie einer höheren Schicht der Gesellschaft angehören. Die Vasallen der mittelalterlichen Ritterheere tragen auf ihrem Waffenrock die Farben ihres Lehnsherrn als Zeichen ihrer Gefolgschaft zur Schau und legen diese vielfach auch bei Turnieren und Festen an[55].

Im 14. Jahrhundert übernehmen die Städte in Frankreich und Italien die farbig geteilte Tracht, die auf heraldische Farben zurückgeht, als offizielle Uniform für Amtsdiener und andere städtische Bedienstete, die diese als amtliche Beauftragte ausweist[56]. Im 15. Jahrhundert ist es schließlich in ganz Europa üblich, bei offiziellen Anlässen, Festen und Aufzügen den Hofstaat der Fürsten, die zahlreichen Vertreter der Städte, Beamte und Kriegsleute in die gleichfarbigen Wappenfarben zu kleiden. Einem Beschluß des Berner Rates von 1426 zufolge werden alle Amtsleute einschließlich der Zimmerleute, Maurer, der übrigen Handwerker in städtischem Dienst sowie der Boten in die Berner Farben Rot und Schwarz gekleidet[57]. Diese Uniformierung trifft in besonderem Maß auf die städtischen Soldaten, die Stadtknechte, auf die Stadtmusikanten zu, die in Nürnberg seit 1450 „in der Farb", d. h. in den Wappenfarben Weiß-Rot gehen[58].

In der 2. Hälfte des 16. Jahrhunderts wird die Wappenfarbigkeit in den Amtstrachten weitgehend zurückgedrängt und bezieht sich nur noch auf den Männerrock. In den meisten Fällen beschränkt sich die Kennzeichnung der städtischen Farben für die Amtsdiener nur noch auf ein auf die Brust geheftetes Wappenschild aus Metall[59]. Als Uniform hat die geteilte Kleidung der Stadtknechte in Nürnberg die Zeit überdauert, bis sie 1813 im Krieg gegen Napoleon gegen die blauen Uniformen der bayerischen Armee ausgetauscht werden[60].

Das alte Abhängigkeitsverhältnis, das in der geteilten Kleidung der einfachen städtischen Bediensteten und der von der Fürsorge der Stadt abhängigen Personen zum Ausdruck kam, setzt sich z. B. in der Kleidung der Findel- und Waisenkinder verschiedentlich fort[61]. Völlig abgelöst aus ihrem ehemaligen Zusammenhang erscheint die Kleidung der Mädchen des Waisenhauses in Amsterdam, denen noch Ende des 19. Jahrhunderts schwarz-rot geteilte Kleidung nach den Amsterdamer Stadtfarben vorgeschrieben ist, als die Miparti-Kleidung schon lange nicht mehr als tragbare Tracht gilt. In dieser Vereinzelung wird die Zweifarbigkeit zum Kennzeichen für die Mädchen, die der städtischen Fürsorge unterstehen, und ist den Mädchen regelrecht auf den Leib geschneidert[62].

Seit dem Spätmittelalter entsteht in den Städten Frankreichs eine neue Oberschicht, die nach der Ablösung der Herrschaftsbefugnisse des Adels die innerstädtischen Verwaltungsaufgaben wahrnimmt. Die Vertreter dieses neuen Beamtenstands, die ihre Gelehrsamkeit den Universitäten verdanken, tragen ihrem hohen Amt angemessen lange Talare, ähnlich wie die Vertreter der Kirche. Ihre Vorläufer hat die neue Standestracht in den langen Hofkleidern der Fürstenhöfe, die ihren Beamten zuerst eine eigene Amtskleidung vorschreiben. Diese richtet sich zum Teil nach den Wappenfarben des Landesherrn. Die Ratsherren in Burgund tragen ein schwarzes langes Samtkleid, nach der Wappenfarbe Karls des Kühnen. Die lange Robe übernehmen vor allem die vom König eingerichteten obersten französischen Gerichte, die sogenannten Parlamente, deren Mitglieder nach ihrer besonderen Bekleidung den Namen *gens de robe longue* erhalten. Ihre Roben unterscheiden sich in den einzelnen Provinzen nach ihren Farben, wobei nach dem Vorbild der Geistlichkeit Schwarz, Rot und Violett vorherrschen. Die Parlamente von Paris und Toulouse sind gleichermaßen rot gekennzeichnet. Die lange farbige Robe wird schließlich auch von Richtern, Advokaten und Prokuratoren übernommen, wobei die Advokaten in verschiedenen Landschaften Frankreichs bevorzugt Violett tragen[63].

Eine wichtige Rolle spielen die Amtstrachten in Deutschland im 16. Jahrhundert, als die Differenzierung der Stände in den Städten voll ausgebildet ist[64]. Bürgermeister und Ratsherren übernehmen für offizielle Anlässe die schwarze Schaube aus der zeitgenössischen Mode, einen langen Mantel, den bereits die evangelischen Geistlichen und Gelehrten zu dieser Zeit tragen. An dieser Grundform der Kleidung aus der reichsstädtischen Blütezeit des 16. Jahrhunderts halten die Magistrate vielfach sogar bis ins 18. Jahrhundert fest. Ergänzungen aus der Mode des 17. Jahrhunderts sind ein spanischer Hut und eine weiße Halskrause[65]. Sie werden, wie in Nürnberg, um die Mitte des 18. Jahrhunderts aufgegeben[66]. Dies fällt in eine Zeit, als in Europa Uniformen zunehmend die offizielle Kleidung bestimmen und, selbst als Hofkleidung anerkannt, den alten bürgerlichen Standestrachten den Rang ablaufen, noch ehe sie endgültig verschwinden[66a].

Da die Hohen Schulen des Mittelalters zunächst rein kirchliche Institutionen darstellen, gilt auch als Klei-

dung der Universitätslehrer das lange geistliche Gewand von dunkler Farbigkeit. Selbst in Paris, wo bereits aus dem 13. Jahrhundert Nachrichten über eine akademische Kleidung vorliegen, wird im 14. Jahrhundert als Kleidung der einzelnen akademischen Grade nur eine lange Robe in Schwarz, Blau oder „einer anderen bescheidenen Farbe" genannt[67]. In Italien spielen an der Universität Bologna bereits vor der Mitte des 14. Jahrhunderts bei den Doktoren der Rechte und der Medizin lange farbige Mäntel zur Kennzeichnung ihrer Fakultäten eine Rolle. In der ersten Hälfte des 16. Jahrhunderts werden dafür Purpur, Violett und Schwarz genannt[68].

Die Kleidervorschriften der Universitäten, die unabhängig neben den obrigkeitlichen Verordnungen der Städte bestehen, sind vor allem auf eine einfarbige, der Würde der Hohen Schulen angemessene Kleidung bedacht[69].

Im 15. Jahrhundert werden verschiedenfarbige Kleider und Kopfbedeckungen zur Kennzeichnung der Vertreter einzelner Fakultäten an französischen, italienischen und deutschen Universitäten gleichermaßen verwendet. In Erfurt tragen die Doktoren der Rechte und der Arzneikunde 1447 rote, die Meister der Künste violette und die Theologen schwarze Birette. Auch nach der Reformation, als die Gelehrten der neugegründeten Universitäten den Luthertalar übernehmen und nur noch die katholischen Geistlichen weiterhin die traditionelle Soutane tragen, bleibt die farbige Kennzeichnung der einzelnen Fakultäten weiterhin erhalten. Ist Rot als Farbe der Rechtswissenschaften an den meisten Universitäten verbindlich, unterscheiden sich die Farben der theologischen Fakultät an verschiedenen Universitäten. Gilt in Paris, Oxford, Cambridge und an einzelnen deutschen Universitäten Schwarz als Fakultätsabzeichen, wird Weiß, die liturgische Festfarbe, an spanischen Universitäten eingesetzt. Daneben sind Gelb und Grün die Farben der Mediziner und Blau der Philosophen[70].

Mit der Französischen Revolution geht die Zeit der alten akademischen Trachten und ihrer Farben zu Ende. Als mit der napoleonischen Ära im zivilen Bereich die Uniformierung alle staatlichen Institutionen in Europa erfaßt, setzen auch Bemühungen um Wiederbelebung der akademischen Kleidung ein, die z. B. in Preußen 1842 zur Einführung des sogenannten Lutherrocks führten[71]. Als Fakultätsfarben gelten hier Purpur für die Juristen, Violett für Theologen, Scharlachrot für Mediziner und Dunkelblau für Philosophen[72]. Talare und Farben als Zeichen der Fakultätenuniversität verschwinden während der Studentenbewegung 1968 in Deutschland weitgehend (Abb. 17, 18, 19, 20).

Eine Berufsgruppe, die schon früh eine eigene Kleidung ausbildet, sind die Bergleute, die seit dem Spätmittelalter den Landesherren als den Grund- und Realherren unterstehen. Als Untergebene der Fürsten,

Eine gemeine Fraü

Eine fraü im Sommer in die Kirche gehend

die als Unternehmer im Bergbau auftreten, ist die Kleidung der Bergleute auch die der Hofbediensteten. Tragen hohe Bergbeamte im 16. Jahrhundert zunächst schwarze Tracht, so ist der weiße Leinenkittel mit Gugel und schwarzem ledernen Hinterschurz die Arbeitskleidung der Bergknappen, die im 17. Jahrhundert zum Vorbild für die bergmännische Festkleidung im Erzbergbau wird[73]. In der Zeit absolutistischer Machtentfaltung entwickeln sich um die Wende vom 17. zum 18. Jahrhundert feste Paradetrachten, vor allem im an Silbergruben reichen Sachsen. Ihre Formen orientieren sich an den militärischen Uniformen und zeigen eine hierarchische Gliederung aller Berufssparten vom Berghauptmann bis zum Bergjungen an. In ihren Farben bleibt die Paradeuniform der Erzbergleute bei Weiß mit grünen Beschlägen. Die Farben des Hutes kennzeichnen, dem militärischen Vorbild folgend, die einzelnen Bergreviere[74] (Abb. 8).

Handwerker- und Berufsfarben

Ein Volkslied, das den Metzgern rote, den Färbern blaue, den Schornsteinfegern schwarze Kleider als Berufsfarben zuschreibt, vermittelt uns heute den Eindruck, als habe sich die feste Kennzeichnung seit Jahrhunderten unverändert erhalten[75]. Überblickt man die Entwicklung der Handwerke und Zünfte seit dem Spätmittelalter, zeigt sich allerdings, daß ihre Kleidung zunächst ständische Kleidung, die Farbigkeit erst eine sekundäre Entwicklung ist. Die gesellschaftliche und soziale Stellung der Handwerker innerhalb der städtischen Hierarchie wird zunächst durch ihre Zugehörigkeit zu einem Stand gekennzeichnet, und auch ihre Kleidung ist durch Regeln und Vorschriften bestimmt, die die Kleiderordnungen abstecken. Da die zünftigen Handwerker ihre Position zunächst nur als Mitglieder ihres Standes zum Ausdruck bringen kön-

Abb. 14, 15, 16
Drei Augsburger Frauentrachten, Deckfarbenmalerei,
Augsburg 1720/30. Kunstbibliothek SMPK Berlin

nen, tragen sie die Kleidung der einfachen Bürger, die
nach dem Patriziat und dem Kaufmannsstand auf der
untersten Stufe der städtischen Hierarchie stehen[76]. In
den Reichspolizeiordnungen des 16. Jahrhunderts
werden ihnen wie den Bauern nur inländische Stoffe
zugestanden[77]. Verboten bleiben bestickte, geschlitz-
te und verbrämte Kleider, die sich allerdings auch bei
den einfachen Bürgern zu Beginn des 16. Jahrhunderts
großer Beliebtheit erfreuen[78]. Als sichtbares Merkmal
für den sozialen Aufstieg durch Wahl in den Rat ist es
Handwerkern und ihren Familien im 16. und 17. Jahrhundert erlaubt, die Kleidung des nächst höheren
Standes zu tragen und sich wie die Kaufleute zu kleiden[79].
Trachtenbücher des späten 16. Jahrhunderts widmen
bereits der Kleidung der Handwerkerfrauen eigene
Abbildungen. Auch Handwerkertöchter erscheinen in
ihrer Festkleidung zum Tanz im roten Rock, der im

Unterschied zu dem der Jungfern aus dem Patriziat
einen grünen Besatz trägt[80]. In Frankreich ist noch
während der Regierungszeit Ludwigs XIV. selbst die
Sonntagskleidung der Handwerker vorwiegend von
dunkler Farbe, ehe sich Ende des 17. Jahrhunderts
eine zunehmende Angleichung der Kleidung an die
höheren Bürgerschichten und ihre Farbigkeit vollzieht[81]. In Deutschland wird die braune Sonntagstracht bei Handwerkern und ihren Frauen im 18. Jahrhundert weiterhin getragen, wenngleich sich in der
zweiten Jahrhunderthälfte der Einfluß der höfischen
Kleidung und die Anziehungskraft der farbigen Uniformen prägend auf die Kleidung auswirkt[82].
In erster Linie als Repräsentationskleidung ausge-
wiesen, wird die Standestracht auch zu den Amtshandlungen der Zünfte getragen. Bei den offiziellen
monatlichen Visitationen der Handwerkswaren durch
die Innung erscheinen die Nürnberger Innungsmei-

ster im Bürgerkleid des 16. Jahrhunderts, in schwarzer Schaube und Barett, die wie die verschiedenen Amtstrachten bis zur Mitte des 18. Jahrhunderts unverändert erhalten bleiben. Eine spätere Ergänzung ist die weiße Mühlsteinkrause aus der Mode des 17. Jahrhunderts[83]. Nicht alle städtischen Zünfte bleiben im 18. Jahrhundert bei dieser altmodischen Tracht. Sie übernehmen den Justaucorps nach der französischen Mode vielfach in schwarzer Farbe[84].

Im Laufe des 16. Jahrhunderts haben sich die Zünfte offenbar das Recht erkämpft, als Kennzeichen ihrer Zusammengehörigkeit und ihrer Stellung bei den jährlichen Umzügen zu Neujahr und in katholischen Gebieten bei Fronleichnams-Prozessionen in einer farbigen Kleidung aufzutreten, die der des Patriziats nur wenig nachsteht. Allerdings sind noch kaum schlüssige Aussagen darüber möglich, wie sich dieser Farbenkanon entwickelt hat, da bisher keine Untersuchungen zu diesem Thema vorliegen. Einzelne Belege geben aber zu der Vermutung Anlaß, daß die Farben der Zunftfahnen auf die Kleidung der Handwerker Einfluß genommen haben. So tragen die Nürnberger Messerschmiede um 1600 schwarz-, gelb-, rot-gestreifte Pluderhosen nach den Farben ihrer mitgeführten Fahne[85]. Auch die zahlreichen Verbote der bunten Miparti-kleider im 16. Jahrhundert lassen vermuten, daß sie offenbar über den modischen Zeitgeschmack hinaus prägend für die Handwerkerkleider gewesen sind[86].

Im 17. und in der 1. Hälfte des 18. Jahrhunderts, als die einzelnen Zünfte mit großen städtischen Umzügen einen farbenprächtigen Eindruck bieten und einen Abglanz ihrer einstigen Bedeutung vermitteln, hat sich sicher nicht ohne den prägenden Einfluß der Hofuniformen und Militärkleider in einzelnen Städten ein fester Farbgebrauch entwickelt. Die folgende Schilderung eines Chronisten aus dem 19. Jahrhundert zeichnet ein Bild von der Vielfalt der Zunftfarben, wie sie im 18. Jahrhundert in München getragen wurden, ehe sie als Teil der alten Ständegesellschaft mit der Französischen Revolution verschwinden: „Eine alte Münchener Stadtchronik berichtet: Bäcker, Melber und Müller trugen hellblaue Röcke; Bräuer und Wirthe rothbraune; Bader scharlachrothe; Färber dunkelblaue; Lederer lederfarbige (chamois); Metzger hochrothe; Gärtner grasgrüne mit weißen oder rosenrothen Westen; Schuhmacher blaue Röcke. Es ist allerdings nicht so lange her, daß von hiesigen Bürgern an solcher Gewohnheit noch gehalten wurde. Bräuer und Wirthe unterschieden sich noch vor kurzer Zeit durch dunkelbraune Kleider, mit großen silbernen Knöpfen auf Rock und Weste besetzt; die staubenden Gewerbe tragen noch jetzt gerne hellblau; aber im allgemeinen sind die bürgerlichen Standeskennzeichen verschwunden ...“[87] Der Hinweis auf die Kleidung der Münchner Bäcker, Melber und Müller zeigt, daß die Handwerkerfarben durchaus regio-

nale Unterschiede aufweisen. Handelt es sich bei den hellblauen Röcken offenbar um eine bayerische Besonderheit, so gilt als Kennzeichen der Müller[88] in anderen Gebieten die weiße Farbe ebenso wie für die Friseure.

Sprechen wir heute von der weißen Berufskleidung des Arztes und der Krankenschwester, der schwarzen des Schornsteinfegers, der grünen des Försters oder der weißen Mütze des Kochs, so denken wir dabei in erster Linie an Arbeitskleidung. Blicken wir zurück, so hat seit dem Spätmittelalter nur die Schürze oder der braune Lederschurz diese Funktion. Als Schutzkleidung ist der Lederschurz auch später und selbst in unserem Jahrhundert von Schmieden und Schustern getragen worden[89]. Eine ähnliche Bedeutung wie die weiße Schürze für Bäcker oder die grüne für die Gärtner hat die blaue für die Färber, die auf ihren lange geübten Umgang mit Waid und Indigo zurückgeht. Diese blaue Schürze gilt nicht nur als Arbeitskleidung, sondern wird von den Gesellen auf der Wanderschaft auch als Erkennungszeichen ihres Handwerks getragen[90].

Zu Berufstrachten, die sich aus der Arbeitskleidung entwickeln, gehören das schwarze Habit der Schornsteinfeger und die dunkelblaue Kleidung der Seeleute. Den Kleiderfarben der unteren Volksschichten angepaßt, besteht die Tracht der Schornsteinfeger im 16. Jahrhundert zum Teil aus braunem und grauem[91] oder, ihrer Tätigkeit angemessen, aus schwarzem Stoff[92]. Ihr Kennzeichen bleibt bis ins 19. Jahrhundert trotz unterschiedlicher, der Mode angepaßter Beinkleider, ein Kittel mit Kapuze als Kopfschutz, der in der Arbeitskleidung des Spätmittelalters und der frühen Neuzeit mehrfach vorkommt. Den Wechsel der Mode markieren die schwarzen Kopfbedeckungen vom hohen spitzen Hut nach spanischer Mode aus dem späten 16. Jahrhundert über den Dreispitz des 18. Jahrhunderts bis hin zum Zylinder der Biedermeierzeit, der sich um 1850 durchsetzt und bis ins 20. Jahrhundert Merkmal der Schornsteinfeger bleibt[93].

Die dunkelblaue Tracht der Seeleute nimmt ihren Ausgangspunkt von der Kleidung der baskischen Seefahrer mit blauer Tuchmütze und weiter langer Hose, die von den seefahrenden Nationen im 17. und 18. Jahrhundert beibehalten wird, ehe im 19. Jahrhundert unter dem Einfluß Englands eine Uniformierung einsetzt. Seither gilt in aller Welt dunkles Blau als Grundfarbe der Seemannskleidung. Nur im Sommer werden die marineblauen Hosen durch weiße ersetzt[94].

Der „Blaue Montag“ als arbeitsfreier Tag der Handwerksgesellen ist uns heute in der Bezeichnung „blau machen“ zumindest dem Sinn nach bekannt. Die Tradition dieses Brauchs reicht in das 14. und 15. Jahrhundert zurück, als sich die Gesellen in verschiedenen europäischen Ländern für ihre Versammlungen und Bruderzechen einen freien Tag erkämpft hatten, der zunächst „guter Montag" und seit dem 16. Jahrhundert „Blauer Montag" heißt. Es gibt verschiedene Begründungen, von denen die eine den Namen mit der blauen Sonntagskleidung in Verbindung bringt, die die Gesellen als Standeskleidung der unteren Schichten an diesem Tag tragen[95]. Heute allerdings neigt die historische Forschung einer anderen Deutung zu. Danach knüpft sich der Begriff an die Tage dieser Gesellentreffen, die ursprünglich mit kirchlichen Terminen in der Fastenzeit zusammenfielen, an denen Blau als Kirchenfarbe an verschiedenen Orten üblich war[96].

Die Bauern

Der „graue Leibrock" gilt in mittelalterlichen Urkunden als feststehender Begriff für die Alltagskleidung der Hörigen und Unfreien, zu denen vor allem die Bauern gehören[97], und grau sind auch die Kleider, die Adlige und Bürger jährlich den Armen stiften[98]. Vergegenwärtigen wir uns, daß dem verachteten Bauern nur die unreinen und dunklen Farben für seine Alltagskleidung erlaubt sind, so steht der graue Rock für diese Standeskleidung schlechthin. In verschiedenen Bildquellen, wie der Heidelberger Bilderhandschrift des Sachsenspiegels vom Beginn des 14. Jahrhunderts, zeigt die Tracht der Bauern die gebrochenen Grau-, Braun- und Braunviolettöne ungefärbter Woll- und Leinen- oder Wergstoffe[99]. Auch die Angaben der Kleiderordnungen vom Spätmittelalter bis in die Neuzeit erwähnen für die Landbevölkerung bis auf wenige Ausnahmen einheimische Stoffe von geringer Qualität mit dem Hinweis, daß damit ihr Stand auch jederzeit erkennbar sei[100].

Eine neue Einstellung gegenüber dem „gemeinen Mann", der als Mitstreiter der neuen Glaubenslehre zu einer Lieblingsfigur des reformatorischen Flugblattdrucks und des zeitgenössischen Schrifttums wird, läßt sich in zahlreichen Bildfolgen der 1. Hälfte des 16. Jahrhunderts erkennen. Die Kleider, die er trägt, bestehend aus einem kurzen Rock mit darunter getragenem Hemd, aufgeschlagenem Hut und Halbstiefeln, sind noch immer aus Stoffen von bräunlich-grauer oder feiertags von blauer, selten von roter Farbe. Während bei den Männern die blauen Festtagsröcke weiterhin getragen werden, macht sich in der weiblichen Kleidung eine Neigung zu kräftigen Farbkontrasten und eine Vorliebe für rote und graue Kleidung bemerkbar[101]. Im 17. Jahrhundert schließlich büßt Blau als Farbe bäuerlicher Sonntagskleidung seine Bedeutung ein, wenngleich sie in der Alltagstracht weiterhin vorkommt[102]. Stattdessen tritt die schwarze Kleiderfarbe und mit ihr der Kleiderschnitt der spanischen Mode in der Kirchgangskleidung in den Vordergrund, unterstützt durch die obrigkeitlichen Mandate, die die

feierliche schwarze Tracht zum Gottesdienst allenthalben vorschreiben[103].

Neben gekauften Wolltuchen für den Sonntagsstaat bleiben im Alltag die grauen rupfenen und melierten Lodenstoffe wie in verschiedenen Gebieten Europas auch im Alpenraum bis ins 18. und 19. Jahrhundert vorherrschend[104]. Ein Bericht über die Kleidung der Bewohner aus der steirischen Ramsau von 1818 bringt dies deutlich zum Ausdruck: „Sie verfertigen aus selbsterzeugter Wolle eine Art Tuch (Loden genannt) zu Röcken und anderen Kleidungsstücken, welches gar nicht gefärbt sondern durch Mischung der weißen und schwarzen Wolle gleich anfangs meliert wird". Aus grau-weißem Loden besteht auch das Lodenröckl der steirischen Gebirgstracht[105].

Zu Beginn des 19. Jahrhunderts hat diese Alltagstracht, die vor allem von den Burschen, Holzknechten und Jägern getragen wird, über ihre Bedeutung als Standeskleidung hinaus Popularität erlangt. Daß der graue Lodenjanker in der Steiermark nach 1830 eine Aufwertung und einen Bedeutungswandel zum steirischen Nationalkostüm erfährt, verdankt er dem Wirken Erzherzog Johanns, des Bruders Kaiser Franz Josephs I., der selbst bei Wanderungen durchs Gebirge und zur Jagd die einfache Tracht seiner Wahlheimat trägt und sie über die Grenzen seines Landes hinaus bekannt macht. Selbst der Wiener Hof, der alle Aktivitäten des Erzherzogs mit Mißtrauen verfolgt und den Steireranzug für die Staatsbeamten der Monarchie verbietet, kann den zunehmenden Einfluß dieser Kleidung in allen Kreisen der Gesellschaft nicht verhindern.

In Österreich, wo die farbenprächtigen Nationalkostüme der ungarischen, polnischen und siebenbürgischen Magnaten als Hofuniformen am Kaiserhof zugelassen sind, wird der graue Steireranzug und mit ihm jede Landestracht der österreichischen Erbländer gesellschaftsfähig und gleichsam zur Ziviluniform der nichtadligen Mitglieder der Stände des Landtags, zu denen, wie in Tirol, seit jeher Vertreter der Bauern gehören. Unter der Regierung Kaiser Franz Josephs I. gelten die grauen Landestrachten neben dem Frack für Zivilpersonen sogar als angemessene Kleidung zur Audienz, und auch nach dem Ende der österreichisch-ungarischen Monarchie hat die Landestracht ihre Bedeutung als Gesellschaftsanzug bewahrt. Noch heute gilt es als angemessen, wenn der Landeshauptmann eines österreichischen Bundeslandes zu offiziellen Anlässen im grauen Trachtenanzug erscheint[106].

Die Gruppen am Rand der ständischen Gesellschaft

Wir haben gesehen, daß die Stände vom Adel bis zum Patrizier und Handwerker auf vielfältige Weise immer wieder versuchen, ihren angestammten Platz zu be-

Abb. 17, 18, 19, 20
Königlich Bayerische Universitätsprofessoren der
Theologischen, Juristischen u. Cameralistischen,
Medicinischen und Philosophischen Fakultät in ihren
Farben, kolorierte Kreidelithographie um 1840. Kunst-
bibliothek SMPK Berlin

haupten und sich durch die Kleidung gegeneinander
abzugrenzen. Ihr besonderes Prestige wird durch die
vielfältigen Formen ständischer Repräsentationskleidung vom Hochzeitskleid bis zur Trauertracht bestimmt. Dabei werden besondere Attribute sowie
Schnitt und Farbe als Abzeichen für eine bestimmte
Gruppenzugehörigkeit verstanden und selbst Kleinig-
keiten wie die Farbe der Schuhabsätze diesem Prinzip untergeordnet. So macht etwa um die Mitte des
17. Jahrhunderts Luwig XIV. mit seinen roten Absätzen
Furore, einer Modeneuheit, die der Hof begeistert auf-
greift und die zunächst allein dem Adel vorbehalten
bleibt[107]. Das begehrte Abzeichen der eleganten Welt
wird bald vom Bürgertum übernommen, während die
höheren Stände ihr Interesse daran verlieren und sich
bereits anderen Moden zuwenden, mit denen sie ihre
Stellung erneut behaupten. Schließlich finden sich die

roten Schuhabsätze in der bäuerlichen Festtracht wieder, wo sie Anfang des 18. Jahrhunderts bereits vorkommen[108]. Auf diese Standeszeichen, seien es Gold-
und Silbertressen an den Hofuniformen oder farbige
Federn am Hut[109], und auf ihre Einhaltung im vorgeschriebenen Rahmen wird großer Wert gelegt, da sie
in der Öffentlichkeit in dieser Bedeutung erkannt und
akzeptiert werden. Entledigen sich selbst die Vertreter der hohen Stände dieser besonderen Kennzeichen,
„so müssen sie es sich aber auch gefallen lassen,
wenn sie allenfalls für Handwerker gehalten und als
solche behandelt werden"[110], wie eine Enzyklopädie
des 18. Jahrhunderts in Zusammenhang mit den Kleiderordnungen bemerkt.
In noch stärkerem Maß als nach innen grenzt sich die
Gesellschaft im Mittelalter gegen außerhalb stehende
fremde Gruppen ab, sowohl gegen Andersgläubige

Königlich Bayerische
UNIVERSITÄTS-PROFESSOREN
Medicinische Fakultät.

Königlich Bayerische
UNIVERSITÄTS-PROFESSOREN
Philofophische Fakultät.

wie Juden und Mohammedaner, die nach der Eroberung des Maurenreiches unter der Herrschaft der christlichen Könige in Spanien leben, die als Ketzer verschrienen Wiedertäufer oder gegen verachtete Gewerbe wie Henker und Abdecker, die im Gegensatz zu den übrigen Handwerkern als „unehrliche Leute" bezeichnet werden, die fahrenden Leute und schließlich gegen die aus moralischen Gründen ausgestoßenen „freien Frauen".

Bereits die Araber hatten im 7. Jahrhundert zur Abgrenzung der nichtmuslimischen Bevölkerung in ihrem Herrschaftsbereich für Christen und Juden farbige Abzeichen für die Kleidung angeordnet und diese mit Ausweitung ihres Machtbereichs im 9. Jahrhundert in Sizilien eingeführt[111]. In den christlichen Ländern wird erst im 12. und 13. Jahrhundert diese Kennzeichnung aufgegriffen, als mit dem Aufruf der Kirche zur Ret-

tung des Heiligen Landes und zu den Kreuzzügen auch in den europäischen Staaten die Intoleranz gegenüber Andersgläubigen zunimmt. Im Anschluß an das 4. Lateranische Konzil von 1215 wird in den meisten Ländern Europas nach und nach eine farbige Markierung der Kleidung von Juden, Sarazenen und Mauren eingeführt, in der Absicht, diese Gruppen von der christlichen Bevölkerung zu isolieren und Ehen zwischen Christen und Andersgläubigen zu unterbinden. Zur Kennzeichnung, die in Form von Ringen, Kreisen oder rechteckigen Stoffstücken gut sichtbar an der Kleidung angebracht sein müssen, dient besonders die gelbe Farbe. Gelb sind auch die Kennzeichen der übrigen aus der Gesellschaft Ausgestoßenen, der Wiedertäufer oder der von der Inquisition verurteilten Ketzer[112], vor allem der „freien Frauen", die ebenso wie die Frauen der Scharfrichter zum Tra-

41

gen eines gelben Kopfschleiers gezwungen werden. In ähnlicher Weise wird Grün eingesetzt, das den im Kirchenstaat lebenden Juden im 16. Jahrhundert von den Päpsten in Form von Baretten und ihren Frauen in Form von Kopfschleiern zur Kennzeichnung vorgeschrieben ist[113].

Wenngleich Gelb und Grün am häufigsten auftreten, wird in verschiedenen Regionen Rot und Blau eingeführt, um die Signalwirkung dieser Zeichen zu unterstreichen. Rote kreisförmige Abzeichen haben spanischen Juden im 14. und 15. Jahrhundert wahlweise zu den gelben zu tragen, und in Frankreich sind es zur gleichen Zeit rot-weiß geteilte Kreise, die die Juden gegen Entrichtung einer Gebühr bei der Obrigkeit erwerben müssen[114].

Gesellschaftlich tabuisiert, vom Besuch des Gasthauses ausgeschlossen und am Rand der Stadt wohnend, wird der Scharfrichter und seine Familie durch bestimmte Farben von den bürgerrechtsfähigen Gewerben abgegrenzt. Eigens dafür erlassene Verordnungen betreffen nicht die Amtstracht auf der Richtstätte, sondern seine Alltagskleidung, die mit farbigen Stoffstreifen am Ärmel versehen ist. Die Stadt Frankfurt beschließt 1543, daß Wams oder Mantel des Scharfrichters rote, weiße und grüne Streifen tragen soll, „damit er abgesondert von ehrlichen Leuten" erkannt werden könne[115]. Den Abdeckern, deren Gewerbe ebenfalls als anrüchig gilt, wird im Erzbistum Salzburg noch 1739 durch eine neu erlassene Verordnung ebenso wie ihren Angehörigen und Dienstboten befohlen, ein rotes Band am Hut zu tragen, damit sie von den übrigen Handwerkern zu unterscheiden seien[116].

Die Zwangstrachten für Juden und die übrigen außerhalb der Gesellschaft stehenden Gruppen hat die weltliche Gesetzgebung in fast ganz Europa übernommen. In diesem Zusammenhang sei erwähnt, daß selbst die Reichspolizeiordnung von 1530 mit ihren Kleidergesetzen das Tragen eines gelben Ringes für Juden sowie eine besondere Kennzeichnung der Dirnen vorschreibt[117].

Der Höhepunkt der Zwangstrachten war das Hoch- und Spätmittelalter. Dennoch erwies sich die Kennzeichnung der Juden als außerordentlich langlebig. Erst im Zeitalter der Aufklärung, das die persönliche Freiheit des Menschen als Idee entwickelte, und durch die Französische Revolution werden diese Abzeichen als Überreste einer vergangenen Zeit aufgegeben. Um so unbegreiflicher ist es, daß das 20. Jahrhundert diesem Mißbrauch erneut die Tore öffnete.

Anmerkungen

1 J. Huizinga 1965 S. 74
2 V. Baur 1975 S. 129
3 V. Baur 1975 S. 2
4 L. C. Eisenbart 1962 S. 105 Anm. 5
5 ebd. Anm. 6; H. Floerke 1917 S. 10 ff.; V. Baur 1975 S. 3
6 zit. nach J. Falke 1, 1858 S. 182
7 V. Baur 1975 S. 23 f.
8 ebd.
9 L. C. Eisenbart 1962 S. 59
10 V. Baur 1975 S. 25 ff. und 34 f. führt für Bayern einige Kleiderordnungen des 17. Jh.s an, aus der die Differenzierung nach Berufsgruppen deutlich wird.
11 V. Baur 1975 S. 151
12 L. C. Eisenbart 1962 S. 35 ff.; V. Baur 1975 S. 80 ff.
13 V. Baur 1975 S. 105
14 Miparti (franz.) ist die häufigste Bezeichnung für die farbig geteilte Tracht. Der Begriff stammt aus der Fachsprache der Heraldik. Die italienische Bezeichnung ist „partita" oder „divisa", während man in Deutschland meist von geteilter Kleidung spricht. Siehe dazu neue Monographie zum gleichnamigen Thema von V. Mertens 1983 S. 2 f.
15 J. Evans 1952 S. 27
16 R. Levi-Pisetzky 1966 Bd. 3 Abb. 122
17 V. Baur 1975 S. 47
18 K. S. Kramer 1961 S. 197
19 F. Prodinger, R. R. Heinisch 1983 S. 44
20 G. J. Wolf 1924 S. 34
21 Der Rat der Stadt Sulzbach, der sich 1777 gegen eine strenge Durchführung der Bestimmung der Kleiderordnungen stellt, führt dabei als Argument das Verhalten der Dienstboten an und hegt die Befürchtung, daß die auswärtigen Dienstboten aus der Stadt abwanderten, wenn ihnen die bortenverzierten Hauben und Hüte verboten werden. V. Baur 1975 S. 11
22 V. Baur 1975 S. 85 erwähnt einen solchen Fall aus dem Jahr 1750, wo die Behörden das Tragen goldener und silberner Hauben, Mieder sowie Borten an Mänteln, Kamisolen bei wiederholter Beanstandung mit 10 Gulden bestraft.
23 J. Kallbrunner 1938 S. 15 f.
24 F. Lipp 1980 S. 54 ff. und 63 ff.
25 M. Hasse 1980 S. 42; K. Weinhold 1882 S. 269 f.; M. Heyne 1903 Bd. 3 S. 244
26 J. Falke 1860 S. 508; R. J. Blanch 1972 S. 3 f.
27 J. Falke 1860 S. 508 f.; K. Weinhold 1882 S. 269 f.; W. Wackernagel 1872 S. 145
28 E. Thiel 1980 Abb. 325
29 K. Weinhold 1882 S. 273 f.
30 P. Floerke 1917 S. 12; V. Mertens 1983 S. 26 ff.
31 Einen Eindruck von der geteilten Kleidung in Deutschland vermittelt das Porträt eines Augsburger Patriziers von Christoph Amberger, 1525. Wien, Kunsthistorisches Museum. E. Thiel 1980 Abb. 292
32 Diese Tendenz horizontaler Farbteilung in der Frauenmode bestätigt die Kleidung der Herzogin Katharina von Mecklenburg in einem Porträt von Lucas Cranach d. Ä. um 1514. Dresden, Staatliche Kunstsammlungen. E. Thiel 1980 Abb. 301. Um 1500 taucht die geteilte Tracht bei den Frauen auf, die die Landsknechtsheere begleiten. V. Mertens 1983 S. 24 ff.
33 R. Bleckwenn 1974 S. 107 ff.
34 Zahlreiche Holzschnitte von Landsknechtsdarstellungen dieser Zeit stammen von Peter Flötner. E. Thiel 1980 Abb. 315 f.; V. Mertens 1983 S. 31
35 Vgl. dazu die Trachtenbücher der Kunstbibliothek SMPK Lipp Aa 3, Aa 4, Aa 20

36 Darstellung einer Augsburger Patrizierbraut in schwarzer Hochzeittracht, 2. Hälfte 16. Jh. In: Trachtenbuech, Anno 1580, Kunstbibliothek SMPK Lipp Aa 20, Blatt 137

37 B. Deneke 1971 S. 83

38 F. J. Behnisch 1963 Abb. zu S. 52

39 Die rosa Tanztracht mit grünem Besatz eines Bürgermädchens aus Nördlingen zeigt ein Trachtenbuch, deutsch von 1560–94, Kunstbibliothek SMPK Lipp Aa 4 S. 65. Die Nürnberger Brautjungfern in gleichfarbigen Kleidern aus der 2. Hälfte des 17. Jh.s bei J. H. Behnisch 1963 Abb. zu S. 52

40 ebd. S. 32 ff.

41 ebd.

42 ebd. S. 34

43 F. v. Thienen 1930 S. 137 und 139. Bisher hat die Forschung die Möglichkeiten, den Quellenwert der bildlichen Kostümdarstellungen mit zeitgenössischen Inventaren zu vergleichen, nur selten wahrgenommen. Die Auswertung von Inventaren Nürnberger Patrizier unternimmt L. v. Wilckens 1979 S. 25–41.

44 L. Bartsch 1884 S. 28. Ein anderer Beleg aus Bern von 1781 bei H. A. Berlepsch 1850 (1966) S. 77

45 V. Baur 1975 S. 69 f.

46 F. J. Behnisch 1963 Abb. zu S. 52

47 O. Lauffer 1948 S. 20

48 F. J. Behnisch 1963 S. 53 f.

49 Als Justaucorps bezeichnet man Ende des 17. Jh.s auch ein weibliches Oberkleid, bestehend aus einem Halbrock mit ausgearbeitetem taillierten Oberteil. Nach L. v. Wilckens 1979 S. 40

50 J. H. Behnisch 1963 S. 76

51 M. v. Boehn 1921 S. 551

52 Archivalische Belege für braune Bürgerkleidung bei K. S. Kramer 1967 S. 226; Bildbelege bei F. Prodinger, R. R. Heinisch 1983 Tafel 49, 50

53 G. J. Wolf 1924

54 E. Thiel 1980 S. 279

55 In Paris tragen bei offiziellen Anlässen Schöffen und Gildenführer im 14. Jh. weiß-rote Kleidung in den Wappenfarben der Stadt. V. Mertens 1983 S. 8 ff.; Ciba 1936/1 S. 30

56 Belege für die farbig geteilte Kleidung der städtischen Bediensteten italienischer Städte des 14. Jh.s, die dort als „partita" oder „divisa" bezeichnet wird, bei V. Mertens 1983 S. 15 f.

57 V. Mertens 1983 S. 20. In Köln tragen die städtischen Handwerker und alle niederen Bediensteten wie Backknechte und Holzhüter geteilte Amtskleidung in den Stadtfarben Rot und Schwarz, für die ihnen jährlich eine bestimmte Menge Stoff zugeteilt wird. E. Wurmbach 1932 S. 81

58 F. J. Behnisch 1963 S. 20 f. Weitere Belege dazu bei V. Mertens 1983 S. 17 f.

59 Sigmund Heldt (1528–87) war seit 1559 Losungsschreiber der Stadt Nürnberg und hat die meisten Bürger- und Amtstrachten dieser Stadt in farbigen Darstellungen festgehalten. Er bildet die Nürnberger Stadtpfeifer mit ihrer ganz geteilten weiß-roten Kleidung und die Kleidung aus der 2. Hälfte des 16. Jh.s mit roten Schauben und aufgehefteter Wappenplakette ab. Sigmundt Heldt Abconterfaittung allerlei Ordenspersonen in iren klaidungen ... Nürnberg 1560–1580, Kunstbibliothek SMPK Lipp Aa 3 Bl. 112 und 307

60 F. J. Behnisch 1963 S. 34

61 ebd. S. 43

62 ebd. S. 24. Die Kleidung der Amsterdamer Waisenmädchen ist besonders anschaulich in dem Gemälde Max Liebermanns, Freistunde im Amsterdamer Waisenhaus, 1881/82 aus dem Städelschen Kunstinstitut, Frankfurt, festgehalten.

63 F. Boucher 1965 S. 201; Ciba 1938/23 S. 832; E. Thiel 1980 S. 140. In nachmittelalterlicher Zeit bleibt die talarartige Amtstracht selbst bei Hof die offizielle Standeskleidung der Räte, Beamten und Advokaten, die bis zum Tod Ludwigs XIV. getragen wird. M. v. Boehn 1921 S. 510

64 Im 15. Jh. sind den Magistraten lange Kleider vorgeschrieben, die sich von der kurzen Zeitmode absetzen. Um eine Amtstracht im eigentlichen Sinn scheint es sich allerdings noch nicht zu handeln. E. Wurmbach 1932 S. 81 (Köln); J. J. Balland 1954 S. 273 (Hamburg)

65 Das Germanische Nationalmuseum in Nürnberg besitzt drei schwarze, als Ratsherrenkostüm bezeichnete Trachten aus dem 18. Jh., bestehend aus einem langen schwarzen Mantel mit spanischem Hut und weißer Halskrause. Abb. bei W. Fries 1924/25 S. 44 f.; F. J. Behnisch 1963 S. 17

66 Als besonders langlebig erweist sich die schwarze Tracht der Ratsherren in Hamburg, zu der ähnlich wie in Nürnberg ein spanischer Hut mit Halskrause gehört. Diese Kleidung wird im 19. Jh. noch als offizieller Habit getragen. E. J. Balland 1954 S. 273 f.

66a M. v. Boehn 1921 S. 516 f.; G. Kugler, H. Haupt 1983 S. 22

67 zit. nach G. Meiners 1804 S. 210

68 ebd. S. 217; R. Levi; Pisetzky 3 1966 S. 221

69 Auch bei den Studenten der Hohen Schulen wird Wert auf eine ehrbare Gelehrtentracht gelegt, wobei sich solche Anordnungen vor allem auf die bei jungen Leuten des Spätmittelalters besonders beliebte Miparti-Kleidung beziehen. Bei Gründung der Universität Freiburg 1460 wird vorgeschrieben, „daß jeder Scholar einhergehe in der ehrbaren klerikalen oder Gelehrtentracht, nicht in ungeziemender Weise nach Art der Reiter in kurzem oder geschlitztem, doppelt geteiltem und zweifach gefärbtem Anzug". A. Mitgau 1931 S. 140

70 M. Bringemeier 1974 S. 67 f.

71 ebd. S. 87 und 116 ff.

72 An der Universität München sind im 19. und 20. Jh. eigene Fakultätsfarben üblich, die vor allem durch Schwarz für Theologen und Grün für Mediziner von den Farben der Universitäten Preußens abweichen.

73 E. Egg 1961 S. 81 ff.; F. Heilfurth 1981 S. 110

74 E. Egg 1961 S. 86 f.

75 Erk-Böhme 3 564 Nr. 1794

76 s. dazu den entsprechenden Abschnitt in der Reichsordnung von 1530. E. Thiel 1980 S. 185

77 J. Falke 1858 S. 191

78 E. Mummenhoff 1924 S. 94 f.

79 V. Baur 1975 S. 27, 30

80 Trachtenbuch Anno 1580. Kunstbibliothek SMPK Lipp Aa 20 Bl. 138, 139

81 M. v. Boehn 1921 S. 550

82 Darstellung eines Schiffermeisters aus Laufen an der Salzach mit brauner Kleidung und seiner Frau, die einen braunen Rock trägt als Standeskleidung der Handwerker, um 1730. F. Prodinger, R. R. Heinrich 1983 Tafel 50, 51

83 J. F. Behnisch 1963 S. 81 f.

84 Die Meister der Pfannenschmiede in Ybbsitz, Niederösterreich, tragen im 18. Jh. schwarze Röcke mit vergoldeten Knöpfen und einen breiten Hut mit Goldquasten L. Schmidt 1909 S. 49

85 J. F. Behnisch 1963 S. 77 f.

86 Diese Vermutung wird zumindest durch die Entwicklung der Amtstrachten im 16. Jh. unterstützt, die die Wappenfarben in der Oberkleidung übernehmen.

87 C. Fernau 1841 S. 44

88 K.-S. Kramer 1961 S. 198 erwähnt in einem archivalischen Beleg von 1746 aus dem Fürstentum Ansbach das „weißlichte Kleid" eines von der Polizei gesuchten Übeltäters, von dem es in den Akten heißt, daß er wie ein Müllerknecht aussah. Tatsächlich wird der Gesuchte später als Müllerbursche identifiziert. J. G. Krünitz 40. Teil 1786 Sp. 244

89 Ein Holzschnitt von Tobias Stimmer aus der 2. Hälfte des 16. Jh.s zeigt den Handwerker in der Reihe der übrigen Stände in zeitgenössischer Kleidung mit einem Lederschurz. E. Thiel 1980 Abb. 360. Auch in Jost Ammans Ständebuch von 1585 erscheinen Vertreter der verschiedenen Handwerke in dieser Schutzkleidung. — Ein Faßzieher aus Salzburg in Arbeitskleidung mit Lederschürze, Ende des 18. Jh.s Abb. bei F. Prodinger, R. R. Heinisch 1983 Tafel 38

90 Ciba 1936/1 S. 14

91 Schornsteinfeger aus einem deutschen Trachtenbuch von 1560—94. Kunstbibliothek SMPK Lipp Aa 4 S. 10

92 Schornsteinfeger. In: Sigmundt Heldt: Abconterfaittung allerlei Ordenspersonen in iren klaidungen vnd dan viler alten klaidungen . . . [Nürnberg 1560—1580]. Kunstbibliothek SMPK Lipp Aa 3

93 Dresdener Schornsteinfeger. Aus: Gottlob Moré: Dresdener Stadttypen. Dresden 1895 Blatt 8. Museum für Deutsche Volkskunde 58 i 72

94 Ciba 1940/44 S. 1630 f.; E. Berckenhagen, G. Wagner 1981 Nr. 265

95 Die Auffassung, daß sich die Bezeichnung auf die Sonntagskleidung bezieht, vertritt K. Koehne 1920 S. 271 ff. und 399 ff. Seine Arbeit, die ein reichhaltiges Material zu diesem Thema vorlegt, gibt die beste Einführung in die verschiedenen Theorien zum „Blauen Montag".

96 W. Reininghaus 1981 S. 161 ff. bietet den neuesten Forschungsstand über dieses Thema und enthält eine gute Zusammenfassung der älteren Literatur.

97 Während in mittelalterlichen Quellen des 12. und 13. Jh.s in Deutschland lediglich das Gewand des Bauern als „tunica grisei coloris" genannt wird, werden die unteren Schichten in Italien im 14. Jh. nach der bäuerlichen Kleiderfarbe geradezu als „classe grigia" bezeichnet. R. Levi-Pisetzky Bd. 2 1964 S. 155

98 Belege für die Stiftung grauer Kleider an die Armen von Köln bei E. Wurmbach 1932 S. 79 und aus Niederösterreich von 1306 bei L. Schmidt 1969 S. 33

99 Einzelne Hinweise zur bäuerlichen Alltagstracht des Mittelalters bei J. Falke 1858 S. 159; J. Falke 1860 S. 509; K. Weinhold 1882 S. 241, 269; O. Lauffer 1948 S. 21 f.; Ciba 1938/23 S. 833 f. Gute Kurzzusammenfassungen für die verschiedenen Jahrhunderte zum gleichen Thema bei E. Thiel 1980

100 vgl. die Reichsordnung von 1530. E. Thiel 1980 S. 184

101 Verschiedene farbige bäuerliche Frauen- und Mädchentrachten aus Süddeutschland bildet ein deutsches Trachtenbuch von 1560—94 ab. Kunstbibliothek SMPK Lipp Aa 4 S. 3

102 vgl. I. Gierl 1971 S. 20

103 Ein Mandat zur Kirchgangstracht aus St. Gallen von 1781, das Bürgern die schwarze Kleidung zum Gottesdienst vorschreibt, schränkt seine Maßnahmen nur für die Dienstmägde ein, „denen ganz schwarze Kirchen-Kleidung anzuschaffen allzuschwer fallen möchte . . .". Sie sollen nach den Angaben des Rates zumindest schwarze Schürzen tragen. H. A. Berlepsch 1966 (1850) S. 77

104 Einen guten Überblick über die Salzburger Gebirgstrachten vom Ende des 18. Jh.s aus einheimischen grau-braunen Lodenstoffen geben die farbigen Trachtenbilder der Salzburger Kuenburg-Sammlung, die zum Teil als Farbabbildungen bei F. Prodinger, R. R. Heinisch 1983 veröffentlicht sind.

105 zit. nach K. Mautner, V. v. Geramb II 1935 S. 49

106 G. Kugler, H. Haupt 1983 S. 65. In steirischen Inventaren aus der Zeit zwischen 1650 und 1780 überwiegen noch immer graue Männerröcke. Außerdem erwähnt sind grüne, blaue, weiße, braune, rote und schwarze. K. Mautner, V. v. Geramb II 1935 S. 437

107 M. v. Boehn 1913 S. 122

108 Rote Schuhabsätze zu schwarzen Schuhen trägt auch die Bäuerin aus dem Knoblauchland in der Umgebung von Nürnberg auf einer Darstellung vom Beginn des 18. Jh.s. Angaben dazu bei F. J. Behnisch 1963 S. 122. Die gleiche Mode übernehmen auch die Dienstboten, wie die Darstellung einer Küchenmagd in ihrer Sonntagstracht aus der Kuenburg-Sammlung vom Ende des 18. Jh.s aus Salzburg zeigt. F. Prodinger, R. R. Heinisch 1983 Taf. 31

109 In Zusammenhang mit einer Wiener Kleiderordnung von 1786 werden zur Kennzeichnung des Adels verschiedenfarbige Federn am Hut vorgeschrieben: für Fürsten weiß und schwarz „vermengte", für Grafen weiße, für Barone weiße und rote und für Ritter schwarze. J. G. Krünitz Bd. 40 1786 S. 234 f.

110 ebd. S. 235

111 Encyclopaedia Judaica Vol. 4 1971 Sp. 62 f.

112 Ciba 1938/23 S. 486

113 Jüdisches Lexikon 3 1928 S. 414

114 A. Rubens 1973 S. 82

115 W. Schild 1980 S. 178; L. Schmidt 1969 S. 50

116 F. J. Fischer 1961 S. 11 f.

117 E. Thiel 1980 S. 188

2. Liturgische Farben

Die liturgischen Farben im Kultus

Die farbigen Gewänder, in denen sich die katholische Kirche in der Meßfeier, bei den Hochfesten des Jahres ebenso wie bei Prozessionen auch heute noch in ungebrochener Einmütigkeit darstellt, sind nicht nur als Kennzeichen der Würdenträger und kirchlicher Prachtentfaltung zu verstehen, wie dies heute zunächst den Anschein haben mag.

Mit der Neuordnung des Gottesdienstes nach dem 2. Vatikanischen Konzil hat sich die katholische Kirche darum bemüht, die liturgischen Gewänder als Festkleider von symbolischen Deutungen zu befreien, die sich auf moralische Tugenden beziehen, und für die Gläubigen den christologischen Aspekt erneut begreifbar zu machen. Eine große Bedeutung kommt den liturgischen Farben zu, deren Verkündigungsaufgabe das alte Anliegen der mittelalterlichen Kirche wieder aufnimmt und aktualisiert. Nach dem Wortlaut des katholischen Meßbuches von 1974 sollen die Farben der liturgischen Gewänder „den besonderen Charakter der jeweils gefeierten Glaubensgeheimnisse und den Weg des christlichen Lebens im Verlauf des liturgischen Jahres verdeutlichen"[1]. Im 13. Jahrhundert zunächst auf vier Farben, Weiß, Rot, Grün und Schwarz, beschränkt, wird der Kanon der liturgischen Farben nach dem Konzil von Trient im Jahr 1570 mit Violett auf fünf festgesetzt. Die durch Papst Innozenz III. um 1200 nur für die römische Kurie festgelegte Ordnung hat über fast 800 Jahre den Rahmen für die Kirchenfeste auf einprägsame Weise mitbestimmt. Darüber hinaus haben die liturgischen Farben die Trauerkleidung im profanen Bereich und verschiedene bäuerliche Kirchgangstrachten des 19./20. Jahrhunderts beeinflußt.

Einer ausgeprägten Farbigkeit der kirchlichen Gewänder des 12. und 13. Jahrhunderts geht die Entwicklung der priesterlichen Amtstracht voraus, die im wesentlichen an der Kleidung des 4. bis 6. Jahrhunderts festhält und sich weniger in ihrer Form als in ihrer Farbigkeit bis zum 13. Jahrhundert verändert. Trotz geringer Quellen scheint Weiß die vorherrschende Farbe für die priesterliche Tracht seit dem 6. Jahrhundert gewesen zu sein. Anknüpfungspunkte ergeben sich zur Laienkleidung der römischen Spätantike wie zu den Farben der jüdischen Priestergewänder, auf die die Kirchenväter ausdrücklich hinweisen[2]. Vor allem die spätrömische Tunica, ein langes Ärmelgewand aus weißem Leinen, wird beim Wandel der Männerkleidung im frühen Mittelalter als Amtstracht für alle Kleriker beibehalten. In der späteren Entwicklung nach ihrer Farbe als Albe bezeichnet, wird sie zum liturgischen Untergewand, das Priester und Diakone als ein Sinnbild spiritueller Reinheit während der Messe unter den liturgischen Übergewändern tragen[3].

Abb. 21
Kasel zu rotem Pfingstornat, Gold- und Silberstickerei auf hellrotem Atlas (Grundstoff erneuert), Wien 1721, Stift Zwettl

In der Karolingerzeit beginnt man an verschiedenen Orten, einzelne Kirchenfeste einer bestimmten Farbe der priesterlichen Kleidung zuzuordnen. Diese beschränken sich noch auf wenige Hochfeste wie Ostern, Pfingsten, Weihnachten sowie auf den Karfreitag in einer ausgeprägten Polarisierung auf Hell-Dunkel-Töne und auf die Farben Weiß und Schwarz. Die weiße Festfarbe steht in engem Zusammenhang mit den Glaubensvorstellungen, die bis zum 12. Jahrhundert die Auferstehung als zentralen Gedanken hervorheben und Christus als Überwinder des alten Glaubens und siegreiche Herrschergestalt darstellen. Den dunklen Farben haben sich in der mittelalterlichen Kirche die Ordensgeistlichen, die in ihrem Bemühen um das urchristliche Ideal der Armut die „farblose" Seite der Kirche repräsentieren, als Zeichen ihrer Weltabgewandtheit und Buße zugewandt. Seit dieser Zeit nimmt die Kirche in ihrem Bemühen, das Ideal des Gottesstaates auf der Erde zu verwirklichen, verstärkt die materielle Welt in ihren Dienst. Indem sie Symbole schafft, in denen sich das überirdische im irdischen

Geschehen spiegelt, konnte sie auch die Farben als Hinweis auf bestimmte Glaubensinhalte einsetzen[4].

Im 12. Jahrhundert nimmt der Gebrauch farbiger *Paramente* in den europäischen Ländern zu, wenn sich nach den Quellen auch noch keine einheitlichen Regeln dafür erkennen lassen. Auffällig ist vor allem die Zunahme der Belege für rote Kleidungsstücke, und vielfältig erwähnt werden vor allem unterschiedliche liturgische Farben zum Karfreitag (Schwarz, Purpur, Gelb, Weiß). Weiße Kleidung bleibt die höchste Festfarbe für Ostern und wird in Rom seit dem Ende des 12. Jahrhunderts zunehmend an Marienfesten getragen[5]. Spätestens seit dieser Zeit wird eine bestimmte Tagesfarbe für die Messe festgesetzt und, wie in der Karwoche, zwischen einzelnen liturgischen Funktionen unterschieden[6].

Im Gegensatz zu dem vielfältigen Gebrauch der liturgischen Farben in verschiedenen Ländern Europas, stehen die systematischen Angaben Papst Innozenz' III. zur Tradition der römischen Kirche, die er um 1200 in seinem Traktat „De sacro altaris mysterio" zusammenfaßt. Diese Farbregeln, geschrieben für den Gebrauch der römischen Kurie, umfassen die vier Farben Weiß, Rot, Grün und Schwarz, mit der Nebenfarbe Violett. In klaren Listen veranschaulicht er ihren Gebrauch für die verschiedenen Feste und Anlässe des Kirchenjahres. Danach gelten weiße Paramente für alle Christusfeste außer der Passion, für Marienfeste, Feste der Engel, der Bekenner der Jungfrauen und zu Allerheiligen. Rot ist die Farbe des Pfingstfestes und der Passion Christi sowie der Apostel- und Märtyrerfeste. Schwarze Meßkleidung herrscht in den Bußzeiten vor: zum Advent, der Fastenzeit und dem Karfreitag sowie zu Totenmessen. Die Nebenfarbe Violett bleibt dem Tag der unschuldigen Kinder und dem Sonntag Laetare vorbehalten. Grün (mit der Nebenfarbe Gelb) ist die Farbe der festlosen Tage des Jahres.

Die Vorschriften des 13. Jahrhunderts, die Innozenz III. zu den liturgischen Farben für die römische Diözese erläßt, betreffen vor allem die Obergewänder, haben aber darüber hinaus keine allgemeine Verbindlichkeit. Dies ändert sich erst mit dem Tridentinischen Konzil, das seit 1570 für alle Feste und Anlässe des Kirchenjahres Gewänder in bestimmten Farben für alle Diözesen vorschreibt. Dem Kanon unterliegen *Kasel*[7], *Dalmatika, Tunicella*[8], *Pluviale*[9], die Amtsinsignien der Priester und Diakone, *Stola*[10] und *Manipel*[11] sowie die zur bischöflichen Kleidung gehörenden Handschuhe, Schuhe und Strümpfe und, um die farbliche Einheitlichkeit noch anschaulicher zu machen, auch die Altartextilien und Fahnen. Für den Gebrauch der Einzelfarben fügt Innozenz eine ganze Liste von Begründungen bei, die durch zahlreiche Bibelzitate belegt sind[12]. Die Schrift, die lediglich das zusammenfaßt, was in bezug auf die Farbigkeit der priesterlichen

Kleidung seit langem Brauch in der römischen Kirche ist, beansprucht keine Rechtsverbindlichkeit für andere Bistümer. Innozenz erwähnt sogar den abweichenden Gebrauch verschiedener Kirchen ohne Kritik. Er weist darauf hin, daß auch in anderen Ländern Ansätze dazu bestehen, die liturgischen Farben systematisch zu ordnen.

Die besondere Leistung Innozenz' III. besteht in der Zusammenfassung der vielfältigen Einzelregeln, die schließlich mit nur geringen Abweichungen zur Grundlage für den Gebrauch der liturgischen Farben nach dem Konzil von Trient werden und Allgemeingültigkeit für die gesamte Kirche erlangen. Das Traktat Innozenz' III. steht in Zusammenhang mit einer Entwicklung des 13. Jahrhunderts, die auf eine neue Veranschaulichung der liturgischen Ausdrucksformen insgesamt gerichtet ist. Eine zentrale Stellung dabei nimmt die Meßfeier, vor allem das Meßopfer mit der Elevation der Hostie nach der Wandlung ein. „Indem der opfernde Priester die Hostie erhebt und sie ostentativ dem Volk darbietet, wird ein bisher nicht gekannter Kontakt zwischen Welt und Überwelt geschlossen."[13] In diese Zeremonie sind die Priestergewänder ebenso wie ihre Farbigkeit einbezogen. Die Kasel, das glockenförmig geschnittene lange Meßgewand des Priesters, wird schließlich in ihrer ganzen Länge und an den Seiten beschnitten, um dem zelebrierenden Geistlichen mehr Bewegungsfreiheit zu geben. Zur gleichen Zeit gewinnt der liturgische Farbkanon für die einzelnen Festkreise des Jahres Gestalt.

Bereits in vorkarolingischer Zeit enthalten die Angaben über den Gebrauch liturgischer Farben Hinweise zu ihrer Deutung und ihrem Sinngehalt. In ausgeprägter Form gilt dies seit dem 13. Jahrhundert. Über die Symbolik der liturgischen Farben hat Innozenz III. für den römischen Bereich ausführlich in seinem Meßtraktat berichtet. Vergleichbares findet sich in den liturgischen Schriften der Kirchen, den sogenannten Ordinarien, nur selten, da der ortsübliche Gebrauch häufig nur mündlich tradiert wird. Durch verschiedene Liturgiker, besonders durch Hrabanus Maurus (✝ 856) und Durandus (✝ 1296), erhalten die Farben der liturgischen Gewänder vielfach mystische Deutungen. Vor allem werden moralische Qualitäten des Priesters zur Leidensgeschichte und zur Person Christi in Beziehung gesetzt, so daß schließlich moralische gegenüber christologischen Deutungen vorherrschen[14].

Wenngleich die theologische Forschung bisher keine direkte Beziehung zwischen den liturgischen Farben und der Symbolik des frühen Christentums festgestellt hat, sei an dieser Stelle doch daran erinnert, daß bereits in frühchristlicher Zeit in Zusammenhang mit einer Darstellung der neuen Glaubensinhalte eine ausgeprägte Farbsymbolik bestand, die nicht ohne Einfluß auf die Vorstellungswelt des Mittelalters geblieben ist, zumal sich auch das Konzil von Trient auf diese Bildtradition beruft[15]. Anknüpfend an diese Tradition, wird Grün mit der Nebenfarbe Gelb abweichend vom römischen Kanon in einigen Teilen Europas zu Ehren der christlichen Bekenner und vor allem zu den Apostelfesten getragen[16]. An die grüne Apostelfarbe erinnert noch heute die grüne Schnur um den Bischofshut.

In der Realität allerdings ist das strenge Farbschema nur selten eingehalten worden. Inventare des 13. und 14. Jahrhunderts zeigen auch hier eine Neigung zu größerer Variationsbreite und zur Steigerung der Farbigkeit einzelner Festkreise. So zelebriert der Priester die drei Weihnachtsmessen häufig in verschiedenen Farben, z. B. die erste in Violett, die zweite in Weiß und die dritte in Rot, in dem Bestreben, den Eindruck des Erlebnisses von den dunklen zu lichten, oder in der Intensität hin zu strahlenden Tönen zu steigern wie etwa in Trier, wo 1585 anläßlich der ersten Messe weiße, der zweiten blaue und der dritten goldene Paramente getragen werden[17].

Zu bemerkenswerten Differenzierungen in der Farbigkeit kommt es bei den Trauer- und Bußfarben. Hatte Innozenz nach dem römischen Gebrauch grundsätzlich schwarze Paramente und nur für den Tag der unschuldigen Kinder und Laetere violette Meßkleidung vorgesehen, nimmt nun die Tendenz zu, diese Zeiten des Kirchenjahres durch unterschiedliche Dunkeltöne zu gliedern. Zunächst gewinnt Violett als Trauer- und Bußfarbe neben Schwarz an Bedeutung. Schließlich erscheint dunkles Indigoblau als abgemilderte Trauerfarbe, ehe es im 14. Jahrhundert gleichwertig neben den beiden anderen Farben auftritt. Die häufige Verwendung von Blau als Trauerfarbe in verschiedenen Kirchen zeigt, daß der römische Farbkanon des 13. Jahrhunderts schon vor dem Konzil von Trient über seinen eigenen Anwendungsbereich hinaus gewirkt hat, als eine Abhängigkeit der verschiedenen Bistümer gegenüber den römischen Statuten noch nicht besteht[18]. Diese Eigenständigkeit gegenüber der römischen Kurie begünstigt einen vielfältigen Gebrauch der Farben in der Liturgie und führt in Mailand, Mainz, Köln oder Trier zur Ausbildung eigener Farbordnungen, deren Eigenart auch in nachtridentinischer Zeit häufig erhalten bleibt[19].

Abweichungen von den Regeln scheinen selbst bei der römischen Kurie keine Seltenheit gewesen zu sein. So beschwert sich der päpstliche Zeremoniar Johannes Burkart in seinem von 1493 bis 1506 geführten Tagebuch regelmäßig über die „bestialitates" des Sakristans und die Unwissenheit des Papstes in Hinblick auf die Farbwahl der liturgischen Gewänder am Palmsonntag, wenn statt des vorgeschriebenen Violett Paramente von schwarz-grüner Farbe getragen werden. Ein anderes Mal kann er sich allerdings erfolgreich gegen die Anordnung des Papstes durchsetzen, der zu der Bittprozession anläßlich einer Tiber-Über-

schwemmung weiße Gewänder tragen möchte. Mit dem Hinweis, daß Weiß als Freudenfarbe nicht angemessen sei, kleidet er ihn vorschriftsmäßig in Violett[20]. Endgültig festgelegt werden die liturgischen Farben für die gesamte katholische Kirche unter Pius V. 1570 im Missale Romanum, das auf die alte Farbordnung Innozenz' III. zurückgreift.

Richtungweisend für diese Neuordnung sind die Entscheidungen des Konzils von Trient und seine Bestrebungen, die Einheit der Kirche nach der Glaubensspaltung durch die Reformation auch im Kultus erneut sichtbar zu machen. Die Regeln sind nicht zuletzt eine Antwort auf die Reformatoren, die sich gegen die durch ihr Alter nicht legitimierten Formen der Meßliturgie wenden, und eine Stellungnahme gegen die Laienkleidung als Bekenntnis zu den reformatorischen Ideen.

Das Missale Romanum erweitert den Kanon auf fünf liturgische Farben. Dabei werden aus der römischen Tradition Weiß, Rot und Grün unverändert übernommen, während Schwarz auf Totenmessen und den Karfreitag beschränkt bleibt und gegenüber Violett als Farbe der Buß- und Fastenzeit an Bedeutung verliert. Gelb, Blau, Braun, Grau und Bunt scheiden als liturgische Farben aus. Verstärkt wird dieser Eindruck des Violetts als Kirchenfarbe noch dadurch, daß es auch außerhalb der Messe, z. B. bei verschiedenen Prozessionen oder Versehgängen, und als offizielle Amtskleidung von Bischöfen, Prälaten und von den Kardinälen statt der roten Farbe in der Fastenzeit getragen wird.

Die Regeln, die für alle Dom-, Stifts-, Pfarrkirchen und Kapellen sowie für die geistlichen Orden gelten, werden zunächst nur zögernd aufgenommen und in Deutschland erst nach 1600 langsam eingeführt. Zur Ausbildung bestimmter Farbtraditionen in der liturgischen Kleidung hat vor allem in den Erzbistümern der hohe Klerus einen entscheidenden Anteil. Ein Beispiel dafür ist Kardinal Albrecht von Brandenburg, der zunächst seinem Stift Halle reiche Zuwendungen zukommen läßt, ehe er ab 1540 den Mainzer Dom mit umfangreichen Beständen an Paramenten beschenkt und auf diese Weise auch den in Halle üblichen Farbgebrauch in Mainz bekannt macht[21].

Die Betonung der Traditionen in der Meßliturgie durch das Konzil von Trient hat zur Folge, daß das Missale Romanum auch weiterhin abweichende Farbordnungen mit einer mehr als 200jährigen Tradition in den verschiedenen Bistümern gestattet. Die größte Eigenständigkeit bewahren offenbar die geistlichen Fürstentümer, die wie in Köln, Mainz und Trier ihren Farbkanon zu Beginn des 17. Jahrhunderts in ihrer alten Tradition erneuern[22]. Auf die Dauer können sie sich der allgemeinen Entwicklung allerdings nicht entziehen, so daß sich mit dem 18. Jahrhundert auch hier eine Angleichung an das Missale Romanum vollzieht.

In Mainz setzen sich zu dieser Zeit neben der alten Fasten- und Trauerfarbe Blau allmählich violette Paramente durch, die hier bisher nicht üblich waren[23].

Die erhaltenen liturgischen Gewänder des 10. und 11. Jahrhunderts sind der Tradition entsprechend einfarbig. Lediglich sehr kostbare Paramente werden durch Goldstickerei und bunte Seidenstickerei besonders hervorgehoben. Mit dem zunehmenden Import kostbarer, meist gemusterter Seiden aus dem Orient, aus dem fernen Osten und schließlich aus Italien nimmt in den folgenden Jahrhunderten im kirchlichen Bereich der Gebrauch gemusterter Stoffe zu. Bei zwei- oder mehrfarbigen Geweben wird die liturgische Farbe für einzelne Kirchenfeste durch den Ton des Stoffgrundes bestimmt, eine Regel, die bis in die Gegenwart ihre Gültigkeit bewahrt hat.

Kirchenschätze ebenso wie Urkunden und Inventare verdeutlichen, daß ein großer Teil der Paramente als Schenkungen in den Besitz der Kirche gelangt ist. Domherren und Bischöfe waren dazu verpflichtet, bei Übernahme ihres Amtes oder im Verlauf ihres Episkopats, der Kirche Paramente oder Seiden- und Brokatstoffe für den Gebrauch im Gottesdienst zu übergeben. Zu den Mäzenen gehört vor allem der hohe Klerus, der insbesondere eigene Kirchenstiftungen mit reichen Zuwendungen bedenkt. Große Geschenke erhält z. B. die Kathedrale von Notre Dame in Paris als Krönungskirche durch die Könige von Frankreich und ihre Gemahlinnen. Die bis 1416 geführten Inventare der Kirche nennen zahlreiche der im 14. Jahrhundert besonders geschätzten gemusterten Seiden aus Lucca mit weißem, rotem, blauem oder grünem Grund und vielfältigen goldenen Tier- und Pflanzenornamenten[24]. Die Marienkirche in Danzig, die sowohl den Deutschen Ritterorden als auch die reichen Bürger der Handelsstadt zu ihren Stiftern zählt, besitzt einen der größten mittelalterlichen Paramentenschätze, der selbst in der nachreformatorischen Zeit erhalten bleibt, als die Stadt längst zum neuen Glauben übergetreten ist. Schwerpunkte dieses Bestandes sind Paramente aus den bereits genannten gemusterten italienischen Seidenstoffen des 14. Jahrhunderts, die überall in Europa große Wertschätzung genießen, sowie aus kostbaren italienischen Samten und Samtbrokaten des 15. Jahrhunderts mit großformatigen Mustern, unter denen rote und blaue Farben dominieren[25].

In der Zeit der Miparti-Mode ist das geteilte Kleid auch im kirchlichen Bereich verbreitet, auch wenn es mit seiner betonten Zweifarbigkeit den liturgischen Vorschriften widerspricht. Selbst die Verzeichnisse von St. Peter in Rom enthalten zahlreiche Paramente mit zwei Hauptfarben in Rot/Grün, Blau/Rot oder Gelb/Rot. Im 14. Jahrhundert sehen sich daher die Konzile von Vienne (1311—1312) und Köln (1321) veranlaßt, diese als besonders weltlich geltende Kleiderform für den Klerus zu verbieten[26].

Es gehört zu den Merkmalen liturgischer Kleidung bis ins 18. Jahrhundert, daß zwischen Stoffen im profanen und im kirchlichen Bereich keine Unterschiede gemacht werden. Dies trifft auf die italienischen Samte des 15. und 16. Jahrhunderts zu, die in ihren klaren Grundfarben und ihren großformatigen Mustern für den liturgischen Gebrauch besonders geeignet scheinen. Und es gilt in zunehmendem Maß auch für die Seidenstoffe des 18. Jahrhunderts mit ihren bizarren und zarten Mustern, die vor allem in ihren gebrochenen Tönen das Ideal der klaren Farben weitgehend zurückdrängen und die modische Tendenz verstärken. Blau ist im Mittelalter für die Paramente zum festlichen Gebrauch keine Seltenheit, wie dies an zahlreich erhaltenen Kaseln und Pluvialen hinlänglich bekannt ist[27]. Lediglich in Spanien hat sich die alte Tradition der blauen Farbe für Marienfeste bis heute erhalten, während es sonst vielerorts nur noch in dunklen Tönen für Buß- und Trauerzeiten im Rahmen der liturgischen Kleidung auftaucht[28]. Geradezu auffällig ist es, daß aus dem 18. Jahrhundert eine große Zahl von Paramenten aus gemusterten hellblauen Stoffen, vielfach mit Goldbroschierung, erhalten ist[29], die eher an Galakleider und höfische Feste erinnern als an Kultgewänder. Ganz ähnliches gilt auch für rosafarbige Kaseln und Chormäntel aus überwiegend französischen Seidenstoffen mit bewegten Blumen- und Spitzenmustern. Es ist daher sicher nicht zufällig, daß sich die Kirche der Vorliebe für die hellen Farbtöne anschließt und als Kontrapunkt zur dunklen Fasten- und Adventsfarbe 1729 für bischöfliche Gottesdienste am dritten Advents- und dritten Fastensonntag rosa statt violetter Paramente offiziell einführt.

Zahlreiche Stifte und Klöster in Süddeutschland und Österreich verdanken ihren Bestand an liturgischen Gewändern im Barock und Rokoko in erster Linie dem Mäzenatentum ihrer Äbte und Pröpste, die große finanzielle Mittel zum Ankauf von Stoffen, zur Herstellung liturgischer Gewänder und für Stickereiarbeiten aufwenden, um ihre Kirchen damit auszustatten. Auch Vertreterinnen des Hochadels stiften häufig ihre Hochzeitskleider zur Erinnerung. Außerdem kaufen die Klöster im 18. Jahrhundert zunehmend Hofkleider aus reichen Gold- und Silberbrokaten auf, die adlige Damen, dem raschen Wechsel der Mode folgend, abgelegt und an Händler veräußert hatten, und lassen sie zu Paramenten umarbeiten[30]. Neben Paramenten aus farbig gemusterten Seidenstoffen werden zahlreiche Ornate zum Gebrauch zu den kirchlichen Hochfesten in Auftrag gegeben, die vielfach noch heute in den Sakristeien aufbewahrt werden. Weiße und rote Seiden sowie Brokate bilden meist den Grundstoff für verschiedene Oster-, Pfingst- und Weihnachtsornate, die in ihren verschiedenen Teilen durch plastische Goldstickerei einen Glanz erhalten, der den festlichen Eindruck dieser Gewänder entscheidend steigert[31]. Durch

Abb. 22
Kasel zum sog. Friedrichspächer Ornat,
Österreich 1752. Stift Zwettl

die besondere Form der Meßfeier, die der Priester mit dem Rücken zu den Gläubigen zelebriert, ist die Rückseite der Paramente zur Schauseite ausgebildet worden, die bereits im Mittelalter durch Seiden- und Goldstickerei in großen Bilddarstellungen hervorgehoben ist. In Renaissance und Barock tritt die ornamentale, plastische Goldstickerei in symmetrischer Bildaufteilung stark in den Vordergrund, so daß die Farbe des Stoffes darunter zurücktritt. Das Rokoko verstärkt diese Tendenz noch in der Weise, daß die Gold- und Silberstickerei den Stoff und seine Farbe vielfach ganz zudeckt (Abb. 21).

Die Vorliebe des Barock für die glänzende Stoffoberfläche und seine Steigerung in den Goldstickereien hat zur Folge, daß Gelb, das als liturgische Farbe aus dem offiziellen Kanon ausgeschieden war, seit dem 17. Jahrhundert mehr und mehr als Ersatz für Gold empfunden wird. In Köln sind nach dem Missale von 1626 gelbe, goldbroschierte Seidenparamente für die höchsten Kirchenfeste vorgeschrieben[32].

Neben der Goldstickerei tritt zur gleichen Zeit eine Vorliebe für farbige Seidenstickerei zutage, die mit malerischen Blumen- und Heiligendarstellungen den Eindruck bunter Bilder erweckt, denen sich die meist weiße oder silberne Grundfarbe im Eindruck unterordnet (Abb. 22). Bunte Paramente gelten als kostbarer Kirchenbesitz und werden unter dem Hinweis auf die verschiedenen Chöre der Heiligen gern am Allerheiligentag getragen. Die Wertschätzung kostbarer Stoffe ist häufig der Grund dafür, daß Seiden und Brokate seit dem Mittelalter zu Paramenten verarbeitet werden, auch wenn sie in ihrer Farbigkeit den vorgeschriebenen Regeln nicht entsprechen. Neben solchen wertvollen Meßgewändern, die aus den verschiedenen Jahrhunderten erhalten blieben, sind auch einfarbige Woll- und Leinenstoffe und seit der Renaissance gemusterte Wollgewebe und bestickte Leinenkaseln für den alltäglichen Gebrauch in großen Kirchen und für den festlichen auch in kleinen Pfarr- und Dorfkirchen verwendet worden. Für wenig vermögende Kirchen und Ordensgemeinschaften stellt sich die Frage nach bestimmten Farbregeln überhaupt nicht, da sich die Rangfolge für Feste sowie einfache Sonn- und Werktage nach dem Wert ihres Erhaltungszustandes von selbst ergibt.

In einer Gegenbewegung zu der zunehmenden Verwendung modischer Stoffe haben sich in der zweiten Hälfte des 18. Jahrhunderts eigene Muster für kirchliche Zwecke entwickelt[33]. Nach der Auflösung der ständischen Gesellschaftsordnung, als die profane und die kirchliche Kleidung völlig getrennte Wege gehen, setzt sich diese Entwicklung fort. Im Bemühen um eine strenge Einhaltung der alten liturgischen Farbregeln greift die Kirche im 19. Jahrhundert auf alte bewährte Stoffmuster des Mittelalters und der Renaissance zurück, die in ihrer klaren Farbigkeit

Variationen wie im vorhergehenden Jahrhundert nicht mehr zulassen. Ähnlich wie in anderen Bereichen der bildenden Kunst versucht man auch hier Neuanstöße zur Gestaltung der liturgischen Kleidung durch Rückgriffe auf historische Stoffe zu finden[34].

Die liturgische Kleidung der Ostkirche weicht von der des Westens durch einen weitgehend freien Gebrauch der Farben ab. Die Farbigkeit der Kultgewänder im Osten spiegelt einen Stand wider, wie er im Westen gegen Ende des 12. Jahrhunderts erreicht ist. Obgleich alle Farben erlaubt sind, stehen im griechischen Ritus helle, leuchtende Farben für die Hochfeste und dunkle Töne für Trauer und Fastenzeiten im Vordergrund. Weiße Gewänder werden von Ostern bis Christi Himmelfahrt getragen, und Weiß ist auch die Farbe des priesterlichen Untergewandes. Blau oder Violett sind die Farben für die vierzigtägige Fastenzeit, dunkelrote Kleider sollen an die Passion Christi erinnern, und Schwarz ist am Karfreitag und bei Begräbnissen vorgeschrieben. Diese Farbigkeit unterliegt keinen bindenden Regeln. Zelebrieren mehrere Priester gemeinsam das Meßopfer, ist lediglich die Farbe der Kleidung des Hauptzelebranten Weiß, während die übrigen Priester in Grün, Blau und Violett erscheinen können[35].

Die liturgische Kleidung und ihre Farben wirken selbst nach der Reformation in Teilen der lutherischen Kirche weiter, da Luther diese alten Formen nicht grundsätzlich ablehnt und ihren Gebrauch in das freie Ermessen der Gemeinden stellt. An Luthers Wirkungsstätte Wittenberg werden die liturgischen Gewänder allerdings sehr schnell abgelegt, ebenso wie in der reformierten Kirche, die auf farbige Priesterkleidung verzichtet. In verschiedenen Gegenden Mittel- und Norddeutschlands sowie in Süddeutschland nördlich der Donau werden weiterhin farbige Paramente im Gottesdienst getragen und sogar neu angeschafft[36]. Ihr Gebrauch lehnt sich weitgehend an den alten Farbkanon an, wobei in den Festfarben Weiß und Rot und in den dunklen Buß- und Trauerfarben Blau und Violett austauschbar sind, wenn entsprechende Paramente fehlen. Selbst im 17. Jahrhundert und zum Teil im 18. Jahrhundert setzt sich diese Tradition fort, bis die Aufklärung im protestantischen Deutschland Meßgewänder und Chorhemden als „papistisch" ablehnt und entscheidend dazu beiträgt, daß die farbigen Gewänder zugunsten des schwarzen Talars endgültig abgeschafft werden[37].

In einigen anderen europäischen Ländern, wo sich die Aufklärung nicht in gleichem Maße ausgewirkt hat, wie z. B. in der lutherischen Kirche Schwedens, ist die Tradition nicht abgerissen und bis in die Gegenwart weitergeführt worden[38]. Ähnliches gilt auch für die anglikanische Kirche in Großbritannien, die sich seit jeher durch eine enge Beziehung zur Kirchenordnung auszeichnet. Auch in Teilen des amerikanischen Luthertums und der evangelischen liturgischen Reformbewegung Deutschlands wurde farbige Kirchenkleidung beibehalten oder wieder aufgenommen[39].

Der Einfluß liturgischer Farben auf die Volkstrachten

Die Kirchenfarben zu den verschiedenen Jahres- und Heiligenfesten sind über den engen kirchlichen Bereich hinaus nicht ohne Wirkung auf die profane Kleidung der vergangenen Jahrhunderte geblieben. Dies gilt sicher in erster Linie für die verschiedenen Trauerfarben Schwarz, Blau und Violett. Schwarz hat die Trauerkleidung des Adels und der übrigen Stände seit der Renaissance weitgehend beherrscht. Als abgeschwächte Trauerfarbe schließt sich Blau an, das sich in der bäuerlichen Tracht noch im 19. und 20. Jahrhundert nachweisen läßt, während violette Kleidung, von den englischen und französischen Königen getragen, als vornehmste Form der Trauer galt.

Die Beziehungen der liturgischen Farben zur profanen Kleidung wurden bisher nicht untersucht. Es scheint aber, daß über die Einflußnahme im Bereich der Trauerkleidung hinaus Standestrachten und Mode bis zum 18. Jahrhundert als prägende Kraft so stark im Vordergrund stehen, daß kein Austausch von seiten der kirchlichen Farbigkeit anzunehmen ist.

Lediglich bei bäuerlichen Trachten des 19. und 20. Jahrhunderts macht sich in verschiedenen Gebieten Europas eine Anpassung an die kirchlichen Festfarben bemerkbar. Dies geschieht allerdings nur selten in enger Anlehnung an den liturgischen Kanon mit all seinen Regeln. Die Farbe wird als Ordnungsprinzip für die Feste im Ablauf des Jahres und zum anderen als Möglichkeit der Steigerung für die Rangfolge der verschiedenen Feiertage und zu den Hochfesten Ostern, Pfingsten und Weihnachten eingesetzt, wie es (Abb. 23) im kirchlichen Bereich zu beobachten war. Diesem Vorbild eng verbunden zeigt sich die weibliche Kirchgangstracht des Delbrücker Landes, die am ersten Feiertag der Hochfeste sowie bei bestimmten Prozessionen und Familienfesten je nach Anlaß von blauer, violetter oder gelber Farbe ist[40].

Sehr häufig bestimmen nur zwei Farben in dunklem und hellem Grundton die Fest- und Bußzeiten des Jahres. Dies trifft in besonderem Maße auf die protestantische Leksandtracht in Schweden zu, in der sich feste Farbregeln für Schürzen und Mieder der Frauentracht zu den Fest- und Feiertagen entwickelt haben. Die Verbindung der protestantischen Tracht zu den Kleiderfarben aus dem Bereich des katholischen Glaubens rührt daher, daß die lutherische Kirche Schwedens die liturgische Kleidung mit ihrer Farbigkeit in nachreformatorischer Zeit bewahrt und bis ins 20. Jahrhundert beibehalten hat. Die Farbigkeit der Kleider wird durch eine „schlichte" Variante mit schwarzem Mieder für Advents-, Passions- und Trauerzeiten und eine rote zu den Festtagen und übrigen Jahreszeiten bestimmt, die durch die Farbe der Schürze nach den einzelnen Feiertagen in ihrer Bedeutung zu unterscheiden sind. Das Rot des Mieders für den zweiten Feiertag der Hauptjahresfeste wird durch gleichfarbige Schürzen ergänzt, während am ersten Feiertag die rote Miederfarbe durch eine blaue Schürze in ihrer optischen Wirkung gesteigert und in ihrer Bedeutung hervorgehoben ist[41].

In ganz ähnlicher Weise sind die Röcke der Chodskoer Frauentracht in Westböhmen farblich auf die einzelnen Festzeiten abgestimmt. Die Zweiteilung in dunkle und helle Farbigkeit schreibt Blau und Violett zur Fasten- und Adventszeit und Rot und Grün für die Oster- und Pfingstzeit vor[42].

Die Möglichkeit, die Wirkung der Tracht an den einzelnen Feiertagen der hohen Kirchenfeste durch ihre Farbigkeit nach Rang und Bedeutung zu kennzeichnen, hat die katholische Frauentracht des Kreises Marburg entwickelt. Abgesehen von der violetten Kleidung zur Advents- und Fastenzeit und der grünen Kirchenfarbe am Sonntag nach Pfingsten, haben sich in Mardorf für Ostern, Pfingsten, Fronleichnam, Weihnachten sowie zum Kirchweihfest feste Farbvorschriften für die Kleidung des ersten und zweiten Feiertages entwickelt, die dem jahreszeitlichen Wechsel der Kirchenfarben nicht folgen, die grüne Alltagsfarbe aber als Festfarbe aufwerten. Am augenfälligsten kommt dies in der Tracht der jungen Mädchen zum Ausdruck, die bis zur Mitte des 20. Jahrhunderts einem ungeschriebenen Gesetz zufolge am ersten Feiertag in glänzend grünem und am zweiten in einem grauen Tuchrock zur Kirche erscheinen. Besonderen Regeln unterliegt die Farbe des Rockbesatzes und der Strümpfe. Eine größere Eigenständigkeit haben die Mädchen in der Auswahl der Farben für das Motzen (Jacke) und die Schürze, die gleichermaßen aus glänzend hellgrünem, stahlblauem, veilchenblauem oder weinrotem Atlas bestehen und die den Eindruck der Grundfarbe völlig verändern können. Ist es zunächst die Absicht, durch Zweifarbigkeit die Wirkung der Festtagskleidung zu steigern, so bahnt sich in den dreißiger Jahren des 20. Jahrhunderts eine farbliche Vereinheitlichung in allen Teilen der Tracht an, mit der sich eine Annäherung an den Farbgeschmack städtischer Kleidung vollzieht[43].

Abb. 23
Vorderschürze zur Fest-
tracht, schwarze Atlasseide
mit Gold- und Silber-
stickerei in Sprengtechnik,
in Anlehnung an liturgische
Vorbilder. Ictar-Budint/
Banat/Rumänien, Anfang
20. Jh. Museum für Völkerkunde SMPK Berlin

Anmerkungen

1 zit. nach J. Fellerer 1979 S. 90. Der Aufsatz ist in der Zeitschrift „Das Münster" veröffentlicht, die aus Anlaß einer von der Gesellschaft für christliche Kunst veranstalteten Ausstellung der liturgischen Kleidung ein ganzes Heft widmet. In den Aufsätzen, die den Katalog der ausgestellten Stücke begleiten, geht es um eine Bestandsaufnahme der bisherigen Entwicklung und um Neuansätze in dieser Richtung nach dem 2. Vatikanischen Konzil. Zur Problematik des liturgischen Gewandes in der Gegenwart gibt es eine gute Einführung.

2 A. Hermann 1969 Sp. 422

3 ebd.

4 G. Haupt 1941 S. 24

5 R. Kroos, F. Kobler 1981 Sp. 60. Das Kapitel bezieht sich in erster Linie auf diesen Artikel über „liturgische Farbe (kath.)" im Reallexikon zur deutschen Kunstgeschichte, der an Hand historischer Quellen einen Überblick über die Entwicklung der liturgischen Farben des Mittelalters sowie der nachtridentinischen Zeit bis zum 18. Jh. gibt und zum Teil auch den Bestand erhaltener Paramente einbezieht. Unberücksichtigt blieb hier das 19. und 20. Jh. In seiner quellenkritischen, historischen Darstellung geht der Artikel über die Arbeiten von Joseph Braun hinaus. Brauns „Handbuch der Paramentik", Freiburg 1912, und „Die liturgische Gewandung im Occident und Orient" von 1907 (Neudruck von 1964) sind allerdings noch immer grundlegende Arbeiten zur Einführung in die Thematik der liturgischen Gewandung; neue methodische Ansätze zu einer Deutung der liturgischen Farben bei C. Meier 1977 S. 175 f. Anm. 190.

6 ebd.

7 Die Kasel ist das liturgische Obergewand für Bischof und Priester, das von diesen während der Messe getragen wird. Aus einem Gewand der römischen Kaiserzeit, der Paenula, entstanden, wird die Kasel zunächst priesterliches Gewand für alle feierlichen Funktionen, ehe sie seit dem 12. Jh. nur noch als Meßgewand des Bischofs und Priesters getragen wird. Bis zum 13. Jh. ein langer, glockenförmiger Mantel („Glockenkasel"), der beim Zelebrieren an den Armen gerafft werden muß, wird die Kasel seit dem 14. Jh. an den Seiten und schließlich in der Länge beschnitten. Die heutige Form, die wegen ihres bogig ausgeschnittenen Vorderteils „Geigenkasel" genannt wird, ist Ende des 15. Jh.s erreicht. Im 17. und 18. Jh. wird die Länge nochmals verkürzt.

8 Dalmatika und Tunicella sind die liturgischen Obergewänder der assistierenden Diakone bzw. Subdiakone und werden von diesen beim Hochamt, bei Prozessionen und Benediktionen getragen.

9 Das Pluviale (auch Cappa, Vesper- oder Rauchmantel) ist ein ärmelloser, langer, mit einer Agraffe geschlossener halbkreisförmiger Mantel, der vom Bischof und Priester bei Prozessionen und allen feierlichen Funktionen außerhalb der Meßfeier getragen wird. Die Kapuze des mittelalterlichen Mantels wurde zunehmend als Zierform ausgebildet.

10 Stola. Etwa 2,5 m langer Stoffstreifen als Amtszeichen der Diakone, Priester und Bischöfe, vom Diakon schärpenartig über der linken Schulter, vom Priester über der Brust gekreuzt und vom Bischof gerade herabfallend unter dem Übergewand getragen.

11 Manipel. Etwa ein Meter langes Band mit verbreiterten Enden, das am linken Arm mit beidseitig herabhängenden Streifen als liturgisches Abzeichen der Subdiakone getragen wird.

12 R. Kroos, F. Kobler 1981 Sp. 70 ff.

13 S. Müller-Christensen 1955 S. 7

14 R. Kroos, F. Kobler 1981 Sp. 69 ff.; R. Kaczynski 1979 S. 94

15 F. Haeberlein 1939 S. 85

16 A. B. Gottron 1950 S. 304; J. Braun 1964 S. 739; W. Wackernagel 1972 S. 185

17 R. Kroos, F. Kobler 1981 Sp. 106

18 ebd. Sp. 63

19 ebd. Sp. 92

20 ebd. Sp. 63

21 ebd. Sp. 83

22 ebd. Sp. 92

23 A. B. Gottron 1950 S. 301

24 R. Grönwaldt 1968 S. 83 f.

25 W. Mannowski 1 1931 S. 6 ff.

26 R. Kroos, F. Kobler 1981 Sp. 68. Zu den Verboten der Miparti-Kleidung s. V. Mertens 1983 S. 51 f.

27 W. Mannowski 1 1931 S. 6 ff.; M. Schuette, S. Müller-Christensen 1963 T. 53/59, 63/64

28 J. Braun 1964 S. 745

29 R. Kroos, F. Kobler 1981 Sp. 103

30 D. Heinz 1962 S. 11

31 ebd. S. 5 ff.

32 R. Kroos, J. Kobler 1981 Sp. 101

33 B. Markowski 1976 S. 97 f. widmet in der Einführung ihres Kataloges über europäische Seidengewebe den Paramentstoffen ein kurzes Kapitel.

34 B. Tietzel 1981 S. 8 f.

35 R. Braun 1964 S. 753 f.; A. Hermann 1969 Sp. 424 f. Zu den Formen priesterlicher Gewänder der Ostkirche, auf die hier nicht näher eingegangen werden kann, siehe E. Trenkle 1962.

36 W. Goldammer 1981 Sp. 121 ff.; W. Lotz 1949 S. 18 ff.

37 K. Goldammer 1981 Sp. 135

38 W. Lotz 1949 S. 24

39 K. Goldammer 1960 S. 69

40 G. Schmitz 1969 S. 18 ff. erwähnt nur, daß die blaue Kleidung von Frauen nach der Geburt eines Kindes beim Gang zur Kirche bei Aussegnung getragen wurde. Auf die übrigen Festfarben geht sie nicht näher ein.

41 E. Tirus 1978 S. 5—26 veröffentlicht eine systematische Aufstellung aller Farbkombinationen für Mieder und Schürze der weiblichen Leksandtracht zu den verschiedenen Feiertagen. In seinem deutschen Resümee erwähnt Tirus, daß es für die Männertracht keine Regeln gibt, die sich auf die verschiedenen Sonn- und Feiertage beziehen.

42 J. Blau 1905 S. 42; H. Nixdorff 1977 S. 110 f.

43 M. Hain 1936 S. 55 ff.

III. Farbtendenzen und Farbklänge im Zusammenhang mit dem jeweils gültigen Farbharmoniebegriff

Wollen wir der Übersichtlichkeit halber die Einzelfarben in der Geschichte der Bekleidung abhandeln (vgl. Kap. IV/1—8), sie nach färbetechnisch bedingten Nuancen, nach ihrem ästhetischen Ausdruck im Verhältnis zu Stoffbeschaffenheit und Schnitt oder nach ihrer symbolischen Bedeutung darstellen, dürfen wir eines nicht aus dem Auge verlieren: daß im „vollen Leben" die Farbe im Kleid niemals isoliert in Erscheinung tritt. Schon Antike und Mittelalter stellten — obgleich vorwiegend einfarbige Stoffe verwendet wurden — verschiedene Töne für ein Gewand zusammen, sei es, daß Ober- und Unterkleid oder aber sichtbare Futterstoffe und Oberstoff farblich aufeinander abgestimmt wurden. In der „zusammengeschnittenen" Miparti-Mode des 14. Jahrhunderts zeigen sich sogar schon mehrere Farben in einem Gewandteil miteinander vereint. Darüber hinaus orientierte bereits das Spätmittelalter die Kleiderfarben gelegentlich an der Farbphysiognomie, an Teint, Augen- und Haarfarbe. Auch wurde — anläßlich großer Festlichkeiten bei Hofe — die Kleidung ganzer Gesellschaften farblich aufeinander abgestimmt. Nicht erst die Punks sind es, die ihre schrillfarbigen Accessoires zur schwarzen Montur in weißgetünchten Lokalen bei grellem Neonlicht sachgerecht zur Schau zu stellen wissen: Raumfarbe und Licht als ästhetisches Element zur Kleiderfarbe wußte man schon seit der Renaissance wirkungsvoll einzubeziehen.

Führen wir uns die Farbklänge der Kleidung verschiedener Stilepochen, Ethnien oder Gesellschaftsgruppen vor Augen, seien es die Gewänder der Minnesängerzeit mit ihren kontrastreichen Grundfarben oder der Rokokomode des ausgehenden 18. Jahrhunderts mit den vielfältig gebrochenen Farbnuancen, so wird deutlich, daß jeweils eine sehr spezifische Auswahl aus dem Reich der Farben getroffen wurde.

Um die immer wieder gestellte Frage nach dem Zusammenhang von Mode, Kunst und Philosophie oder Zeitgeist[1] etwas zu konkretisieren, soll uns im folgenden der Aspekt beschäftigen, wieweit diesen Farbklängen ein jeweiliges Schönheitsideal zugrunde liegt, das sich auf einen Farbharmoniebegriff stützt, d. h. wie und seit wann praktische Färbetechnik, künstlerischer Entwurf und ästhetische Farbenlehre[2] Bezug aufeinander nahmen.

Dem Schönheitsbegriff liegt seit der Antike die Idee von der Harmonie zugrunde. Als harmonisch gilt, wenn mannigfache Teile zu einer höheren Einheit verbunden in Erscheinung treten. Diese Definition hat in begrifflicher Hinsicht bis heute ihre Gültigkeit behalten. Der Inhalt aber, der Aspekt auf die Farben, hat sich durch allmähliche Verschiebung des Standpunktes oder der Anschauungsebene durch die Jahrhunderte verändert.

Die Pole dieser verschiedenen Anschauungen liegen — wie noch näher dargestellt wird — zwischen antiker Farben-Philosophie und der Lehre der Farbmetrik der 1. Hälfte des 20. Jahrhunderts. Durch ein zunehmendes Verständnis[3] für die Farbenlehre Goethes, der den sittlichen Aspekt neben den sinnlichen Eindruck stellte, bahnt sich eine Zusammenschau dieser beiden Pole durchaus an.

Nach dem Verständnis Platos wird der Ideenwelt, d. h. in bezug auf die Farbe ihrem Wesen, ihrem symbolischen Wert und ihrer vitalen und moralischen Wirksamkeit mehr Beachtung geschenkt als der Sinneswelt mit ihren chaotischen Farberscheinungen. Die antiken Grundfarben[4] Weiß, Schwarz, Rot und Ockergelb bezeichneten durchaus nicht einen bestimmten Farbton, man suchte vielmehr nach ihrer Beziehung zur Materie, zu den vier Grundkräften des Seins, den Elementen Feuer, Wasser, Luft und Erde. Sie wurden also ihrem Ideengehalt, nicht der Sinnesempfindung nach als harmonisch erlebt. Demzufolge bezeichnet Plato die Erfassung der Urfarben, der „reinen Farbe" als „geistige Lust", während er die Suche nach „bunten Mischungen" als Ausdruck „sinnlicher Lust" degradiert. Daher wurden die in der Malerei und besonders in der Färbekunst bereits verwendeten vielfältigen Farbnuancen sprachlich erst viel später erfaßt und fanden in der antiken Philosophie kaum Beachtung[5].

Der andere Pol, die Farbenlehre des 19. Jahrhunderts und der 1. Hälfte des 20. Jahrhunderts, gipfelt in der entgegengesetzten Auffassung, daß der Ideenwelt keine, der Sinneswelt die volle Realität zukomme. So verwundert es nicht, daß wenig Interesse an Fragen zur Qualität, Wirksamkeit und Symbolik bestand, während quantitative Erhebungen zunehmend in den Vordergrund rückten, die die Identifizierung und Typologisierung möglichst aller wahrnehmbaren Farbnuancen mit Hilfe von Farbkreisen, -flächen und -körpern bis hin zu einem Normensystem ermöglichen sollten. Zwischen diesen Polen des Farbverständnisses von tätiger, schaffender Farbe und totem Farbprodukt drängen sich die verschiedensten Aspekte um die

Abb. 24
Seidensamt-Fragment, Italien 1. Hälfte 15. Jh. Kunstgewerbemuseum SMPK Berlin

Farbe an die Oberfläche: die Suche nach den „gebornen" Ur- oder Grundfarben, der Entdeckung der Licht- und Körperfarben, der Frage nach den Farbmischungsverhältnissen, dem Einfluß von Licht und Finsternis, dem Farberleben im Menschen oder der Sinnesphysiologie, um nur einige Beispiele zu nennen.

Diese Standpunktveränderungen gegenüber dem Phänomen Farbe sind dafür verantwortlich, daß zu verschiedenen Zeiten unterschiedlichste Farbzusammenstellungen als harmonisch empfunden wurden, d. h., daß sich der Geschmack veränderte.

1. Die Bedeutung der Einzelfarben im Mittelalter

Die mittelalterlichen Vorstellungen von der Schönheit der Farben gehen auf antike Vorbilder zurück. Während Plato den Einzelfarben ihrem Symbolgehalt nach zwar unterschiedliche Grade der Schönheit zuerkennt, ohne dafür eine Erklärung zu finden, bestimmt Aristoteles die Schönheit durch eine abstrakte Numerus-Kategorie: Je ebenmäßiger das Verhältnis der Bestandteile der Farbe zwischen Schwarz und Weiß sei, je schöner wäre sie[6].

Durch Isidor v. Sevilla († 636) wird die antike Farbensymbolik (Elementensymbolik) in eine christliche umgeprägt. Die vier von der Antike geprägten Grundfarben Gelb, Purpur, Weiß und Schwarz, die auch noch im Regenbogen gesehen werden, gelten nun als Symbol der Herrlichkeit Christi! Erst Beda Venerabilis († 735) tauscht sie gegen sinneserfahrbarere aus, gegen Rot, Grün, Violett (auch Blau) und Himmelsfarbe (*caeruleus*). (Diese Farben sind es auch, die in der Bekleidung des Mittelalters Vorrang hatten, s. u.) Die mannigfache Farbigkeit ist nach Hugo von St. Victor (1096–1146) der sinnliche Ausdruck des Lichtes, der Offenbarung der Schönheit schlechthin. Diese Lichtmetaphysik führt zu einer „intellektuellen Farbästhetik" auf symbolischer Grundlage. Sie mißt ihr Schönheitsideal am Erkenntnisergebnis, an der Wahrheit. Je näher die Farbe dem Licht, je schöner sei sie (nach Ulrich Engelbert v. Straßburg † 1277). „Grün ist schöner als Rot, weil es sich zwischen dem Weiß, welches das Auge erweitert, und dem Schwarz, das es zusammenzieht, befindet" (Wilhelm von Auvergne † 1249), oder: Weiß sei die schönste Farbe, weil sie die leuchtendste sei (N. Cusanus † 1464)[7]. Eine so am Ideal orientierte Farbvorstellung hatte es schwer, die Farben in der Natur als rein und schön zu erleben. Die Schönheitsempfindungen schienen sich mehr am „Glanz oder der lebendigen Bewegung" zu entzünden. Daher wurde auch die einfarbige Kleidung reich mit Edelsteinen und Metallelementen besetzt, um diesem Bedürfnis zu huldigen[8].

Die Scholastiker wollen deshalb die als himmlisch erlebten Farben aus der Kunst verbannen, weil sie in

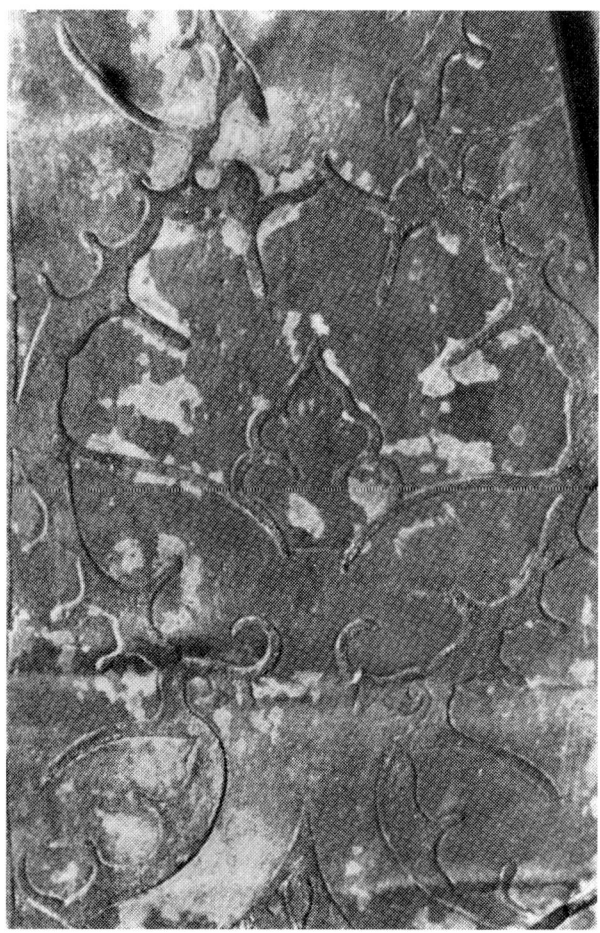

Abb. 25
Granatapfelmotiv vom Bahrtuch Papst Johannes XXIII., Grabmal von Donatello, um 1425 bis 1428. Florenz Baptisterium

Form der Pigmentfarben nur die Sinnesseite des göttlichen Lichtes darstellen könnten; die Neuplatoniker dagegen wenden sich ihnen als symbolischem Ausdrucksmittel, die göttliche Welt zu glorifizieren, emphatisch zu. Sie begründen mit ihrer Lehre das Kunstschaffen des Mittelalters, das die nicht an äußere Formen gebundene Farbe als wesentlichstes Kriterium über Form und Proportion gestellt hat, um dem religiösen Empfinden damit adäquat Ausdruck zu verleihen.

Der antiken und frühchristlichen Ästhetik liegt eine ganzheitliche Auffassung der Erscheinungswelt zugrunde. Die für die Schönheit dieser Welt maßgeblichen Qualitäten Form, Proportion, Farbe, Glanz können gleichermaßen Ausdruck für das Wesen einer Sache sein. Die Erscheinungsformen innerhalb der

Abb. 26
Seidenstoff-Fragment, Gros de Tour, lanciert und broschiert, Italien oder Frankreich, 3. Viertel 17. Jh. Württembergisches Landesmuseum Stuttgart

Abb. 27
Seidenbrokat-Fragment, broschierter Damast mit „bizarrer" Musterung, Frankreich um 1710. Württembergisches Landesmuseum Stuttgart

Qualitäten — z. B. Rot, Gelb, Schwarz, Weiß innerhalb der Farben, eckig oder rund innerhalb der Formen oder 2:1 bzw. 3:1 innerhalb der Proportionen — werden ihrem Wesen nach dagegen so verschieden gedacht, daß sie nicht miteinander verglichen werden können. So wird verständlich, daß der Farbharmoniebegriff noch nicht ein ausgewogenes Verhältnis von einer Farbe zur anderen meint, sondern Bezug darauf nimmt, ob die Farbe ihrer Eigenschaft nach als passend zu Form und Proportion erlebt wird. In diesem Sinne wurde auch die Farbe der Bekleidung noch im antiken Griechentum eingesetzt. Man wählte den *peplos*, der in seiner Farbigkeit gerade zur Stimmung, zur inneren Verfassung des Trägers paßte[9]. Das farbige Gewand, das den Körper mehr umspielte als fest umschloß, war ebenso „koloristische" Zugabe zur schönen Form und Proportion der Naturschöpfung Mensch, wie die Farbe im Kunstschaffen der Griechen. Dies freie Spiel des lebendigen Harmonisierens von Farbe und Form, von Kleid und Mensch erfährt im

Mittelalter, wie oben dargestellt wurde, durch die Kleiderordnungen eine Erstarrung. Die lockeren, offenen, auf die Umwelt wie Wind, Feuchtigkeit, Schwerkraft etc. reagierenden Gewänder der Antike (F. T. Vischer nennt sie bezeichnend „ein reines Echo der organischen Linien") werden zu „Gehäusen" umgebildet, die den Körper nun fest umschließen. Ihr äußerer „Anstrich", die Gewandfarbe, deutet auf das Wesen im Inneren zeichenhaft hin.

Erst gegen Ende des 12. Jahrhunderts tritt deutlich ein persönlicher Empfindungsbezug gegenüber der Farbe auf. Thomas v. Cîteaux († 1189) spricht von einem individuellen seelischen Erleben der Farbe, welches Bonaventura († 1274) in Beziehung zu der objektiven Welt der Farbe bringt, d. h. die objektive Schönheit (Ideenwelt) habe eine adäquate Grundlage im subjektiven Schönheitserleben (Empfindungswelt) des Menschen. Die Fähigkeit, die Schönheit einzelner Farben nicht nur zu denken, sondern auch subjektiv zu empfinden, wird von Nicolaus Cusanus († 1464) weiter vertieft. Im 13. Jahrhundert wird durch Witelo (1272) erstmals sogar schon der Gedanke eines ethnopsychologisch bedingten Schönheitsbegriffs geäußert. Die Beurteilung der Farbe nach ihrer Schönheit wechsele von Volk zu Volk und hänge von den jeweiligen Gewohnheiten ab. Mit diesen persönlichen Erfahrungen ist ein neuer Aspekt zur Farbauffassung hinzugekommen. Damit ist der Weg in Richtung auf eine „psychologische Ästhetik" gewiesen.

Insofern können wir uns dem vor mehr als hundert Jahren abgegebenen Urteil J. v. Falkes durchaus anschließen, der die Kleidung bis zum Hochmittelalter als barbarisch, unproportioniert und überladen bezeichnete[10]. Erst das eigene „Abschmecken"-Können, die Dienstbarmachung der Sinnesempfindungen, führte zu dem, was wir heute geschmackvolle, ästhetische Mode nennen; und diese Fähigkeit tritt mit der Kleidung der höfischen Rittermode des 12./13. Jahrhunderts in Erscheinung.

Nicht nur in den theoretischen Schriften des Mittelalters werden die einzelnen Grundfarben in ihrer leuchtenden Klarheit also hoch eingeschätzt. Die frühen Kleiderordnungen sprechen von der Wertschätzung dieser Farben (vgl. Kap. II/1) und behalten sie daher den höheren Ständen vor. Schriftsteller und Dichter der Zeit heben an den Gewandfarben den Zug des kräftig Leuchtenden besonders hervor, so

z. B. Reginald von Durham in seiner wohl 1175 entstandenen Beschreibung des Gewandes des hl. Cuthbert: „das Purpur des Mantels scheine durch die aufgestickten gelben Tupfer noch intensiver zu leuchten."[11] Ein Chronist des 13. Jahrhunderts schreibt von den Gewändern, die man in Almeria (Malaga) kaufen konnte, sie seien aus Seide und „in den leuchtendsten Farben" gewesen[12]. Man vergegenwärtige sich ferner die begeisterten Ausrufe der Minnesänger beim Anblick einer schön gekleideten Dame, deren Kleid z. B. „grüner als Gras" gewesen sei[13].

Aber auch die Färber strebten danach, den von Natur aus mehr grauen als weißen Textilien durch Seifen und Beizen eine bessere Aufnahme der Färbesubstanzen zu vermitteln (vgl. Kap. I). Ehe der Handel die Verwendung farbintensiverer Substrate vom Mittelmeer und Orient nördlich der Alpen ermöglichte, wurden alle Kenntnisse sorgsam gesammelt, die zu einer maximalen Farbintensität der Pflanzenfarbstoffe führten. Das begann mit Vorschriften, bestimmte Pflanzen in bestimmten Jahres- als auch Tageszeiten zu sammeln, und endete mit den vielen Farbrezepten, die die Zusammenstellung der Substanzen nach Menge, Art der Erhitzung usw. angaben[14]. Obgleich sich eine Fülle von Farbnuancen durch einheimische Pflanzen anbot, stand das Bleichen und Färben von weißen, roten, grünen und blauen Stoffen im Vordergrund.

Abb. 28
Stoff-Fragment, Droguet liseré, Frankreich, 3. Viertel 18. Jh. Textilmuseum Krefeld

Aber auch für importierte Stoffe und Kleider werden diese Farben immer wieder genannt[15]. Mit dem 12./13. Jahrhundert, der Zeit, in welcher sich die Meisterbetriebe in den Städten organisierten, kamen durch zunehmenden Handel besonders mit dem Süden und Osten des Mittelmeerraumes neue und kräftigere Färbemittel nach Europa: Indigo, verschiedene Farbhölzer, Safran, Saflor, Krapp und Galläpfel, die eine Verbesserung der Grundfarben und deren Abstimmung in mehrfarbiger Mode (Miparti) ermöglichten[16]. Die wenigen farblich gut erhaltenen mittelalterlichen Stoffe zeugen von der Meisterschaft des Färberhandwerks, die Praxis an der Idealvorstellung zu orientieren[17]. Und schließlich läßt der Vergleich spätmittelalterlicher Malerei mit erhaltenen Stoffen das Urteil zu, daß die gemalten Stücke den Vorlagen durchaus entsprachen[18]. Daß die deckenden meist mineralischen Farben der Malerei bisweilen noch edelsteinhafter erscheinen als die pflanzengefärbten, inzwischen z. T. ausgeblichenen und abgeführten Stoffe, darf nicht zu dem Urteil führen, eine Realisierung der Ideale sei nicht angestrebt worden. Andererseits müssen wir uns vor Augen halten, daß der mittelalterliche Mensch noch vermochte, eine noch so mindere „Wirklichkeitsfarbe" als Zeichen für die "Vorstellungsfarbe" unmittelbar zu erkennen. D. h. er schaute nicht auf die Nuancen, z. B. auf ein Rostrot, Karmin oder Rosa, sondern erkannte sie im entsprechenden Funktionszusammenhang als ein Zeichen für Purpur[19].

2. Kontrastfarbenpaare als Ausgangspunkt für die Gestaltung in der Renaissance (1350—1550)

Mit der Renaissance in Italien beginnt sich die Aufmerksamkeit gegenüber der Natur und Umwelt zu vertiefen. Das ästhetische Urteil richtet sich nach dem, was der einzelne an der konkreten Farbe und am Farbklang erlebt. Leon Battista Alberti hebt 1436 hervor, daß eine harmonische Anordnung von Farben besser gewährleistet sei, wenn sich die Einzelfarben kräftig voneinander abheben würden[20]. Die Farbkombinationen, die Leonardo da Vinci in seinen Notizen über die Farbe (1505—1515) als harmonisch bezeichnet, tasten schon verschiedenste Farbbereiche ab, sowohl die später als Gegenfarben bezeichneten Felder wie Grün-Rot, Grün-Purpur oder Violett und Gelb-Blau, als auch näher verwandte wie z. B. Grün-Blau[21]. Andererseits kann eine Farbe eines Farbenpaares nach seiner Auffassung auch dazu dienen, die zweite zu steigern, so z. B. ein Blaßblau das Rot. Immer ist es hier das Verhältnis der Farben zueinander, was interessiert. Die mittelalterliche Isolierung der Einzelfarbe in dem dargestellten Sinne wird damit aufgehoben[22].

Eine Fülle von erhaltenen Kleiderstoffen besonders des 15. und 16. Jahrhunderts zeigten diese genannten Farbenpaare (Abb. 24 und Abb. 25). Die Freude am Spiel von Licht und Schatten in seiner Wirkung auf den Farbton, welches in der Malerei durch die *relievo*-Technik verwirklicht wurde, wird auch im textilen Bereich durch verschiedene Techniken realisiert: Die „geschnittenen" Samte weisen z. B. verschieden hohe Oberflächenebenen im Flor auf und lassen die Farbe daher heller und dunkler erscheinen; bei den Damasten wird diese Wirkung durch den Wechsel verschiedener Bindungen, z. B. durch atlasbindige Muster auf taftbindigem Grund, hervorgerufen. Auch die Brokatelle sind auf diesen Effekt hin angelegt[23]. J. Falke weist ferner darauf hin, daß auch durch den Gegensatz von Samt und Seide in einer Farbe die Wirkung des Lichtes besonders effektvoll ausgenutzt wurde[24]. Nach und nach gewinnen aber die näher verwandten Farben an Interesse. Paolo Lomazzo (1538—1600) empfiehlt die sorgfältige Abstufung der einzelnen Farben und hebt die engen Nachbarn als harmonisch besonders hervor, z. B. Weißgelb-Gelb, Grün-Blau . . .[25]. Lodovico Dolce bezeichnet 1565 die stark gebrochenen abgedunkelten Töne Aschgrau, Löwenfarbe und Mohrenbraun ausdrücklich als schön[26].

In der Farbtönung wird auch die Veränderlichkeit der Farbe durch Licht und Schatten gesehen. Es geht nicht mehr darum, einen Typ, ein Temperament, eine Farbe in seiner einmaligen Urform zu erkennen und zeichenhaft zu gestalten, sondern die eigenen temporär wechselnden seelischen Zustände auch in der Außenwelt wiederzufinden und durch Zwischentöne, die den Eindruck des Wandelbaren hervorrufen, adäquat zum Ausdruck zu bringen.

Auch das Interesse der Färber ist darauf gerichtet, die einzelnen Grundfarben für die Kleiderstoffe möglichst vielfältig zu variieren, vor allem in der 2. Hälfte des 15. Jahrhunderts, als die Uni-Stoffe sich besonderer Beliebtheit erfreuten. Friedrich[27] führt eine „üppige Skala" der Grundtöne besonders der roten Farbe auf, die je nach Färbesubstanz ins Zinnober oder Scharlach tingierte. Daneben wurden viele Varianten der Lila-Violett-Gruppe durch Überfärben des Rot mit Indigo erzeugt. Auch Grün erscheint vielfältig abgestuft in Gestalt eines „festlichen Maigrün", „Smaragdgrün", „Zwiebelgrün" oder eines ins Bräunliche gebrochenen Grüns. „Kastanien"- und „Zimtfarbe" galten als edle Brauntönungen (vgl. Kap. IV/1).
Die raschere Auswirkung der in Traktaten resumierten Farbvorstellungen dieser Zeit auf Malerei und Kunsthandwerk ist dadurch bedingt, daß die Aufzeichnungen nicht mehr — wie noch im Mittelalter — durch die der Kunstausübung fernstehenden Philosophen erfolgten, sondern von Künstlern geschrieben wurden, die in ständigem Erfahrungsaustausch zwischen Na-

turbeobachtung und praktischen Experimenten lebten. Darüber hinaus wirkten sie mit ihren ästhetischen Begriffen nicht nur anregend auf die Stoffgestaltung, sondern waren beim Entwurf der Gewänder, ihrer Farbgebung und Fältelung oft direkt beteiligt[28].

3. Die Verschwärzlichung in der spanischen Mode des 16. Jahrhunderts

Da das Thema im Zusammenhang mit der schwarzen Farbe (vgl. Kap. IV/9) berührt worden ist, mag hier nur der Hinweis genügen, daß sich auch in den theoretischen Schriften zur Ästhetik Hinweise auf die Vorliebe zur Graphik, zur Schwarz-Weiß-Darstellung finden. Erasmus von Rotterdam z. B. äußerte sich aus scholastischem Geiste (vgl. S. 57) dahingehend, daß der wahrhaft große Künstler der Farbe nicht bedürfe. „Alle seelischen Zustände des Menschen vermöge Dürer z. B. allein sehr glücklich mittels schwarzer Linien in einer Weise zu schildern, daß jegliche Hinzufügung der Farbe seinen Werken nur schaden könne."[29] Auch in Italien steht das Interesse an der Abschattung der Farben in dieser Zeit im Vordergrund.

4. Die Triade Gelb, Rot, Blau und die „Farben" Schwarz und Weiß als Grundlage für differenzierte Farbmischungen im 17. Jahrhundert und in der 1. Hälfte des 18. Jahrhunderts

Im 17. Jahrhundert findet eine Vertiefung der Farbenlehre in dreierlei Richtungen statt: 1. Als Grundlage aller Farbnuancen werden die Urfarben in der Triade Gelb, Rot, Blau gefunden (Anselm de Boot 1609). Louis Savot (1609) führt diese Triade auf das Urfarbenpaar Rot-Blau zurück, indem er das Gelb als sekundär erklärt, da es durch Aufhellung aus dem Rot hervorzugehen vermag. Damit findet die symbolische Bedeutung dieses Farbenpaares (vgl. Kap. IV/5) eine farbtechnische Erklärung. Aus den drei Grundfarben können durch Mischung gleicher Teile Orange, Grün und Violett und durch Mischung verschiedener Anteile sowie der Einbeziehung von Schwarz und Weiß unendlich viele Farbnuancen erzeugt werden. François d'Aguilon (1566—1617) stellt als erster ein Farbdiagramm auf, aus dem die genannten Gesetzmäßigkeiten der Farben hervorgehen. 2. Die Einzelfarbe wird jetzt unter zwei Aspekten gesehen. Roger de Piles unterscheidet die Eigenfarbe (couleur locale) vom Hell-Dunkel-Wert (clair-obscur). Und Johannes Scheffer reiht 1669 demzufolge Schwarz und Weiß nicht mehr unter die Farben ein, sondern bezeichnet sie als Mittel zu ihrer Veränderung. Die Synthese dieser beiden Aspekte findet ihren Niederschlag in einer zunehmenden Verfeinerung des Farbensinnes (Blanchard 1671)[30]. 3. Der Begriff „harmonische Farben" wird ent-

sprechend verändert. Neben den schon früher als schön bezeichneten kontrastreichen Farbenpaaren (s. o.) rücken die schon Ende des 15. Jahrhunderts neu entdeckten verwandteren Farben mehr in den Vordergrund: z. B. die Farbenpaare Purpur-Rot, Rot-Gelborange, Blau-Purpur, Blau-Grün (van Mander 1604). De Piles (1668) begründet das angenehme Farberlebnis bei Betrachtung dieser Nachbarfarben damit, daß sie auch vermischt eine wohlgefällige Farbe ergäben. So sei neben Weiß-Gelb, Blau-Grün auch Blau und Gelb schön, Blau und Zinnober dagegen schrecklich. Während Leonardo empfohlen hatte, harmonische Farbbeziehungen in der Natur aufzusuchen, werden im 17. Jahrhundert bereits vorbildliche Kunstwerke, besonders die Gemälde von Rubens, zum Studium vorgeschlagen.

Die Kleiderfarben betreffend machen sich im 17. Jahrhundert zwei Strömungen bemerkbar, die im Einklang mit den Tendenzen der Farbenlehre dieser Zeit stehen. Holland verfolgt, noch am meisten gebunden an die düsteren Farben der spanischen Mode, das Interesse an gebrochenen nah verwandten Farbkombinationen wie bräunlichgrüner, rötlichvioletter, bräunlicher oder gelblicher Töne zu Schwarz vor allem in der Männermode (vgl. dazu van Mander, s. o.). Einige leuchtende Farben, voran ein helles Rot, beleben besonders in der Kleidung der Frauen die düsteren Farben[31]. Thienen sieht in Malerei und Bekleidungskunst des holländischen Barock die gleiche Tendenz: Das Streben nach Einheit läßt die leuchtende Farbe nur als Farbfleck, als „einsamen Akzent" innerhalb der in gedeckten Tönen gehaltenen Gesamtdarstellung erscheinen. Formen und Farben verlieren ihre strenge Kontur; feste, gemusterte Stoffe werden durch einfarbige, fließendere ersetzt. Die Atlasseide mit ihrem schillernden Glanz und die reiche Verwendung von Schleifen und Bändern zeugen von der Freude am Spiel des Lichtes auf der Oberfläche des Gewandes. Die Farben selbst hellen sich unter dem Einfluß Frankreichs gegen die 2. Hälfte dieses Jahrhunderts wieder auf. Bevorzugt werden die in der Theorie als dem Auge am wohlgefälligsten gepriesenen Farben Weiß, Gelb und „Bleumourant" neben Schwarz und Tiefrot. Im Frankreich Ludwigs XIV. begegnen wir dem anderen Bedürfnis der Farbenlehre dieser Zeit, dem Spiel mit den Grundfarben Blau, Rot und Gelb und deren Mischungen. Damit folgt Frankreich seinem ausgeprägteren Willen zu leuchtenden Farben, der sich auch dem Zwang der spanischen dunklen Mode früher entzogen hatte als der Norden. Die leuchtenden Farben werden jetzt allerdings nicht mehr wie im Mittelalter so unvermittelt nebeneinander gestellt, auch nicht mehr wie in der Renaissance in harmonischen Farbenpaaren präsentiert, sondern durch den „verfeinerten Farbensinn" geschmackvoll abgetönt und angepaßt[32]. Die Stoffe z. B. zeigen die schon seit der Renaissance bekannte Uni-Musterung aus gereihten kleinen geometrisierten, oft pflanzlichen Motiven, die nun zunehmend von lockeren Rankenornamenten in Silber oder Gold überzogen sind (Abb. 26 und Abb. 27)[33]. Werden einfarbige Stoffe verwendet, sorgt reiche Gold- und Silberstickerei oder die Verwendung weißer, cremefarbener oder schwarzer Spitzen für die genannte Abtönung der Grundfarbe.

Mit dem aufkommenden naturwissenschaftlichen Zeitalter, eingeleitet durch die 1704 erschienene Arbeit „Optics" von Isaac Newton, wird die Farbenlehre in einen physikalischen und einen ästhetischen Teil zerlegt. Die Physik bemächtigt sich der weiteren Systematisierung der Farben und legt die Ergebnisse in Farbkreisen, -dreiecken oder -pyramiden vor[34]. Sie bauen sich im wesentlichen auf die drei Grundfarben Blau, Rot und Gelb auf.

Für die lebendige Handhabung der Farben in der künstlerischen Praxis taugen diese Forschungen nur wenig. So entwickelt sich parallel eine künstlerische Ästhetik, die sich der von der Naturwissenschaft verachteten Fragen zur Farbe annimmt, der Fragen nach dem ästhetischen Ausdruck, ihrer harmonischen Eingliederung in ein Ganzes und ihrer Symbolik im Verhältnis zu Sujet und technischer Präsentation[35]. Was in der Natur in dieser Hinsicht unvollständig blieb, soll der Künstler durch „intelligence" zur Harmonie bringen. Als Maßstab für Harmonie wird bis zur Mitte des 18. Jahrhunderts noch der Regenbogen genannt, in dem nun die drei Grundfarben und deren Mischungen gesehen werden. „Laß die rothe, die blaue, die gelbe Farbe verschwinden, so ist gleich alle Harmonie zerstört."[36]

5. Pastellisierung und Nuancenvielfalt in der zweiten Hälfte des 18. Jahrhunderts (Rokoko)

In der 2. Hälfte des 18. Jahrhunderts wendet man sich, besonders in Frankreich, von den Lichtfarben des Regenbogens ab, um die gebrochenen Erdfarben auszukosten. „Der Maler hat sich um die Nachahmung des von der Natur gegebenen Kolorits zu bemühen — ein Ziel, das nur angestrebt, aber nie erreicht werden kann. Dabei sollen nur gebrochene Farben Verwendung finden", die durch Steigerung ins Reine an einigen Punkten des Bildes aufleuchten dürfen[37]. Das für diese künstlerische Praxis des Spätrokoko brauchbarste Farbensystem stellt wohl der prismatische Farbkreis von Moses Harris (1770) dar. 18 Farben werden durch unterschiedliche Mengen von Schwarzbeimischung in 20 verschiedene Nuancen aufgegliedert, so daß insgesamt 360 Farbtöne erscheinen. Die Farben sind komplementär angeordnet. Dadurch können harmonische Farbbeziehungen leicht aufgefunden werden.

In England und Deutschland scheint man die Farben, die Newton als „Lichtgespenst" (spectre) erschienen waren, immer mehr zu fürchten. Denn ohne das Schwarz als Symbol der Finsternis (Hogarth 1753) konnten die Töne, denen das Interesse dieser Zeit galt, nicht zustande kommen. Wie aus einer Bemerkung des politischen Schriftstellers Edmund Burke 1757 hervorgeht, sieht er in der Farbe die Ursache des Schönen und Erhabenen. Der Schönheit liege Licht, dem Erhabenen aber Finsternis zugrunde; dem weiblich Schönen angemessen seien Weiß, Grün, Gelb, Blaßrot, Violett und Blau; erhaben genannt und dem Männlichen zugeordnet werden Schwarz, Braun und Tiefpurpur[38]. Für die deutschen Künstler und Philosophen rückt die Frage nach der „Qualität" (Baumgarten), der „Bedeutung", der „Wahrheit" (Heinse), der „Symbolik" (Kant) und dem „Wesen" (Tieck) wieder in den Vordergrund[39].

Werfen wir nun einen Blick auf die Farben der Bekleidung des 18. Jahrhunderts. Bis in die Zeit des Hochrokoko leuchten die Grundfarben überall noch hervor. Z. B. sind die gesteppten, schweren, atlasseidenen Unterröcke einfarbig in leuchtenden Regenbogenfarben gehalten[40]. Auch die Muster der Stoffe bis etwa 1740 stehen auf einfarbigem kräftigem Grund, z. B. die sogenannten „bizarren" oder die „naturalistischen" Muster. Nur die sogenannten „Spitzenmuster" zeigen schon die zarten Pastell-Farben der anschließenden Stilepoche. Mit den kräftigen Grundfarben verschwinden auch die kompakten Muster. Sie lösen sich in lockere Ranken, Streublümchen, Bouquets und Spitzendetails auf, die, auf breitstreifigem Grund stehend, dennoch den Eindruck einer geordneten Stilisierung hervorrufen[41]. Die nun gebrochenen Farbtöne — von einer Grundfarbe wurden bis zu dreißig Varianten abgeleitet — werden durch raffinierte Zusammenstellungen und Aufputz aus „Rüschen, Spitzen, Borten, Volants, Bändchen, Schleifen und Federn"[42] im Kostüm nach individuellem Geschmack in ihrer Wirkung geschmäcklerisch abgestimmt. Dieser mühsamen Ausarbeitung der Oberfläche des „Gehäuses" Kleid müssen sich alle persönlichen Eigenheiten fügen. Teint und Haarfarbe werden unter weißem Puder begraben, auf daß sie das Kunstwerk nicht stören mögen. „Oberfläche" scheint überhaupt das Stichwort für jene Zeit gewesen zu sein. Erst sind es die Motive der Stoffmuster, die so naturalistisch wiedergegeben sind, daß man vermeint, sie mit Händen greifen zu können. Dann sind es die Farben selbst, die das sich rasch wandelnde gesellschaftliche und politische Leben des Alltags widerspiegeln. Farbbezeichnungen wie „unterdrückter Seufzer", „lebhafte Schäferin", „indiskrete Tränen", „Staatsanwalts Eingeweide", was man sich auch immer unter diesen kuriosen Wortverbindungen vorstellen mag, sollen auf solche Ereignisse Bezug genommen haben (Abb. 28).

Abb. 29
Farbkreis, aus: E. Müller u. F. G. Baumgärtner, 1805

Abb. 30
Schotte in Nationaltracht, aus: Galerie Royale de
Costumes, Costumes Écossais 6, Paris um 1860,
kolorierte Kreidelithographie. Kunstbibliothek SMPK
Berlin

Abb. 31
Schottenkaros in der Mode der 2. Hälfte des 19. Jh.s,
aus El Correo de la Moda Madrid 1875, kolorierter
Stahlstich. Kunstbibliothek SMPK Berlin

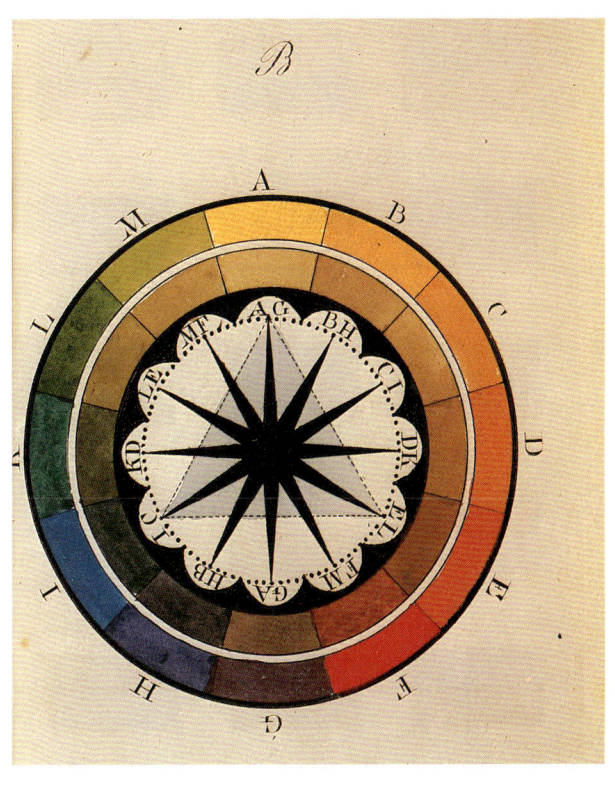

Die Färber dieser Zeit konnten diese Trends nur deshalb so rasch in die Praxis umsetzen, weil sie eine gute künstlerische Bildung besaßen — sie zählten sich zu den Künstlern und nicht zu den Handwerkern! Andererseits war durch die Förderung der Naturwissenschaften durch Ludwig XV. die Färbetechnik soweit gediehen, daß man über den physikalisch-chemischen Prozeß schon Grundkenntnisse besaß und nicht mehr nur auf das bloße Experimentieren angewiesen war[43]. Mit dem Spätrokoko, dem Louis Seize, hat das Spiel mit der Brechung der Farben im Ton *cheveux de la reine*, einem matten Aschgrau, und den grau-braunvioletten Nuancen, *couleurs de puce*[44], ein Ende gefunden. Eine weitere Steigerung hätte nur noch zu Schwarz führen können, der Trauer-Farbe, die dem Adel während der Zeit der Französischen Revolution unfreiwillig zu tragen noch auferlegt wurde (vgl. Kap. IV/9)[45].

Der englische Bürger verzichtete schon gegen Mitte des Jahrhunderts auf die galante Tändelei mit der französischen Kleidung und zog sich freiwillig in die „Welt der Finsternis" zurück, die als die produktive Stätte erhabener Ideen galt (s. o.). Diesem Gemüt stehen aber nur dunkle Farben an; die lichten bleiben dem schönen Geschlecht überlassen.

6. Verwirrende Farbenvielfalt in der Damenmode, Verschwärzlichung in der Herrenmode des 19. Jahrhunderts

Der französische Adel, der die Rokokomode prägte, hatte genügend Erfahrung im Umgang mit raffiniertesten Farbzusammenstellungen und bedurfte keiner wissenschaftlichen Erklärungen zur Ästhetik.

Das Bürgertum des 18. Jahrhunderts konnte sich zwar durch Modezeitschriften (in Frankreich seit 1677) über neueste Trends informieren. Das reichte aber für die Praxis nicht aus. Daher fühlten sich seit Anfang des 19. Jahrhunderts Künstler und Kunsttheoretiker aufgerufen, Ratschläge für das weniger geschulte breitere Bürgertum zu erteilen, um geschmackvolle Farbkombinationen nicht nur für die Garderobe, sondern auch für die Wohnungseinrichtung und die Gartenanlagen (Blumistik) anzuregen.

Die Kleidung solle „Nachdenken und wahrhafte Kunst" zeigen, „Verstand und Geschmack" vereinigen, fordern zwei Zeitgenossen in ihrer 1805 erschienenen Schrift „Versuch einer Ästhetik der Toilette oder Winke für Damen, sich nach den Grundregeln der Malerei geschmackvoll zu kleiden"[46]. Sie entwickeln einen Harmoniebegriff des Farbigen, der nicht nur die Teile der Kleidung, sondern auch die Farben des nun wieder gefragten individuellen Typs, die Farben von Teint, Haarfarbe und Augenfarbe, berücksichtigt. Angeboten werden 12 reine Farben, drei Grundfarben

und ihre reinen Mischungen (s. äußerer Kreis in Abb. 29) und 12 sogenannte Tinten, die „unreinen Mischungen, welche sämtlich aus ungleichen Theilen der drei Hauptfarben bestehen" (s. innerer Kreis in Abb. 29), zusätzlich noch Schwarz, Weiß und Grau. Es schließen sich ausführliche Regeln zur Handhabung an, d. h., wie die Grundfarbe des Kleides und der Ausputz aufeinander abzustimmen seien. Nie sollen mehr als 3 Farben verwendet werden, denn „alles Bunte, Auffallende, Prahlende, Burleske ist widrig und beleidigt das Auge" (S. 140). 6 Farbtafeln mit harmonischen und disharmonischen Zusammenstellungen von je 3 Farben sollen praktische Anleitungen geben. Da die damals herrschende Empiremode einen Sinn für das Weiß erforderte, wird auch hier empfohlen: „Ganz Weiß, selbst in Bändern und Schleifen übereinstimmend, ist ungemein delikat und gewiß keine Sache des gemeinen Geschmacks"; reizvoll und festlich ist ein „leichter Ausputz in Rosa, Himmelblau oder Blaßgrün"[47].

Die Farbenlehre des 19. Jahrhunderts strebt nach Zusammenschluß aller bisherigen Erfahrungen auf dem Gebiet der Ur- und Mischfarben sowie der Einbeziehung von Schwarz und Weiß. Sie findet ihren adäquatesten Ausdruck in der Farbenkugel Philipp Otto Runges (1810). Die Grundfarben und ihre Mischungen untereinander sind auf dem „Äquator", Weiß auf dem „Nordpol" und Schwarz auf dem „Südpol" angeordnet. Durch Mischung ergeben sich Abstufungen der intensiven Farben bis ins Weiße und Schwarze, insgesamt 3405 Nuancen. Die Farben und ihre Beziehungen zueinander werden nach drei Gesichtspunkten gleichmäßig gegliedert, 1. in harmonische, d. h. in die auf dem Äquator sich gegenüberliegenden Farben (nicht mischbare!), 2. in disharmonische, d. h. in die Grundfarbenpaare Blau-Gelb, Gelb-Rot, Rot-Blau und 3. in monotone, das sind nebeneinanderliegende Farben. Der Farbharmoniebegriff ist bei Runge noch allein auf die Gegenfarben gerichtet. Die „monotonen" und „dissonanten" Farben dienen aber als Grundlage für eine Steigerung der Harmonie im Kunstwerk. Die „undurchsichtigen Farben" (Pigmentfarben) sind für den mystisch geschulten Runge nur Darstellungsmittel der „durchsichtigen Farben", die göttlichen Ursprungs seien[48].

Goethe versucht mit seiner Farbenlehre (1810)[49] diese mittelalterliche duale Auffassung der Farben dadurch zusammenzuschließen, indem er sich in ihr Wesen anschauend vertieft. Dabei entdeckt er vier Ebenen der Farbwahrnehmung, die „physiologische", die „physische", die „chemische" und die „moralische". Die sittliche Wirkung erschließt sich ihm als eine Steigerung der sinnlichen Wahrnehmung. Auf diese Weise ergibt sich ein neues Verständnis und die Möglichkeit des Nachvollzugs des in Vergessenheit geratenen Aspekts einer lebendigen Symbolik (vgl. Kap. V). Auch der

Farbharmoniebegriff wird auf feste Füße gestellt. Für Goethe zeigt sich die Natur überall als unvollkommen, als eine Aufforderung an den Menschen, sie künstlerisch zu vollenden. Dem Regenbogen, der bisher als Grundlage für die Farbharmonie galt, fehlt nach Goethes Beobachtung ein Element zur Vollkommenheit: die Grundfarbe „reines Rot" (Purpur). Der Mensch kann die Außen- und Innenseite des Regenbogens, das Gelbrot und das Blaurot, zum Purpur steigern. So entsteht der sechsteilige Farbkreis, die Totalität alles Farbigen als Ergebnis denkender Beobachtung. In der Physiologie des Menschen weist Goethe die Harmoniebildung ebenfalls nach: Das Auge erzeugt nach Betrachtung eines Farbflecks, z. B. eines roten, die Gegenfarbe Grün (= Blau + Gelb); sie wird „sichtbar", wenn man im Anschluß auf eine weiße Fläche blickt. Der künstlerische Prozeß fordert vom Maler oder Bekleidungskünstler die Harmoniebildung gemäß der Thematik. Für eine Farbästhetik auf „sinnlich-sittlicher" Grundlage ist es nicht gleichgültig, wie man die Entstehung der Farbe denkt. Den erbittertsten Kampf führte Goethe daher gegen die Auffassung Newtons, die Farbe sei ein Erzeugnis allein des Lichtes, denn seiner Auffassung nach lassen sich Farben ohne den Widerstand am Schwarzen nicht bilden, Charaktere nicht formen.

Damit kommt Goethe zu einem ähnlichen Ergebnis wie Runge (s. o.), nämlich, warum nicht mehr nur die harmonischen Farben (die Komplementärfarben) im Kunstwerk erscheinen dürfen, warum auch die sogenannten charakteristischen (Kombination jeder 2. Farbe im Farbkreis) und die charakterlosen Farben (Kombination der benachbarten Farben im Farbkreis) ihre Berechtigung haben.

1839 erscheint ein weiterer Beitrag zur Farbenlehre durch Michel Eugène Chevreul. Während Goethe als Künstler und Naturbeobachter mehr an einer Verbindung von Farberscheinen und Farberleben arbeitete, knüpft der Chemiker Chevreul an das Problem der systematischen Darstellung aller Farben an. Sein Farbkreis ist in 72 Kreissegmente gegliedert, die durch 20 kleiner werdende Kreise nach Helligkeitsgraden unterteilt sind. Er unterscheidet, ähnlich wie Runge, 1. die Farben in ihrem höchsten Intensitätsgrad (*tons de la couleur*), 2. die Farbnuancen (*nuances*) oder Tinten (s. o.) und 3. die Farbtöne (*gamme*), die durch Weiß- und Schwarzabstufung einer Grundfarbe entstehen. Chevreul faßt bezüglich der Farbharmonie die bereits genannten Ergebnisse seiner Zeit zusammen, indem er sie in zwei Sektionen untergliedert: die Harmonie des Kontrastes und die Harmonie des Analogen[50].

Goethe und Chevreul haben mit ihren Schriften zur Farbenlehre die praktische Ästhetik der folgenden Zeit am nachhaltigsten beeinflußt. 1878 erscheint z. B. eine überarbeitete Fassung der Farbenlehre Che-

vreuls, die ein Kapitel über „Anwendung der Farbharmonie auf Toilette und Costüm" enthält (s. u.). Je ausgefeilter die Farbskala wurde, je ausführlicher wurden auch die Anleitungen zur harmonischen Zusammenstellung der Einzelfarben; denn „sehen muß man so gut lernen, als hören, und wenn unser Farbensinn bis jetzt noch nicht zu der zarten Empfindlichkeit herangebildet ist, wie unser musikalischer Sinn, so liegt der Grund nicht im Mangel an ästhetischer Kraft der Farben, sondern darin, daß Farben nie als selbständiges Ausdrucksmittel, wie die musikalischen Töne, auftreten und immer nur als Zugabe zu anderen ästhetischen Faktoren, sie mithin nur zu leicht in ihrem wahren Wesen und in ihrer Bedeutung übersehen und deshalb vernachlässigt werden konnten."[51] Während die Männerwelt u. a. aufgrund der zunehmenden Einbindung in die Wirtschafts- und Industrieprozesse sich äußerlich immer mehr vom Reich der glanzvollen, poetischen Farbenwelt abwendet, kostet die Damenwelt die Fülle aller inzwischen zur Verfügung stehenden Farben weidlich aus. In rascher Folge wechseln die Farbkombinationen auf dem Untergrund bunter leuchtender oder zarter duftiger oder weicher changierender Töne ab, als Grundtendenz etwa wie folgt: 1820—40 bunt leuchtend, 1840—50 zart duftig, 1850—60 kräftig üppig, 1860—70 weich changierend mit viel Grau, 1870—80 leuchtend bis grell, 1880—90 gedämpft, 1890—1900 düster, kontrastreich. Gleichbleibend wird aber der jeweilige Kontrastfarbklang als Aufputz in Form von Volants, Bändern, Schleifen oder Rüschen integriert, so daß eine rauschhafte, verwirrende Vielfalt von Grund- und Mischfarbenkombinationen das Kennzeichen der Stile des 19. Jahrhunderts wird[52] (Abb. 31, 44). Hinzu kommt in der Mitte des 19. Jahrhunderts die Einführung der Teer- und Anilinfarben, die mit ihrer größeren Leuchtkraft von den traditionellen abstechen[53] und so zusätzliche ästhetische Probleme schaffen. Schon 1858 weist J. Falke auf diese Tatsache hin: „Heutigen Tags haben wir sie (die Farben) alle miteinander, aber umso schwerer ist auch die Aufgabe der Dame, die richtige Wahl zu treffen und verschiedene Farben zu feingestimmten Harmonien zu bringen" (S. 330). Das ruft erneut eine Flut von Schriften zur Ästhetik besonders für die Gestaltung der Damentoilette hervor. In Anlehnung an antike und mittelalterliche Temperamentenlehre, gepaart mit goethischem Farbverständnis, entwickelt sich eine aparte Typenlehre des weiblichen Geschlechts. Die vier Temperamente, das nervöse, sanguinische, cholerische und phlegmatische, und deren vier Mischungen ergeben acht Ausprägungen, die primär in bezug auf die Teintfarbe, dem „Bild geistigen wie körperlichen Seins", beschrieben werden. Diese acht Temperamente werden nach dem zweitwichtigsten Kriterium, der Haarfarbe, „dem Ausdruck für Energie und Kraft", nochmals in vier Gruppen gegliedert, so

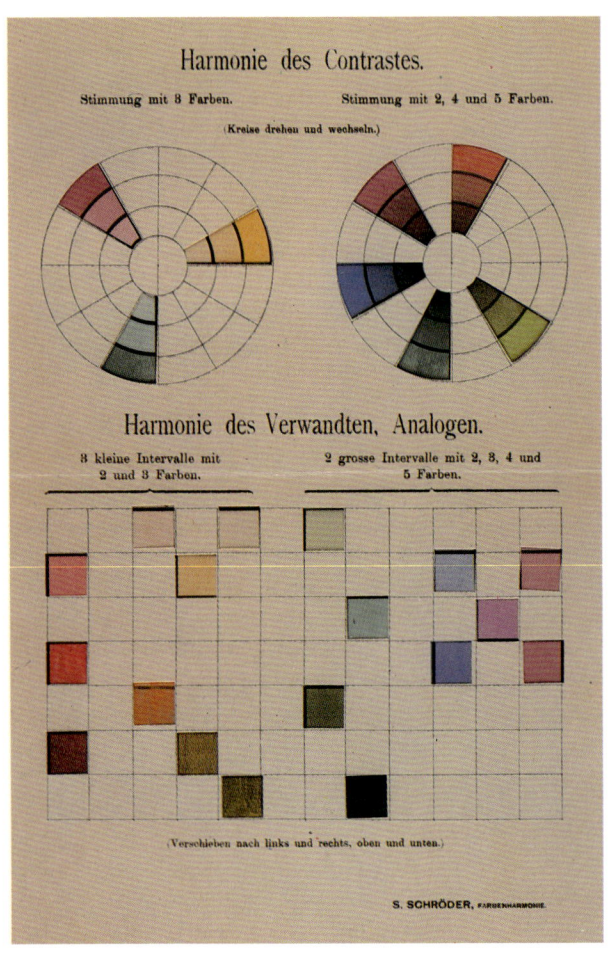

Abb. 32
Harmonie des Kontrastes und des Verwandten, aus:
S. Schröder 1897

Abb. 33
„Einfluß der farbigen Toilette auf den Teint einer
brünetten Dame", aus: S. Schröder 1897 Taf. II

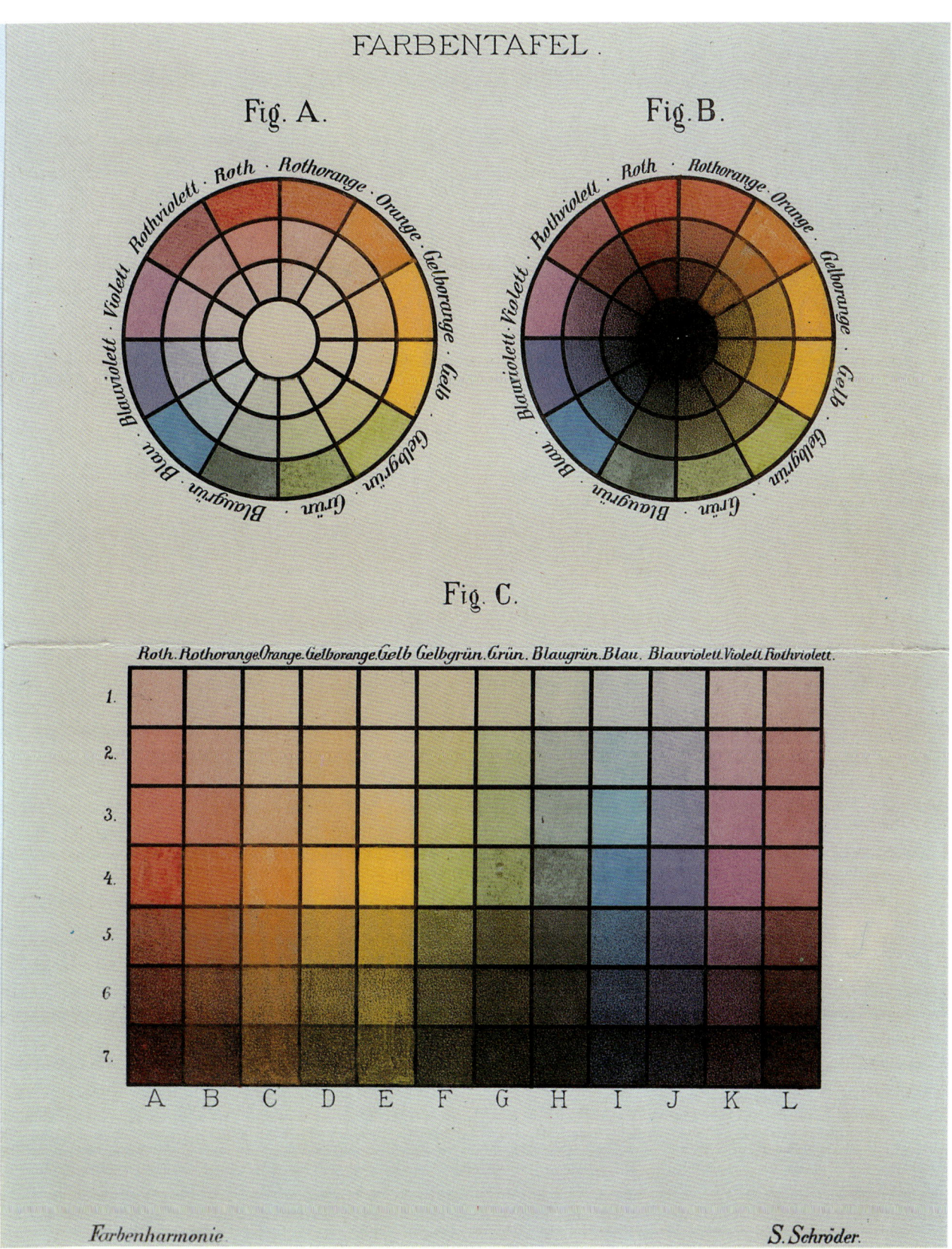

Abb. 34
Farbkreise und Farbrechteck zur Auffindung von
Farbharmonien, aus: S. Schröder 1897

daß insgesamt 32 Typen als Grundlage für die Farbwahl der Bekleidung angeboten werden. Hat man sich in einem dieser Typen erkannt, z. B. im sanguinisch-nervösen mit zartweißer, sanft geröteter Haut und lichter Haarfarbe, kann man sich im weiteren mit seinen Idealfarben vertraut machen. Die harmonischen Klänge sind einem beigefügten 24teiligen Farbkreis zu entnehmen, indem regelmäßige Figuren wie die Achse (für den Zweiklang) oder Drei-, Vier-, Sechs- und Achtecke über dem Farbkreis angelegt werden müssen. Die Hauptfarbe der Robe soll zum Teint kontrastieren. Unsere Idealfarbe wäre das reine Blau (ein kräftiges *clair-obscur*). Verschiedene harmonische Farbakkorde sollen sparsam als dekorative Elemente Verwendung finden. Ein Zweiklang z. B. wird aus Blau-Orange gebildet[54]. Die eingestreuten Hinweise auf die Stimmung der Farben, auf ihren psychologischen Ausdruck und ihre Symbolik sollen der Dame des 19. Jahrhunderts Grundlagen an die Hand geben, diese Wirkungen auch theatralisch einzusetzen, z. B. Leidendes oder Heiteres gezielt auszudrücken. Aber auch praktische Winke fehlen nicht: die Wirkung von Musterungen auf die Gestalt, von künstlicher Beleuchtung auf Farben oder von farbigen Schatten durch Schirme und Hüte. Viele dieser Arbeiten enthalten auch Farbtafeln zur Harmonielehre. Fig. A und B (Abb. 34) zeigt dreistufige Farbkreise, die bis zum Weiß aufgelichtet, bzw. zum Schwarz abgedunkelt sind. Mit einer entsprechenden Schablone (Abb. 32) können hier Kontrastharmonien vermittels des Farbrechteckes in Fig. 6 und der Schablone (Abb. 32) analoge Harmonien gefunden werden. Die Abb. 33 veranschaulicht den Einfluß der farbigen Toilette auf den Teint einer Brunetten[55]. Diese Literaturgattung setzt sich bis ins 1. Jahrzehnt des 20. Jahrhunderts fort[56].

Goethes Konzept, die ästhetische Wirkung nach harmonischen, charakteristischen und charakterlosen Farben zu bestimmen, regte auch die Bühnenkostümbildner zu neuen Ideen an. Denn durch die ständeübergreifende Empiremode, die auch Eingang in das bürgerliche Schauspiel gefunden hatte, war alle optisch wahrnehmbare Charakteristik im Zusammenhang mit der Rolle verloren gegangen. So beklagt Iffland 1807, daß es Vorstellungen gebe, „wo alle Männer in schwarzer Farbe, alle Frauenzimmer in weißer Farbe untereinander verkehrten, so daß das Ganze der Versammlung in einem Leichenhause ähnle, … daß dadurch gar keine äußere Unterscheidung mehr möglich sei"[57]. Nach Wallner werden in Anlehnung an Goethe im Bühnengeschehen nun wieder Farben sichtbar. Blau gilt als Sinnbild des Reinen, Tugendhaften, Treuen und wird für Gestalten wie das unschuldige „Gretchen", für „Cordelia", „Pamina" oder „Iphigenia", Weiß und Gold als Sinnbild des Glanzes und der Hoheit für Priestergestalten z. B. in Meyerbeers „Prophet" eingesetzt.

Die durch die Jahrhunderte immer reicher gewordene Farbpalette gab genügend Veranlassung, auch die Begriffe der Farbsymbolik und Farbharmonie neu zu überdenken. Schasler umschreibt den Harmoniebegriff so, daß deutlich wird, daß die Erzeugung dieser Ganzheit nicht nur mathematischen Gesetzen folgt, sondern einen künstlerischen Sinn erfordert[58].

Während die Mode in der 2. Hälfte des 19. Jahrhunderts um einen Zusammenklang der vielfältigen Farbangebote ringt und dabei mehr und mehr in dunkle Nuancen flüchtet, nutzt die Landbevölkerung die ihr nun verfügbare reiche Palette des Farbmarktes weidlich aus. Einerseits wird sie dankbarer Abnehmer der noch mit natürlichen Farbstoffen wie Krapp und Indigo hergestellten Färbereierzeugnisse, die in der Mode längst nicht mehr gefragt sind. Andererseits liebäugelt sie — wie einst im Mittelalter mit den leuchtenden Farben der höheren Stände — mit den noch unerschwinglichen neuen, grellen Anilinfarben. Nach und nach bezieht sie diese in die Festtracht mit ein. Neben Schwarz und Weiß stehen nun z. B. leuchtendes Orange, Rotviolett und Grün (Abb. 38). Das grelle Pink wird zur besonderen Lieblingsfarbe und zieht sich wie ein „roter Faden" durch die Volkstrachten seit Ende des 19. Jahrhunderts. Weiter aber bleibt die Sehnsucht nach Farbharmonie bei der Landbevölkerung lebendig. Für sie heißt das, möglichst alle verfügbaren Grundfarben künstlerisch zu einer Einheit zu verbinden. Die Festtagsstola (Abb. 35), das Zierband für Säume, Gürtel, Schleifen (Abb. 41), das Schultertuch (Abb. 37) oder die Weste (Abb. 39) sind beliebte Artikel, diesem Farbbedürfnis zu huldigen.

7. Genormtes System der 4000 Farben und die Auswahlkriterien der Modemacher im 20. Jahrhundert

Als Folge des zunehmenden künstlerischen Anspruchs wird verständlich, daß immer mehr namhafte Künstler sich auch der Mode verschreiben: Es sei nur an Namen wie Mariano Fortuny, Raoul Dufy, Sonja Delaunay, Christian Bérard oder Alix Grès erinnert. Sie können ihre Ansprüche gemeinsam mit der Pariser Haute Couture verwirklichen. Wie sich aus den farbkräftigen Stoff- und Kleiderentwürfen Sonja Delaunays zeigt, stehen diese Farbklänge durchaus im

Abb. 35
Mittelstreifen einer Taufstola, leuchtende Anilinfarben, Plattstichstickerei mit Paillettenverzierung, Umgebung von Hluk/Mähren/CSSR, um 1930. Museum für Völkerkunde SMPK Berlin

Zusammenhang mit den Kunstströmungen der Zeit, d. h. sie setzt die Kontrast-Farbharmonievorstellungen von Robert Delaunay in die angewandte Kunst um.

Neben der ästhetischen Vertiefung durch künstlerische Farbenlehren wird auch der technische Aspekt der Farbe weiter entwickelt, mitbedingt durch die fortschreitende Erkenntnisvertiefung des Farbensehens. Farbe wird nunmehr als Sinnesempfindung definiert, die in einem dreistufigen Prozeß erzeugt wird: Eine Strahlung führt zur Reizung der Netzhaut (Farbvalenz), die Sinneszellen wandeln sie in Nervenerregung um (Farberleben), die als Farbbegriff im Bewußtsein erscheinen kann (Farbbenennung)[59]. Daraus ergibt sich eine schärfere Trennung und spezialisiertere Forschung auf drei Gebieten: Mit der Farbvalenz beschäftigt sich die Farbmetrik, deren Anliegen es ist, die Maßbeziehungen der Farben untereinander zu bestimmen. Der Erlebnisaspekt, d. h. die Wirkung einzelner Farben auf die Stimmung des Menschen, wird in der künstlerischen Farbenlehre und in der Farbpsychologie behandelt, während die Fragen zur Benennung und Bedeutung, zum Wesen und Ursprung von der Philosophie (Sprachphilosophie und Hermeneutik) und im weiteren Sinne (visionäres Farbensehen) von der Theologie verfolgt werden[60].

Nach dem Sieg der farbintensiveren Anilinfarben über die natürlichen Färbesubstanzen gegen Ende des 19. Jahrhunderts erringt die Textilindustrie durch die Ergebnisse der Farbmetrik mit dem System zur additiven Farbmischung im 20. Jahrhundert einen zweiten Erfolg. Vorgegebene Farbproben können nun — heute durch den Computer in kürzester Zeit — in ihrer Zusammensetzung errechnet werden, auch die Farbabstands-Bewertung. Damit entfällt das zeitraubende persönliche Experimentieren des Färbers[61]. In Deutschland hat W. Ostwald mit seinem quantitativen Mischgesetz bahnbrechend für die Praxis gewirkt. „Wir wissen, daß durch seine ‚Farbenlehre‘ und seine Lehre von der ‚Harmonie der Farben‘ erstmalig ein realer Untergrund geschaffen und damit Klarheit in die Sache gebracht worden ist...", schreibt begeistert ein Färber noch 20 Jahre nach dem Tod des Meisters (1952)[62]. Neu daran ist, "daß man nicht nur für die Harmonie der Farbtöne zu sorgen hat, z. B. durch einen geordneten Dreiklang aus Farbtönen, die im Farbkreis um acht Schritte auseinanderstehen, 4, 12, 20, oder durch einen geordneten Vierklang aus solchen, die um sechs Schritte entfernt sind, 1, 7, 13, 19. Vielmehr: Da die Farbwelt dreifaltig ist, müssen auch die Weiß- und Schwarzanteile Ordnungsbeziehungen zeigen, um zu harmonisieren. Die Ordnung ist hier z. B. dadurch sichergestellt, daß der gleiche Buchstabe in der Farbkennzeichnung erscheint oder gar zwei gleiche Buchstaben. So kann ein Herr zu einem grauen Anzug der Stufe g einen bunten Schlips aller 24 Farbtöne tragen, wenn in ihren Farbzeichen

ein g steht: ga, ge, gc, ig usw., das sind $7 \times 24 = 168$ Schlipsmöglichkeiten."[63]

Modefachleute heben noch in den fünfziger Jahren hervor, daß mit dem neuen System Farbe nicht mehr ein exclusiver Besitz der bildenden Künstler (die bis in die dreißiger Jahre wesentlich die Haute Couture mitprägten), sondern ein Werkzeug in den Händen der Designer sei; Mode sei damit vom „Geheimnis" zur „Wissenschaft" geworden[64]. Die von Ostwald erkannte Schwäche des Systems, die quantitativ errechnete Gleichabständigkeit innerhalb der Farbkarten, wurde von A. H. Munsell bereits 1915 überwunden. Er schuf eine „farbmetrisch wohldefinierte Ordnung" auf der Grundlage eines dreidimensionalen Farbsystems mit empfindungsmäßiger Gleichabständigkeit[65]. Dieses System gilt in der angelsächsischen Welt bis in die Gegenwart als eine Art Normsystem. In Deutschland hat u. a. das „ABC der Farben" von A. Müller (1944) noch eine Rolle für die Textilindustrie gespielt. Es wurde in Anlehnung an Ostwald entwickelt. 1952 erscheint das erste Ergebnis einer Normung von Farbkarten in Form des empfindungsmäßig gleichabständigen DIN-6164-Systems. Hier werden ca. 4000 Farben angeboten. In den letzten Jahren scheint sich im textilen Bereich u. a. das Scotdic-System zu behaupten, das aus drei bewährten älteren hervorgegangen ist, aus dem japanischen Standard Color of Textile (SCOT) und dem französischen Dictionnaire International de la Couleur (DIC). Der sechsstellige Code verwendet das Munsell-Farbsystem und setzt sich aus je zwei Ziffern für Farbton, Helligkeit und Sättigung zusammen. Es stellt also einen Zusammenschluß von internationalen Farbempfindungen dar, der der weltweit orientierten Mode von heute gerecht wird. Zur Zeit bietet dieses System 2450 auf Stoff ausgefärbte Farben an, die „in erster Linie dem Zyklus der Mode-Saisons der vergangenen 15 Jahre" entnommen sind[66].

Diese Fülle von bereits bewährten Textilfarben, die durch Musterung noch vermehrt werden kann, wird aber dem Verbraucher durchaus nicht frei zur Verfügung gestellt. Die Mode ist und bleibt nun einmal „eine Geizige"[67], die nur wenige Farben pro Saison mittels der Modefarbkarten freigibt (Abb. 36). Diese Trendfarben werden ca. eineinhalb Jahre vor der neuen Saison von nationalen Modeinstituten erarbeitet und dann auf zweimal im Jahr stattfindenden Treffen des „Intercolor" in Paris unter etwa 18 Nationen geprüft, besprochen, begutachtet und in einer „Intercolor"-Karte zusammengefaßt. Diese wird dann an die Textilfärbereibetriebe zum Ausfärben gegeben. Liegen die ca. 25—40 aktuellen Modefarben als Stoffe vor, kann die Fabrikation der Kleidung für die jeweiligen Zielgruppen in Angriff genommen werden. Internationale Modemessen und Fachzeitschriften stellen die Ergebnisse dieses vielschichtigen Entstehungs-

PAINTING

An important current of inspiration for prints : modern painting with its freedom of expression.

– thrown out paint effects
– colour blobs and streaks
– lyrical brush strokes
– graffittis and stamped patterns

All these techniques will be mixed to obtain a very lively almost aggressive look. Particularly seek out «hand painted» effects with the paint staying on the surface of the fabric.
Choose interesting grounds such as gauze, canvas, towelling and jute.
Color ambiance : the «ice-creams», the «parchments», the «shadows» and the «dazzlings», to be freely mixed.
Note especially the black touches

PEINTURE

Un courant d'inspiration très important pour les imprimés : la peinture moderne et sa liberté d'expression :

— effets de peinture projetée
— taches et coulures
— coups de pinceau lyriques
— graffittis et motifs au tampon

Toutes ces techniques sont à mélanger pour obtenir un effet très vivant, presque agressif.
A rechercher absolument : l'effet de peinture «à la main» déposée en surface du tissu.
Choisir des fonds intéressants tels que gazes, grosses toiles, granités, éponges, jute.
Ambiance coloris : les «ice creams», les «parchemins», les «ombres» et les «flamboyants», associés avec une très grande liberté.
Noter spécialement les touches de noir

Abb. 36
Ambiance-Modefarbkarte (1) für Sommer 1985, Paris

prozesses schließlich der Öffentlichkeit vor[68]. Soweit sich die Mode als Stilbildnerin versteht, liegt ihre Aufgabe im Aufspüren allgemeingültiger Farb- und Formtrends, seien es Tendenzen aus dem Bereich der Künste oder Farbklänge historischer oder ethnographischer Provenienz, die durch kulturelle oder politische Anlässe aktuell wurden. Die Modewelt als moderner Industriezweig dagegen muß darüber hinaus auch zielgruppen-spezifisch planen. Denn als gegen Ende der sechziger Jahre die Couturiers dazu übergingen, die Haute Couture in Serienproduktion, in Prêt-à-porter-Kleidung umzuschmelzen, sollten immer mehr gesellschaftliche Schichten und Altersgruppen mit ihren vielfältigsten Bedürfnissen angesprochen werden — nicht mehr allein die reiche Privatkundin mit ihren klassischen Modevorstellungen von Farbe-Form-Linie-Einheit nach Ostwaldschen Harmoniegesetzen. Um diese Anpassung zu erreichen, bezieht die Industrie selbst die antimodischen Protestäußerungen der Jugendgruppen[69] in ihre aktuelle Mode mit ein[70], so daß heute neben dieser Jugend vor allem die sportlich-elegante Frau, die damenhafte Frau und gesondert auch Kunden mit Problemgrößen als Zielgruppen angesprochen werden müssen.

Werfen wir nun einen Blick auf die für die Mode des 20. Jahrhunderts wirksam gewordenen Farbharmonievorstellungen. Die Ostwaldschen Harmonien basieren wie die des 19. Jahrhunderts auf geometrischen Beziehungen der Farben im Farbkreis (s. o.). Nach dem Zweiten Weltkrieg entwickelte J. Itten eine Harmonielehre der Kontraste, die über eine Zusammenstellung von Farbtönen insofern hinausgeht, als sie die einzelnen Farbqualitäten in den Vordergrund stellt. Die sieben Kontrastgruppen sind: 1. der Farbe-an-sich-Kontrast, 2. der Helldunkel-Kontrast, 3. der Kaltwarm-Kontrast, 4. der Komplementär-Kontrast, 5. der Simultan-Kontrast, 6. der Qualitäts-Kontrast und 7. der Quantitäts-Kontrast. W. O. Grob bemerkt dazu, daß diese Kontraste auf maltechnischer, nicht auf psychologischer Grundlage aufgebaut seien und daß Itten daher "die Einheit aller Farbempfindungen zu Harmonien nicht erreichen kann . . ., und deshalb jeder Kontrast für sich allein betrachtet" werden müsse[71].

Im Zusammenhang mit dem Scot-System (s. o.) wurden in Japan von Kensei kan, Osaka, Farbharmonien für den textilen Bereich entwickelt, die nicht mehr auf geometrischen Gesetzen oder theoretischen Kontrastprinzipien aufgebaut wurden. Man wendet sich wieder der Naturbeobachtung zu und entnimmt der durch menschliche Züchtung zwar umgestalteten Pflanzen- und Tierwelt mit raffiniertesten technischen Hilfsmitteln ein Farbbild, z. B. von einem Blüten- oder Tierkleid, um daraus Farbharmonieanregungen zu gewinnen.

Das Umsatzinteresse der Industrie strebt naturgemäß einen möglichst raschen Wechsel der Modefarben an[72], vor allem, solange der Glaube an ein unbegrenztes Wirtschaftswachstum bestand. Während der wirtschaftlichen Rezession von 1966/67 konnte der um 20 Prozent zurückgegangene Umsatz in der Herrenkonfektion noch einmal ausgeglichen werden, nachdem die Werbung mit Slogans wie "wer Grau trägt, ist feige", "alte Mäntel machen dick" "die Angstpotentiale des anständigen, ordentlichen, gepflegten Bürgers aufgeheizt hatte"[73]. Mit zunehmender wirtschaftlicher Einschränkung des einzelnen muß die Modeindustrie heute darauf achten, die Farben von einer zur anderen Saison so verwandt zu halten, daß sie kombinationsfähig bleiben. Sie muß mehr denn je auf die Stimme des Verbrauchers hören. Denn während die gehetzten Modemacher atemlos auf Trendsuche gehen, entwickelt sich ein immer größer werdendes Potential nicht nur an antimodischen Alternativen, sondern auch von Individualisten, die selbst ihren Spaß am kreativen Spiel mit der Fülle der Farbangebote haben und sich keiner Zielgruppe der Mode zugehörig fühlen möchten[74].

Diese Haltung der Mode gegenüber ist nicht ganz neu. Schon seit der zweiten Hälfte des 19. Jahrhunderts waren es vorwiegend künstlerisch ambitionierte Reformer, die sich für eine Befreiung von den Zwängen der Mode einsetzten: ihrer bewegungseinschränkenden "atemberaubenden" Formen als auch ihrer unpersönlichen Farbgebung. Künstler wie van der Velde oder Mohrbutter[75] wollten mit ihren Vorbildern anregend auf den Volksgeschmack wirken. Institutionen wie der "Deutsche Werkbund" oder ursprünglich auch die "Wiener Werkstätten" griffen derartige Bekleidungsimpulse auf und dienten ihrer Verbreitung. Die Geschmacksfragen zum Thema Bekleidung auf der Grundlage von Farbharmoniegesetzen einer breiteren Öffentlichkeit bewußt zu machen, ist ein Anliegen bis in die Gegenwart geblieben[76].

Nach dem Zweiten Weltkrieg wurden die Selbständigkeit in Modefragen, die Kreativität des einzelnen besonders im Ostblock theoretisch groß geschrieben. Der Verbraucher sollte "zum Partner des Modeschöpfers werden", die Elemente der Kleidung zwar von der Konfektion übernehmen, diese aber nach individuellen Bedürfnissen kombinieren[77]. Aber auch in der westlichen Modebranche ist das Bewußtsein vorhanden, die Konzeption mehr und mehr auf die Bedürfnisse des Verbrauchers abzustimmen[78]. Möge er diese Gelegenheit zur Mitbestimmung auch in Modefragen nicht verpassen. Dann hätte sich das Blatt gewendet, wie es F. T. Vischer vor mehr als hundert Jahren noch nicht zu hoffen wagte: "denn wir sind genöthigt, uns die Unvernunft als solche ganz zum Bewußtsein zu bringen, ehe wir untersuchen, warum sie (in der Mode) doch besteht, allem Hohn, allen unzähligen Witzen und frechen Caricaturen zum Trotze besteht und bestehen wird, bis —"[79].

Abb. 37
Schultertücher zur Festtracht, kräftige Grundfarben
mit bunten und goldfarbenen Lancierungen und
Broschiermustern, Deutschland und Böhmen um 1900.
Museum für Deutsche Volkskunde und Museum für
Völkerkunde SMPK Berlin

Anmerkungen

1 vgl. dazu F. T. Vischer 1861 S. 96; M. v. Boehn 1920 S. 370; F. v. Thienen 1930 S. 162; L. v. Wilckens 1979 S. 25; K. Wiederkehr-Benz 1973 S. 11 (nach Bodenheimer)

2 „die ästhetische Farbenlehre versucht, Grundfarben zu ermitteln und diese systematisch zu ordnen. Sie fragt nach dem Ausdruckscharakter einzelner Farben, nach den Bedingungen für das Zustandekommen harmonischer Kombination..." vgl. T. Lersch 1981 Sp. 157

3 W. Heisenberg betont, daß sich die Aufgabe dringender denn je stelle, die Helmholtzsche These als Anregung zu sehen, nämlich Goethes Farbenlehre als den Versuch zu betrachten, die unmittelbare Wahrheit des Sinneseindruckes gegen die Angriffe der Wissenschaft zu retten; vgl. H. Bayer und S. Ulrici, in H. Kramer 1963 S. 19; H. Zollinger weist Newton seinen Platz an für die Fragen des Reizes beim Farbensehen, d. h. für alle sog. naturwiss. Vorgänge, während er Goethes Farbenlehre, ihre Bedeutung für die Fragen der „Farbempfindung", hier im Sinne des psycholog. Erlebens gemeint, zuerkennt; vgl. 1973 S. 228 u. 1980 S. 53; H. Küppers 1982 weist darauf hin, daß Goethes Farbenlehre insofern Gültigkeit vor der Newtons habe, weil „das weiße Licht nicht aus farbigen Elementen bestehe". „In der gesamten Physik gibt es überhaupt keine Farbe. Die Energiestrahlen des Lichtes sind physikalische Datenüberbringer, und zwar farblose... Das Sehorgan macht daraus Informationen, nämlich Farbempfindungen." Daher sei Goethes Auffassung, daß die Farbe ein ‚unteilbares Sinneserlebnis' wäre, durchaus richtig. Auch W. Brückner betont 1982, daß die technisch-rationalistische Welterkenntnis eines Newton durchaus durch „die erfahrungswissenschaftliche Subjektivität" einer Goetheschen Naturforschung ergänzt werden müsse; vgl. auch B. Hamprecht, Goethes Farbenlehre. In Die Drei 11/1982 S. 776 –790

4 vgl. die Lehre des Empedokles, Demokrit und Plato bei T. Lersch 1981 Sp. 157 ff.

5 zur griechischen Farbenlehre: H. Dürbeck 1977 bes. S. 34, 38, 42, 46; zur griechischen Kleiderkunst: M. Bieber 1928 S. 10; die Autorin spricht von „gesättigten, blühenden Farben", von „der Natur abgelauschten Nuancen", z. B. von Lauchgrün, Froschgrün, Olivgrün, Apfelgrün, von Purpur-Violett-Tönen, von Heliotropblau, Violengelb, Amethystfarbe, Krokus und Hyazinth, auch Changeantfarben werden erwähnt.

6 vgl. dazu Eduard Zeller, Die Philosophie der Griechen. 2. Tl. 1963 S. 477f.: „Das in dem Durchsichtigen selbst durch seine Anwesenheit Licht, durch seine Abwesenheit Dunkel erzeugt, das erzeugt an der Grenze des Durchsichtigen die Farbe. Alle Farbe nämlich hat ihren Sitz an der Oberfläche der Körper, und sie kommt daher nur solchen Körpern zu, welche eine *bestimmte Begrenzung* haben: ...Dem Lichten und Dunkeln entspricht an der Oberfläche der Körper das Weiße und Schwarze. Aus diesen Grundfarben entstehen die übrigen nicht als ein blos mechanisches Gemenge kleinster Theile, auch nicht blos dadurch, daß sie durcheinander durchscheinen, sondern zugleich auch durch eine wirkliche Mischung, in dem S. 420 besprochenen Sinne. Stehen hierbei das Schwarz und Weiße in einfachen Zahlenverhältnissen, so entstehen reine, andernfalls unreine Farben. Mit Einschluß von Weiß und Schwarz zählt Aristoteles *sieben Grundfarben*." Vgl. T. Lersch 1981 Sp. 161 ff.

7 T. Lersch 1981 Sp. 170 b. 173

8 vgl. J. Huizinga 1965⁹ S. 393, 394, 396

9 M. Bieber op. cit.

10 J. Falke 1859 S. 505 f. spricht von der Lust des mittelalterlichen Menschen an bunten Farben, der aber erst mit dem 12. Jh. aus dem Zustand der „Urteilsunfähigkeit, der Bewußtlosigkeit zu bewußter und endlich zu raffinierter Wahl" erwacht sei, zur Fähigkeit, eine „bewußte Harmonie" zu schaffen, „ein Gleichgewicht der Gegensätze" herzustellen.

11 zit. nach T. Lersch 1981 Sp. 167

12 Ciba 1938/29 S. 1070; vgl. dazu die spanischen Stoffe des 13./14. Jh. in der Abegg-Stiftung; M. Lemberg, B. Schmedding 1973 Taf. 18, 19, 21

13 Wolfram v. Eschenbach, Parcival 234,5 zit. nach E. Ploss 1967 S. 53 (vgl. auch die Kap. II 1—3)

14 E. Ploss 1967 S. 21 u. S. 98 ff.

15 A. Schultz 1879 S. 261; über die Bedeutung dieser Farben im Mittelalter vgl. Ch. Meier 1977 S. 162

16 Ausführliche Hinweise zu Färbeverfahren und Farbenhandel im Mittelalter finden sich in folgender Literatur: Ciba 1937/9 S. 300—306 u. 313—316; R. Reinking u. L. Driessen 1937; Ciba 1946/68 S. 2525; Ciba 1947/72 S. 2661 f. u. 2671 f.; H. Wiswe 1958

17 M. Lemberg 1973 u. B. Markowsky 1976

18 A. Geijer stellte bereits 1947 heraus, daß die leuchtenden Farben, bes. das Rot des Mittelalters, im textilen Bereich einer besonderen Erforschung bedürften, da sie z. T. stark verblichen seien. Inzwischen liegen Forschungsergebnisse zur Identität von Farben in der Malerei und in der Textilkunst durch die Arbeit von B. Klesse 1967 vor. Ferner laufen seit den 60er Jahren Untersuchungen zur Bestimmung der Färbesubstanzen alter Textilien, die die Intensität und Qualität der Farbe zu rekonstruieren vermögen; vgl. J. H. Hofenk-de Graaff 1969, ferner diverse Untersuchungen von H. Schweppe, u. a. 1975 u. 1976. Auch aus der Bezeichnung „Schönfärber" und „Schlechtfärber" (die Parallelen auch in Frankreich u. Italien haben) für die den Zünften zugrunde liegende Ordnung geht hervor, daß die reinen (dazu zählte auch Schwarz) und die unreinen Farben nach mittelalterlichem Farbverständnis getrennt und unterschiedlich beurteilt wurden; vgl. Ciba 1939/38 S. 1411 u. 1413 u. D. J. G. Kruenitz (Hrsg.) 1788 S. 51

19 G. Haupt 1941 S. 43—46

20 T. Lersch 1981 Sp. 184

21 C. Pedretti 1964 S. 51 u. T. Lersch 1981 Sp. 186 ff.

22 T. Lersch 1981 Sp. 182; vgl. auch Ciba 1937/17 S. 609 f.

23 B. Markowsky 1976 S. 127 ff.

24 J. Falke 1858 S. 76

25 T. Lersch 1981 Sp. 197

26 ebd. Sp. 194

27 P. Friedrich 1973 S. 125 ff.; vgl. dazu auch Ciba 1937/17 S. 611; ferner R. Levi-Pisetzky 2 1964 S. 413 f.

28 H. Floerke 1917 S. 54 mit weiteren Literaturangaben

29 T. Lersch 1981 Sp. 190 ff.

30 ebd. Sp. 207

31 F. van Thienen 1930 S. 137 ff., dort zitiert auch Moscherosch, der, sich mokierend, die Farben Blaßblau, Leichtrot, Halbgelb, Halbgrün Bastardfarben nennt und auf einen „halben" Charakter des Trägers schließt; vgl. auch J. Falke 1858 S. 326 f.

32 Im Gegensatz zu der vorangegangenen Mode mag der Farbengeschmack des Louis Seize gröber erscheinen. J. Falke 1858 S. 327 hebt diesen Zug besonders hervor: „Ein feuriges oder tiefdunkles Roth, ein leuchtendes oder gesättigtes Blau, das grelle, brennende Gelb und warmes Grün nebst dem wirkungsvollen, hervorstrahlenden Golde sind freilich durchaus keine Mängel in dem farbigen Bilde der Menschheit, aber damals setzte man sie unverbunden ohne Zwischenstufen in

breiten Massen neben einander. Die Wirkung ist eine blendende, betäubende, und solche Pracht entsprach vollkommen den Intentionen Ludwigs XIV." Dennoch rufen die Bildquellen und Stoffe im Gegensatz zum Mittelalter den Eindruck des Abgedämpften hervor.

33 P. Thornton 1965

34 T. Lersch 1981 Sp. 210–215; eine systematische Übersicht über die wichtigsten Farbkörper (gezeichnet) findet sich bei W. O. Grob 1972 S. 156–161

35 T. Lersch 1981 Sp. 215, über Lairesse Sp. 215 f., über Dandré-Bardon (1765) Sp. 226 f.

36 Dan. Wepp (1760) vgl. T. Lersch 1981 Sp. 222 u. Mengs Sp. 225; die Idee taucht noch einmal bei Diderot auf (1775–76) vgl. Sp. 226

37 Abbé Laugier (1771) u. Hagedorn vgl. T. Lersch 1981 Sp. 227 u. 223

38 ebd. Sp. 221

39 ebd. Sp. 228–230

40 Ein Färberbuch aus dem Jahre 1711 („Die Mit allerhand curiösen . . .") gibt im 2. Teil Färberezepte an, aus denen hervorgeht, welche Farben zu dieser Zeit zu färben möglich waren. Es werden 18 Rottöne, 8 Gelbtöne, 2 Grüntöne, 1 Blau, 2 Weißtöne, 1 Schwarz, 1 Silber, 1 Purpur, 2 Violettöne, 2 Orangetöne, 1 Perlfarbe für Seidenfärberei angegeben; vgl. dazu (im Text), daß Mitte des Jahrhunderts bereits ca. 30 Varianten der Hauptfarben zu färben möglich waren. Über die naturwissenschaftliche Entwicklung der Färberei im 18. Jh. vgl. Ciba 1938/22

41 P. Thornton 1965 S. 95–124; B. Markowsky 1976 S. 73–75

42 E. Thiel 1980 S. 153; vgl. auch M. v. Boehn 4 1919 S. 507 –555

43 Ciba 1938/22 S. 787–789

44 B. Markowsky 1976 S. 73; M. v. Boehn 4 1919 S. 511 f.; Ciba 1938/26 S. 945; F. Boucher 1959 S. 1–10

45 Ciba 1957/134 S. 9

46 E. Müller u. F. G. Baumgärtner 1805 S. 8

47 ders. S. 139

48 T. Lersch 1980 Sp. 240 ff.

49 ebd. Sp. 233 ff.; vgl. auch J. W. Goethe Farbenlehre 3 Bde., Hrsg. G. Ott u. H. O. Proskauer Stuttgart 1980²

50 ebd. Sp. 249 ff.

51 R. Adams 1862 S. 247

52 L. Kampffmeyer 1952 S. 267 ff.

53 R. Meyer 1881 S. 12 f.; P. Ruggli 1927 S. 294 f.

54 R. Adams 1862. Bei „reicherem Farbenspiel" muß der Blauton lichter gehalten werden. Als Dreiklang wird empfohlen: Blau, Roth und Gelb, Blau wieder als Hauptfarbe; Roth und Gelb darf mit Weiß und Grau ausgeschmückt werden. Als Sechston: Gelb, Roth, Blau, Orange, Violett, Grün. Den Vierer- und Achtton bezeichnet Adams als Moll-Akkord. Vierton: Blau, Orange, Rothviolett, Gelbgrün. Der Achtton erscheint bereits als weich und anmutig. Angemerkt wird noch, „daß dieser Typus durchaus die lichteren Stufen des Clairobscur bei Anwendung reiner" Farben verlangt, und außerdem für Ruhepunkte durch Grau und gedämpfte Töne gesorgt werden muß (S. 121).

55 S. Schröder 1897

56 H. Mützel 1906

57 zit. nach M. v. Boehn 1920 S. 368

58 M. Schasler 1883 S. 6 f. „Das Wesen der Harmonie liegt einerseits in der Totalität, andrerseits aber wesentlich in der organischen Gliederung der mannigfaltigen Theile. Aus der Forderung der ‚Totalität' ergibt sich ohne Weiteres das Gesetz, daß nur diejenigen Farbenverbindungen eine harmonische Einheit darstellen, welche in ihren Theilen den gesamten Farbenkreis, und zwar ohne Ueberschuß, repräsentiren; aus der Forderung ‚gesetzmäßiger Anordnung' die Nothwendigkeit, die Zusammenstellung der Farben theils nach deren Bedeutsamkeit an sich, die durch das Verhältniß ihrer Helligkeits- zu ihrer Wärmeintensität bestimmt wird, theils nach ihrer Verwendung in einem gegebenen praktischen Fall — z. B. ob und welche Farbe als ‚Hauptfarbe', welche als ‚Nebenfarbe' (von blos ornamentaler Bedeutung) zu behandeln ist — zu reguliren. Diese letztere Seite ist, wie man erkennt, nicht nur ihrer wesentlich ideellen Bedeutung halber, sondern namentlich auch deshalb bei Weitem schwieriger zu behandeln, weil für die unendliche Zahl von möglichen praktischen Fällen sich kaum genau zu befolgende Gesetze aufstellen lassen, sondern nur ganz allgemeine, aus ästhetischen Principien folgende Regeln formulirt werden können, deren Anwendung auf einen gegebenen Fall schließlich der subjektiven Empfindung anheim gegeben werden muß."

59 M. Richter (1) 1981 S. 7

60 H. Zollinger 1973 „Zusammenhänge zwischen Farbreiz, Farbempfinden und Farbnamen-Linguistik". Zu den Stufen der Wahrnehmung vgl. die französischen Studien unter Leitung von S. Tornay, „Voir et nommer les couleurs", Paris 1978; vgl. E. Benz 1974

61 M. Richter (2) 1981 S. 245 f.

62 H. Steinbach 1952 S. 262

63 E. Buchwald 1953 S. 88; über die praktische Anwendung vgl. M. Adam 1962 S. 203

64 H. Sisson 1954 S. 76 f.

65 M. Richter (2) 1981 S. 235; W. O. Grob 1972 S. 158. Empfindungsmäßige Gleichabständigkeit der Farbtöne bedeutet, daß die Abstände vom Auge als gleichabständig empfunden werden. Da die Farben Blau und Gelb größere Extreme zwischen hell und dunkel darstellen als Rot und Gelb, ergibt sich eine differenziertere Wahrnehmung für die Mischfarben zwischen Blau und Gelb (Grünbereich) als zwischen Rot und Gelb (Orangebereich). Quantitativ, d. h. von den Farbpigmentanteilen aus gesehen, können zwischen Rot und Gelb die gleiche Anzahl von Stufen ausgemacht werden.

66 Scotdic Informationsblatt, hrsg. v. Heinz Kramer, Overath; ferner Relliand Textilberichte 8/1983 S. 510

67 M. v. Boehn 1920 S. 363

68 Die Ausführungen beziehen sich auf mündliche Mitteilungen durch Herrn Heinz Kramer und Herrn Ulrich van der Burg vom Institut für Mode . . . Information in Overath, die auch die Unterlagen für die Abb. 36 zur Verfügung stellten.

69 vgl. Der Spiegel Nr. 17 36. Jg. April 82

70 E. Thiel 1979 S. 184

71 J. Itten 1958 S. 366 f,; ders. 1961⁵ (1975) S. 36–104; W. O. Grob 1972 S. 82

72 „die Mode, gelenkt vom Umsatzinteresse der Industrie, verlangt Wechsel, immer schnelleren Wechsel um jeden Preis", beklagt schon 1933 A. Schwab zit. nach E. Thiel 1979 S. 169; vgl. auch W. Sombart 1902

73 W. F. Haug 1971 S. 52 f.

74 vgl. z. B. die Tendenzen der wearable art in: Berliner Kunstblatt 1983 S. 59, 36 Stunden Kunst (12.–15. Mai 83); zur Frage der Antimode und Modefunktion vgl. H. Bausinger 1972/73 S. 31

75 E. Thiel 1979 S. 73 ff.; ferner A. Mohrbutter 1904; H. Van der Velde 1900

76 als Beispiele seien die Arbeiten von M. Bernstein 1921 und M. L. Davis 1980 genannt.

77 E. Thiel 1979 S. 186

78 vgl. Institut für Mode . . . Information, Overath „Kommunikation im Modebereich" S. 2

79 F. T. Vischer 1861 S. 97

Abb. 38
Festtrachten in kräftigen Grundfarben, gepaart mit
Schwarz und Weiß. Umgebung Uhersky Brod/Süd-
mähren CSSR 1910/20. Museum für Völkerkunde
SMPK Berlin

Abb. 39
„Brustpelz" zur Mädchentracht, Bistritz/Nösnergau/
Nordsiebenbürgen 1911. Museum für Deutsche Volks-
kunde SMPK Berlin

Abb. 40
Brautkrone („Schäpel"), St. Georgen/Schwarzwald
Ende 19. Jh. Museum für Deutsche Volkskunde SMPK
Berlin

80

Abb. 41
Seidenbänder, leuchtende Grundfarben mit bunten
Lanciermustern, zum Schmuck von Festtrachten,
Deutschland und Tschechoslowakei, Anfang 20. Jh.
Museum für Deutsche Volkskunde und Museum für
Völkerkunde SMPK Berlin

IV. Die Einzelfarben und ihre Anwendung im Bereich der Kleidung

1. Grau und Braun

Die Faserstoffe, die der Mensch der Natur entnimmt, z. B. Hanf, Flachs, Nessel, Baumwolle, Ziegen- oder Kamelhaar, haben ein weißlich-grau-braunes bis schwärzliches Aussehen[1]. Innerhalb des Pflanzenreiches deuten diese Farben auf Verblichenes, Abgestorbenes, im Tierreich auf die Tarnung, auf die Anpassung an die toten Stoffe des Erdreichs. Verhältnismäßig spät in der Geschichte der Textilfärberei kommen graue und braune Töne hinzu. Stärker noch als bei anderen Farben treten hier heftige Auffassungsunterschiede um ihre prinzipielle Häßlichkeit oder Schönheit auf. Die Landbevölkerung bezeichnet diese Mischtöne seit der Antike verächtlich als wolfsfarbig[2], als tierisch. Und selbst ein Ästhetiker des grau-braunen Männermode-Jahrhunderts, F. T. Vischer, wettert 1861 gegen die Unausgesprochenheit dieser „recht innig an den Schmutz erinnernden" Farben, von „Grau-Grün", vom „scheußlichen Rhabarber- und Ockergelb" sowie von „Roß- und Kuhdreckfarben, regenwetterischem Grau"[3]. Dem stehen begeisterte Urteile über die Schönheit grauer und brauner Nuancen gegenüber, die in der Beschreibung der „Flohfarbe" (*couleur de puce*) des Louis-Seize gipfeln: „Ein Schwarz, das kein Schwarz ist, ein Braun, mehr als Braun, der tote Floh in allen Varianten."[4] Grauharmonien werden bis in die sechziger Jahre unseres Jahrhunderts äußerst geschätzt. Gepaart mit einer „echten" Farbe hält Ostwald sie für „ungewöhnlich schön".

Die Tracht der Germanen im Streit der Wissenschaft

Diesen Aussagen liegen grundsätzliche Urteile über den Wert naturbelassener oder künstlicher Farben zugrunde, die im Zusammenhang mit der Bevorzugung von Misch- oder reinen Farben gesehen werden müssen. Je nach der zeitbedingten Bevorzugung des einen oder anderen Aspektes (vgl. Kap. III) wurde ein und dieselbe Gesellschaft ästhetisch nicht nur unterschiedlich beurteilt, sondern sogar auch durch verschiedenfarbige Brillen gesehen. Wir denken an die Trachtenbeschreibungen bei den Germanen. Die alten Griechen, die nach dem heutigen Stand der Forschung vielfältigste Farben trugen, bezeichneten die Völkerschaften am Rande ihres Herrschaftsgebietes als Barbaren, als Unzivilisierte, die sie in Fellen und ungefärbten grauen Textilien bekleidet wähnten. Nach dem Verständnis des Klassizismus mußte sich das Bild umkehren. Denn mit der Aufklärung sah man in den abgedämpften Farben das Zeichen der Zivilisation, in den lebhaften das der „wilden Nationen, der ungebildeten Menschen und Kinder"[5]. So wurde die durch die Jahrhunderte ihrer Farben beraubte Marmorkunst einfach als Zeugnis für die Neigung der Griechen zu Naturfarben gedeutet. Noch 1920 schreibt Max von Boehn, „die Griechen bevorzugten zur Zeit der Hochblüte ihrer Kultur das reine Weiß oder vielmehr die Naturfarbe der Leinenstoffe". Die Purpursäume und farbigen Mäntel bei den Germanen und Galliern, die es, wie man nun wußte, auch gegeben hatte, führten jetzt zu dem Schluß, sie als Barbaren zu kennzeichnen, weil sie „die bunte Färbung liebten". Nun gab es auch eine Zeit in der jüngeren deutschen Wissenschaftsgeschichte, in welcher der orientalisch „gefärbten" Antike keine große Rolle mehr für die mitteleuropäische Kulturtradition zugestanden wurde. Vielmehr wurde die Kulturhöhe der Germanen betont[5a], die daher des Barbarischen ganz entkleidet werden mußten; das hieß in einer Zeit, in der die Liebe zum natürlichen Werkstoff durch „die Besinnung auf das Organische, Echte, Zweckgegebene . . ." eine Neubelebung erfahren hatte[6], sie wieder „naturbelassen" zu zeichnen. So wurde die Farbigkeit allein als Standeskennzeichen des Adels gesehen, und es begann die Suche nach den „Überresten der alten germanischen Volkstracht", die als rustikal und handgewebt auch mühsam gefunden wurde[7]. Im folgenden sollen die Aspekte des Häßlichen, Tristen und des Festlich-Schönen des Farbenpaares Grau und Braun auf dem jeweiligen zeitgeschichtlichen Hintergrund und aus funktionellen Zusammenhängen heraus kurz dargestellt werden.

Ungefärbte Kleidung als Zeichen der Armut

Betrachten wir die „Nicht-Farben" mit dem Blick des antiken oder mittelalterlichen Menschen (s. Kap. III), so dürfen wir ihre Beziehung zu den Qualitäten des Leblosgewordenen, Sichauflösenden, Unkonturierten, Trüben, Verschleiernden, Diesigen, „Grau in Grauen" (s. o.) nicht außer acht lassen[7a]. Dann verstehen wir, warum sie marginale Gruppierungen, weit ab vom Zentrum des klar konturierten, farbenreichen Lebens

Abb. 42
Frauentracht mit Mantel, ungefärbte braune Wolle,
Kihelkonna (Oesel), Estland um 1900. Museum für
Völkerkunde SMPK Berlin

Abb. 43
Hochzeitsstola, Stickereien und Klöppelspitze aus
ungefärbtem Seidengarn, Piestany/Westslowakei/
CSSR, Anfang 20. Jh. Museum für Völkerkunde SMPK
Berlin

(Rot), z. B. die Alten, die abgeschiedenen Seelen in der Unterwelt, die Dienenden und die Völkerschaften an der Peripherie mit dieser Farbe belegten[8]. Im Mittelalter werden die pejorativen Farben, Grau, Braun und ein mattes Grün, auch künstlerisch so verwendet, daß sie als „Rahmenfarben" die leuchtenden Urfarben stärker betonen; Giotto malt bisweilen die Rückenfiguren in diesen Farbtönen, da sie auf das Wichtigere im Bild hinzulenken vermögen[9]. Als Kleiderfarbe tritt Grau/Braun seit der Antike bis ins 14. Jahrhundert für die Arbeitenden, die Landbevölkerung und später auch für Diener, Mägde und Aussätzige, aber auch für Trauernde auf (vgl. Kap. II/1). Die lateinische Bezeichnung *pullati* bedeutet sowohl „Leute in dunklen Arbeitskitteln" als auch „die Trauernden". Diese Duplizität geht auch aus einem Wollepigramm des Martial hervor, das besagt, die Schafe aus Pollentino würden „gleichsam von Natur trauern, daß aber diese traurige Wolle auch für geringe Bediente bei Tische passe"[10]. Das Mittelalter bezeichnet umgekehrt die allgemein als Grau benannte Farbgruppe nach der Kleidung der Bauern *griseus rusticanus color*. In der Kaiserchronik Karls des Großen wird ausdrücklich darauf verwiesen, daß die bäuerliche Kleidung aus ungefärbtem, handgewebtem Material in Schwarz oder Grau zu fertigen sei. Das Grau (*griseus*) gilt als „geringe", d. h. im Althochdeutschen „leichte" Farbe (im Gegensatz zu „gewichtig").

Diese Sinngebung macht es verständlich, daß auch die unteren Stände danach strebten, ihrer Kleidung um jeden Preis „Gewicht", d. h. Farbe zu verleihen. Denn schon der Färbeprozeß an sich wird bis ins Spätmittelalter nach orientalisch-antiker Tradition der Alchemie als „belebend", als Kräfte verleihend betrachtet[11]. Mit den Farbvorschriften der Kleiderordnung entzieht man den unteren Ständen nicht nur ein äußeres Privileg, sondern einen für sie erlebbaren wirksamen Schutz.

Obgleich die letzten Kleiderordnungen mit der Zeit der Französischen Revolution außer Kraft gesetzt wurden, hielten sich diese „Nicht-Farben" bei der Landbevölkerung aufgrund der Armut bis heute (vgl. Kap. II/1 „Bauern"). Die hausgewebten Stoffe standen immer zur Verfügung, während die Kosten für den Färber oder für industrielle Erzeugnisse oft nicht aufgebracht werden konnten. Bis in die Gegenwart finden wir unter den Volkstrachten — besonders in abgelegenen Gegenden Europas — noch vielfältigste Kleidungsstücke aus ungefärbten „grauen" Textilien, von einfachen Hanf- oder Flachskleidern und Hosen, wollenen Westen, Jacken, Mänteln, Strümpfen und Schuhen, Handschuhen, Schärpen und Gürteln bis zu Kopfbedeckungen, die häufig aus besonderen, für Kleidung sonst wenig geeigneten Naturstoffen wie Stroh, Bast oder Zunderschwamm[12] gefertigt sind. Wenn es sich nicht um einfachste Arbeitskleidung handelt, sind die einzelnen Teile aber — sei es durch die Kombination verschiedenster Naturfarben, sei es durch die sparsame Einbeziehung gefärbter Garne, durch Applikation oder Stickerei — auch nach unserem Geschmack überaus kunstvoll zusammengestellt (Abb. 42 und Abb. 43).

Dunkle Farben als Zeichen der Trauer und Demut

Das Tragen von Grau/Braun war aber nicht nur durch ungeschriebenes oder geschriebenes Gesetz Kennzeichen bestimmter Berufe, Stände oder Aussätziger. Das „Düstere" dieser Farbgruppe entsprach auch dem Lebensgefühl des einzelnen, wenn er im Laufe seines Lebens durch den Tod geliebter Menschen berührt wurde. In Ermangelung der stets teureren schwarz gefärbten Kleidung bedienten sich die Armen seit der Antike dieser Farben auch für Volltrauer, während sie sonst als gemilderte Trauerfarbe galten. Bis ins Spätmittelalter ist die dunkle ungefärbte Wollfarbe (*bruno*) als Trauerfarbe besonders auch für Frauen belegt. Sie wurde nicht nur durch Boccaccio, Petrarca und eine Trauerluxusverordnung aus dem 14. Jahrhundert für Italien genannt; auch Chaucer erwähnt sie für England. Hier hat sich bis in die Gegenwart die „traurige Farbe" (*drab*), eine gelblich-graue Farbe, als billigere Alternative zu Schwarz erhalten; billiger insofern, als sie häufig getragen werden konnte[13].

So sehr der sinnenfreudige Mensch sich gerade nach den leuchtenden Grundfarben und ihrer Kräfte zur „Sicherung der Lebensdauer" sehnt, so sehr lehnen die frühen Christen „das Färben und Schmücken, die Erfindung wertvoller Stoffe, ... Mittel zur Beförderung der Anmut, zur Erweckung von Haß und Liebe, zur Sicherung der Lebensdauer" entschieden ab, da dies als „Gabe der Engel an die Weiber als Anleitung zum Bösen" aufgefaßt wurde[14]. „Dem Christen ist das farbige Kleid Ausdruck irdischer Eitelkeit, womit der gefallene Mensch seine eigene Glanzlosigkeit zu ersetzen sucht, der wahre Christ trägt darum keine gefärbten Kleider." Viele Stimmen erheben sich daher gegen die farbigen Gewänder, denn „dies könne nicht Gottes Wille sein, da er sonst purpurrote oder stahlblaue Schafe erschaffen hätte. Also sei die künstliche Farbigkeit eine teuflische Verfälschung der Natur."[15] Das Christentum steht mit dieser Auffassung nicht allein da. Auch der Prophet droht mit Strafe im Jenseits, wenn auf Erden Luxus entfaltet werde[16]. So werden die Grau- und Brauntöne zum Zeichen selbstauferlegter christlicher „Sündentrauer und Buße", wie sie es bereits bei den antiken Philosophen, den Kynikern, waren. Grau-braune Tracht hat sich innerhalb der sonst Weiß oder Schwarz tragenden Mönchsorden bei den Franziskanern und z. T. bei den Karmelitern erhalten. Es war auch die Farbe der Scholaren, einiger

Chorschulen, der Büßer und Büßerinnen als auch der Pilger. Die aufrüttelnden Reden etwa der Hussiten, vom Kleiderluxus abzulassen und ein ehrsames Leben zu führen, veranlaßte die frommen Chisten in Mitteleuropa für ein Jahrhundert (1400 – 1500), freiwillig die dunklen Farben der Armen zu bevorzugen, bis dann gegen Ende des 15. Jahrhunderts die lange gestaute Sehnsucht nach Farben um so heftiger wieder hervorbrach[17].

Mit zunehmendem freiwilligen Bedarf werden Braun und Grau auch durch Färbung oder durch Mischung aus mit Nußbaumrinde eingefärbter Kette und naturfarbener schwarzer Lammwolle als Schuß (der sog. *brucequin*) erzeugt. Die braunen Stoffe galten in der Regel als weniger kostbar und waren weniger dicht im Gewebe. Eine Ausnahme bildeten im 13. Jahrhundert die berühmten sattfarben Brauntuche aus Provins (Champagne), die eine doppelte Färbung aus Waid und Nußbaumwurzel erhielten und daher wie rote und grüne Tuche geschätzt waren. In mittelalterlicher Symboltradition bezeichnet noch Herold Sizilien (1458) neben Rot als der schönsten Farbe Braun als die häßlichste. Huizinga führt diese „schlechte Note" für Braun auf ihre Unreinheit zurück, die im Reigen der begehrten reinen Farben negativ abschneiden mußte[18].

Vereinzelt hat Grau (*cineritius*) auch als Nebenfarbe zu Schwarz innerhalb der liturgischen Farben eine Rolle als Trauerfarbe gespielt[19].

Wenn Braun und Grau als „Liebesfarben" bei den Troubadouren erwähnt werden und dort als Symbol der verschwiegenen Liebe und Behutsamkeit, der Gebundenheit in Minne (Braun) oder des Anfangs, der Erniedrigung der Dame gegenüber gilt (Grau), so hat dies einerseits mit der verachteten Farbe des geringsten Standes, andererseits mit der Haltung mittelalterlich christlicher Demut zu tun[20].

Ungefärbte Textilien als Futterstoffe

Von der Vielfalt ungefärbter Textilien kann man sich – neben dem Studium der Volkstrachten – einen weiteren Einblick verschaffen, wenn man das „Innenleben" historischer Kostüme und Trachten studiert. Die „Gestelle" der Kleider, z. B. die Reifröcke der Barockzeit, sind aus roher Leinwand gefertigt, verbunden mit Stricken und mit Fischbein verstärkt. Selbst noch die kostbarsten Seidenkleider des Spätrokoko zeigen grobes Hanf- oder Flachsgewebe als Futter, so auch die Rückenteile der ärmellosen Männerwesten aus der 2. Hälfte des 18. Jahrhunderts. Erst mit der englischen Mode gegen Ende des 18. Jahrhunderts beginnt der Schneider, seinen Ehrgeiz in eine tadellose Verarbeitung zu setzen. Dazu gehört auch ein anspruchsvolles, möglichst geschmeidiges

Futter; denn der Dandy pflegt seine Kleidung bis zu viermal am Tage zu wechseln[21].

Grau und Braun als Modefarben

Was für eine Welt des ästhetischen Genusses erschließt sich uns, betrachten wir Grau und Braun mit dem Blick des farbmetrisch geschulten Bewußtseins des ausgehenden 18. Jahrhunderts. Aus dem grauen Einerlei hebt sich das Perlgrau vom Aschgrau, das Silbergrau vom Feldgrau, das Stahlgrau vom Taubengrau – um nur einige Beispiele zu nennen – deutlich ab. Welch eine Farbenfülle können wir im Braun entdecken, das als Schokoladen-, Tabak-, Nuß-, Kastanien-, Kaffeebraun zum Violetten, Rötlichen, Gelblichen oder zum Grünlichen neigt.

Bereits der Renaissancekünstler, der sich das Auge für diese Nuancen zu erschließen beginnt (vgl. Kap. III), führt die Grau-, aber besonders die Behaglichkeit vermittelnden Brauntöne als Kontrast zu den leuchtenden Farben immer mehr in die Mode ein: Eselsgrauer Seidendamast wird von den Matronen geschätzt, und ins rötlich tendierende kastanienbraune Töne mit Gold gepaart für festliche Kleider gewählt[22]. Parallel mit der Monochromie in der niederländischen Barockmalerei treten auch die Grau-Braun-Töne in der weiblichen und männlichen Kleidung Anfang des 17. Jahrhunderts immer mehr in den Vordergrund (vgl. Kap. III/3)[23]. Im Rokoko wird der Eindruck duftiger Leichte durch ein schwebendes Grau hervorgerufen, das in der Malerei die Farben sanft überschattet. Aber auch die Kleiderstoffe nehmen ihren Weg von zarten reinen Farben zu immer stärker gebrochenen Tönen, bis sie schließlich in den *couleurs de puce* („Flohfarben"), den grau-braun schillernden Mischfarben, kulminieren. Indem das Grau und das Braun nun die anderen Farben aufschlucken, verlieren sie ihre so mühsam errungene Fähigkeit, selbst als Farben unter Farben zu wirken. Sie treten aus der Welt des Seidenglanzes ab, um wieder in das Dunkel stumpfer Gewebe unterzutauchen, in die Garderobe der englischen Herrenmoden des ausgehenden 18. Jahrhunderts (Abb. 44 und Abb. 31). „Neu aber kam auf das Graue. Und dies war sehr richtig gefühlt; die vollendete Mattheit und Schlaffheit im Schnitt mußte sich mit der Farbe der Waisenbubenuniform vermählen; das ganz Blasirte ist farblos, selbst Schwarz ist ihm zu entschieden, grau, grau, wie die Seele drinnen mußte der Kittel werden."[24] 80 Jahre später (1930) fügt A. Bühler hinzu: „Grau innen und außen, so sieht der zeitunglesende Mensch von heute aus."[25] Hat sich die Menschheit selbst an die Peripherie, in die Grauzone des Seins katapultiert, um von dort aus das Lebenszentrum, die Farbenwelt neu zu entdecken?

LE PROGRÈS
FOR THE *BULLETIN OF FASHION*, NEW-YORK

Abb. 44
Herren in dunklen Anzügen, Paris 1861, kolorierter
Stahlstich. Kunstbibliothek SMPK Berlin

Hundert Jahre nach der totalen Vergrauung der Herrenmode zeichnet sich Ende der fünfziger Jahre ein erster Lichtblick ab: „Hie und da ein gelber oder hellblauer Pullover."[26].

Eine neue Bewertung haben die Grau-Braun-Töne besonders in ihrer natürlichen Variante in den dreißiger Jahren nicht zuletzt durch den eingangs erwähnten Bezug zu dem „nationalen Erbgut" und zur Volkskunst erfahren. „Tageskleider und Mäntel zeigen vorwiegend Grau/Braun, Sandfarbe, Farbmischungen wie Schwarz-Weiß-Grau; Braun-Sand usw. sind besonders schön durch handgewebte Mantelstoffe vertreten."[27] Norwegische, isländische und peruanische Strickwaren in naturfarbenen Nuancen haben bis heute ihren Markt auch in den Großstädten Europas behauptet. Alternative versuchen, mit ihrem Handgestrickten aus ungefärbter Wolle nicht nur gesünder zu leben, sondern auch der Expansion des Modemarktes mit seinen synthetischen Billigwaren entgegenzutreten.

Anmerkungen

1 Im Indogermanischen und Griechischen gibt es anfangs keine speziellen Wortbezeichnungen für die Farben Schwarz, Braun und Grau, statt dessen allgemeine Bezeichnungen wie dunkel, finster, schwärzlich, schmutzig; vgl. HDA Bd. VII Sp. 1431; G. Petschel 1965 S. 59; G. Reiter 1962 S. 115
2 G. Reiter 1962 S. 93
3 F. T. Vischer 1861 S. 113 u. 115
4 E. u. J. de Goncourt 1920 S. 116
5 J. W. v. Goethe zit. nach J. Falke 1859 S. 504
5a vgl. O. Höfler 1937 S. 31 f.
6 K. Hahm 1928 S. 122 u. 11
7 L. Hofmann 1939 S. 7 ff.
7a C. Meier 1977 beschreibt auf S. 168 die Deutung des Fahlen an den Edelsteinen als „Unscheinbarkeit" und als das „Fehlen von Leuchten". „Aus diesen Eigenschaften gehen auch die Bedeutungen Demut, Verachtet sein in der Welt, Besitz des Weisheitslichtes ohne Stolz hervor."
8 A. Hermann 1969 Sp. 386 ff.
9 G. Haupt 1941 S. 125 f.
10 O. Lauffer 1948 S. 519 ff.; E. E. Ploss 1967 S. 18; zu „Grau" als Bauernfarbe vgl. ferner: O. Lauffer 1948 S. 21 f.; S. Loy 1922 S. 19; A. L. Steinmann 1938 S. 834 u. S. 846; L. Hofmann 1939 S. 7—15; W. Wackernagel 1872 S. 191; K. Borinski 1918 S. 4 u. S. 16
11 Bis in die Spätantike war die Vorstellung Aristoteles' noch lebendig, daß die Erzeugung von gesetzmäßigen Farbabstufungen, d. h. Farbmischungen, nicht durch Menschenhand geschehen könne (s. T. Lersch 1981 Sp. 160 ff.). Daher wurde die Kunst der Färberei, als von dämonischen Engeln gelehrt, als Anleitung zum Bösen verstanden, weil es in die schöpferischen Kräfte des Göttlichen eingriff. Die Alchemie des Olympiodoros war noch ein Ausdruck dafür. Die Farbstoffe der Pflanzenwelt wurden als färbendes Pneuma, als „neue Farben und Eigenschaften zuführende" Substanzen bezeichnet, die besonders den ihrer Seele verlustig gegangenen Metallen neue Kräfte verleihen konnten (s. E. v. Lippmann 1919 S. 101). Vgl. auch E. Ploss 1967 S. 20: „Man hielt das

Färben für einen Vorgang, der durch die unstoffliche ‚Kraft', die den Blüten, Blättern und Früchten der Färbepflanzen innewohnt, bewirkt wird . . ." Wie bei Heilpflanzen glaubte man an magisch bedingtes Wirken.
12 J. Blau 1906 S. 26 ff.
13 A. Hermann 1969 Sp. 428 f.; K. Borinski 1918 S. 16; L. Taylor 1983 S. 77 u. 111
14 E v. Lippmann 1919 S. 312
15 A. Hermann 1969 Sp. 427 f.
16 A. Wittlin 1938 S. 1061 (Ciba), vgl. auch 736; J. L. Borges 1962 S. 80
17 vgl. R. Fick 1900 S. 16; W. Wackernagel 1872 S. 182 f.; „Ordenstrachten" in: J. Seibert 1980 S. 241; J. C. Cooper 1978 S. 40; A. Hermann 1969 Sp. 417; M. Hasse 1978 S. 138 u. 1979 S. 56 FN 73
18 G. Haupt 1941 S. 113; O. Lauffer 1948 S. 21; Ciba 1939/38 S. 1406; S. Loy 1922 S. 14; K. Borinski 1918 S. 5; J. Huizinga 1965[9] S. 396
19 K. Goldammer 1981 Sp. 104 f.
20 W. Gloth 1902 S. 84 u. 87; O. Lauffer 1948 S. 27 u. 48
21 A. Schultz 1980 S. 31; E. Thiel 1981 S. 262 u. 314; zu Kinderkleidung im Spätmittelalter vgl. R. Pylkkänen 1952 S. 82
22 P. Friedrich 1973 S. 129; M. Bernstein 1921 S. 96; L. G. Dernissean 1937 S. 611
23 F. v. Thienen 1930 S. 140
24 F. T. Vischer 1861 S. 113; 1897 gibt es eine Farbbezeichnung „modefarben braun" vgl. A. Treichel 1897 S. 249
25 A. Bühler 1930 S. 90
26 I. Gaenslen 1959 S. 170
27 M. Schonert 1933/34 S. 13

Abb. 45
Auferstehung Christi in weißem Gewand mit Gold-
verzierung, Jacopo del Casentiono (?), Schule von
Florenz, Mitte 14. Jh., Deckfarbe auf Pergament.
Kupferstichkabinett SMPK Berlin

2. Weiß

Wenn wir an weiße Bekleidung denken, tauchen vielfältigste Bilder aus verschiedenen Lebenszusammen-
hängen vor uns auf. Taufe, Kommunion, Hochzeit, Tod,
der höchste Würdenträger der römisch-katholischen
Kirche, der Papst im weißen Talar, traditionelle und
moderne Berufe in Weiß, der „weiße" Sport, das
elegante Kleid in der Mode der Jahrhunderte, die
„weiße Weste" des 19. Jahrhunderts, aber auch das
weiße Hemd einschließlich der phantastischen Spit-
zen- und Rüschenkultur des Barock und Rokoko bis
hin zur weißen Wäsche und ihrer „anspruchsvollen"
Pflege. Wie bei keiner anderen Farbe sind hier unterschiedliche Aspekte der Farbauffassung und -empfin-

dung nebeneinander erhalten geblieben, die ihren Ursprung in verschiedenen Stilepochen haben (vgl. Kap.
III). Bei den christlichen Festfarben spielt der symbolische Aspekt eine Rolle, bei der Weiß-Mode der
ästhetische, bei der Weste der ästhetisch-moralische
und bei der Wäsche und dem Kittel der ästhetisch-
hygienische. Wir wollen im weiteren versuchen, diese
Aspekte aus ihren jeweiligen ideengeschichtlichen
Zusammenhängen zu verstehen.
Wie können wir einen Einstieg in symbolische Denkweise finden? Vergleichen wir eine weiß gekleidete
Gestalt mit einer schwarzen in einer hellen Umgebung, so fällt auf, daß die weiße weniger fest um-
grenzt, weniger zusammengezogen, d. h. großflächi-
ger, überschaubarer erscheint als die schwarze. Denn
die weiße Farbe hat die Eigenart[1], das Licht voll zu
reflektieren, nichts für sich zurückzubehalten und auf
andere Farben in der Nachbarschaft sensibel zu reagieren, sei es auf farbiges Licht, auf farbige Schatten
oder auf andere Eigenfarben (Simultaneffekt). Über
das Weiß können wir, sinnbildlich gesprochen, daher
alles erfahren, wenn wir es allein von außen betrachten (vgl. dazu „das barocke Kleid" S. 97), während
das „saugende" Schwarz danach verlangt, in es ein-
zudringen (vgl. Kap. IV/8). Hätten wir nun die Aufgabe, einen passenden Charaktertyp für ein weißes
Gewand zu finden, würden wir auf erhebliche Schwierigkeiten stoßen. Der geringste Makel würde die
Fähigkeit des objektiv Spiegelnden schon beeinträch-
tigen und ihn als unpassend in Weiß erscheinen
lassen. Solange das Bedürfnis nach symbolischer
Identität zwischen Wesen und Erscheinung bestand
(vgl. Kap. III) war die Farbe Weiß daher vornehmlich reserviert für die Kleidung jenen Personenkreises,
der gewillt war, auch nach „sittlicher Reinheit" (Beda
673—735) zu streben, um den Verkehr mit den Licht-
göttern (den Urhebern der Farbe Weiß)[2] angemessen
zu pflegen. Weiße Priesterkleidung ist belegt für Ägypten, das Hebräertum, für das antike Griechenland und
Rom, für die keltischen Druiden und für die kimbri-
schen Weissagerinnen[3]. Wiederbelebt wird das alte
Sinnbild des lichtverwandten Weiß durch das Neue
Testament und durch die Apokalypse des Johannes,
in dem mit visionärer Farbintensität lichtweiße Gewänder für Christus bei der Verklärung oder für die
Engel am Grabe und bei der Himmelfahrt beschrieben
werden[4]. Durch die Verbindung zum Auferstehungs-
gedanken kommt der Farbe noch der Charakter der
Freude über die Unsterblichkeit zu. D. h. „Weiß wird
im Mittelalter als die Farbe erlebt, die ‚nichts von
Sterblichkeit' an sich trägt"[5]. So wird sie im Rahmen
der römisch-katholischen Kirche im 6. Jahrhundert
aufgrund eines Konzilsbeschlusses für alle liturgischen Handlungen vorgeschrieben. Vom 13. Jahrhundert an behält man sie den höchsten liturgischen Feiern vor, den Festen Christi und Mariae, der Engel, der

Abb. 46
Die Taufe, R. Fleck, lith. v. Blau, Kreidelithographie.
Kunstbibliothek SMPK Berlin

Abb. 47
Klöppelspitze einer Taufalbe mit Täuflingsmotiv,
Louis XV. Musées Royaux d'Art et d'Histoire Brüssel

Bekenner und der Jungfrauen[6]. Heute ist sie nicht nur die am häufigsten verwendete liturgische Farbe, sondern zeichnet auch die höchsten Würdenträger der katholischen Kirche aus: den Bischof, der generell in Weiß zelebriert und den Papst, der das Vorrecht hat, stets den weißen Talar zu tragen. Während die vorchristliche Priestertunika und die christliche Albe vorwiegend aus weißem, gebleichten Leinen gearbeitet sind, zeichnen sich die liturgischen Festgewänder durch kostbare Seidenstoffe aus, die oft reich mit Gold verziert sind. Denn Gold als das Metall des Planeten Sonne steigert nach mittelalterlichem Verständnis die Lichtfarbe Weiß. Auch in der Malerei wurde diese Regel praktiziert[7] (Abb. 45).

In Anlehnung an die Darstellung der *madonna immaculata* in Weiß werden im Volksbrauch die Jungfrauen, die die Insignien des Marienkultes während der Prozession tragen, gebietsweise Schäppelmädchen genannt, vielerorts mit weißer Schürze als dem Zeichen ihrer Unschuld und Keuschheit bekleidet. Für Altötting z. B. ist Weiß auch die gebräuchliche Farbe für die Wallfahrer[8]. Bei den Protestanten spielt Weiß besonders bei den Herrnhutern eine Rolle, da sie den freudigen Zug innerhalb der Passionsfrömmigkeit betonen[9]. Innerhalb der Orden hat sich Weiß — nachdem es ursprünglich die Farbe der koptischen, später auch der schottischen und irischen Mönche war — in der Kleidung der Kartäuser, der Prämonstratenser und der Zisterzienser erhalten. Die Deutschherren tragen den weißen Mantel mit schwarzem Kreuz[10].

Die mittelalterlichen Symbolvorstellungen von „der Reinheit, der Unschuld, des Sieges, der Vollkommenheit, des göttlichen Lichtes"[11] für die Farbe Weiß wirken bis heute in der Festkleidung für Taufe, Erstkommunion, Firmung, Hochzeit und Tod (Totenhemd) nach.

Das weiße Taufkleid

„Das jedem Christen überreichte weiße Taufkleid ist das ‚hochzeitliche Gewand', das er sich für die Teilnahme am ‚Hochzeitsmahl des Lammes' (Offb. 19,9) bewahren muß. Grundsätzlich hatte die ganze neutestamentliche Gemeinde das Recht, angetan mit weißen Gewändern, die auf die Neuschöpfung in Christus hinweisen, ihren Gottesdienst zu feiern, wie dies im Altertum die Neugetauften während der Osterwoche auch taten; irdischer Gottesdienst ist ja als vorauskostende Teilnahme an der in weißen Gewändern gefeierten himmlischen Liturgie (vgl. Offb. 3,5.18; 7,9.13 f.; 19,8) aufzufassen."[12]

Die Erwachsenen legten ihre weißen Taufkleider Samstag nach Ostern ab. Der folgende Sonntag heißt bis heute, bezugnehmend auf das vorangegangene Taufgeschehen, „weißer Sonntag"[13]. Das uns heute noch geläufige lange weiße Taufkleidchen mit Ärmeln für die Kindstaufe ist nicht über das 18. Jahrhundert hinaus in die Vergangenheit zu verfolgen. Bis dahin wurden die Säuglinge gefatscht, d. h. mit einer Bandage vom Hals bis zu den Füßen einschließlich der Arme fest umwickelt. Solange waren auch die Taufkleider, wie aus bildlichen Darstellungen hervorgeht, zweiteilig. Ein Säckchen nahm den kleinen Körper wie ein Paket auf, während Kopf und Schultern in eine Kapuze eingehüllt wurden. Je nach dem Stand des Babys war schon die Taufgarnitur unterschiedlich kostbar ausgestattet[14]. In Deutschland wurde das Taufkleid Westerhemd genannt und vom Paten geschenkt. Die Bezeichnung kann bis 1691 zurückverfolgt werden. Hier eine Beschreibung von 1739: Es ist „ein von zartem Caton, Nestel- oder Cammer-Tuch zusammen gesetztes kleines Kinder-Hemdlein, mit allerhand Creutzen von zarten und saubern Spitzlein besetzet, und mit einem Überschlag über das Köpfgen zugleich versehen, worinnen die neu gebohrnen Kindlein getaufet werden. Bey denen römisch-catholischen werden denen getaufften Glocken auch Wester--Hemden gemaat und umgeschlagen."[15] Stand kein weißes Taufkleid zur Verfügung, wurde das Kind stellvertretend mit einem Ende der weißen Priesterstola bedeckt und mit den Worten gesegnet: „Nimm hin das weiße Kleid und bringe es unbefleckt vor den Richterstuhl unseres Herrn Jesus Christus, auf daß du das ewige Leben habest. Amen."[16] (Abb. 46 u. Abb. 47) Im Mittelalter war es Sitte, Kinder bis zum 7. Lebensjahr in Weiß zu kleiden. Einfältige trugen diese Farbe ihr ganzes Leben lang[17].

Während hier Farbe und Unschuld noch zusammen gesehen wurden, trat im 19. Jahrhundert ein materiel-ler Aspekt in den Vordergrund: Weiß wurde für Kleinkinder deshalb bevorzugt, weil man in anilingefärbter Kleidung die Gefahr einer Vergiftung sah[17a].

Weiße Hochzeit

Das weiße Gewand der christlichen Braut hat sporadische Vorläufer in der griechischen und römischen Antike[18] und bei den Germanen[19]. Seit dem 4. Jahrhundert ist auch der weiße Schleier als Symbol der Reinheit in der Brauttracht nachgewiesen[20]. In der Malerei finden wir ihn seit dem Mittelalter als besonderes Symbol der Madonna, die bisweilen auch das unbekleidete Jesuskind damit umfängt. Die Abb. 73 zeigt das Kind in einem Kleidchen, aus Schleiertuch genäht. Beschreibungen zu Stoff und Machart von Brautkleidern in Weiß tauchen erst mit dem Spätmittelalter aus dem höfischen Bereich auf. So trug die Tochter Heinrichs IV. bei ihrer Hochzeit im Jahre 1406 eine Tunika mit Mantel aus weißem Satin und Samt mit Hermelin verbrämt[21], die nachmalige Braut des Sohnes Philipps des Kühnen, Anton, zu ihrer Verlobung (1393) ein weißes Atlaskleid; desgleichen Margarete von York bei ihrer Hochzeit mit Karl dem Kühnen (1468). Die Tochter Karls des Kühnen, Maria, war bei ihrer Hochzeit mit dem späteren Kaiser Maximilian I. (1477), in ein goldübersticktes weißes Damastkleid und Damastmäntelchen mit Hermelinbesatz gehüllt[22].

In der italienischen Renaissance im 16. Jahrhundert wird Weiß mit Gold verziert zur Farbe des besonderen Luxus (s. u.). Als Farbe für Brautkleider wird sie nicht ausdrücklich erwähnt. Das Bewußtsein vom weißen Brautkleid lebt in der Tradition aber fort, wie aus zeitgenössischen Gemälden hervorgeht. Ein florentinischer Meister malt um 1530 die Vermählung Josephs mit Maria, welche ein schlichtes weißes Brautkleid und den weißen Schleier trägt[23].

Während der Prachtentfaltung der düsteren spanischen Mode (vgl. Kap. III/9) war Weiß als Brautfarbe bei Hofe nicht üblich, obgleich z. B. Elisabeth I. sie als Grundfarbe ihrer reich überstickten und edelsteinbesetzten Garderobe durchaus schätzte und sie darüber hinaus das Ideal einer „romantischen Jungfrauenschaft" kultivierte. Dies soll dazu beigetragen haben, daß die Mädchen der unteren Stände das „jungfräuliche" Weiß für ihre Brautkleider wählten[24]. „Als 1613 in München der Herzog Maximilian seine Schwester an einen pfalzgräflich-neuburgischen Prinzen vermählte, waren die Brautleute ganz in Weiß gekleidet."[26] Ende des 17. Jahrhunderts war es die fürstliche Braut in Deutschland, die dem Weiß, gepaart mit Silber (drap d'argent) „zum Siege verhalf"[26]. Im 18. Jahrhundert setzte sich Weiß auch für den Bräutigam durch. Als Beispiel wird ein Stoff aus weißer Seide

Abb. 48
Aromunen-Braut in Tracht am Nachmittag des Hoch-
zeitstages, Métsovon 1982

Abb. 50
Aromunen-Braut in städtischem weißen Brautkleid
zur kirchlichen Hochzeit, Métsovon/Ioánnina/Epirus/
Norwestgriechenland 1982

Abb. 49
Weiße Hochzeit, aus: Allgemeine Modezeitung 1861,
kolorierter Stahlstich. Kunstbibliothek SMPK Berlin

mit goldenen Blumen bestickt angeführt. Max von Boehn beschreibt Brautkleider der höheren Stände des 18. Jahrhunderts in Deutschland, eines von 1751 aus weißem Moirée mit silbernen Blumen, ein weiteres von 1761 aus weißer, silber-broschierter Seide und ein drittes aus dem Jahre 1787 aus weißem Musselin[27]. Die zunehmende Schlichtheit des weißen Brautkleides gegen Ende des 18. Jahrhunderts hängt nicht nur mit dem Modetrend des Chemisen-Kleides zusammen. Mit dem Zeitalter der Aufklärung, mit der inneren Absage an religiöses Leben und zeremoniellen Pomp, ist die Entdeckung des Privatlebens getreten. Die „heimliche Hochzeit" fernab vom Trubel theatralischer Feste in schlichtem Weiß wird die Mode des ausgehenden Jahrhunderts. Wenige Jahrzehnte später schlägt das Pendel zurück: Die große „weiße Hochzeit", die romantische Schaustellung des biedermeierlichen Eheglücks, hält ihren Einzug im bürgerlichen Europa (Abb. 49). Das ausladende, weiße, volantbesetzte, dennoch duftige Kleid, der altüberlieferte Schleier und Myrten- oder Orangenblütengarnierungen werden zum Standard der Braut und sind es —

wenn auch gemäß der jeweiligen Moden in abgewandelter Form — bis heute geblieben[28]. Daß neben Reinweiß auch Creme eine beliebte Brautfarbe wurde, geht auf ästhetische Rücksichten zurück. Wenn Weißzeug „mit Fleischfarbe gehörig harmonieren soll", muß es zum Gelblichen, nicht zum Bläulichen neigen, schreiben Müller/Baumgärtner 1805.

Das Weiß in der Brauttracht der Landbevölkerung deutet, je nach Erscheinungsbild, auf zwei verschiedene Entwicklungstendenzen der Trachten hin. Die eine läßt sich nach M. Bringemeier im deutschsprachigen Bereich aufzeigen. Seit dem 18. Jahrhundert wurde hier das schwarze Firmungs-, Kirchgangs- und Festkleid (vgl. Kap. IV/9) auch zur Hochzeit getragen, ausgestattet mit weißem Schultertuch und Spitzenmütze, später mit Kranz und Schleier. Ende des 19. Jahrhunderts bis Anfang des 20. Jahrhunderts wird dieses von dem bürgerlichen weißen Brautkleid abgelöst[29]. Auf dem Balkan kann man beide Traditionen noch verbunden sehen. Zur kirchlichen Trauung trägt die Aromunen-Braut (Abb. 50) in Metsovan/Ioannina das weiße städtische Brautkleid, während sie am

Nachmittag die zur Hochzeit erhaltene traditionelle Festtracht anzieht (Abb. 48)[30]. In denjenigen Regionen Europas, in denen sich im 19. Jahrhundert noch einmal stark farbige, lokal geprägte Volkstrachten entwickelten, haben sich einzelne Trachtenteile in Anlehnung an das „bürgerliche" Weiß, z. B. der Rock in Weiß, herausgebildet. Weiße Elemente in der Bräutigamstracht, z. B. der weiße Janker aus dem südlichen Waldviertel in Niederösterreich oder die weiße hochgeschlossene Weste aus dem Delbrücker Land, können wohl als Survivals aus der festlichen Rokokomode gedeutet werden[31].

Das Totenhemd

Das letzte Kleid, welches man dem Sterbenden anlegt, der Sterbekittel, ist nach verschiedenen Traditio-

Abb. 51
Straßburger Trauertracht in Weiß, Ende 17. Jh., Kupferstich. Kunstbibliothek SMPK Berlin

nen ebenfalls weiß. Er ist sowohl für die Antike als auch für den jüdischen und christlichen Bereich belegt[32]. „So, wie das Taufkleid die Reinheit der Seele bewahren soll (s. o.), so soll die Reinheit und Weißheit des Totenhemdes reinigend auf die Seele bei ihrem Übergang wirken."[33] Die jüdische Braut schenkte ihrem späteren Ehemann ein weißes Hemd, „nicht deshalben, daß sie es bei Leben tragen, sondern vielmehr als ein künftig benöthigtes Toden-Gewandt verwahren und sich dabey stets erinnern sollen, a thalamo ad Tumulum sey nur ein Schritt, und die letzte Vermählung bleibe mit dem Tode".

Innerhalb des Volksbrauchs hat J. v. Negelein das weiße Totenhemd für Deutschland und Frankreich, die Litauer und die Kuren nachgewiesen. Bei den Zigeunern wird der Pfingstsonntag „weißer Sonntag" genannt, weil er als Totengedenktag gefeiert wird. Die Festgemeinde ist ganz in Weiß gekleidet, in die Farbe der Toten[34]. Auch die „Weiße Frau", die als „Erscheinung" in vielen Schlössern und Burgen Europas umging, deutet auf die Vorstellung des Toten in weißer Kleidung hin, in Frankreich auch auf die Sitte, daß die Königin-Witwe, die reine blanche, in Weiß gekleidet ging[35]. Wenngleich diese Sagen nicht weiter als bis in das 15. Jahrhundert reichen, liegt ihnen nach F. Dobeneck doch eine ältere Vorstellung von der Identität des Sterbens und der weißen Lichtfarbe zugrunde. Er verweist auf eine Stelle bei Paracelsus (1493–1541), aus der hervorgeht, daß es in früheren Zeiten als Todesanzeige galt, wenn man sich selbst oder einen anderen „doppelt" sah, d. h., wenn man eine „Lichterscheinung" hatte. Im alten Griechenland galt es als Vorahnung des Todes, wenn ein Kranker im Traum weiße Kleider sah[36]. Da diese Phänomene durch die Veröffentlichungen von Elisabeth Kübler-Ross heute wieder im Gespräch sind, sei der Erklärungsversuch Paracelsus' hier angeführt: „Es pflegen zuweilen die Menschen vor dem Tode und nach dem Tode dies oder jenes zu thun zu scheinen. Davon ist zu denken, daß es der Geist des Menschen sei, der etwas drittes ist im Menschen, nicht die Seele, nicht der Körper, sondern die Seele der Seele oder der Schatten von Beiden. Der Körper wird also bei so einer Erscheinung nicht gesehen, auch nicht die Seele, den Geist aber erblickt man mit angenommener Gestalt und Bild des Leibes und der Seele, denn von beiden ist er der Schatten."[37]

Weiß als Trauerfarbe

Im europäischen Bereich kann Weiß als Trauerfarbe partiell für das antike Griechenland und Rom, am byzantinischen Hof, für das frühe Christentum, das Mittelalter, bei den Slawen, bei der Landbevölkerung Europas im 19. und 20. Jahrhundert und zum Teil für die englischen Städte und bei Hofe nachgewiesen werden[38]. Die wenigen verstreuten Hinweise deuten auf zwei gegensätzliche Tendenzen ihrer Bedeutung hin, die grundsätzlich im Wesen der Farbe Weiß begründet liegen: auf den Aspekt der Mattigkeit, der Abwesenheit aller Farben und den des Brillanten, Reflektierenden, alle Farben Spiegelnden[39]. Dort, wo der Zusammenhang von Weiß und Licht einen Vorstellungszusammenhang bildete, scheint der Totenkult in Weiß weniger auf Trauer gestimmt gewesen zu sein[40]. Wackernagel deutet das Weiß in der Trauerkleidung der Witwe im Mittelalter als „Sinnbild für Keuschheit des nun gattenlosen Lebens". Eine ähnliche Vorstellung spricht aus dem Vorschlag, die liturgische Farbe für den römisch-katholischen Totenkult, Schwarz, heute wieder gegen Weiß auszutauschen, da damit der Aspekt der Auferstehung besser zur Geltung komme[41].

In slawischen Gebieten hat sich bis auf den heutigen Tag das Weiß als Trauerfarbe erhalten, bisweilen allerdings nur noch in einem Trachtenstück, in der weißen Schürze und/oder in dem weißen Trauertuch[42]. In einigen Gebieten überwiegt dabei der Aspekt des Farblosen, gegenüber dem strahlenden Weiß; d. h. mit zunehmendem Verzicht auf Trauerkleidung treten die geliebten Farben, vor allem das Rot, wieder mehr und mehr in Erscheinung.

Das stumpfe Weiß als Trauerfarbe muß im Zusammenhang mit der ungefärbten Kleidung gesehen werden und ist im Prinzip dem Düsteren, Freudlosen des Schwarz gleichzusetzen. Wir denken dabei vor allem an das Trauer- oder Leidtuch, welches der Leidtragende um die ganze Gestalt oder zumindest um Kopf und Schultern hüllt (Abb. 51). Diese Tücher sind nicht nur im slawischen Bereich[43], sondern auch für Südtirol und Deutschland belegt. Die schmucklosen weißen Kopftücher können als letztes Überbleibsel dieser Tradition angesehen werden[44].

Weiß als Modefarbe

Mit der im Mittelalter geschätzten Eigenschaft „strahlend" versehen (vgl. Kap. III), wird Weiß bevorzugt neben „leuchtendem" Rot in mittelalterlichen Schriften und Bildzeugnissen als Festfarbe häufig erwähnt[45]. Das weiße Kleid mit Gold bestickt oder durchwirkt zu lichtblondem (gefärbtem oder gebleichtem) Haar bleibt auch ein Schönheitsideal in der Renaissancemode Italiens. Um bei Seide den ästhetischen Eindruck des reinen Weiß zu erzielen, mußte sie im Rohzustand durch Schwefeln gebleicht und darüber hinaus — war nicht ein „angemilchtes Weiß" gefragt — durch ein zeitraubendes Bläueverfahren aufgelichtet werden[46]. In der Verbindung von Weiß und Gold wirken noch die symbolischen Lichtvorstellungen des Mittelalters

(s. o.) nach. Seit der Renaissance werden neue konkrete „Weißerfahrungen" gemacht, indem die Licht- und Schattenwirkungen auf der Oberfläche spielend beobachtet wurden. Der barocke Mensch setzt diese eigenen Erfahrungen in die Praxis um: „Bei dem locker wallenden Kleide (. . . nur das Mieder ist straff . . .) zeigt schon der Stoff an sich ein unendliches Spiel verschiedener Glanzlichter und eine Fülle feinster Nuancen, die bei der leichtesten Bewegung über die Oberfläche gleiten und huschen, so daß die Erscheinung etwas Ungreifbares, gleichsam nur noch für das Auge Existierendes bekommt."[47] Der Textilkünstler hat an den Zwischentönen, die sich aus dem Spiel von Hell und Dunkel ergeben, die „Nachtseite" des Weiß entdeckt, das Mattglänzend-Silbrige. Wir denken an das weiße bzw. „perlen"farbene[48] Atlaskleid der niederländischen Mode, wie es durch Gerard Terborch (1617–1681), van Dyck (1599–1641) oder Pieter Lely (1618–1680; vgl. Abb. 52) dargestellt, oder an den kostbaren drap d'argent (Silberbrokatstoff), der für festliche Gelegenheiten (s. o. unter Hochzeitskleid) verarbeitet wurde.

In einem anderen ideengeschichtlichen Zusammenhang steht das weiße Chemisenkleid, das um die Jahrhundertwende (1800) zur neuen Weltmode wird. In Frankreich bahnt sich in den 70/80er Jahren bereits eine Neigung zu zarten Stoffen an, z. B. zu weißem Batist oder Linon, die die durch die Notzeit in Verfall geratenen Produkte der Seidenindustrie wie Lampas, Dorgetts, Persiennes und Seidenbrokate allmählich ablösen. Sie kommen dem Rousseauschen Ideal vom natürlichen Leben entgegen und verwandeln die höfische Gesellschaft von seideglänzenden „Porzellanfiguren" in mit weißen Schürzchen und Halstüchern gezierte „Kammermädchen- und Laienschwesterntypen"[49]. Selbst verkappte Anzeigen der verzweifelten Seidenfabrikanten, die auf die angebliche Feuergefährlichkeit des neuen Produktes Musselin hinweisen[50], können diesen Modetrend nicht mehr stoppen.

Kreiert wurde das Empirekleid in England. Es war anfangs hochgeschlossen und mit langen Ärmeln versehen (Abb. 53). Von dort breitet es sich über den Kontinent nach Frankreich aus. Hier erhält es die typische Note des Chemisenkleides: hauchdünner weißer Stoff, in Sackform genäht, mit Ausschnitt und kurzen Ärmeln, auf bloßem Körper getragen; eine Wiederentdeckung des angeblich[51] antiken Schönheitsideals. Die Fassade tritt zugunsten der Persönlichkeit zurück. Das neue „griechische Kleid" lebt von den Stellungen, Bewegungen, vom Leben der Trägerin. Die spätere Lady Hamilton veranstaltete erste „Modeschauen" in diesem Sinne[52]. In Deutschland hat nicht zuletzt auch Goethe zu der Verbreitung der „englischen Mode" beigetragen: Denn Werthers Lotte trägt „ein simples weißes Kleid mit blaßroten Schleifen an

Abb. 52
Bildnis einer Dame auf einer Terrasse in perlweißem
Atlaskleid, Sir Peter Lely zugeschrieben, Mitte 17. Jh.,
Leinwand. Gemäldegalerie SMPK Berlin

Abb. 53
Weißes Empirekleid nach Pariser Mode, aus: Journal
des Dames 1807, Taf. 31, kolorierte Radierung. Kunstbibliothek SMPK Berlin

Abb. 55
Reformkleid in Weiß, Schwarz-Weiß-Fotografie. Kunstbibliothek SMPK Berlin

Abb. 54
Lingerie-Kleidchen, Berlin 1913

Arm und Brust"[53]. Es scheint sich Anfang des 19. Jahrhunderts aber erst allmählich in Deutschland einzu-
bürgern, denn 1805 schreibt ein Zeitgenosse: „Ein
ganz weißer Anzug, selbst in Bändern und Schleifen
übereinstimmend, ist ungemein delikat und gewiß
keine Sache des gemeinen Geschmacks, der immer
farbige und bunte Bänder haben muß" und fügt hinzu: „Die seltene Erscheinung eines solchen Anzugs
verdoppelt seinen Reiz und seine Schönheit noch
mehr."[54]

In der Herrenmode gibt es ein Pendant zum weißen
Chemisenkleid, das auf die Schönheit des männlichen
Körpers abzielt, die elastische, enganliegende, weiße

Hose. „Für Männer, deren Figur nicht von antikem
Ebenmaß war, gab es künstliche Waden- und Ober-
schenkel, mit deren Hilfe auch das dünnste Männer-
bein apollinische Proportionen annehmen konnte."[55]
Dieses Kleidungsstück hat dann auch Eingang bei den
Uniformen gefunden, weil es gut zu allen Farben
paßte[56].

Während des ganzen 19. Jahrhunderts hat Weiß als
Festfarbe für das weibliche Kleid (s. o. unter Hoch-
zeitskleid) weiter eine Rolle gespielt. Die Lehren zur
Ästhetik der Damentoilette begründen die günstige
Wirkung der bevorzugten matten, durchbrochenen
Stoffe wie Musselin, Spitzen oder Tüll zum Teint,

100

während von Atlasseide wegen ihrer reflektierenden Eigenschaft abgeraten wird[57]. Auch die Reformbewegungen greifen gern auf weißen Stoff (Abb. 55) zurück, vielleicht um die Ungezwungenheit und Natürlichkeit ihrer Kleider zu betonen.

Für das 20. Jahrhundert mag das Lingerie-Kleidchen, das „exquisite kleine einteilige Kleid aus feiner weißer waschbarer Valencienne-Spitze und hübscher Schweizer Lochstickerei", welches ab 1910 in Mode kam, noch erwähnt werden. Diese in Schnitt und Stoff auf das Badehemd des Mittelalters reduzierte Form steht in größtem Gegensatz zu den vorangegangenen steifen Korsettmoden und wäre wohl ohne die Reformideen nicht denkbar gewesen[58] (Abb. 54).

Auch innerhalb der sonst dunklen Männermode hat sich Weiß als elegante Farbe durchgesetzt. Der im letzten Viertel des 19. Jahrhunderts kreierte Smoking wird im Sommer oder in warmen Ländern gern mit einem weißen Sakko (Dinnerjacket) getragen.

Weiße Sportkleidung

Die Reform- und Sportbewegungen des 19. Jahrhunderts wirkten schon im letzten Drittel des 19. Jahrhunderts in die breitere Öffentlichkeit. 1877 findet bereits das erste Tennismeisterschaftsturnier statt. Aus dem Tennisanzug aus hellem Flanell mit Nadelstreifen bzw. aus Jersey wurde aber erst lange nach dem Ersten Weltkrieg der luftige Dreß aus Hemd und Shorts. Die Damen beginnen um die Jahrhundertwende, einen gekürzten langen Rock mit Hemdbluse und den steifen Strohhut des Herrn zu tragen[59].

Weiß als Festfarbe in der Volkstracht

Weiß als festliche Farbe in der Volkstracht geht weitgehend auf wirtschaftsgeographische Ursachen zurück. Sie findet sich heute vorwiegend in den Gebieten Europas, in denen bis ins 19./20. Jahrhundert hinein noch eine Tradition in Hanf-, Flachs- und Wollverarbeitung bestand (vgl. Abb. 59). Die ursprünglich einfache weiße Leinenkleidung, Hemd, Schürze und Kopftuch für die Frau, Hemd und Hose für den Mann, wurde für die Festtage mit zusätzlich gekauften gefärbten Garnen ergänzt, sei es durch Einweben von Streifen, sei es durch immer reicher werdende Stickerei. Als Beispiele mögen in diesem Zusammenhang Hinweise genügen auf den pannonischen Norden Jugoslawiens[60], auf Südslowenien und das Gottscheer Gebiet[61], auf die ungarischen Hirtentrachten[62] sowie auf die Bergdörfer Čičmany und Zliechov in der Slowakei[63]. Letztere lassen sich in einen großen Zusammenhang eingliedern, in den Völkerzusammenhang der Karpatenbewohner, deren Einflußgebiet sich im We-

sten über Albanien bis nach Serbien und im Osten bis nach Rußland erstreckt. In Bulgarien deutet das „weiße" Trachtengebiet im Westen ebenfalls auf slawischen Ursprung, während das „schwarze" Trachtengebiet im Osten auf türkischen Einfluß weist.

Die weiße Weste (Abb. 56 und Abb. 57)

Als Weste[65] (urspr. Wortbedeutung = Kleid: lat. *vesti*, got. *wasti*, franz. *la veste*) bezeichnet man seit der Zeit Ludwigs XIV. das früher Wams genannte Kleidungsstück, welches zwischen Hemd und Rock (Jacke) getragen wurde. Hier noch mit langem Schoß und Ärmeln versehen, wird sie Mitte des 18. Jahrhunderts stark reduziert, erhält einen „falschen Rücken", verliert die Ärmel und gibt schließlich um 1780 die Schöße ganz auf. In Frankreich *gilet* genannt, wird sie in der ausklingenden Rokokomode meist in zarten Farben getragen, die mit zierlichen Stickereien passend zum Justaucorps versehen sind.

Seine das 19. Jahrhundert bestimmende Bedeutung erhält das Kleidungsstück erst mit der englischen Mode (ab 1779). Die knappe kleine Weste (engl. *new market*) aus schlichtem weißen Pikee, für den Abend aus Atlasseide, wird hier zum bedeutendsten Schaustück im Einerlei der tristen Männermode. Sie bringt nicht nur die korsettgeformte schöne Männerbrust zur Geltung, sie will auch die „Stimme des Gewissens" sein (s. Song). Denn im 19. Jahrhundert spuken noch letzte Reste symbolisch begründeter, aber unverständlich gewordener Vorstellungen (vgl. Kap. III) des Mittelalters von dem Streben nach Identität innerer und äußerer Werte herum. J. v. Negelein schreibt (noch um 1900!) in biedermeierlichem Geiste, ohne der sozialen, wirtschaftlichen und politischen Veränderungen eingedenk zu sein: „Reinhaltung des menschlichen Körpers ist Vorbedingung für sittliche Integrität ... Moralischer und physischer Schmutz kleben stets an den gleichen Individuen. Unter dem ‚Weißwaschen' versteht unsere Volkssprache doppelsinnig den Versuch, sich des einen wie des anderen zu entledigen."[66] Protestanten, Calvinisten und Puritaner versuchen ebenfalls, beide Begriffe fest zusammenzuschließen. Wo aber jede religiöse Gesinnung fehlt, driften innere und äußere „Reinigungsbestrebungen" längst auseinander. Dennoch profitiert das Biedermeier noch von dieser „Volkssprache". So wird dadurch im frühen 19. Jahrhundert aus der „weißen Weste der Moral geradezu ein Harnisch, ein ideologisches Ehrenkleid"[67]. Durch einen Ausspruch Bismarcks hat sich der metaphorische Charakter dieses Begriffs noch vertieft: Wismann sei im Oktober 1892 „mit einer vollständig tadellosen weißen Weste aus Afrika zurückgekommen"[68].

Abb. 56
Weiße Männerweste, mit Plattstich- und Knötchen-
stickerei verziert, 2. Viertel 19. Jh. Nederlands
Kostuummuseum Den Haag

Abb. 57
Porträt des Herrn G. Maes in weißem Hemd, weißer
Weste und schwarzer Krawatte 1848, Ludwig Knaus,
Öl auf Leinwand. Nationalgalerie SMPK Berlin

Bis heute hat die „Weiße Weste" ihren „Reiz" nicht
verloren:

IN UND OUT
(Texte: R. Chrispijn, T. Woitkewitsch;
Musik: H. van Veen)

Hier spricht die Stimme des Gewissens
man hat mich früher gleich erkannt,
doch heute habe ich den Eindruck
man drückt mich langsam an die Wand.

Hier meldet sich die weiße Weste
mich hat jeder gern,
bin zur Zeit mal wieder sehr gesucht,
nicht ganz billig, aber kleidsam
zeitlos und modern,
wer mich trägt, ist meistens gut betucht.

Ich bin die Stimme des Gewissens,
ich war mal ein Kontrollorgan
wenn früher irgend etwas faul war
dann rief man mich gleich auf den Plan.

Hey,
ich bin die weiße Weste,
immer blütenrein,
makellos und ohne jeden Fleck.
Kommt durch Zufall einer drauf,
das kann doch schon mal sein,
kenn ich Tricks — der Fleck
ist weg wie nix.

Ich bin die Stimme des Gewissens,
ich war gefürchtet und geliebt,
ich frag mich, ob die Menschen wissen
daß es mich überhaupt noch gibt.

Ich bin die Stimme des Gewissens
und der Verstand hat mir gesagt
ich sollte mit der Zeit verstummen
Gewissen sei nicht mehr gefragt.

Ich bin die Stimme des Gewissens,
zum Teufel, hört mir keiner zu,
man scheint mich gar nicht zu vermisse
na schön, dann setz ich mich zur Ruh!

Weißes Hemd und weiße Wäsche

Die Bezeichnung „Hemd" hängt wortgeschichtlich u. a. auch mit *hama(n)* (germ.) zusammen, was „Hülle" oder „Haut" bedeutet. Es ist das direkt auf der Haut getragene Kleidungsstück. Soweit es das einzige bleibt, fällt seine Funktion mit dem des Kleides zusammen. Daher hat es viele Züge mit diesem gemein, auch die Symbolik seiner weißen Farbe, die durchaus nicht wörtlich gemeint war. Denn das zwar gebleichte Leinen zeigte häufig noch grau-bräunliche Farbrückstände, die durch wochenlanges Tragen — ohne gewaschen zu werden — sicher nicht heller wurden. Dennoch wird die Albe (die antike Tunika) zum ersten liturgischen Kleid der christlichen Gemeinden, und zwar seiner weißen Farbe wegen. In der Ostkirche wird beim Anlegen der Albe (hier Sticharion genannt) noch heute ein Ankleidegebet gesprochen, aus dem die Symbolik der „geistlichen Reinheit" hervorgeht: „... wie einen Bräutigam hat er mich gekrönt und mich geschmückt wie eine Braut."[69] Zwei Minnesänger ordnen den einzelnen Kleidungsstücken Tugenden zu, derer man sich durch „Anziehen" zu befleißigen suchte. Das weiße Hemd bedeutet bei Reinmar von Zweter die Liebe zu Gott und bei Konrad von Würzburg die Keuschheit. Dieses am Oberkörper eng anliegende, kürzere oder längere Hemd aus feinem Leinen oder Seide wird in dieser Zeit ganz durch ein farbiges ärmelloses Kleid überdeckt. Die sichtbaren Ärmel des Frauenhemdes sind zum Annesteln gemacht, um den Austausch zu erleichtern. Das Hemd, das lange auch nachts nicht abgelegt wurde, bildete nach mittelalterlichem Verständnis eine Identität mit dem Träger. So galt ein Hemdärmel einer Dame als persönliches Liebeszeichen für einen Ritter und das Hemd selbst als Stellvertreter seines ehemaligen Trägers[70].

Mit dem Ende des 15. Jahrhunderts führt ein Wechsel in den Kleidergewohnheiten auch zu einer neuen Stellung des Hemdes. Einmal schaut es jetzt hinter dem nun ausgeschnittenen Mieder bzw. Wams hervor und verleiht damit den kräftigen Farben größere Lichtfülle; es hebt somit die ästhetische Wirkung des Gesamtkostüms. Zum anderen nehmen Anzahl und Qualität zu. Halsausschnittkante und Ärmel werden mit Seiden- und Goldstickerei reich verziert. Unter dem Seidenhemd wird zusätzlich eines aus Leinen getragen, um die nichtwaschbare Seide zu schonen. Für eine italienische Brautausstattung werden 1493 bereits 90 zum Teil reich verzierte Hemden erwähnt[71]. Auch in der deutschen Renaissance liegen ähnliche Verhältnisse vor[72]. Die spanische Mode läßt vom Hemd nur noch den oberen Bund sehen, denn Wams bzw. Kleid werden bis unter das Kinn geschlossen. Der am Halsbündchen dicht gefältelte Stoff des Hemdes wird zu einer Krause zusammengerafft, die

schließlich zu einem Zierelement verselbständigt wird, zu einem vertikal dicht gerollten Kragen, der Kröse[73]. Dieses Weißelement, ergänzt durch weiße Manschetten und — in der Frauentracht — zusätzlich durch weiße Häubchen, wächst, ästhetisch gesehen, proportional mit der zunehmenden Verschwärzlichung der spanisch-niederländischen Mode zu immer kühneren Formen heran, bis es in einer gewaltigen Mühlsteinform ihren Höhepunkt erlebt (vgl. Kap. III/8). Aufgrund ihrer gewaltigen Größe muß die Kröse durch eine gestärkte Leinenunterlage oder durch ein Drahtgestell gestützt werden. Daher wird sie spöttisch auch Halseisen genannt.

Diese Krösen aus dichtgetolltem feinsten weißen Leinen verschlingen, vor allem wenn sie zusätzlich noch mit Spitze besetzt sind, ein Vermögen: „32 Morgen besten Weinlandes um den Hals eines französischen Höflings" scheint keine Übertreibung gewesen zu sein. Von Karl I. von England wissen wir, daß er knapp 90 Meter Spitze pro Taghemd hat verarbeiten lassen[74]. Mit der Wiederaufhellung der Kleiderfarben und der Lockerung der Gewandformen verliert auch der Hemdkragen etwa um 1630 seine steife Form. Er fällt jetzt locker über die Schultern. Seit der Mitte des 17. Jahrhunderts wandelt sich der immer flacher werdende Kragen in eine Spitzenkrawatte um, die fest um den Hals gebunden wird und deren Enden locker über die Brust herabfallen. Dieses weiße Bäffchen bildet ein schönes Gegengewicht zu der weiß gepuderten Lockenperücke des barocken Herrn. In der Rokokomode wird der vordere Hemdschlitz fest mit dem „Bäffchen", dem Jabot, verbunden. In der Frauenmode der zweiten Hälfte des 17. Jahrhunderts vergrößert sich der Ausschnitt erneut; dabei bilden sich lockere Kragenformen aus, oder sie werden durch Fischüs, durch Brusttücher, ersetzt, die bereits schon einmal in der 2. Hälfte des 15. Jahrhunderts und Anfang des 16. Jahrhunderts als „Halshemden" in Gebrauch waren. Diese spielen auch im 18. Jahrhundert noch eine Rolle, als das Damenhemd, die Bluse (vom Altfranz. *bliaut* für Tunika oder von der ägyptischen Hafenstadt Pelusium abgeleitet), zu einer Miniaturform zusammenschrumpfte und bisweilen nur unter den volantartigen Glockenärmeln hervorschaute.

Das Chemisenkleid (s. o.) stellt einen Rückgriff auf das Urhemd, das griechische Chiton, dar. Da es wie direkt auf dem Körper getragen erscheinen soll, wird, wenn überhaupt, ein anliegender Trikotanzug in Rosa, Grau oder Weiß oder nur ein hauchdünnes Hemd darunter getragen. Während die Damenmode noch im 19. Jahrhundert das Hemd wieder unsichtbar läßt, spielt das weiße Männerhemd und die in blütenweißer Sauberkeit erstrahlende Krawatte[75] eine bedeutende Rolle, die der der weißen Weste (s. o.) sehr nahe kommt. Wieder führt die Polarisierung in hell und dunkel um die Jahrhundertmitte zu einem „pfaffenhaften"

Schwarz-Weiß-Look: „denn dieser weiße Streifen (der Hemdkragen) läuft ja in gleicher Höhe niedrig um den Hals, wie das bekannte Collar des katholischen Clerus, und der lange Kittel war zudem schwarz."[76]

Bis in die sechziger Jahre unseres Jahrhunderts hat das weiße Hemd seine „biedermeierliche" Funktion nicht verloren, obgleich dann mehrere kamen, die was waren und deren Hemden auch am Sonntag nicht rein waren (frei nach Brecht). Die Kritik richtet sich weiterhin gegen die „phantasielose Korrektheit der ‚white collar workers' und der Manager mit ihrem peinlich sauberen weißen Hemd, ... selbst wenn die Weste gar nicht so einwandfrei ist"[77]. Bezeichnender Weise ist es im 20. Jahrhundert ein wirtschaftlicher Aspekt, der das weiße Hemd aus der eleganten Welt verdrängt: die Tatsache, daß in den sechziger Jahren die synthetischen Stoffe das weiße Hemd zu einem billigen Allerweltsartikel machten.

Ehe wir uns der Weiß-Frage für die Moderne zuwenden, sei noch ein Blick auf die weiße Unterwäsche geworfen, die sich seit dem 19. Jahrhundert aus dem altehrwürdigen Hemd entwickelte[78]. Das für Mann und Frau in gleicher Art geschneiderte Hemd hatte noch in der 1. Hälfte des 19. Jahrhunderts einen weiten Halsausschnitt, kurze Ärmel und gemäß der Bedürfnisse, verschiedene Längen; es war äußerst einfach gehalten. Um 1850 hat sich auch für die Frau das Tragen einer Unterhose durchgesetzt. Diese ist, wie die mittelalterlichen Beinlinge, noch separat aus zwei Hosenbeinen gearbeitet, welche durch einen Gurt verbunden sind. Erst nach dem Ersten Weltkrieg tritt sie in zusammengenähter Form auf. Seit etwa 1880 entwickelt sich die Wäsche zu einem Luxusartikel, der die ersten Züge von Reizwäsche trägt. Man scheint durch Sport- und Reformbewegungen den Körper neu entdeckt zu haben. Das jetzt ärmellose, zierliche Hemd und die Hose oder die Hemdhose sowie die Unterröcke werden mit Spitze, Lochstickerei und Banddurchzug niedlich verziert. Auch die das Korsett und die versteiften Unterrockgestelle ablösenden Wäschestücke wie Büstenhalter und Strumpfhaltergürtel sind anfangs aus weißem Wäschestoff gefertigt. Die Wäsche für den Mann, neben dem Hemd die Unterhose, wird gegen Ende des Jahrhunderts ebenfalls enger und körpergerechter. Von Amerika ausgehend werden nach dem Ersten Weltkrieg die ersten Baumwolltrikotunterhosen in Slipform angeboten.

Das wechselvolle Geschick der inzwischen „nun endlich auch" zum Modeartikel stilisierten Herrenwäsche geht am besten aus einer Untersuchung Haugs (1971) hervor, die die Profitgier der Industrie nach immer neuen Absatzmöglichkeiten verdeutlicht: „Zum Zweck der Erweiterung des Marktes für Herrenunterwäsche mußten diese („weiblichen") Züge den Käufermassen eingebildet und also ihr sinnliches Wesen und männliches Selbstverständnis bearbeitet werden." Das ge-

Abb. 58
Persil-Plakat 1911: die weiße Frau als Schloßgespenst oder gute Fee, als Vorläuferin der weißen Dame

lingt schließlich, indem die Werbung das Reinlichkeitsideal noch höher stilisiert: „Wer nicht täglich die Unterwäsche wechselt und waschen läßt — womit zugleich ein Wunschtraum der Waschmittelkonzerne in Erfüllung ginge —, der wird als ‚unsympathisches Schwein' (Werbeanzeige im Spiegel vom 14. 3. 1970) diffamiert. So wirkt diese Marketingstrategie als Beitrag zur Heranzüchtung eines neuen Standards im Verhältnis zum Körper. Der Standard ist nicht gänzlich neu, sondern es wird in Anknüpfung an bestehende Standards eine Hygienetendenz forciert und dabei die Unsicherheit und das schlechte Gewissen gegenüber dem Körper manipuliert."

Dieses Beispiel macht deutlich, auf welcher Ebene das Weiß — es kann seine Farbe heute natürlich beliebig wechseln — heute eine Rolle spielt.

Abb. 59
Männerhemd, Schwalm/Hessen 1924/1927. Museum
für Deutsche Volkskunde SMPK Berlin

Im Mittelalter ist es der „Intellekt" oder besser der Gedanke, der das Verhältnis zur Farbe bestimmt; das weiße Kleid ist Zeichen für eine lebendige Idee. In der Neuzeit regiert die Psyche, das persönlich ästhetische Erleben; das weiße Kleid wird zum Kunstwerk des Modeschöpfers. Seit der Aufklärung wird das Körperliche zum Maßstab aller Dinge. Das Weiß wird in den Dienst der Hygiene gestellt.

Diese Tendenz läßt sich auch an der Wäschepflege ablesen. Noch während des 17. Jahrhunderts ist es üblich, das Hemd nur etwa einmal im Monat zu wechseln. Schein bedeutet alles. Selbst körperliches Unbehagen durch Tierlein aller Art — von Flöhen bis zu Mäusen (!) — werden um der Schönheit willen tapfer ertragen. Anfang des 19. Jahrhunderts entdeckt man das Waschen und stilisiert es zum neuen Kult hoch, der sich zuerst noch auf den schönen Schein, d. h. auf die weiße Hemdbrust und die weiße Weste, allmählich aber immer mehr auf das „Sein", auf das Wohlbehagen in sauberer Unterwäsche, erstreckt (Abb. 58).

Waschmaschinen- und Waschpulverindustrie tun das ihrige, den täglichen Wäschewechsel für jedermann als Ideal für den neuzeitlichen Reinlichkeits-Heiligen zu preisen und kontinuierlich durch neue Werbeslogans (s. o.) anzuheizen. Selbst der den Gammellook imitierende Edeljeansträger wird auf das „Tip-Top" darunter nicht verzichten wollen.

Obgleich Leinen- und Baumwollstoffe durch Waschen und Sonnenbleichen ihre Farbqualität laufend verbessern, genügte dem zunehmend farbmetrisch geschulten Auge das Naturweiß bei weitem nicht mehr. Wie oben dargestellt wurde, sind daher schon früh künstliche Bleich- und Bläueverfahren entwickelt worden. Die modernen, besonders die synthetischen Gewebe haben — nicht zuletzt auch durch die Umwelteinflüsse — die Neigung, stark zu vergrauen. Das führt zu immer raffinierteren Waschmittelapplikationen, die aus Kombinationen von Bleiche-, koloristischen und optischen Aufheller-Methoden bestehen. Denn Weiß als Farbe „ist mit unserer Vorstellung von Sauberkeit und Reinheit eng verknüpft", können wir bei Ciba-Geigy 1973/1 als Motto lesen[79]. Fast mittelalterliche Symbolik, könnte man denken. Dies ist jedoch ein Trugschluß insofern, als Sauberkeit und Reinheit heute ebenfalls rein körperlich aufgefaßt werden. Durch Waschen kann ich sauber, durch Überfärben meiner „Weste" wieder sympathisch strahlend werden, wie es uns die Reklame „weis(s)machen" will. Der Reinheits-, Licht- oder Glanzbegriff des Mittelalters ist aber als Qualität außerhalb unserer Körperwelt angesiedelt, eine „intellektuelle" Vorgabe, ein unerreichbares Ideal, von dem das weiße Kleid nur Zeichen geben will. Die physikalische Farbqualität, die Nuance des Weiß, spielt dabei gar keine Rolle. Würde es uns gelingen, die genannten vielschichtigen Aspekte des Farbverständnisses für uns wiederzube-

leben, könnten wir vielleicht freiwillig auf den nur körperlichen Aspekt des Weiß, d. h. aber auch, auf die Waschmittelapplikationen, verzichten, die unsere Wäsche zwar „weißer als Weiß", unsere ökologische und soziale Umwelt aber schwärzer als Schwarz gemacht haben[80].

Anmerkungen

1 Dictionnaire des Symboles 1969/73 Bd. 1 S. 203
2 Die Bezeichnungen für Weiß gehen im Indogermanischen, im Griechischen und Slawischen aus Wurzeln hervor, die die Bedeutung von leuchtend, strahlend, licht, hell haben; vgl. Reallex. d. indogerm. Altertumskunde. 2 Bde. 1929 S. 358; R. Reiter 1962 S. 22 f.; H. Dürbeck 1977 S. 49 u. 59; G. Herne 1954 S. 16; H. A. Bühler 1930 S. 76 f. weist auf den Bedeutungszusammenhang von Weiß und weise hin. Der das Licht Zurückstrahlende kann seinen Umkreis erkennen.
3 A. Hermann 1969 Sp. 417; D. Forstner 1967 S. 131; A. B. Evarts 1919 S. 129; K. Mayer 1927 S. 19—28; K. Weinhold 1882 S. 64 u. 176
4 K. Wessel 1971 Sp. 530; vgl. dazu auch die Apokryphen-Schilderungen Christi als Färber bei A. Hermann 1969 Sp. 416
5 Bernhard von Clairveaux zit. nach G. Haupt 1941 S. 75
6 R. Kross, F. Kobler 1981 Sp. 61
7 G. Haupt 1941 S. 83
8 Wtb. d. dt. Volkskunde 1974 S. 197; E. Rühl 1954 S. 60—61; vgl. auch L. Schmidt 1969 S. 156—158; J. Hanika 1961 FN 21
9 K. Goldammer 1981 Sp. 134
10 J. Seibert 1980 S. 241; A. Hermann 1969 Sp. 421 ff.
11 J. Seibert 1980 S. 112; vgl. dazu auch C. Meier 1977 S. 165
12 R. Kaczynski 1979 S. 95
13 Er müßte nach P. Glaue 1925 S. 95 nicht *dominica in albis,* sondern *dominica albis depositis,* d. h. Sonntag, der nach depositis gefeiert wird, heißen. Quellen zum Brauchtum des weißen Taufkleides seit dem 4. Jh. vgl. L. Wache 1966 S. 18 ff.

14 M. C. de Jong 1968 S. 134–142; Ph. Cunnington u. C. Lucas 1978² S. 54 f.; L. Wache 1966 S. 74 mit einem Hinweis für das Jahr 1628, aus dem hervorgeht, daß es französische Sitte war, in Weiß zu taufen, während die Engländer Farben bevorzugten. Die neue Mode, Säuglinge nicht mehr zu wickeln, ging ab 1780 von England aus; vgl. M. v. Boehn 1920 S. 83; ferner Ciba 1957/131 S. 23 f.

15 Nutzbares, galantes u. curiöses Frauenzimmerlexicon 1739² Sp. 1718

16 D. Forstner 1967 S. 132

17 J. Huizinga 1965⁹ S. 397

17a P. Cunnington u. C. Lucas 1972 S. 36

18 G. Radke 1936 S. 40–41; de Jong 1980 S. 7 f.

19 K. Weinhold 1882 S. 386 u. 389

20 L. Kybalova u. a. 1966 S. 364; M. Cetto 1946 S. 19

21 A. Monsarrat 1973 S. 11

22 Ciba 1944/63 Sp. 2308, 2313, 2314

23 Gemäldegalerie SMPK Berlin, Kat.Nr. S. 16

24 A. Monsarrat 1973 S. 20

25 B. Deneke 1971 S. 83; vgl. dazu auch P. Cunnington u. C. Lucas 1978² S. 93

26 J. Stockar 1964 S. 185–187

27 1919² S. 151; zum Bräutigam vgl. Cunnington 1957 S. 72 u. 174

28 A. Monsarrat 1973 S. 108 u. 180; vgl. auch M. Bringemeier 1978 S. 299

29 M. Bringemeier 1978 S. 317 ff.

30 Mündl. Mitteil. von Frau Dr. Beate Wild, Berlin — sie stellte freundlicherweise auch die beiden Fotos (Abb. 48 u. Abb. 50) zur Verfügung.

31 L. Schmidt 1969 S. 58; A. Brirup 1963 S. 148

32 G. Radke 1936 S. 43; J. H. Zedler 1735 Repr. 1962 Bd. 39 Sp. 1930

33 J. v. Negelein 1901 S. 59

34 R u. K. Vossen 1983 S. 271

35 vgl. O. Lauffer 1948 S. 84 f.

36 G. Radke 1936 S. 43

37 F. Dobeneck 1815 Repr. 1974 S. 59

38 K. Borinski 1918 S. 14; G. Radke 1936 S. 41; J. Wackernagel 1872 S. 181; L. Taylor 1983 S. 249; O. Lauffer 1948 S. 60 f.

39 Dictionnaire des Symboles 1969/73 Bd. 1 S. 203 f.

40 J. v. Negelein 1901 S. 59

41 R. Kaczynski 1979 S. 96

42 vgl. H. Nixdorff 1977 S. 69; P. Korniss u. F. Novák 1975

43 O. Lauffer 1948 S. 60; J. Blau 1905 S. 42

44 L. Bing 1964 S. 46; s. „Trauerfarbe" in: Tiroler Heimatblätter 1934 S. 41; A. Brirup 1963 S. 145; M. Bringemeier 1954 S. 77; G. Wagner 1969 S. 90

45 Ciba 1944/63 S. 2318; J. Falke 1859 S. 508 f.; J. Huizinga 1965⁹ S. 397

46 Ciba 1937/17 S. 609 ff. u. 620; P. Friedrich 1973 S. 130

47 F. v. Thienen 1930 S. 144

48 Das Färbeverfahren gleicht dem beschriebenen aus der Renaissance. Vgl. dazu „Die Mit allerhand Curiösen . . . 1711 2. Teil S. 48 „Seide Perlein Farb zu färben" S. 939

49 Eu. J. Goncourt 1920 S. 120; M. v. Boehn 1920 S. 368 f.; u. ders. 1919 S. 535

50 B. Markowsky 1976 S. 75; B. Deneke 1962; Ciba 1938/26 S. 965

51 „Die Vorstellung von einem ‚weißen Altertum' entsteht erst in der Renaissance bei Leon Battista Alberti (re aed. 6/7) und befestigt sich seit Winckelmann in der Literatur, seit Kardinal Albani in den Sammlungen antiker Kunstwerke." A. Hermann 1969 Sp. 409. Nicht nur die Plastiken waren jedoch bemalt, die Kleider selbst, so-

weit sie aus Wolle und später aus Seide waren, waren immer gefärbt. Nur der Leinen-Chiton blieb weiß; vgl. M. Bieber 1967 S. 13

52 M. Bringemeier 1966 S. 16

53 zit. nach M. Bringemeier 1978 S. 301

54 E. Müller u. F. Baumgärtner 1805 S. 141

55 E. Thiel 1980 S. 191

56 F. Jänicke 1878 S. 270; vgl. auch div. Abb. von Trachten der Berg- u. Hüttenleute um 1830 in gleichn. Lit. 1954

57 S. Schröder 1897 S. 19

58 C. B. Kidwell u. M. C. Christman 1974 S. 140 f.; zum Badehemd vgl. Ciba 1957/131 S. 29

59 Ciba 1965/4 S. 14 f.

60 Volks -Trachten 1980 S. 89

61 Ciba 1966/1 S. 18 ff.; M. Kundegraber 1970; H. Gerndt 1974 S. 92

62 M. Kresz 1957 S. 143 f.

63 H. Nixdorff 1977 S. 284–299

64 Ch. Vakarelski 1969 S. 80 ff.; A. Boschkov 1972 S. 114; D. Zelenin 1927 S. 185

65 E. Thiel 1980 S. 235, 254, 262, 263, 290; F. v. Thienen 1930 S. 138; Ciba 1957/134 S. 8 u. 14; M. v. Boehn 1919⁴ S. 134. Es gibt viele Varianten, die weiße Weste zu tragen: Um 1821 wurde sie über einer schwarzen Samtweste, um 1840 unter mehreren farbigen getragen.

66 J. v. Negelein 1901 S. 53

67 J. Hermand 1971 S. 7

68 Zoozmanns Zitatenschatz der Weltliteratur. 3. A. Lpz. o. J. Sp. 1400

69 J. Braun 1907 S. 63; Ciba 1938/23 S. 821; Liturgische Geräte und Gewänder der Ostkirche 1962

70 W. Wackernagel 1872 S. 200; Ciba 1970/4 S. 3 ff.; Ciba 1957/131 S. 23 ff.; L. Hofmann 1939 S. 9; S. Loy 1922 S. 87 u. 129 f.

71 H. Floerke 1917 S. 54 ff.; zum Hemdentausch vgl. K. Weinhold 1882 S. 257; die Reliquienverehrung von Stoffteilen zeigt eine parallele Erscheinung magischer Vorstellung von der Wirksamkeit des Trägers durch das Kleid. Vgl. K. Wiederkehr-Benz 1973 S. 7

72 E. Nienhold 1925 S. 9 ff.

73 F. v. Thienen 1930 S. 141; M. v. Boehn 1913 S. 88 ff.; J. Arnold 1973; H. Dihle 1974 S. 17; Ciba 1957/131 S. 14; Ciba 1949/88 S. 364; E. Nienholdt 1925 S. 41 f.; J. Arnold 1977

74 Ciba 1957/131 S. 17

75 E. Thiel 1980 S. 304 f.; Ciba 1939/35

76 F. T. Vischer 1861 S. 112; L. Kampffmeyer 1952

77 R. König 1971 S. 224

78 Unberücksichtigt müssen hier bleiben die Entwicklungsgeschichte des Korsetts etc.; vgl. dazu M. Delpierre Secrets d'élégance 1750 –1950, Paris 1978/79, als auch die Fragen nach dem Für und Wider der Wollwäsche; vgl. dazu Ciba 1964/4 S. 6 –11 und Ciba 1957/134 S. 16. Zur Unterwäsche vgl. A. Rapp „Urgroßmutters Unterwäsche". Führungsblatt zur Sonderausstellung des Schweiz. Landesmuseums Zürich 1982

79 Ciba 1973/1 S. 33 Zitat vom Titelblatt

80 Zur Entwicklung des ökologischen Bewußtseins vgl. Ciba 1938/22 S. 808. Hier wird die erste Kritik an der Verunreinigung des Seinewassers durch Färberückstände um 1702 laut. Heute, nach fast drei Jahrhunderten gedankenloser Zerstörung des ökologischen Gleichgewichtes, mehren sich die Stimmen des Gewissens: „Lassen Sie sich nicht zu stark von der Waschmittelwerbung beeinflussen. Der Weißheitsgrad der Wäsche ist kein Indiz für Sauberkeit. Wäsche, die bei 60 °C gewaschen wurde, ist hygienisch rein . . .", heißt es in „Die Barmer" 1983 S. 86

3. Gelb

Gelb als Glanzfarbe

Wurden die klaren, reinen Farben im Mittelalter besonders wegen ihres leuchtenden Glanzes hoch geschätzt, so galt dies auch für die gelbe Farbe, insbesondere wenn sie dem Glanz des Goldes angeglichen oder, wie in der Heraldik, mit diesem gleichgesetzt war. Die Freude am Spiel des Lichts auf der Oberfläche gelber Seidenstoffe und die Wertschätzung schwerer kostbarer, mit Goldfäden durchwirkter Brokate machten diese bei den europäischen Fürstenhöfen des Spätmittelalters zu äußerst begehrten Stoffen, die vor allem in Frankreich gern zu Festkleidern verarbeitet wurden[1]. Gleichermaßen waren sie im Bereich der Kirchen verbreitet, die von reichen Stiftern ihre Stoffe und Gewänder als Schenkungen erhielten. In den Kleiderordnungen sind luxuriöse Goldstoffe allen Ständen mit Ausnahme der Fürsten und ihrer Familien untersagt, wenngleich in der Renaissance gemusterte Brokate trotz wiederholter Verbote mit zunehmendem Wohlstand in den italienischen Städten von reichen Bürgern getragen wurden. Vom Reichtum kirchlicher Gewänder geben noch heute Inventare und verschiedene Kirchenschätze Auskunft. Im „Liber pontificalis", einem Verzeichnis der Schenkungen an die Kirche von St. Peter in Rom, war Ende des 13. Jahrhunderts jedes vierte Gewand mit edlen Metallen verziert, und im ältesten Verzeichnis des Bamberger Doms, der von seinen Stiftern Kaiser Heinrich und Kaiserin Kunigunde zahlreiche Schenkungen erhielt, fast die Hälfte aller Kaseln mit Goldfäden durchwirkt oder bestickt[2].

Mit der Bewunderung für alles Glänzende hing auch zusammen, daß man die Wirkung der Seidenstoffe noch durch Edelsteinbesatz und Goldstickerei erhöhte, die auch in nachmittelalterlicher Zeit in der Hofkleidung der Renaissance und des Barock weiterhin vorkamen[3]. Die absolutistischen Fürsten des Barock, vor allem der Hof Ludwigs XIV., zeigten sich in Kleidern aus Goldbrokaten, die nun nicht mehr aus Italien oder Spanien bezogen, sondern in Frankreich hergestellt wurden und die man bei Hofkleidern vielfach noch mit prunkvoller Goldstickerei verzierte. Das Rokoko sah einen besonderen Reiz darin, das Spiel des Lichts an der Oberfläche des Stoffes zu erhöhen, indem man Kleider und Westen mit Pailletten bestickte oder mit Metallspitzen versah. Höchste Bewunderung fand ein mit Juwelen und Silberspitzen garniertes Kleid aus Goldbrokat, das die Gräfin Stroganoff um die Mitte des 18. Jahrhunderts trug, als sie in Berlin der Königin vorgestellt wurde, und in dem sie, wie Graf Lehndorff in einem Brief bewundernd schrieb, wie eine Sonnengöttin aussah[4].

Nach alten Färbeanleitungen neigten Gelbtöne meist zu warmen Orangetönen, die im Mittelalter z. B. mit Safran erzielt wurden[5]. Aus einer Mischung von Gelbholz und Wau, den gebräuchlichsten Substanzen zum Gelbfärben von Textilien, erzielten die Färber ein Gelborange, das als Tanè bezeichnet wurde. Wegen seines Farbtons mit dem Fell des Löwen verglichen, wurde es auch *lionato* genannt und tauchte in der italienischen Mode seit dem 14. Jahrhundert häufig auf, wenngleich die Farbe weit weniger geschätzt war als volle Rotfärbungen[6]. Auch die Renaissance bevorzugte goldgelbe und zum Orange hinneigende Schattierungen, die man gern in Kombination verwendete; reine Gelbtöne kamen dagegen seltener vor.

Gelb als Farbe der Verachteten

Gelb in blassen, fahlen Tönen versah man im Mittelalter geradezu mit einem negativen Vorzeichen. Diese Einstellung steht in Zusammenhang mit der Bewertung der schmutzigen und gebrochenen Farbtöne, mit denen man neben einer ästhetischen Abwertung zugleich auch negative moralische Wertvorstellungen verband. Aus dieser Einstellung heraus wurde Gelb seit dem 13. Jahrhundert in Europa Kennzeichen verschiedener am Rande der Gesellschaft lebender, verachteter Bevölkerungsgruppen. Insbesondere Juden und Dirnen war seit dieser Zeit die Farbe als Standeszeichen vorgeschrieben. Das 4. Lateranische Konzil beschloß 1215, daß Andersgläubige, insbesondere Juden, sich durch ihre Kleidung von den Christen unterscheiden sollten. Zu ihrer Kennzeichnung führte man in den meisten Ländern Europas einen „gelben Fleck" aus Stoff ein, der an der Brust sichtbar getragen werden mußte[7].

In Deutschland dagegen waren seit 1180 spitze gelbe Hüte üblich, die die Juden während des Mittelalters als Standeskennzeichen beibehielten (Abb. 111). Das Tragen eines gelben Stoffstücks in Form eines Rings wurde hier erst 1530 durch die Reichspolizeiordnung eingeführt[8]. Man kann vermuten, daß die Einschätzung der gelben Farbe der Grund dafür war, daß Gelb bei der Neuabfassung des liturgischen Farbkanons nach dem Konzil von Trient 1570 nicht in das Missale Romanum übernommen wurde[9].

Gelbe Schleier oder gelber Kleiderbesatz waren den Dirnen als Kennzeichen vorgeschrieben. Zur gleichen Zeit galt es aber auch in der Mode als Zeichen von Eleganz und Luxus, mit Safran gefärbte Schleier als Kopfbedeckung zu tragen, die Berthold von Regensburg ebenso wie Geiler von Kaisersberg (1445–1510) „ehrbaren Christenfrauen" durch ihre Predigten immer wieder zu verbieten suchten[10].

In dieser negativen Bedeutung wurde Gelb in der christlichen Ikonographie vielfach verwendet und trat

häufig zusammen mit Rot und Grün in Verbindung mit der Miparti-Kleidung in Bildern zur Kennzeichnung von Juden, Dirnen und Scharfrichtern auf. Auch die Narren wurden in Darstellungen des Spätmittelalters und der Renaissance in ein geteiltes gelb-rot-grünes Gewand gekleidet[11]. Allerdings zeigt das Beispiel der Narrenkleidung als Bildmotiv, daß die dort verwendete Farbigkeit in der Realität keine Nachahmung fand. Die in höfischen oder städtischen Diensten stehenden Narren des Spätmittelalters und der Renaissance trugen zwar auch farbig geteilte Kleider, in ihren Farben richteten sich diese, wie die Kleider der übrigen Bediensteten, nach den Wappen des Adels und der Städte[12].

In Anknüpfung an die Vorstellung, daß Gelb in Beziehung zum Fahlen steht, wurde die Farbe z. B. in Bošaca, Westslowakei, als Ersatz für ungefärbtes Leinen in der Trauertracht verwendet (vgl. Kap. IV/2). Daneben allerdings wurde Gelb als kräftige Grundfarbe z. B. in der Haná, Mähren und in Velka n. V. auch in der Festtagskleidung getragen (Abb. 60).

Abb. 60
Festtracht, gelbe Seidenstickerei, Velka/Südmähren/CSSR, Anfang 20. Jh. Museum für Völkerkunde SMPK Berlin

Anmerkungen

1 Ciba 1944/63 S. 2309
2 Ciba 1961/3 S. 10; W. Mannowski 1 1931 S. 6 ff.
3 E. Thiel 980 Abb. 346
4 M. v. Boehn 1919² S. 150
5 E. E. Ploss 1967 S. 29
6 P. Friedrich 1973 S. 129. Zur Verwendung einzelner Gelbfarbstoffe s. J. Hofenk de Graaff 1981 S. 31 f.
7 A. Rubens 1973 S. 81 f.
8 Jüdisches Lexikon 3 1928 S. 414
9 R. Kroos, F. Kobler 1981 Sp. 100 f.
10 V. Mertens 1983 S. 57
11 ebd. S. 43 ff.
12 V. Mertens 1983 S. 46

4. Rot-Purpur-Violett

Purpur als Farbe weltlicher Herrscher

Zu allen Zeiten war die Farbe des Purpurs mit der Idee königlicher Souveränität und weltlicher Macht verknüpft. Verbinden wir heute mit dem Purpur ein karmesinfarbiges Rot, so müssen wir uns auf eine ganz andere Farbigkeit einstellen, wenn wir uns der Antike, der frühchristlichen und byzantinischen Zeit zuwenden, als die kaiserlichen Gewänder noch auf Färbungen mit echtem Schneckenpurpur beruhten. Diese Farbe umfaßt eine Skala von Farbtönen, die von dunklem Violett bis zu blaustichigem Karminrot reichen. Als Entdecker des Purpurfarbstoffes, der aufgrund seiner Kostbarkeit und Farbechtheit hochgeschätzt und teuer bezahlt wurde, galten die Phönizier, die an zahlreichen Orten des Mittelmeeres Handelsniederlassungen und Färbereien errichteten. Am berühmtesten für seinen Purpur war Tyrus im östlichen und Tarent im westlichen Mittelmeer.

Hatten sich bereits Herrscher orientalischer Großreiche in Purpur gekleidet, so führten auch die persischen Könige Purpur als Zeremonialfarbe und Kennzeichen ihrer Königswürde ein. Ihren außergewöhnlichen Luxus, den sie mit Purpurgewändern trieben, lernte Alexander der Große auf seinen Feldzügen kennen und übernahm ihn für seine Zeremonialkleidung[1].

Im Gegensatz zu den Griechen, die die Farbe als besonders edel schätzten, und den Römern, die Purpur als Staatsprivileg aus dem Osten übernahmen, lehnten die Christen der Frühzeit im Hinblick auf die Lebensführung der spätantiken Welt Purpur zunächst als unziemlichen und heidnischen Luxus ab. Anknüpfend an die antike Tradition wurde der Purpur allerdings mit dem kaiserlichen Gewand verbunden, und seit dem 4. Jahrhundert kam dem Purpur als Symbol der kaiserlichen Macht im Christentum eine wichtige staatspolitische Aufgabe zu.

Kaiser Diokletian brachte die Färbereien in Tyrus in kaiserlichen Besitz und Theodosius erließ Ende des 4. Jahrhunderts ein Gesetz, das Privatpersonen das Tragen des „Kaiserlichen Purpurs" und den Gebrauch einiger hochwertiger Purpursorten sogar bei Androhung von Todesstrafe verbot. Allein der kaiserlichen Familie vorbehalten blieben der violette Hyazinthpurpur sowie der rote „Blatta" und „Oxyblatta", der nach der Farbe geronnenen Blutes benannt war. Beide Purpurtöne wurden durch unterschiedliche Färbeverfahren mit verschiedenen Schneckenarten erzielt. Der violette Purpur, den man durch eine Mischung aus schwarz-violettem *murex brandaris* und roter *purpura haemastoma* erhielt, galt als Hauptfarbe und wurde nach dem Ton gleichfarbiger Edelsteine als *purpura hyazinthina* und *amethystina* benannt[2].

Waren die hochwertigen Purpursorten zwar dem allgemeinen Gebrauch entzogen, so kannte man bereits in den ersten Jahrhunderten nach Christus billige Färbeverfahren, mit denen z. B. der begehrte violette Farbton erreicht wurde[3], ohne daß man diese Nachahmung von echten Purpurfärbungen unterscheiden konnte, wie der Autor einer Färbeanleitung aus dem 3. Jahrhundert bemerkte. Um solche Imitationen handelte es sich bei koptischen Gewandteilen in schwarzvioletten Tönen, die meist mit Indigo und Krapp gefärbt wurden[4].

Zur offiziellen kaiserlichen Kleidung, in der sich griechische und römische Elemente vereinten, gehörte die Chlamys, ein halbkreisförmiger Mantel, der auf der rechten Schulter mit einer Edelsteinfibel geschlossen wurde. Er bestand aus einfarbiger violetter Purpurseide mit einem Einsatz aus goldbesticktem Stoff und wurde zu einer weißen Tunika als Untergewand und purpurroten Beinkleidern getragen. Der purpurne Mantel stand nur dem Kaiser, der Kaiserin und ihrem Erben als Zeichen ihrer Herrscherwürde zu, Hofbeamten und geistlichen Würdenträgern dagegen nur ein Gewandbesatz aus Purpur als Rangabzeichen[5]. Ein Bild kaiserlicher Repräsentation am byzantinischen Hof vermittelt ein Mosaik in San Vitale in Ravenna aus dem Jahr 547, auf dem Justinian und Theodora in violetten Purpurmänteln erscheinen, umgeben von ihrem Hofstaat. Hatte Byzanz bereits die Purpurproduktion des östlichen Mittelmeeres weitgehend kontrolliert, so erhielt es nach der Auflösung der Werkstätten in Tarent in Zusammenhang mit dem Niedergang des weströmischen Reiches eine Monopolstellung, die durch die Gründung einer eigenen Hofwerkstätte noch gefestigt wurde. Sie versorgte den Hof mit Prunkgewändern und war wegen ihrer Purpurstoffe, der „Blattae byzantinae" in der damaligen Welt berühmt[6].

Um sich den Besitz dieses Zeichens ihrer Macht und ihres Anspruchs als alleinige Nachfolger des Imperium Romanum zu erhalten, versuchten die byzantinischen Kaiser durch Ausfuhrverbote zu verhindern, daß die kostbaren Stoffe außer Landes gingen[7]. Auf legalem Weg kamen die kostbaren Stoffe aus den Hofwerkstätten, mit Adler- und Elefantenmustern oder mit Herrscherbildnissen versehen, nur als kaiserliche Geschenke ins Abendland[8].

Den violetten Purpurmantel, das *pallium imperiale* als Symbol ihrer rechtmäßigen Herrschaft, trugen seit der Krönung Karls des Großen auch die fränkischen Herrscher des Abendlandes und ihre Nachfolger, die mit ihrem Anspruch, Nachfolger des Römischen Imperiums zu sein, und mit der Errichtung des „Heiligen Römischen Reichs" in Gegensatz zum byzantinischen Kaisertum gelangten.

Unter den Normannen war in Palermo auf Sizilien aus sarazenischen Manufakturen eine Hofwerkstatt her-

Abb. 61
Bildnis eines Kardinals, Bernadino dei Conti 1499,
Pappelholz. Gemäldegalerie SMPK Berlin

vorgegangen, in der rote Purpurstoffe erzeugt wurden, die bald eine ähnliche Berühmtheit wie die byzantinischen erlangten[9].

In dieser Hofwerkstatt entstanden 1134/35 unter Roger II., von sarazenischen Handwerkern angefertigt, der Mantel des deutschen Krönungsornats und die dazugehörige Dalmatika, die bis zur Auflösung des Römischen Reiches Deutscher Nation mit der weißen Albe zu Krönungen getragen wurden und die sich heute in der Schatzkammer in Wien befinden[10]. Im Unterschied zur byzantinischen Tracht und der der fränkischen Könige bestand der Krönungsmantel aus leuchtend rotem, die Dalmatika dagegen aus violettem Hyazinthpurpur mit roten Besatzstreifen vom gleichen Stoff wie der des Krönungsmantels[11].

War Purpur zunächst nur den weltlichen Herrschern vorbehalten, so machte der Papst mit seinen Herrschaftsansprüchen seit der sogenannten Konstantinischen Schenkung auch sein Interesse am Purpur geltend. Dies fand seinen Ausdruck darin, daß die Inthronisation des Papstes fortan durch Einkleidung in die „cappa rubea" besiegelt wurde. Nach der Auffassung des Mittelalters gingen die Werte, die der Purpur verkörperte, nämlich Macht und Gerechtigkeit, zusammen mit der Farbe auf das Papsttum über[12]. Es ist daher nicht verwunderlich, daß auch die hohen Würdenträger der Kirche kostbare Purpurstoffe für ihre Gewänder außerordentlich schätzten[13].

Hielten Kirche und Kaisertum bis ins Spätmittelalter am Schneckenpurpur fest, so bereitete die Eroberung Konstantinopels durch die Türken im Jahr 1453 der Purpurfärberei für immer ein Ende. Durch verbesserte Färbemethoden und geeignete Rotfarbstoffe wie Kermes und nach der Entdeckung Amerikas Cochenille stand ein Ersatz zur Verfügung, mit dem auch Rottöne erzeugt werden konnten, die den Purpur ersetzten. Bereits 1464 ordnete Papst Paul II. an, die Kardinalsgewänder fortan mit Kermes zu färben. Vielfach mit dem bläulichen Prälatenrot, einer Mischfarbe zwischen Violett und Rosenrot, die auch von den Bischöfen verwendet wurde, war die Farbe des Kardinalsgewandes, das man seinem Anspruch nach auch weiterhin als „Kardinalspurpur" bezeichnete, von nun an Hochrot und glich in seiner Farbigkeit einem warmen Scharlachton (Abb. 61).

Ersatz für den Purpur war auch das karmesinfarbige Obergewand des Ornats des Ordens vom Goldenen Vließ, den Philipp der Gute 1429 in der Absicht gründete, den Adel seines Landes an seine Person zu binden. Der Ornat, in dem sich die Purpurfarbe mit einem leuchtend scharlachroten Untergewand verband, wurde auch beibehalten, als der Orden durch Erbfolge an die Habsburger überging[14].

In den folgenden Jahrhunderten identifizierte man Purpur immer stärker mit tiefroten oder karmesinfarbigen Tönen, und kein Souverän ließ sich die feierliche Wirkung eines solchen Krönungsornats entgehen. Napoleon wählte diese Farbe anläßlich seiner Krönung 1804 und Elisabeth II. wurde noch 1953 in einem Mantel aus purpurrotem Samt zur Königin von England gekrönt (Abb. 62, 63). Auch die Mode des späten 19. Jahrhunderts zeigte, besonders in Verbindung mit Samtstoffen, eine Vorliebe für weinrote Farben in der Damenkleidung.

Rot als königliche Farbe

War der Purpur seinem Anspruch nach Zeichen für das Gottesgnadentum der Könige und Kaiser, wie es auch in Miniaturen des Mittelalters im Akt der Krönung durch die göttliche Macht dargestellt ist, so wurde andererseits leuchtendes Rot zur königlichen Festfarbe schlechthin und zum Zeichen der richterlichen Hoheit.

Vor allem die Mitträger der Königswürde, die Kurfürsten sowie die Hofbeamten und die nachgeordnete Dienerschaft, waren vielfach an der leuchtend roten Farbe ihrer Kleider zu erkennen. Bei der Wahl der deutschen Könige wie auch bei feierlichen Anlässen erschienen sie in langen roten Mänteln mit rundem Schulterkragen und Kurhut, wobei der Hermelinbesatz und Schnitt der Kleider den Unterschied zwischen weltlichen und geistlichen Würdenträgern kennzeichneten.

Die weltlichen Fürsten liebten es, ihren Hofstaat und die Mitglieder ihres Hauses bei festlichen Gelegenheiten in Rot zu kleiden. Besonders die burgundischen Herzöge Philipp der Kühne und Philipp der Gute ließen ihren Hofstaat bei zahlreichen Anlässen in den Farben ihres Hauses in Rot und Grün auftreten. Bei der fürstlichen Hochzeit im Jahr 1385 erhielten nicht nur Ministranten und Sänger der Kapelle, sondern auch die Knappen rote und grüne Röcke, und selbst die Pferde trugen einen Wappenschmuck in diesen Farben[15]. Vertretern hoher Hofämter, wie dem Kanzler, dem Schatzmeister, ebenso wie Sekretären und Herolden, waren in Burgund leuchtend rote Hofkleider vorgeschrieben, und der Adel bevorzugte Rot und Weiß als Kleiderfarben bei höfischen Festen[16].

Höchste Prachtentfaltung boten fürstliche Aufzüge. Beim Besuch Karls VI. von Frankreich in Dijon waren zu Ehren des königlichen Gastes Ritterschaft und Troß in die Königsfarben Rot-Weiß gekleidet, und selbst der Herzog sowie die Prinzen erschienen in zweigeteilten Samtröcken von gleicher Farbigkeit. Nicht nur spätmittelalterliche Höfe, auch die Städte schlossen sich diesen Zeremonien an. Die Reichsstadt Nürnberg bot beim Besuch Karls V. 1541 die Farbigkeit ihrer weiß-roten Wappenfarben auf, um den Kaiser zu empfangen. Die Ratsherren und ihre Trabanten zogen dem Kaiser in scharlachroten Kleidern entgegen, und auch die Nürnberger Bürger folgten ihnen in Rot gekleidet[17].

Als Standeskennzeichen in den vorangehenden Jahrhunderten trug der Adel Mäntel von roter Farbe, und in Italien erschienen die Rektoren und Doktoren der Rechte an den Universitäten von Bologna, Florenz und Padua bereits im 14. Jahrhundert in scharlachfarbigen Prunkmänteln[18]. In Deutschland gingen aus dem sozialen Umschichtungsprozeß, der am Ende des Spätmittelalters erfolgte, die Bürger und Vertreter der Wissenschaft als Gewinner hervor, während der niedere Adel an Bedeutung verlor. Diese Entwicklung spiegelte sich in der 1498 in Freiburg verabschiedeten Kleiderverordnung wider, in der die Doktoren den Rittern gleichgestellt waren. Die soziale Aufwertung der Doktoren fand ihren Ausdruck vor allem darin, daß ihnen gestattet war, Schauben von roter Farbe zu tragen wie zuvor allein dem Adel[19].

Vor diesem Hintergrund wird verständlich, daß im Bauernkrieg von 1525 die Aufständischen von Langensalza neben anderen Punkten die ausdrückliche Forderung stellten, eine rote Schaube wie die Ritter und Doktoren tragen zu dürfen, was ihren Wunsch nach sozialer Gleichstellung mit den höheren Ständen deutlich zum Ausdruck brachte[20].

Wenngleich in der Folgezeit durch das Vordringen der schwarzen Kleiderfarbe Rot seine Bedeutung in den Standestrachten weitgehend einbüßte, spielten zumindest im Bürgertum Venedigs im 18. Jahrhundert rote Mäntel eine Rolle[21], bis die Mode des 19. und 20. Jahrhunderts diese als Abendgarderobe entdeckte (Abb. 64, 65).

Duldete die Mode des 18. Jahrhunderts mit ihren gebrochenen Tönen allenfalls rosa oder lachsfarbige Kleidung, so kamen leuchtend rote Farben durch die zunehmende Bedeutung der Uniformen, bei denen in England oder Österreich ebenfalls Rot dominierte, und durch die Einführung farbiger Hofuniformen auch beim Adel wieder zur Geltung. Um die großen Ausgaben für die Galakleidung zu vermindern, die mit der Anschaffung dauernd wechselnder Modekleidung nach französischem Vorbild verbunden waren, führte z. B. Kaiserin Maria Theresia in einem ihrer Schlösser für Damen eine rote, mit Silber und Gold durchwirkte Robe und für Herren einen roten Tuchfrack mit grüner Weste ein[22]. Aber auch in Wien wurde das Bild des kaiserlichen Hofes bei festlichen Anlässen sowohl durch die weiß-rote Farbigkeit der Uniformen und leuchtendes Rot verschiedener Livreen des Hofstaates mitbestimmt. Im 19. Jahrhundert bot man Rot als Farbe für zahlreiche Galauniformen auf, um dem Hof in einem letzten Aufschwung kaiserlicher Prachtentfaltung auch auf dem Hintergrund politischer Veränderung Glanz zu verleihen. Ganz in Rot gekleidet waren z. B. seit 1848 die Edelknaben am Wiener Hof. Die Söhne adliger Familien, die seit der Zeit Maria There-

sias unter den Schülern der Theresianischen Akademie ausgewählt wurden, nahmen am Hofleben teil und begleiteten den Kaiser bei Kirchgängen und offiziellen Gelegenheiten[23] (Abb. 68).

Den fürstlichen Häusern eng verbunden waren vor allem die Garden, auf die wie in Frankreich oder Österreich häufig die Königsfarbe Rot überging. Dies galt für die Uniformen der Hundertschweizer, einer der beiden französischen Leibgarden, oder in der österreichisch-ungarischen Monarchie für die ponceauroten, goldbestickten Uniformen der von Maria Theresia gegründeten Arcièren-Leibgarde, die mit ihren Paradeuniformen den Kaiserhof repräsentierten[24].

Die gleiche Entwicklung setzte sich im 19. Jahrhundert fort, als die Adligen, wie im mecklenburgischen Landtag, gegenüber den bürgerlichen Abgeordneten das Privileg genossen, in roten Röcken statt in schwarzen zu erscheinen[25]. Ähnliches galt für Österreich, wo z. B. Vertreter des Tiroler Herrenstandes bei Galaanlässen einen goldbestickten roten Frack trugen[26].

Rote Roben

In enger Bindung an die rechtlichen Machtbefugnisse der Fürsten übertrugen sich seit dem Spätmittelalter die Herrscherfarben auch auf die Richter als ihre stellvertretenden und ausführenden Organe. Dies wird etwa am Beispiel Spaniens deutlich, wo noch im 16. Jahrhundert die Kleidung der Mitglieder des Obersten Gerichtshofs den purpurnen Gewändern der Minister der Krone glich. Vorherrschende Farbe war allerdings ein leuchtendes Scharlachrot, das als Zeichen der hohen Gerichtsbarkeit galt. In Frankreich war es den Vertretern der vom König als oberste Gerichte eingesetzten Parlamente in Paris und Toulouse erlaubt, in roten Roben Recht zu sprechen, ebenso wie den Mitgliedern des Mechelner Parlaments in Burgund. Ende des 15. und zu Beginn des 16. Jahrhunderts wurde die Befugnis auch auf die Advokaten des Pariser Parlaments ausgedehnt[27] (Abb. 66).

Mit dem Ende des Mittelalters trat Rot in der richterlichen Kleidung immer mehr in den Hintergrund und wurde von der schwarzen Amtskleidung weitgehend verdrängt, wenn Scharlachrot auch weiterhin eine Rolle spielte, wo Gerichte mit dem Blutbann belehnt waren[28]. Diese Entwicklung stand in Beziehung zur Übernahme des Römischen Rechts, mit der die Rechtsprechung in die Hände von Juristen überging, die von den Landesfürsten als Beamte eingesetzt waren.

In Frankreich blieben rote und violette Roben zur Kennzeichnung der hohen Richterämter und in der Zeremonialkleidung weiterhin erhalten, wenngleich im 18. Jahrhundert bei den obersten Gerichten meist nur noch ein farbiger Besatz an die ehemals ganzfarbigen Roben erinnerte.

Abb. 62, 63
Napoleon und Josephine im Krönungsornat, aus:
Journal des Luxus und der Moden 1805, koloriertes
Modekupfer. Kunstbibliothek SMPK Berlin

116

Abb. 64
Damen in rotem und weißem Seidenkleid, aus: Journal
des Dames et des Modes, Frankfurt 1813, koloriertes
Modekupfer. Kunstbibliothek SMPK Berlin

Abb. 65
Dame in rotem Abendmantel, Trude Rein, Berlin 1960,
Kreidezeichnung. Kunstbibliothek SMPK Berlin

In Deutschland bestand die Amtskleidung der Juristen als Bediensteten des Adels im 18. Jahrhundert aus einem schwarzen Justaucorps und mit dem Wandel der Mode aus einem schwarzen Frack, der nach dem Zwischenspiel der napoleonischen Zeit im 19. Jahrhundert weiterhin getragen wurde[29]. Lange Roben in Anlehnung an die Amtstrachten des 16. Jahrhunderts bescherte den Gerichten in Deutschland die Justizreform nach der deutschen Reichsgründung von 1871. Trotz des Einspruchs zahlreicher Abgeordneter der preußischen Provinzen, die sich bei den Beratungen zumeist gegen die Einführung des Talars, den sie als Maskerade ansahen, und für die Beibehaltung des Fracks aussprachen, wurde 1879 neben dem schwarzen für die ersten Instanzen ein karmesinrotes Ornat für die Mitglieder der Reichsgerichte eingeführt, das auch heute bei den obersten Bundesgerichten getragen wird[30].

Rot als Modefarbe

Rot wurde im 15. Jahrhundert in Italien als erste und schönste Farbe hervorgehoben, die, mit der des Feuers und des Rubins verglichen, als angemessen für junge Leute, für Richter und Personen von Stand galt. Damit waren die verschiedenen Ausrichtungen in der Kleidung für die folgende Zeit abgesteckt. Mit der Renaissance, die die Farbenpracht des Mittelalters und die Zusammenstellung zahlreicher Töne zu einem bunten Farbklang als wenig elegant ablehnte, wurde die Verwendung der Farben in der Kleidung für das wohlhabende Stadtbürgertum und den Adel vor allem eine Frage des individuellen Geschmacks. Rot blieb dominierende Farbe, die nun in zahlreichen Spielarten vom leuchtenden Scharlach bis zu Violettrot und dunklen Purpurtönen vorkam. Voraussetzung für diese Entwicklung in der Mode war die führende Rolle Italiens im Handel mit ausländischen Farbstoffen sowie im Handwerk, besonders in den Städten Venedig und Florenz[31].

Am beliebtesten unter den Rottönen war wie bereits in den vergangenen Jahrhunderten der Scharlach, der in der Mode eine große Rolle spielte. Bereits der heilige Bernhard hatte sich in seinen Predigten auf dem Campo von Siena darüber ereifert, daß es kaum eine Frau mehr gebe, die auf Scharlach (scarlatto), Violettrot (pagonazzo) und Rosenrot (rosato) in ihrer Kleidung verzichte[32].

War Scharlach im Mittelalter zunächst als ein Gattungsbegriff für hochwertige Wollstoffe von leuchtender Farbigkeit eingeführt worden, so ging die Bezeichnung bald auf rotgefärbte Stoffe über und wurde schließlich zum Begriff für lebhaftes, leuchtendes Rot[33], das zwischen dem gelbstichigen Zinnober und dem blaustichigen Karmin angesiedelt war. Der italienische Scharlach, der neben vollen Rottönen leicht blaustichige Rotschattierungen umfaßte[34], führte eine ganze Skala von Rottönen an, die mit dem aus Kermes gewonnenen Karmin erzeugt wurden und zu denen sowohl helles Rosenrot als auch die unter Zusatz von Blau gefärbten violettroten und braunen Schattierungen gehörten. Wegen des teuren Farbstoffes wurden sie allerdings nur für hochwertige Stoffe, besonders für Seide, verwendet. Daneben gab es einen zum Orangerot neigenden gelbstichigen Scharlachton, der im 16. Jahrhundert in der Mode des Adels und des städtischen Bürgertums, z. B. in Deutschland, eine Rolle spielte.

Hatte Venedig seit dem Mittelalter durch seine mit Kermes scharlachrot gefärbten Seiden, den scarlatti veniziani, in ganz Europa einen Namen[35], so spielte Florenz in der Wollfärberei eine wichtige Rolle. Das Färben mit Kermes war allerdings nur einer bestimmten Gruppe von Handwerkern erlaubt und erfolgte unter strengen Qualitätskontrollen der Zunft[36]. Wegen des hohen Preises solcher Textilien wurde der größte Teil der Wollstoffe mit Krapp gefärbt[37].

Als brillant und als besonders vornehm galt das blaustichige Karminrot, das sich vom eigentlichen Hochrot dadurch unterscheidet, daß es sich durch starkes Aufhellen bis zu wenig gesättigten Tönen von Rosa abschattieren und in stark gesättigter Form bis zu Violett- und Purpurtönen abdunkeln läßt, ohne dadurch seine eigentliche Farbqualität zu verlieren. Karminfarbige Kleider in verschiedenen Schattierungen aus Seide oder Samt waren im 15. und 16. Jahrhundert auch an europäischen Fürstenhöfen festlichen Anlässen vorbehalten. Ein Kleid von dieser Farbe trug die Tochter Kaiser Maximilians, Bianka Maria Sforza, 1493 anläßlich ihrer Hochzeit in Innsbruck[38], und auch die Patrizierinnen in deutschen Städten bevorzugten im 16. Jahrhundert karminrote oder dunklere karmesinfarbige Töne als elegante Kleiderfarben, wenngleich die zeitgenössischen Luxusordnungen diese teuren Stoffe allen Ständen mit Ausnahme des hohen Adels verboten[39].

Nach der Eroberung Mexikos hatten die Spanier im Cochenille einen weit kräftigeren Farbstoff entdeckt, der bald den Weg auf die europäischen Märkte fand, seit 1540 als Handelsartikel in Antwerpen auftauchte und den Kermes in den folgenden Jahrzehnten als Farbstoff für kostbare Seiden vollständig verdrängte[40]. Je nach dem angewandten Färbeverfahren konnten damit auch leuchtende Scharlachtöne wie ins Bläuliche gehende rote und violette Schattierungen erzielt werden, die in der 1. Hälfte des 16. Jahrhunderts in der Kleidung des süddeutschen Stadtpatriziats ebenso häufig auftauchten wie in den Handelsverzeichnissen der Fugger[41]. Mit Kermes und Cochenille erzielte man nicht nur volle Töne, sondern auch ein ungesättigtes Karminrot in

Tönen von Rosa bis Rosenrot (rosato), das als sehr kostbar galt und in Italien im 15. und 16. Jahrhundert begehrt war[42]. Auch als nördlich der Alpen Schwarz als Festfarbe im 16. Jahrhundert an Bedeutung zunahm, folgten Adlige und reiche Kaufleute der italienischen Mode in der Wertschätzung für rosenrote Seidenstoffe und trugen sie als Wams, ganzes Kleid oder als Futterstoff. Ins bläuliche spielende Rosatöne waren bei jungen Mädchen beliebt, kamen aber auch in der Männer- und Frauenkleidung unter der Bezeichnung „leibfarb" oder „incarnad" vor[43]. Dazu kamen zahlreiche Mischtöne, die durch Überfärben mit Indigo rotviolette Farben (pagonazzo) und als ganze Kleider, als Futter- oder Ärmelstoffe getragen, einen Farbklang ergaben, der als besonders vornehm galt und Purpur in seinen verschiedenen Spielarten entsprach[44].

Beschäftigten sich in der Renaissance die Humanisten eingehend mit dem Geheimnis des alten Purpurs, über den sie bei antiken Schriftstellern gelesen hatten, so eiferte offenbar auch die Mode in ihrer Vorliebe für blaustichige Rottöne diesem Vorbild nach, wobei vor allem dunkles Violett bei einfarbigen, vielfach geschlitzten Seidenstoffen bis zum Beginn des 17. Jahrhundert häufig vorkam (Abb. 67).

Als vornehmer Purpurton galt im 16. Jahrhundert in Süddeutschland eine als „leberfarben" bezeichnete braunrote Schattierung[45]. 1515 war der bayerische Hofstaat bei einem Einzug in Wien in „eitel Leberfarb"[46] gekleidet, und aus Würzburg erfahren wir von einem „leberfarb purpurianischen Rock zwifach mit samet verprembt"[47], der, 1542 genannt, offenbar in einem vornehmen Bürgerhaus getragen wurde.

Wenngleich einzelne dieser Kleiderfarben, wie das helle Rosenrot, auch im 17. Jahrhundert ihre Bedeutung nicht einbüßten, nahm die reiche Nuancierung, die das 16. Jahrhundert schätzte, allmählich ab, während in der 2. Hälfte des 17. Jahrhunderts hochrote Töne in der Mode wie in den Uniformen wieder in den Vordergrund traten.

Welche Anstrengungen man unternahm, um leuchtendes Rot vor allem auf Baumwollstoffen zu erzielen, zeigt die Türkischrotfärberei des 18. und 19. Jahrhunderts in Europa. In Zusammenhang mit der staatlichen Förderung des Krappanbaus, die den französischen Soldaten im 19. Jahrhundert rote Uniformhosen verschaffte, und der zunehmenden industriellen Herstellung billiger Baumwollstoffe durch die aufstrebende Textilindustrie versuchte man, hinter das Geheimnis des „Türkischrot" zu kommen[48]. Krapprot, das als dauerhafter und preiswerter Farbstoff seit dem Mittelalter zur Verfügung stand, ergab zunächst nur ein stumpfes Ziegelrot, während man es im Orient verstand, mit besonderen Verfahren leuchtende Farben zu erzielen. Die so gefärbten Garne fanden im 17. und 18. Jahrhundert in Europa großen Absatz. Zur Entdeckung des Färbeprozesses trugen in Mitteleuropa am meisten die Franzosen bei, die griechische Färber beim Aufbau ihrer Fabriken einsetzten und auch entdeckten, daß Krappfärbungen erst dann Leuchtkraft erhielten, wenn man sie mit Zinnoxyd behandelte. Das Herstellungsverfahren war außerordentlich langwierig und umfaßte 16 bis 17 Arbeitsgänge, von denen durch Verbesserungen schließlich sechs übrig blieben. Die so gefärbten Garne, die meist einen blaustichigen Ton hatten, galten als unverwüstlich und dienten zur Herstellung von Baumwollstoffen und Tüchern. Der Geschmack neigte zunehmend zu gelbstichigen Rottönen, die man seit dem Ende des 18. Jahrhunderts durch eine chemische Nachbehandlung erreichte und durch die sogar die in Kleinasien und Griechenland gefärbten Waren an Leuchtkraft übertroffen wurden.

Als billige Nachahmungen teurer Kaschmirschals fanden die im Elsaß und in der Schweiz hergestellten türkischroten, meist farbig bedruckten Tücher und Schals einen großen Abnehmerkreis. Glarner und Vorarlberger Tücher wurden im 19. Jahrhundert in großen Mengen in den Balkan sowie nach Böhmen, Mähren und in die Slowakei exportiert und dort als Kopfbedeckung in der Frauen- und Männertracht bis ins 20. Jahrhundert gern getragen[49] (Abb. 38).

War die rote Farbe bereits in den städtischen Hochzeits- und Tanztrachten des 16. bis 18. Jahrhunderts dominierend, so galt dies in noch viel stärkerem Maß für die ländlichen Trachten. Eine Sonderstellung nahm die rote Farbe bei den Russen ein, die in ihrer Sprache die Bezeichnung für Rot und schön durch das gleiche Wort ausdrücken[50] (Abb. 72).

Rote Hauben und andere rote Kleidungsstücke galten in der Tracht des 19. und 20. Jahrhunderts als Kennzeichen der Unverheirateten, die diese Farbenpracht ein letztesmal zur Hochzeit entfalteten, ehe sie zu grünen und später zu dunklen Farben übergingen (Abb. 69, 71). Rot beherrscht vor allem in Ost- und Südosteuropa die Hochzeits- und Festtagskleidung, während es in Mitteleuropa vielfach durch das Schwarz der Kirchgangskleidung zurückgedrängt, nur durch Bänder und Besatzstoffe hervortrat (Abb. 70).

Abb. 66
Das Parlament von Mecheln, Flämische Schule, um
1520/30, Deckfarbenmalerei auf Pergament. Kupferstichkabinett SMPK Berlin

Abb. 67
Bildnis des Ranuccio Farnese, Kopie nach Tizian,
Nußbaumholz. Gemäldegalerie SMPK Berlin

Abb. 68
Galauniform eines Edelknaben (Kaiserlicher Hof
Wien), Tuch um 1900. Kunsthistorisches Museum
Wien, Monturdepot

Abb. 69
Kirchgangstracht für unverheiratete Mädchen, Lind-
horst/Schaumburg-Lippe. Museum für Deutsche
Volkskunde SMPK Berlin

Abb. 70
Festtracht, purpurrote Applikation und Stickerei,
Gálicnik/Makedonien, Ende 19. Jh. Museum für
Völkerkunde SMPK Berlin

Abb. 71
Rote Mädchen- und Kinderhauben, 1. Schwalm/
Hessen, 2. Goßfelden/Oberhessen, 3. Jaad/Nösner-
gau/Nordsiebenbürgen. Museum für Deutsche Volkskunde SMPK Berlin

Abb. 72
Kopftuch, bedruckt mit Figuren in roten Russenkitteln,
Rußland Ende 19. Jh. Museum für Völkerkunde SMPK
Berlin

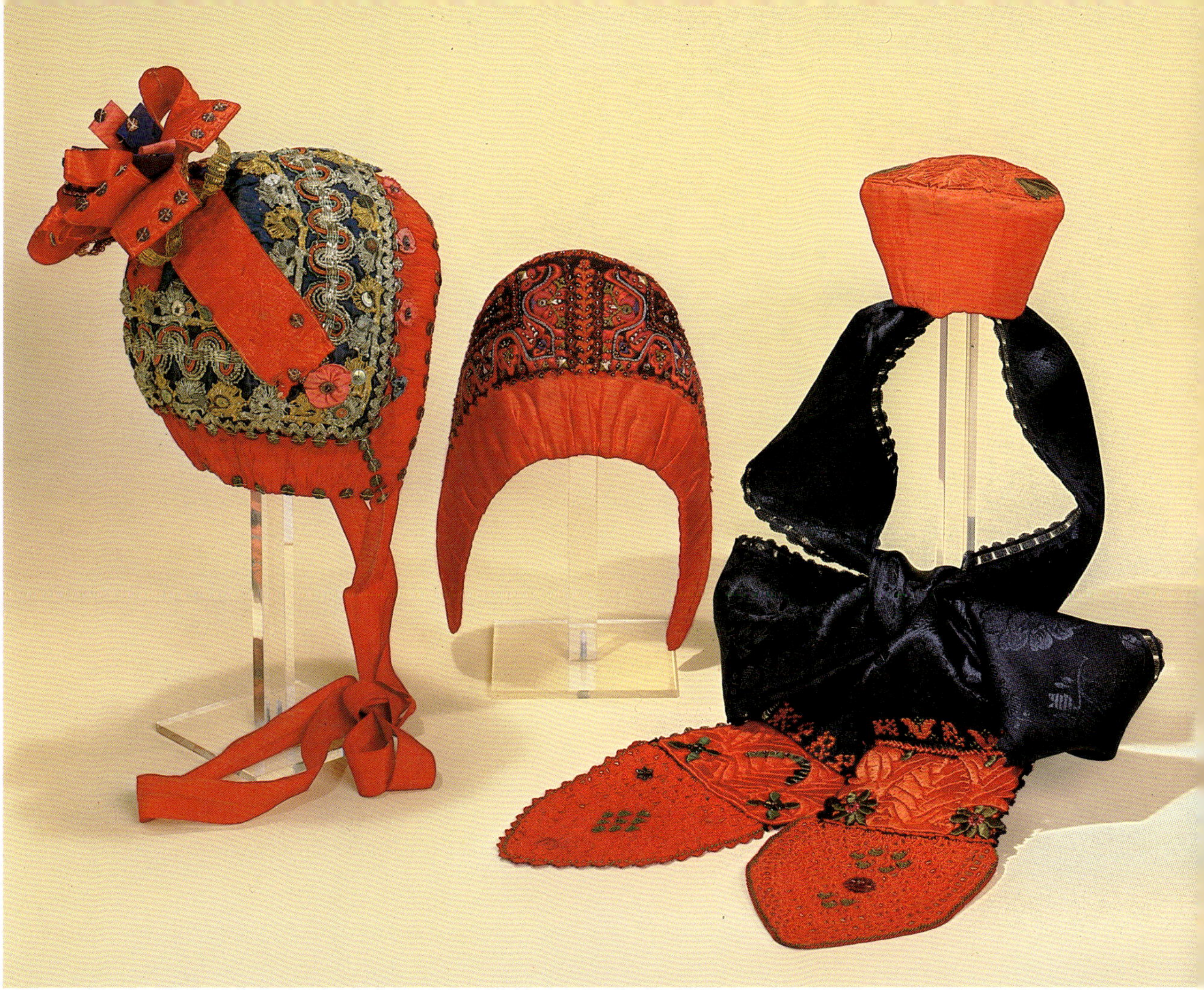

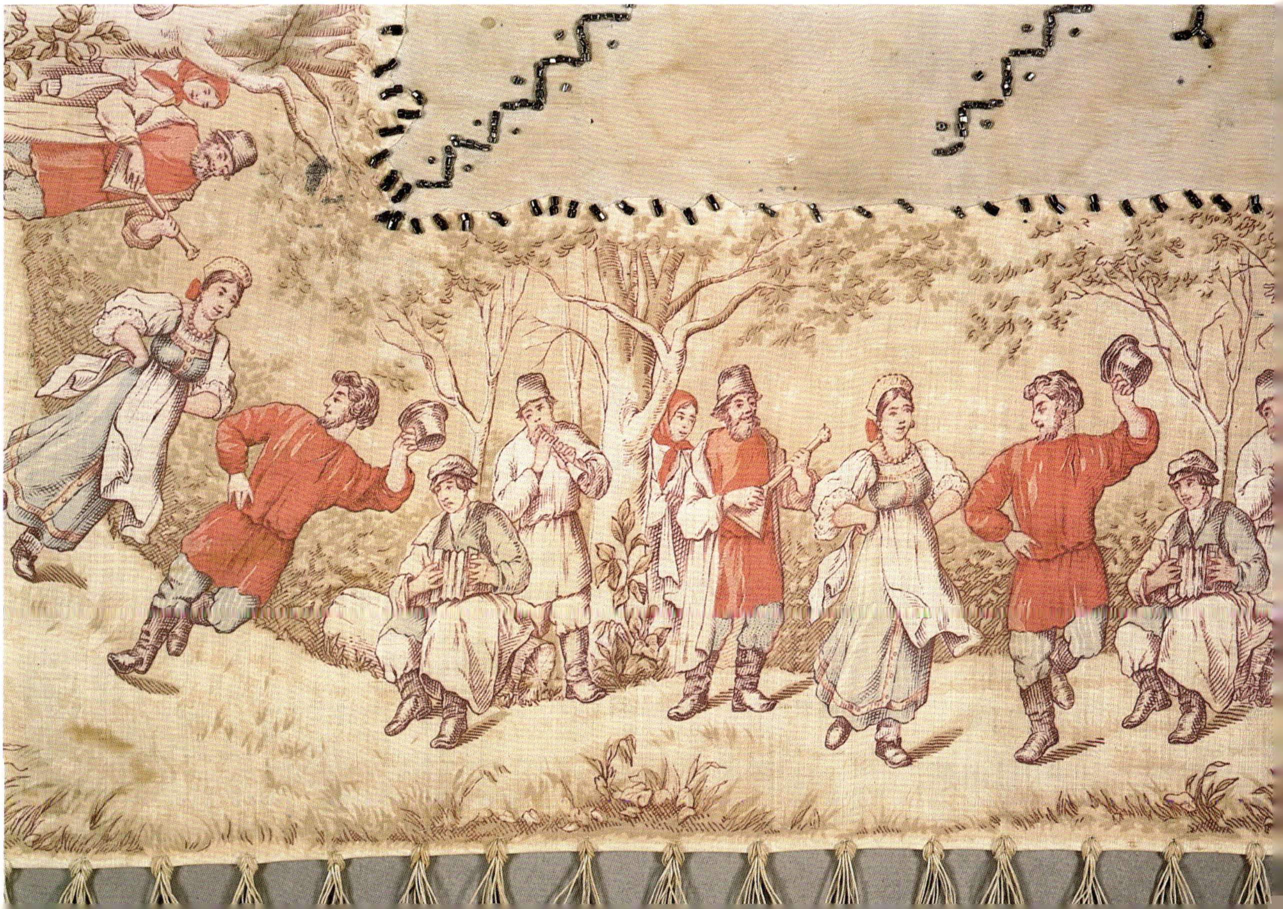

Anmerkungen

1 Ciba 1936/4 S. 120; R. Meyer 1970 S. 70 f.
2 Ciba 1936/4 S. 117
3 P. Ruggli 1927 S. 281; K. Reinking, L. Driessen 1937
4 Ciba 1936/4 S. 122; D. Katzenberg 1973 S. 48
5 R. Delbrueck 1932 S. 5; E. Thiel 1980 S. 58 f.
6 Ciba 1936/4 S. 126
7 R. Meyer 1970 S. 69
8 P. E. Schramm, F. Mütherich 1 1962 S. 42 f., 48
9 Ciba 1936/4 S. 127. Aus dem Besitz des Welfen Otto IV. hat sich ebenfalls ein Mantel aus rotem Purpurstoff erhalten, der im Testament Ottos von 1218 als „pallium nostrum" erwähnt ist. P. E. Schramm, F. Mütherich 1 1962 S. 50, 188, Abb. 193; B. Hedergott 1981 S. 10 f.
10 H. Fillitz 1964 S. 90 ff., 138
11 Ciba 1936/4 S. 128
12 A. Hermann 1969 Sp. 421
13 P. E. Schramm, F. Mütherich 1 1962 S. 43
14 G. Kugler, H. Haupt 1983 S. 101, 259 ff.
15 Ciba 1944/63 S. 2317
16 J. Huizinga 1965 S. 399; Ciba 1944/63 S. 2317
17 F. J. Behnisch 1963 S. 15
18 C. Meiners 1804 S. 217 f.; R. Levi-Pisetzky 3 1966 S. 221; H. Mitgau 1931 S. 137
19 E. Thiel 1980 Abb. 325
20 ebd. S. 182
21 J. G. Krünitz 40 1786 S. 114
22 M. v. Boehn 1919² S. 194
23 G. Kugler, H. Haupt 1983 S. 104 ff., 224 ff.; E. Nienholdt 1972 S. 8 ff.; E. Berckenhagen, G. Wagner 1981 S. 296 f.
24 E. Berckenhagen, G. Wagner 1981 S. 110
25 E. Thiel 1980 S. 312
26 G. Kugler, H. Haupt 1983 S. 251
27 W. N. Hargreaves-Mawdsley 1963 S. 36 f., 191 ff.
28 W. Hülle 1980 S. 345
29 ebd. S. 346 f.
30 Die Richter des Bundesverwaltungsgerichts z. B. tragen einen Talar aus karmesinfarbiger Wolle mit gleichfarbigem Samtbesatz und Seidenfutter, während die Richter des Bundesverfassungsgerichts solche aus karmesinfarbiger Seide tragen, die im Ton heller als die des Bundesverwaltungsgerichts sind.
31 K. Reinking 1937 S. 203; Ciba 1936/7 S. 226
32 P. Friedrich 1973 S. 125
33 ebd. S. 130 Anm. 2
34 ebd. S. 125
35 Seit dem Mittelalter kannte man in Venedig ein besonderes Verfahren, um mit Kermes Scharlach auf Seide zu färben, indem man die Stoffe mit Alaun und Weinstein beizte. F. Brunello 1968 S. 141
36 P. Friedrich 1973 S. 125
37 J. Hofenk de Graaff, W. G. Th. Roelofs 1972 S. 26
38 B. Deneke 1971 S. 81
39 Ein Beispiel dafür sind zwei im Historischen Museum am Hohen Ufer in Hannover erhaltene Kleidungsstücke aus dem Besitz des Herzogs Moritz von Sachsen-Lauenburg, bestehend aus Wams und Hose. E. Nienholdt 1962 T. 2; A. v. Rohr 1976 S. 118 f.
40 J. Hofenk de Graaff, W. G. Th. Roelofs 1972 S. 8 ff.
41 A. Fink 1963 S. 79
42 P. Friedrich 1973 S. 126
43 S. F. Christensen 1934 S. 18; A. Fink 1963 S. 130
44 vgl. dazu das Bildnis des Kaufmanns Georg Gisze von Hans Holbein von 1532, SMPK, Berlin; E. Thiel 1980 Abb. 289
45 F. Boucher 1965 Abb. 475 f.
46 L. v. Wilckens 1979 S. 32 f.; A. Fink 1963 S. 79
47 S. F. Christensen 1934 S. 18; A. Fink 1963 S. 150
48 Ciba 1940/47 S. 1723 ff.
49 H. Nixdorff 1977 T. II
50 M. v. Boehn 1920 S. 365; G. Herne 1954 S. 51 ff.

5 a) Rot-Blau

Der entscheidende Anstoß auf dem Weg zur Entwicklung einer christlichen Farbikonographie war die Erhebung der christlichen Lehre zur Staatsreligion unter Kaiser Konstantin im 4. Jahrhundert. In der Vermittlung der neuen Glaubensinhalte kam der kultischen Kunst, deren Wirkung bereits in den ersten Jahrhunderten erkannt wurde, eine wichtige Bedeutung zu. In den Prozeß der Umwandlung der Sinneserscheinungen zu Symbolen des Ewigen und Göttlichen im frühen Christentum wurde auch die Farbe einbezogen, nachdem ein Konzilsbeschluß (concilium quinisextum) 692 n. Chr. dazu aufgefordert hatte, „das Vollkommene mit Farben vor Augen zu stellen"[1]. Nicht persönliches Farbempfinden, sondern eine allgemeingültige Wirkung der Farbigkeit waren entscheidend für die Darstellung der göttlichen Gestalten wie des vorgestellten Himmelsraums, die „die Eindringlichkeit der Idee sowie das christliche Triumphgefühl auch farbig demonstrierend vortrugen..."[2].

Marien- und Christusfarben

Das seit konstantinischer Zeit ausgebildete kaiserliche Hofzeremoniell in Byzanz hatte den violett-blauen und roten Purpur in den Mittelpunkt seiner imperialen Machtentfaltung gestellt. Diese Farbigkeit ging in die Darstellungen des triumphierenden Christus und der Maria als Himmelskönigin ein, wenngleich die ambivalent empfundene rot-blaue Farbe des Purpurs in der christlichen Ikonographie vielfach durch den Farbakkord Rot-Blau ersetzt wurde, der der Darstellung des Göttlichen vorbehalten war und in der mittelalterlichen Malerei geradezu als Hoheitsformel galt. Seine Vorbilder gehen auf das Alte Testament und die Kultsymbolik des Judentums sowie auf frühchristliche Vorstellungen zurück. Die jüdische Tradition kannte vier Kultfarben: Scharlachrot und Weiß, Purpurrot und Purpurblau, die als Zeichen des Hohenpriesters galten und in denen sich die Gegenwart des Göttlichen manifestierte: im Purpurrot die göttliche Weltherrschaft und im Purpurblau das Priestertum der Gottheit[3].
Nach den frühchristlichen Vorstellungen waren Rot und Blau die Farben des Paradieses und seiner Bewohner, der Engel ebenso wie der Tiere. Unter diesen wurde besonders der Pfau mit seinen schillernden Gefiederfarben dargestellt, die in diesem Zusammenhang die gleiche Farbigkeit zeigten[4]. In Verbindung mit Vorstellungen von den Elementen standen die mittelalterlichen Darstellungen vom Regenbogen, die im Gegensatz zu der Naturerscheinung Rot und Blau (oder Grün) als Kennzeichen des Jüngsten Gerichts einsetzten[5].
In der Bilderwelt des Mittelalters kennzeichnete das Farbenpaar Rot-Blau vor allem die Gewandfarben Marias und der Gestalt Christi in seiner irdischen Existenz, während der Auferstandene in Weiß gekleidet war. Hatten bereits die Apokryphen Maria Purpurblau und -rot zugewiesen[6], tauchten die Farben in bildlichen Darstellungen der frühmittelalterlichen Sakralkunst der Ost- wie der Westkirche für Maria und Christus gleichermaßen auf[7]. In der mittelalterlichen Literatur galt das Blau des Hyazinths und des Saphirs als Symbol des himmlischen Ursprungs, Rot dagegen als Zeichen der irdischen Existenz.
Vor allem byzantinische Marienbilder in rotem Kleid, dunkelblauem, den Kopf umhüllenden Mantel und weißem Schleiertuch wurden zum Vorbild für die abendländischen Bildvorstellungen, nach denen seit dem Hochmittelalter das blau-rote Mariengewand zu einem feststehenden Begriff gehörte. Einen starken Einfluß auf diese Entwicklung hatte das 1453 in Konstantinopel durch die Türken zerstörte „Hodegetria"-Gnadenbild, das in zahlreichen Nachbildungen wie der aus S. Maria Maggiore in Rom mit rosenrotem Kleid und blauem Mantel dargestellt ist[8]. Auch in zahlreichen Gnadenbildern Mitteleuropas waren die Marienfarben durch ein rotes Gewand mit blauem Mantel und vielfach auch mit weißem Schleier bestimmt (Abb. 73), wenngleich auch die Umkehrung mit rotem Mantel und blauem Kleid in Bildern vorkam, in denen Maria als thronende Muttergottes dargestellt wurde (Abb. 74).
Ein breites Spektrum der Gewandfarben breitet die spätmittelalterliche Malerei in großen Altären aus, auf denen unterschiedliche Bildinhalte wie die Geburt und die Beweinung Christi auch durch die Farbigkeit der Marienmäntel einen angemessenen Ausdruck erhalten: die Reinheit Marias bei der Geburt durch die weiße und ihr Mitleiden bei der Passion Christi durch die rote Farbe[9].
Seit dem 14. Jahrhundert hat sich, ausgehend von den Zisterziensern, ein neuer Marientypus entwickelt, der als Schutzmantelmadonna bezeichnet wird. Das Blau ihres Himmelsmantels, unter dem sie der ganzen Menschheit Schutz gewährte[10], blieb auch in nachmittelalterlicher Zeit dominierende Marienfarbe.
In nachmittelalterlicher Zeit hat sich die Tradition des blauen Christusmantels vor allem in Spanien erhalten. Von Madrid aus breitete sich im Barock die Verehrung des „blauen Herrgotts" im habsburgischen Reich in zahlreichen Wallfahrtskirchen in und um Wien aus[11].
Nach der Mitte des 19. Jahrhunderts setzte sich eine andere Ausrichtung der Marienfarben durch. Sie schloß an die hellblau-weiße Kleidung des Gnadenbildes von Lourdes an, das seit den siebziger Jahren des vorigen Jahrhunderts in der katholischen Kirche zunehmende Bedeutung erlangte und dessen Farbigkeit auch auf die Kleidung nicht ohne Einfluß blieb[12]. In romanischen Ländern weihte man Kinder häufig

Abb. 73
Maria mit dem Kind, zwei Heiligen und zwei Engeln,
Matteo di Giovanni um 1480/95, Pappelholz. Gemälde-
galerie SMPK Berlin

132

Abb. 74
Thronende Maria mit dem Kind, Hans Memling um
1480, Eichenholz. Gemäldegalerie SMPK Berlin

Abb. 75
Männerhemd zur Festtracht aus Trencianska Teplá,
Stickerei und Klöppelspitze aus rotem und blauem
Baumwollgarn, Westslowakei/CSSR 1920/30.
Museum für Völkerkunde SMPK Berlin

134

Abb. 76
Femme de Stoerzing, dans le Tyrol (Bäuerin aus
Sterzing/Tirol), aus: Costumes des divers Pays, 8,
Louis Marie Lanté, Paris um 1825, kolorierter Kupfer-
stich. Museum für Deutsche Volkskunde SMPK Berlin

Santé del.   Gatine Sculp.

Femme de Stoerzing, dans le Tyrol.

58 74

der Maria und kleidete sie als Zeichen dafür bis zum siebenten Lebensjahr in Blau. Als Dank bei der Heilung von einer Krankheit verfuhr man in ähnlicher Weise[13]. In Deutschland wurde die hellblaue Farbe in katholischen Gebieten Hessens oder Badens von jungen Mädchen statt der weithin üblichen roten Farbigkeit zur Kommunion[14] und in protestantischen Gegenden wie in Schaumburg-Lippe (Bückeburg, Frille) als Konfirmations- und Abendmahlskleidung getragen, obwohl die Verbindung zur „Marienfarbe" hier noch nicht geklärt ist[15].

Rot-Blau in Mode und Tracht

Hatte der Hof Ludwigs XIV. in der 2. Hälfte des 17. Jahrhunderts eine Vorliebe für rot-blaue Farbkombinationen in der Kleidung entwickelt, setzte sich diese Tendenz im 18. Jahrhundert in der bürgerlichen und zunehmend auch in der bäuerlichen Tracht fort. Die weibliche Kleidung zeigte eine Vorliebe für rot und blau bedruckte, gemusterte Stoffe, die häufig mit einfarbigen Kleidungsstücken in der jeweils entsprechenden Farbe kombiniert wurden[16]. Die blau-roten Militärfarben bestimmten seit dem 18. Jahrhundert zunehmend die bäuerliche Männerkleidung: Rote Westen aus Tuch, Kattun, gegen Ende des 19. Jahrhunderts aus Samt, und blaue Tuchröcke verbanden sich zu einem Farbakkord, der die Sonntagstracht in Deutschland und anderen Teilen Europas bis ins 19. Jahrhundert prägte[17]. Waren solche Farbkombinationen in der Männer- wie in der Frauenkleidung gleichermaßen beliebt (Abb. 75), dienten Rot und Blau als Strumpffarben im 18. und 19. Jahrhundert zu ihrer Unterscheidung. Rote Strümpfe galten als weibliches, blaue Strümpfe weithin als männliches Kennzeichen, wenngleich sich bereits im 19. Jahrhundert keine einheitliche Handhabung dieser Farbigkeit mehr beobachten läßt[18] (Abb. 76).

Der Blaustrumpf

Mit den blauen Männerstrümpfen dagegen hat der „Blaustrumpf" nach unserem heutigen Sprachgebrauch nur auf Umwegen zu tun. Die Bezeichnung kam aus England und hatte zunächst nicht jene abschätzige Bedeutung, die sie seit dem 19. Jahrhundert kennzeichnete. Sie stand in Zusammenhang mit literarischen Gesellschaften, die Mitte des 18. Jahrhunderts im Haus der schriftstellerisch tätigen Lady Montague in London stattfanden. Hauptanliegen dieser Treffen war geistvolle Unterhaltung und nicht, wie häufig in dieser Zeit, das Kartenspiel[19]. Der Umstand, daß der Botaniker Benjamin Stillingfleet an diesen Abenden nicht, wie bei gesellschaftlichen Anlässen

üblich, in schwarzseidenen, sondern einfachen blauen Strümpfen erschien, trug der Gesellschaft und ihren Teilnehmern die Bezeichnung „Bluestockings" ein, mit der sie zum Ausdruck brachten, daß es dabei weniger auf ein glänzendes Äußeres als auf die Gespräche und ihren Inhalt ankam. Als ironische Bezeichnung für Frauen, die es wagten, statt ihre häuslichen Pflichten wahrzunehmen, geistigen Neigungen nachzugehen, fand das Wort in Deutschland seit 1830 weite Verbreitung[20]. Von da an galt „Blaustrumpf" als Bezeichnung „für gelehrte, schriftstellernde Damen, namentlich in tadelndem Sinn für solche, die über ihren literarischen Beschäftigungen ihre mütterlichen und häuslichen Pflichten versäumen und ihre Gelehrtheit selbstgefällig zur Schau tragen", wie es in Meyers Konversations-Lexikon 1893 zu lesen ist. Den „Bas Bleus", wie sie in Frankreich genannt wurden, widmete Honoré Daumier eine ganze Serie sarkastischer Darstellungen, in denen dieser nicht die Beine der Damen und ihre Strümpfe, sondern ihre verzerrten Gesichter als abschreckende Beispiele weiblicher Gelehrsamkeit unter die Lupe nahm.

Dies scheint vergessen, zumindest was die blaustrumpfigen Damenbeine betrifft. Denn an die Mode der vergangenen Jahre und ihre blauen Strumpffarben haben sich die Blicke der Männerwelt schnell gewöhnt.

b) Rosa-Hellblau

Rosa und Hellbau als Modefarben

Helle, rosenrote Töne in der Mode schätzte bereits der burgundische Hof im 15. Jahrhundert zur Jagd, und in Frankreich kam die Farbe wilder Rosen in Mode, als der König 1459 ein Kleid von dieser Farbe am Trinitätssonntag trug[21]. Aber keine Zeit wurde durch diese Farbe so geprägt wie das Rokoko, das die satte Farbigkeit des Barock von roten und blauen Tönen ablegte und sich einer Farbpalette zuwendete, in der nun das Zarte als elegant galt. Kräftiges Karmesin wurde zu Blaßrosa abgeschwächt und das Ultramarinblau verblaßte zum Himmelblau. Beide galten als delikate Modefarben und wurden bei Damen wie bei Herren in gleicher Weise beliebt. Die harmonische Verbindung von Rosa und Hellblau brachte am französischen Hof Madame de Pompadour in Mode, die ihre Kleider mit einer Fülle von Bändern, Schleifen und künstlichen Blumen in der jeweils kontrastierenden Farbe schmückte[22].

Selbst die Damen des Empire in ihren langen, weißen Mousselinekleidern gestatteten sich abweichend von diesem Mode-Ideal hin und wieder Seitensprünge in das Reich der Farbe. Mit farbigen Unterkleidern, Accessoires wie Schuhen, Gürteln und Schärpen schafften sie Blickpunkte, die den Eindruck ihrer Erscheinung erhöhten. Vermieden wurden dabei starke Kontraste. Den Vorzug erhielten zarte Töne, unter denen Rosa und Hellblau ihre Anziehungskraft bewahrt hatten.

Seit dem Beginn des 19. Jahrhunderts erschienen in Deutschland verschiedene Ratgeber für Damen, die der ästhetischen und zunehmend auch der psychologischen Wirkung der Farben in der Kleidung ihre Aufmerksamkeit zuwandten. Ihren Leserinnen erteilten sie Ratschläge, wie sich die Farbe der Garderobe am harmonischsten zur Farbe des Teints, der Haare und der Augen verhält und empfahlen z. B. für Blondinen „sanftes Blau und mattes Rosenrot". Darüber hinaus waren „Schwarz, Weiß, Himmelblau, Rosenrot und Paille ... nach dem einstimmigen Urtheile aller Maler und Kunstkenner die edelsten Farben"[23].

Die Wiener Tänzerin Fanny Elssler, die in den dreißiger und vierziger Jahren als Star der europäischen Bühnen den Charme ihrer Epoche wie keine andere verkörperte, beeinflußte durch ihre Bühnenkleidung die Mode ihrer Zeit. Nicht nur ihr spanischer „Caccucha"-Tanz, auch ihr Kostüm begeisterte das Wiener und Pariser Publikum. Das Kleid aus rosafarbigem Satin mit schwarzem Spitzenbesatz war die raffinierte Schöpfung eines Wiener Couturiers und wurde in den vierziger Jahren von Damen der europäischen Gesellschaft als Balltoilette kopiert[24].

Zeitschriften wie das Journal des Dames et des Modes griffen die Palette zarter Farben ebenfalls auf und komponierten rosa und hellblaue Kleiderfarben zu einem harmonischen Bild jugendlicher Anmut (Abb. 77). Vor allem zarte Schärpen und Taillenbänder wurden im 19. Jahrhundert zu einem festen Bestandteil der Kleidung. Adel und Bürgertum huldigten diesem Ideal, kleideten junge Mädchen in diese Farben oder veranstalteten Bälle, auf denen alle jungen Tänzerinnen außer in weißen nur in rosa Balltoiletten erschienen[25]. Die Anmut ihrer Erscheinung haben Porträts von jungen Mädchen und Frauen in der Zeit der Romantik und des Biedermeier immer wieder festgehalten. Rosa Kleider, von zarten bis zu kräftigen Tönen, hatten darin einen festen Platz. Darauf abgestimmt waren die gleichfarbigen Rosenblüten, die als Schmuck am Ausschnitt, an der Taille oder im Haar getragen, das Thema der Jugendlichkeit variierten.

Wie viele junge Mädchen ihrer Zeit hatte auch Elisabeth, die spätere Kaiserin von Österreich, eine Vorliebe für diese Farbe. Auf der Reise nach Wien trug sie vor ihrer Hochzeit ein rosa Seidenkleid mit weißem Hut und weißem Umhang. Und zu den Balltoiletten ihrer Aussteuer gehörten neben zwei weißen auch ein rosa und ein hellblaues, mit künstlichen Rosen garniertes Kleid[26].

Rosa und Hellblau in der Säuglingskleidung

Die Bedeutung von Rosa und Hellblau in der Säuglings-, besonders in der Taufkleidung, ist uns auch heute weitgehend vertraut. Der Blick in einen Kinderwagen belehrt uns ohne weitere Fragen darüber, daß es sich bei einem rosagekleideten Baby um ein Mädchen, bei dem blau gekleideten dagegen um einen Jungen handelt[26a]. Ebenso wie in Deutschland galt diese Kennzeichnung in mehreren Ländern Mittel- und Nordeuropas bisher als ungeschriebenes Gesetz, wenn auch zunehmend andere Pastelltöne die Regeln dieses Farbenpaars durchkreuzen, da auf eine Unterscheidung nach dem Geschlecht des Kindes heute weniger Wert gelegt wird als in der Vergangenheit.

Die Farbpalette folgt weitgehend der Entwicklung der europäischen Kinderkleidung, die im 18. Jahrhundert eine Vorliebe für frische, helle Farben entwickelte und rosenrote, lachsrote, kräftig blaue sowie hellblaue Töne auch für Täuflinge und Kleinkinder bevorzugte. Die Farbigkeit wurde durch den Zeitgeschmack bestimmt, als Kennzeichen für das Geschlecht des Kindes spielte sie dagegen keine Rolle. Das 19. Jahrhundert, das die Wirkung rosafarbiger und hellblauer Kleider in der Damenmode und farbiger Schärpen in der Mädchenkleidung schätzte, wendete die Regeln der Ästhetik auch auf die Kleidung kleiner Mädchen an und kleidet sie in diese Farben. Kräftige stahlblaue Kleidung galt demgegenüber seit dem 18. Jahrhundert als angemessene Knabenkleidung[27]. Die zunehmende Bevorzugung rosafarbiger Töne in der weiblichen Mode hat im 19. Jahrhundert schließlich zu einer Festlegung der Farbigkeit in der Täuflings- und Kleinkinderkleidung beigetragen[28] (Abb. 78).

Aus Nordholland erfahren wir aus dem 18. und der 1. Hälfte des 19. Jahrhunderts von einem Brauch, das Geschlecht neugeborener Kinder durch Farben anzuzeigen. In Haarlem verwendete man in dieser Zeit sogenannte „Kraamklopper" (Türklopfer für die Wöchnerin), die, an der Tür des Hauses angebracht, Vorübergehenden die Geburt eines Knaben oder eines Mädchens dadurch anzeigten, daß man die mit Spitze überzogenen Holzstücke mit einem rosa Untergrund versah, wenn das Neugeborene männlichen Geschlechts, mit einem weißen, wenn es weiblichen Geschlechts war[29]. In Holland und in anderen europäischen Ländern, wie in Teilen der Schweiz und in Italien, gilt eine Kennzeichnung, die sich von der bei uns üblichen unterscheidet, indem sie Knaben die rosa, Mädchen die hellblaue Farbe zuweist[30].

Scheint es sich dabei auf den ersten Blick um eine Besonderheit nationaler Art zu handeln, zeigt eine nähere Betrachtung, daß wir es hier mit einer grundlegend anderen Vorstellung zu tun haben, die weniger von einer ästhetischen Empfindung ausgeht wie im erstgenannten Fall, als von einer symbolischen

Coeffure ornée de rubans de gaze par Me Mulot, Rue de la Michaudière, N.º 29.
Robe de gaze garnie de rouleaux et de nœuds.

Abb. 77
Rosa und hellblaues Ballkleid, aus: Journal des
Dames et des Modes, Frankfurt 1830, koloriertes
Modekupfer. Kunstbibliothek SMPK Berlin

Abb. 78
Babyjacke und Häubchen, Taft und Baumwollgaze
bestickt, 1. Hälfte 19. Jh. Museum für Kunsthandwerk
Frankfurt

Abb. 79
Babyjacke und Häubchen, Seidenmoiré, Holland
18. Jh. Nederlands Kostummuseum Den Haag

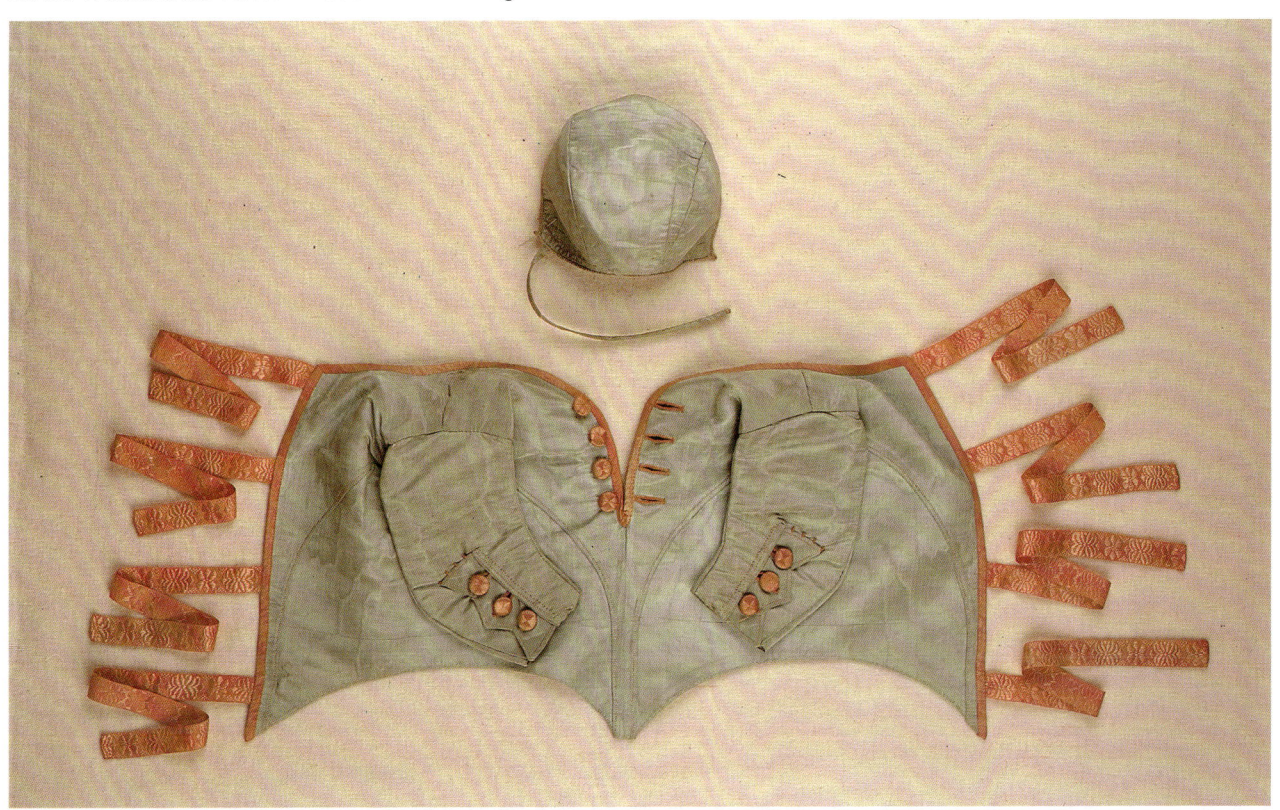

Farbauffassung. Deutlich wird dieser Unterschied dort, wo die ursprüngliche Farbigkeit kräftiger Rot- und Blautöne auch im 19. und frühen 20. Jahrhundert eine Rolle spielte und noch nicht durch die Pastelltöne nach der städtischen Mode überdeckt war. Im Kanton Zürich z. B. kannte man neben weißen Taufhäubchen zur Unterscheidung des Geschlechts der Kinder rote Kappen für Knaben und blaue für Mädchen[31]. Dabei wurde die Höherschätzung des männlichen Geschlechts bereits bei der Geburt durch die leuchtendere Farbigkeit zum Ausdruck gebracht. Sehr viel weniger Hinweise gibt es zur blauen Farbe als Kennzeichen des weiblichen Geschlechts, wenngleich sie in den Ländern katholischen Glaubens, vor allem in Spanien, sicher in Zusammenhang mit der Farbe des Marienmantels häufig war.

Das Vordringen der ästhetischen Farbauffassung, die von den Städten ausgeht, hat im 20. Jahrhundert im ländlichen Bereich zunächst zu einer Abtönung der kräftigen Farben zu Pastelltönen und häufig sogar zu einer Umkehrung in der Kennzeichnung geführt[32]. Im Wallis, wo man noch vor dem Zweiten Weltkrieg Taufkleider von Knaben mit rosa und die von Mädchen mit hellblauen Bändern schmückte, ging man nach dem Krieg zu der Kennzeichnung über, die wir heute aus Deutschland kennen[33].

Die Vorstellung, daß neugeborene Kinder bis zur Taufe unheilbringenden Kräften besonders ausgesetzt sind und daher als besonders schutzbedürftig gelten, führte in den vergangenen Jahrhunderten dazu, daß man der Taufkleidung ebenso wie den Taufdecken, die man beim Gang zur Kirche über den Täufling breitete, große Aufmerksamkeit zuwendete. Diesem Bedürfnis entsprach es, daß man die weiße Täuflingskleidung mit vorwiegend roter Stickerei, angenähten Bändern und Bandbesatz versah oder durch farbige Stoffe unterlegte, bei denen Rot die dominierende Rolle spielte. Neben diesem farbigen Schmuck weißer Taufkleider, der sich in verschiedenen bäuerlichen Tauftrachten des 19. und 20. Jahrhunderts erhalten hat[34], wird im 17. Jahrhundert über ganzfarbige Täuflingskleidung aus England berichtet[35]. Im 18. Jahrhundert schließlich nahm die farbig ausgestattete Tauf- und Kleinkinderkleidung zu, was sich an verschiedenen Jäckchen, Mützen, Hauben, Tragekissen und Taufdecken aus dieser Zeit ablesen läßt. Die Stücke zeigen eine große Variationsbreite heller und leuchtend blauer, rosa und lachsfarbiger Töne, die häufig auch an einem Teil kombiniert werden oder bestehen aus überwiegend rot gemusterten Seiden- und Baumwollstoffen[36] (Abb. 79). Hinweise darüber, ob diese Kleidungsstücke von Jungen oder Mädchen getragen wurden, finden sich nicht. Auch die Kinderhäubchen, die im 18. Jahrhundert Unterscheidungen des Geschlechts der Kinder durch ihren Schnitt anzeigten, variieren so häufig, daß sich daraus keine Regeln ableiten lassen, die auch für die Farbigkeit Gültigkeit haben. Erst die duftigen langen Kleider, die seit dem späten 18. Jahrhundert aus durchscheinenden weißen, rosa oder hellblau unterlegten Stoffen zur Taufe getragen wurden, zeigten eine Unterscheidung in der Farbigkeit nach dem Geschlecht des Kindes.

Anmerkungen

1 F. Haeberlein 1939 S. 84
2 ebd.
3 A. Rosenberg 1967 S. 64
4 F. Haeberlein 1939 S. 92
5 G. Haupt 1941 S. 55 f.
6 K. Wessel 1971 Sp. 531
7 Lexikon der christlichen Ikonographie 2 1970 Sp. 11 f.
8 A. M. Cetto 1946 S. 19
9 Ein Beispiel für diese Anwendung der Marienfarben ist der Miraflores-Altar Roger van der Weydens um 1425/1450 aus der Gemäldegalerie SMPK Berlin; s. dazu R. Grosshans 1981 S. 68 ff.
10 A. M. Cetto 1946 S. 19
11 L. Schmidt 1963 S. 174 f.
12 W. Brückner 1982 S. 23
13 Ciba 1939/41 S. 1507
14 M. Hain 1936 S. 60, T. 16
15 M. Bringemeier 1954 S. 77 ff.; vgl. die Konfirmationstracht des Kreises Lübbecke, Westfalen, F. Jostes 1961² S. 176 T. XIV
16 E. Nienholdt 1961 S. 72 f.
17 O. v. Zaborsky-Wahlstätten o. Jg. Tabelle der Männertrachten; ders. 1940 Tabelle der Männertrachten
18 L. Schmidt 1963 S. 269 f.; ders. 1969 S. 11; K. Mautner, V. v. Geramb II 1935 S. 454 ff.; J. Blau 1905 S. 30; F. Prodinger, R. R. Heinisch 1983 S. 42; N. Gockerell, A. Kostenzer 1976 Abb. zu S. 96, 112, 116, 128, 130, 134; W. Brückner 1982 S. 23
19 W. S. Scott 1947 S. 196 ff.
20 G. Büchner 1912²⁵ S. 481 f.
21 J. Evans 1952 S. 26 u. 42
22 R. Levi-Pisetzky 4 1967 S. 277
23 E. Müller – F. G. Baumgärtner 1805 S. 241
24 D. Vreeland 1980 S. 56 f. Ein Ballkleid à la Fanny Elssler von 1845 bildet M. v. Boehn 2 1919⁴ S. 110 ab.
25 ebd. S. 120
26 D. Vreeland 1980 S. 132 ff.
26a Auch in Entbindungsstationen unterscheidet man heute das Geschlecht neugeborener Kinder durch farbige Namensbändchen: hellblau für Jungen und rosa für Mädchen, W. Brückner 1982 S. 23
27 E. Thiel 1980 Abb. 56; R. Levi-Pisetzky 5 1969 S. 177
28 Ciba 1939/41 S. 1490
29 M. de Jong 1968 S. 141. Einen ähnlichen Brauch gibt es noch heute in Norditalien. Dort wird die Geburt eines Kindes dadurch angezeigt, daß man an der Tür des betreffenden Hauses Stoffrosetten anbringt — rosafarbige für Jungen und hellblaue für Mädchen.
30 R. Weiss 1946 S. 15
31 E. Welti 1967 S. 126; L. Wache 1966 S. 57
32 J. Wittig 1939 S. 82
33 A. Favre 1982 S. 79
34 L. Wache 1966 S. 74 ff.
35 P. Cunnington, C. Lucas 1978 S. 54
36 Über die Sammlung von Täuflingskleidern des 18. und 19. Jh.s aus dem Nederlands Kostuummuseum in Den Haag s. M. de Jong 1968 S. 138 ff.

6. Blau

Leuchtendes Ultramarin und ein dunkler, zum Schwarz hin neigender Ton sind die beiden Seiten der blauen Farbe, deren unterschiedliche Eindrücke sich am deutlichsten erschließen, wenn wir die Farbigkeit des Himmels in seiner Tag- und Nachtseite betrachten[1]. An die Vorstellung des Blaus als Himmelsfarbe schließt auch die Farbsymbolik des Judentums und in seiner Nachfolge auch die des Christentums an. Im Alten Testament war die blaue Farbe Ausdruck der Ferne und Erhabenheit Gottes, und Blau war auch der Mantel, in den sich der Hohepriester kleidete. An die blaue Farbe knüpfte auch das Christentum seine Vorstellungen von einer jenseitigen Welt. Im Blau sah es den himmlischen Ursprung und die Weisheit Gottes wirksam werden, die es in Bilder faßte wie die vom blauen sternenübersäten Himmelsgewölbe in mittelalterlichen Kirchen oder wie die von den Mänteln, die Christus und Maria tragen (vgl. Kap. IV/5)[2].

Neben dieser Symbolik haben in der Kleidung des Mittelalters leuchtendes Blau in den Krönungsmänteln französischer Könige als Zeichen weltlicher Macht auf der einen und das dunkle Schwarzblau als Zeichen der Trauer sowie als Farbe der Hörigen, Unfreien und Bauern auf der anderen Seite ihren Ausdruck gefunden (vgl. Kap. II/1).

Blau als Königsfarbe

Wurde der Purpurmantel als Zeichen der Königswürde zunächst in ganz Europa getragen, begannen die französischen Könige im 13. Jahrhundert, ihren Krönungsornat der Farbe ihres Wappens — Gold auf blauem Feld — anzupassen und den Purpur durch einen blauen Mantel zu ersetzen[3]. Zunächst war allein der Mantel von blauer Farbe und wurde mit goldenem Lilienschmuck verziert, während die übrigen Gewänder weiterhin purpurfarbig blieben. In den folgenden Jahrhunderten entwickelte sich das Blau zur dominierenden Farbe des französischen Königsornats. Auch die purpurfarbigen Untergewänder wurden durch blaue und im 16. Jahrhundert durch weiße ersetzt. Das Blau des Krönungsmantels blieb die favorisierte Farbe, die die französischen Könige bis zum Ende des 18. Jahrhunderts auszeichnete. Die leuchtende Farbe schätzten auch die Herzöge von Burgund im 14. Jahrhundert bei festlichen Anlässen[4].

Allgemein unterschied man Farben von sehr geringem Helligkeitsgrad auch in ihren Benennungen bis zum Spätmittelalter kaum und faßte sie als Dunkelfarben unter der Bezeichnung *fuscus* (dunkel) zusammen. Noch im 15. Jahrhundert galt in der katholischen Kirche neben Violett und Schwarz dunkles Indigoblau gleichwertig als liturgische Trauerfarbe, die in den nachfolgenden Jahrhunderten nicht ohne Einfluß auf die bürgerliche und bäuerliche Kleidung geblieben ist[5].

Blau als Modefarbe

In Italien galten im 15. Jahrhundert reine Blautöne im Vergleich zu der Vielfalt nuancenreicher rot-blau oder grün-gelb gemusterter Stoffe nach der Einschätzung der Zeitgenossen als weniger bedeutend. Die Vielfalt der Farbbezeichnungen für blaue Stoffarben im Florentiner Färberhandwerk zeigen den wachen Farbsinn der Südländer und eine Vorliebe für helle, himmelblaue Töne. Die zunehmende Einfuhr von Indigo neben anderen ausländischen Farbstoffen und verbesserte Techniken im italienischen Färberhandwerk schufen die Voraussetzung dafür, durch Mischung von Waid und Indigo oder durch Vorfärben mit dem weniger kräftigen Waid alle gewünschten Nuancen blauer Kleiderfarben zu erzielen[6], während nördlich der Alpen Färben mit Indigo zum Schutz der einheimischen Waidkulturen noch weitgehend verboten war. Als modische Blautöne bevorzugte man in Florenz im 15. Jahrhundert neben dem *blavo*, einem dunklen, vollen Blau, das auch als *azzurro chupo* bezeichnet wurde, vor allem Mischtöne wie *sbiadato*, ein Blaugrau, das auch in den kommenden Jahrhunderten in der europäischen Mode nichts an Beliebtheit einbüßte (*bleu mourant*), ebenso wie *turchino*, ein rot unterfärbter und mit Indigo oder Waid überfärbter Ton, sowie verschiedene hellblaue Töne (*cilestro = celeste, mavi*)[7]. Hatten bereits die italienischen Färber des 15. Jahrhunderts in Florenz eine reiche Skala von dunklen bis zu hellen Blautönen entwickelt, die in der zeitgenössischen Mode noch keine entscheidende Rolle spielten, so änderte sich dies in der 2. Hälfte des 17. Jahrhunderts unter Ludwig XIV., als Königsblau, als Zeichen barocker Machtentfaltung am französischen Hof getragen, zur Modefarbe wurde. Der zunehmenden Beliebtheit blauer Farbigkeit in der Kleidung kamen die Anstrengungen der Färber in Frankreich entgegen, die die gewünschten Nuancen mit Hilfe neuer naturwissenschaftlicher Erkenntnisse erzielten. Eine auf Veranlassung des französischen Ministers Colbert edierte Anleitung für das Färberhandwerk nennt allein 13 Blautöne von hellen bis zu dunklen Schattierungen, die neben „Bleu de Roi" auch einen Ton unter der Bezeichnung „Bleu de Reine" führt[8]. Nicht nur Ludwig XIV. und der Hof trugen Hofkleidung in kräftigem Blau, auch die Fürsten der übrigen europäischen Höfe folgten dem französischen Beispiel und ließen sich, wie der bayerische Kurfürst Max Emanuel, in glänzend blauem Justaucorps von ihren Hofkünstlern darstellen[8a]. Friedrich II. von Preußen bevorzugte in jungen Jahren mit Silber bestickte blaue Kleidung — eine Farbkombination, die mit der seines Mobiliars kor-

Abb. 80
Bildnis des Herzogs Ernst Ludwig von Sachsen-Gotha
und Altenburg, Johann Georg Ziesenis 1768, Leinwand. Gemäldegalerie SMPK Berlin

Abb. 81
Brautmantel, blaues Tuch mit Goldstickerei, 2. Hälfte
19. Jh., Bosnien/Jugoslawien. Museum für Völkerkunde SMPK Berlin

respondierte[9]. Eine Vorliebe für leuchtend blaue Kleidung, die in der ersten Hälfte des 18. Jahrhunderts weiter bestand, zeigten Maler wie Watteau oder Fragonard, die insbesondere die Wirkung der Farbe auf den Teint der Trägerin interessierte. Der höfische Geschmack wendete sich den hellen, durch Zusatz von Weiß ins Blasse abgeschwächten Tönen zu, die Ludwig XV. im Gegensatz zu seinem Urgroßvater schätzte[10]. Hellblau war neben den anderen gebrochenen Farben der beherrschende Ton in der Kleidung dieser, dem heiteren Lebensgenuß zugewandten Gesellschaft des Rokoko[11].

Während die fischbeingesteiften Hoftoiletten des 18. Jahrhunderts, die sich durch die Kostbarkeit ihres Materials auszeichneten, immer aufwendiger wurden, nahm auf der anderen Seite die Vorliebe für die Negligékleidung zu, die in ihren einfachen Schnitten und Stoffen immer stärker in der bürgerlichen Kleidung hervortrat. Negligés waren nicht nur für das Haus gedacht, sondern galten als angemessene Kleidung für alle Gelegenheiten, ausgenommen für Besuche und Hofgesellschaften. Diese Kleider, die nach dem Reglement der Kleiderverordnungen eher dem Bürgertum zukamen, aber auch von der Dame aus vornehmem Stand getragen wurden, entsprachen einem neuen Lebensgefühl, dem sich auch der Adel, zumindest in der Mode, nicht entzog. Während man in der Regencezeit weite Mantelkleider bevorzugte, die in Frankreich „Contouche", in Deutschland „Schlender" hießen, trug man in der 2. Hälfte des 18. Jahrhunderts zu weiten Röcken gern ein- oder mehrfarbig gemusterte Schoßjacken, sogenannte „Caracos"[12]. Für diese Kleidung verwendete man Baumwollstoffe, die wegen ihrer ursprünglichen Herkunft Indiennestoffe hießen und die mit Blumenmustern farbig, vielfach blau oder rot, bedruckt waren. Vor allem in Holland, wo diese Kleidung im Bürgertum des 18. Jahrhunderts weit verbreitet war, lebte diese Mode im 19. Jahrhundert in den westfriesischen Volkstrachten weiter[13].

Indigoblau, dessen Gebrauch den Färbern in Frankreich und Deutschland nach den lang anhaltenden Verboten im 18. Jahrhundert endlich offiziell gestattet war, wurde zu einer beliebten Modefarbe für die einfache Kleidung und fand im Kattundruck immer breitere Anwendung. Die Verfeinerung der Techniken, zu der vor allem Frankreich und England beitrugen, sowie die Ausbreitung der Baumwolldruckereien in den europäischen Ländern führten zu einem reichhaltigen Angebot bedruckter Kattune für die Damenkleidung. Da der einfache Reservedruck, mit dem man nur weiße Muster auf blauem Grund erzielte, dem auf helle, zarte Farbtöne eingestellten Geschmack nicht genügte, entwickelte man neue Verfahren, mit denen man in Anlehnung an den blauen Dekor von Fayence und Porzellan zarte blaue Blütenranken mit Indigo direkt auf den weißen Stoffgrund druckte und gern in Halb-

tönen abschattierte. Solche Stoffe wurden in gleicher Weise als Kleider- und als Möbelstoffe verwendet.

Eine ähnliche Entwicklung wie in der weiblichen Mode zeichnete sich in der Männerkleidung ab. Als der einfache bürgerliche Tuchfrack im letzten Drittel des 18. Jahrhunderts von England kommend auf dem Kontinent Eingang fand, verdrängten die schlichten Farben Dunkelblau, Flaschengrün und Braun, die zuvor als die Farben der Bürger und der unteren Stände galten, die hellen Töne der höfischen Mode. Als Ausdruck bürgerlicher Freiheitsbestrebungen wurden die englische Mode und ihre Farbigkeit in der Zeit des Sturm und Drang begeistert aufgegriffen. Durch die Gestalt des jungen Werther, der das Lebensgefühl dieser Generation wie kein anderer repräsentierte, und den Goethe in seinem Roman nicht in einen Frack aus Seide, sondern in einfachem blauem Tuchfrack mit gelber Weste, gelblichen Lederbeinkleidern und weichen Stulpenstiefeln nach englischer Mode kleidet[14], erhielt die Idee eine feste Gestalt. Als der Roman 1774 erschien, griffen zahlreiche junge Leute die Werthertracht auf, um dadurch ihren Wunsch nach Freiheit und ihre Auflehnung gegen die höfischen Sitten zum Ausdruck zu bringen[15]. Die „Werthermontierung", die Goethe selbst trug, als er 1775 nach Weimar kam, fand am dortigen Hof so großen Anklang, daß sie dort als Mode übernommen wurde (Abb. 80).

Blau als Farbe des Waffenrocks

War Dunkelblau in der Männermode einerseits durch den Einfluß Englands im letzten Drittel des 18. Jahrhunderts auf dem Kontinent eingeführt worden, so wurde die Farbe andererseits durch den wachsenden Einfluß der Uniformen im 18. und 19. Jahrhundert in weiten Teilen Europas zu einem festen Begriff. Diese Entwicklung setzte bereits um 1700 ein, als alle europäischen Länder, dem Beispiel Brandenburg-Preußens folgend, ihre Armeen mit einheitlicher Dienstkleidung versahen. Die Röcke waren in jedem Land von einer bestimmten Grundfarbe, während die Farbe der Aufschläge zur Kennzeichnung der verschiedenen Regimenter diente. Um die Mitte des 18. Jahrhunderts sogar als offizielle Kleidung bei Hof eingeführt, galt die Uniform fortan bei allen Gelegenheit als gesellschaftsfähiger Anzug[16]. Die Ende des 17. Jahrhunderts in Brandenburg eingeführten dunkelblauen Uniformröcke wurden auch Anfang des 18. Jahrhunderts in der preußischen Armee weiterhin getragen, als aus dem Kurfürstentum Brandenburg das Königreich Preußen entstand. Bayern, das dem Beispiel schon Ende des 17. Jahrhunderts folgte, wählte ein helles Blau, das bis zum Ersten Weltkrieg unverändert Kennzeichen seiner Truppen blieb.

144

Bei der Wahl der Farbigkeit spielten weniger die Wappenfarben als vielmehr wirtschaftliche Erwägungen zugunsten der Tuchindustrie eine Rolle, die mit Indigo gefärbte Uniformstoffe in großen Mengen herstellte. Eine zunehmend politische Bedeutung erhielten die Uniformen dadurch, daß Partnerstaaten diese nach dem Abschluß eines Bündnisses untereinander zur besseren Kennzeichnung anglichen. Eine wichtige Rolle spielte dabei das Dunkelblau der preußischen Truppen, nach deren Vorbild die Staaten Württemberg, Hessen-Kassel und Braunschweig im Siebenjährigen Krieg ihre Uniformen ausrichteten. Europa war in dieser Zeit nach seinen Uniformfarben in regelrechte Farbblöcke geteilt, wobei das Blau Preußens und einiger nordischer Länder dem Weiß der katholischen Staaten Frankreich und Österreich, dem Rot Englands, Hannovers und Dänemarks und dem Grün Rußlands gegenüberstand[17].

Nachdem auch Napoleon die französischen Armeen in Blau gekleidet hatte, trugen Mitte des 19. Jahrhunderts die meisten Armeen in Europa die dunkelblaue Uniformfarbe, die wegen ihrer Unauffälligkeit, bei immer geringerer Rauchentwicklung der Gewehre, im Krieg weniger Angriffsfläche bot als die hellen, leuchtenden Farben.

In Preußen beherrschte der blaue Offiziersrock die Hofgesellschaften und spielte bei offiziellen Anlässen, bei denen die Uniform vor dem schwarzen Gehrock der Zivilpersonen und dem Talar der Universitätsprofessoren rangierte, die führende Rolle[18].

Ihren Höhepunkt erreichte die Entwicklung in Deutschland 1870/71, als alle deutschen Truppen die preußische Farbe trugen, mit Ausnahme Bayerns, das standhaft seine traditionelle hellblaue Uniform bewahrte. Die Farbe „Preußischblau", die 1704 von einem Berliner Farbfabrikanten entwickelt wurde, hat in der Uniformfärberei keine Rolle gespielt[19].

Blau in der bäuerlichen Tracht

Die Bedeutung der blauen Farbe in der Mode des späten 17. und besonders des 18. Jahrhunderts vor allem in den Uniformen einiger europäischer Länder und der wachsende Import des Indigos, der wegen seiner größeren Farbintensität den einheimischen Waid allmählich verdrängte, blieben in Deutschland nicht ohne Auswirkung auf die Trachten der ländlichen Bevölkerung. Gegenüber der schwarzen Festtags- und der grau-braunen Alltagskleidung des 17. Jahrhunderts trat zu Beginn des 18. Jahrhunderts eine auffällige Veränderung ein. Seit dieser Zeit kamen vereinzelt, seit den 30er Jahren zunehmend und verstärkt seit 1750 blaue Männerröcke und bei den Frauen Jacken oder Schürzen ebenso wie Röcke in gleicher Farbe auf[20]. Wirtinnen, die modische Neuheiten

auf dem Land häufig als erste einführten, trugen in der Umgebung von Weilheim entgegen dem sonst üblichen Gebrauch Mieder aus blauem Damast[21], und auch in Miesbach nahm Blau in der weiblichen Bekleidung seit dieser Zeit zu. Blaue Schürzen beherrschten hier nicht nur die Alltags-, sondern auch die Kirchgangstracht[22], und in der 1. Hälfte des 19. Jahrhunderts gehörte in Werdenfels das blaue Mieder sogar zur Hochzeitskleidung[23]. Die gleiche Vorliebe für blaue Schürzen zeigen im 19. Jahrhundert die Frauentrachten Tirols und anderer Teile Österreichs[24]. Zur Unterscheidung von der Arbeitskleidung erhielten die Festtagsschürzen durch Mangeln oder Glätten eine glänzende Oberfläche[25]. In Mecklenburg wurden zur Unterscheidung für Alltage und Festtage verschiedene Stoffe, wie Leinen und Baumwolle, verwendet, wobei Kattun als modischer galt und zur Sonntagskleidung vorgezogen wurde.

Im Unterschied zum Gebirge, wo die Männer auch im 19. Jahrhundert bei ihrem grau-braunen Lodengewand blieben, beherrschten in Niederbayern und im Bayerischen Wald bereits im 18. Jahrhundert blaue Röcke das Bild der männlichen Sonn- und Festtagskleidung. Zu der für dunkelblaue kam eine Vorliebe für hellblaue Stoffe, die nach dem Vorbild bayerischer Uniformen getragen wurden[26]. Eine ähnliche Tendenz läßt sich bei den Frauentrachten beobachten, wo man ebenfalls helle und dunkle Töne bevorzugte. In Oberbayern hatte die Werdenfelser Tracht zu Beginn des 19. Jahrhunderts eine ausgesprochene Neigung für einfarbige und hellblau-weiß gestreifte Stoffe, die sich an dem Vorbild der städtischen Mode orientierten[27]. Als Hauptproduzent für Waid zeigte Thüringen noch im 19. Jahrhundert eine auffällige Vorliebe für blaue Kleidungsstücke[28]. Neben den Kirchgangsröcken für Männer, die hier wie in verschiedenen Gebieten Norddeutschlands getragen wurden[29], spielten blaue Leinenkittel als Kleidungsstück für Männer und junge Burschen im Alltag und am Sonntag eine Rolle[30]. Über Deutschland hinaus war die blaue Farbe in der Tracht in skandinavischen Ländern in gleicher Weise anzutreffen, während sie im Alpenraum ebenso wie in den Ländern Ost- und Südosteuropas nur selten auftrat (Abb. 81).

Blaudruck

Ein entscheidender Anstoß für den Aufschwung des Zeugdrucks in Europa Ende des 17. und zu Beginn des 18. Jahrhunderts waren die Importe im Reservedruckverfahren hergestellter Baumwollstoffe, die zunächst die holländische Ostindische Kompanie mit dem blau-weißen China-Porzellan nach Europa einführte. Hatte der blaue Reservedruck zur Ausbreitung des Kattundrucks in Europa eine wichtige Rolle ge-

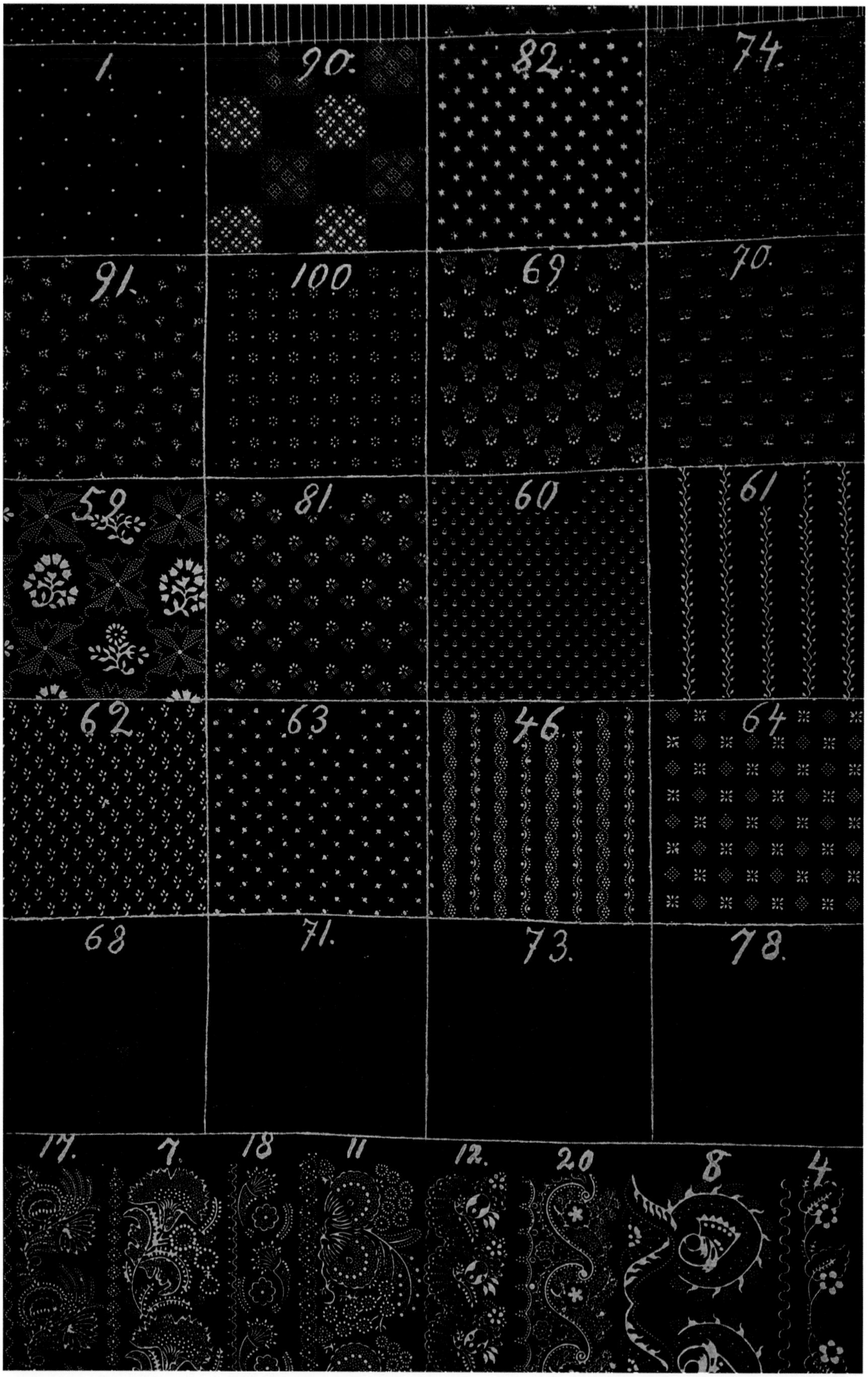
1.
90.
82
74.
91.
100
69
70.
59
81.
60
61
62
63
46.
64
68
71.
73.
78.
17.
7.
18
11
12.
20
8
4.

Abb. 82
Blaudruckmustertuch, Mecklenburg Anfang 20. Jh.
Museum für Deutsche Volkskunde SMPK Berlin

Abb. 83
Blaudruckschürzen, 1. Schleife/Lausitz, um 1900,
2. Schwiegershausen/Harz, um 1900, 3. Fackov/CSSR,
um 1910/30. Museum für Deutsche Volkskunde SMPK
Berlin (1/2), Museum für Völkerkunde SMPK Berlin (3)

spielt, so galten seine weiß reservierten Muster auf indigoblau gefärbtem Grund bald weniger elegant als die im Porzellandruck hergestellten Kattune, die durch Aufdrucken blauer Blumenmuster auf dem weißen Stoffgrund entstanden. Aus der hohen Mode bald weitgehend verdrängt, fand der Blaudruck in Deutschland und Österreich Verwendung in der einfachen städtischen Frauenkleidung. Im letzten Viertel des 18. Jahrhunderts trugen z. B. Bürgerinnen aus Salzburg und den benachbarten Städten blaue Schürzen mit weißen Streifen- und Rankenmustern zur dunklen Sonn- und Festtagskleidung[31], während die bäuerliche Bevölkerung des Umlandes zur gleichen Zeit an Hochzeiten und zu Festtagen einfarbig blaue Stoffe verwendete[32]. Von den Städten übernahm Ende des 18. und im Lauf des 19. Jahrhunderts die ländliche Bevölkerung Blaudruckstoffe vor allem wegen ihrer größeren Unempfindlichkeit. Für die Alltagskleidung bevorzugte man kleine, unauffällige Punkt- und Streublumenmuster, für Festtrachten dagegen größere Blumenmotive. Hergestellt wurde Blaudruck in verschiedenen Gebieten Nord- und Süddeutschlands. Ein Schwerpunkt für seine Verbreitung in der Tracht war das Gebiet der Lausitzer Sorben, wo Blaudruck bis ins 20. Jahrhundert, zum Teil sogar bis nach dem Zweiten Weltkrieg, in der weiblichen Kleidung eine Rolle spielte. Die zahlreichen Muster für die einzelnen Trachtengebiete unterschiedlicher Konfession wurden von Blaudruckern in den umliegenden Kleinstädten hergestellt, wobei die Stoffe durch Mangeln und Glätten mit Steinen oder Glaskugeln Glanz erhielten, so daß die weißen Muster plastisch hervortraten (Abb. 82).

Bevorzugten die Trachten aus Schleife vertikale Streifen und große Muster, war die Hoyerswerdaer Tracht an kleineren Blumenmustern mit abschließender Randbordüre zu erkennen. Dabei wirkte der Blau-Weiß-Kontrast der Schürzen häufig so stark, daß er den gesamten Eindruck der weiblichen Tracht bestimmte[33].

Eine wichtige Rolle spielte der Blaudruck in der slowakischen Tracht, in der sich die Muster für Schürzen und Röcke durch besonders große Vielfalt auszeichneten. Eine eigenständige Entwicklung des Blaudrucks bei der Landbevölkerung setzte hier zwischen 1850 und 1880 ein, zu einem Zeitpunkt, als Slowaken in die von Deutschen gegründeten Färberzünfte einheirateten[34]. Bei zahlreichen Stoffen, die man zu Schürzen und Röcken verarbeitete, wurde das dunkle Blau des Grundes durch hellblaue Schattierung variiert, die man durch erneute Reservierung der weißen Muster und ein zweites Farbbad erreichte. Darüber hinaus kannte man gelbe und grüne Musterung, die unter dem Einfluß des Kattundrucks von dem alten Blau-Weiß-Kontrast zu einer bunten Farbigkeit überleitete[35] (Abb. 83).

Blaue Alltagskleidung

Mit wachsender Bedeutung der schwarzen Farbe in den Standestrachten seit dem 16. Jahrhundert galt Blau als Kennzeichen der unteren Stände und wurde daher von den Vertretern der höheren Schichten abgelehnt. So fällt auf, daß die bereits erwähnten Inventarverzeichnisse Nürnberger Patrizierinnen in der 2. Hälfte des 16. Jahrhunderts unter den aufgeführten Kleidungsstücken verschiedene schwarze, aber kein einziges blaues erwähnen. Offenbar war die Farbe in ihrer ständischen Zuordnung soweit festgelegt, daß sie als unschön galt und als Modefarbe nicht in Frage kam[36]. Blau blieb auch im 17. Jahrhundert Kennzeichen für Dienstboten, Handwerker, Waisenkinder, Almosenempfänger und wurde von den höheren Ständen in der Kleidung gemieden. Diese Einstellung änderte sich erst, als die Gesellschaft des Barock und Rokoko dem Blau, vor allem in hellen Schattierungen, erneut Bedeutung als Modefarbe verschaffte. In dunklen oder „waschblauen" Tönen spielte die Farbe in der Arbeitskleidung weiterhin eine große Rolle, da indigogefärbter Stoff als farbecht und unverwüstlich galt und den Bedürfnissen der Alltagstracht besonders entsprach.

Seit Ende des 18. Jahrhunderts trugen Arbeiter und Handwerker in den europäischen Städten lange Hosen meist von blauer Farbe zur Arbeit und als Ausdruck und Zeichen ihrer Zusammengehörigkeit. Dazu kamen im 19. Jahrhundert blaue Arbeitskittel, die von Handwerkern, Fuhrleuten und der Landbevölkerung in Deutschland getragen wurden, und eine gestreifte Bluse, die in Frankreich beheimatet war[37].

Blaue Arbeitsschürzen verwendeten im 19. und 20. Jahrhundert außer den Handwerkern bei der Arbeit in verschiedenen Gebieten Deutschlands und Österreichs auch die Bauern. In Niederösterreich war das blaue „Vortuch" seit 1800 nicht nur Teil der bäuerlichen Arbeitskleidung, sondern galt darüber hinaus als Standesmerkmal der Bauern. Bei festlichen Anlässen trugen sie die blaue Schürze um die Taille als Schärpe zusammengefaltet, die sie von den Knechten unterschied[38] (Abb. 84, 86).

Abb. 84
Dreher (Drechsler), aus: 30 Werkstätten von Handwerkern, Nr. 16, J. F. Schreiber, Esslingen um 1836, kolorierte Federlithographie. Museum für Deutsche Volkskunde SMPK Berlin

Abb. 85
Montagearbeiter in blauer Berufskleidung, Farbdruck um 1975. Kunstbibliothek SMPK Berlin

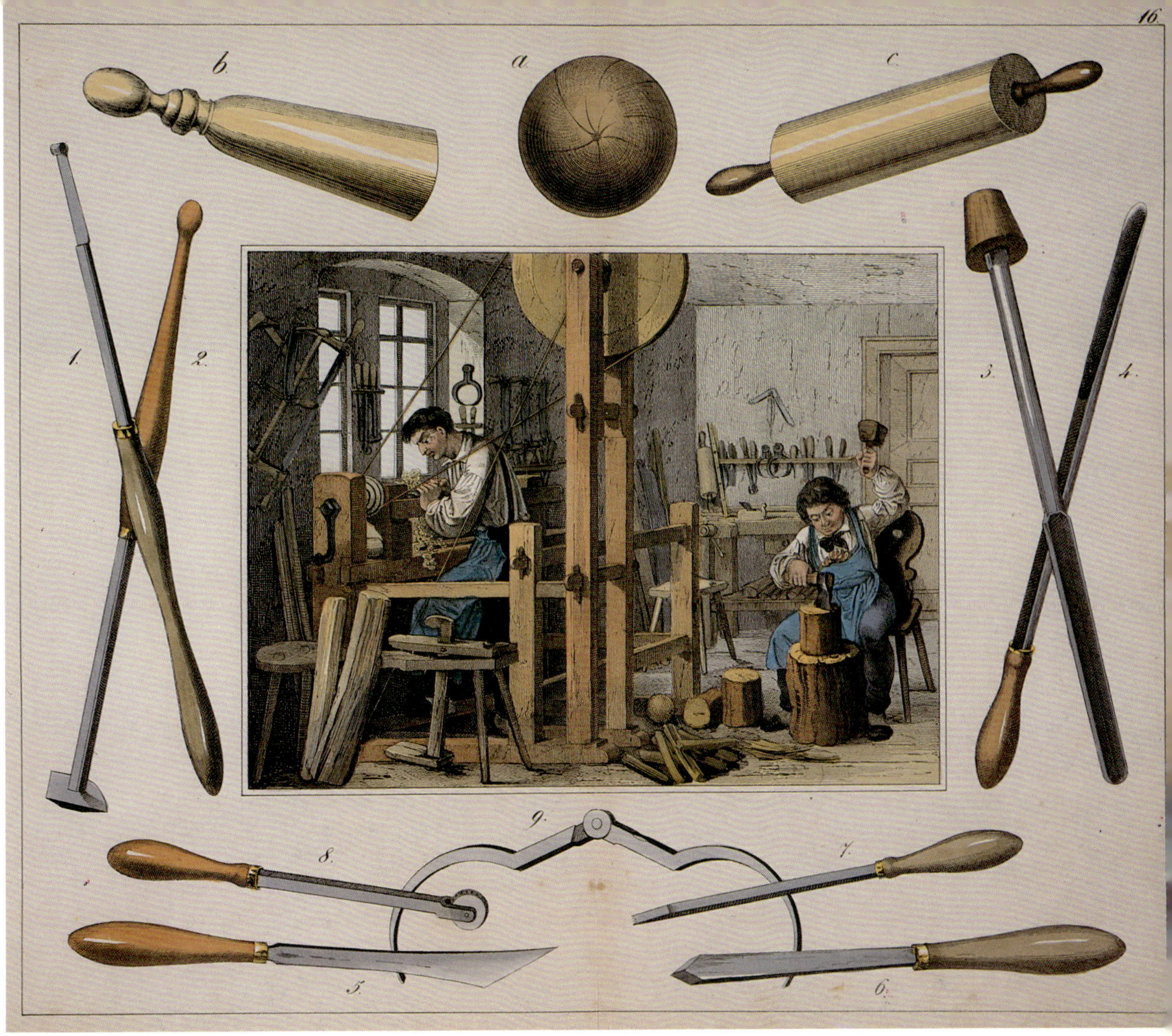

16

Blaue Arbeitskleidung, die in den Fabriken des 19. Jahrhunderts getragen wurde, hat auch im 20. Jahrhundert ihre Bedeutung behalten. Diese Kleidung wurde in den zwanziger Jahren durch praktische Overalls oder Kombinationen ergänzt, die von den amerikanischen Fliegern übernommen waren, bis schließlich die unverwüstlichen Jeansanzüge auch im Bereich der Arbeitskleidung vorherrschten[39] (Abb. 85).

Der Anstrich der Arbeitskleidung haftet den Jeans an, die der Österreicher Levi Strauß in Amerika seit 1850 aus strapazierfähigem blauem Baumwollstoff herstellte, bis sie in den dreißiger Jahren amerikanische Collegestudenten als Freizeitkleidung entdeckten[40]. Von den GIs nach Europa gebracht, griffen die Jugendlichen nach dem Zweiten Weltkrieg die „Amihosen" als legere Freizeitmode auf. Ihre Nachfrage stieg Mitte der fünfziger Jahre an, als der Rock'n Roll populär wurde und sich die Jugendlichen wie ihr Idol Elvis Presley oder der Leinwandheld James Dean in die enge blaue Röhrenhose zwängten. Zwischen 1960 und 1970 wurden Jeans, zahlreichen Widerständen zum Trotz, zur weithin akzeptierten Allzweckkleidung der Jugendlichen für Arbeit und Freizeit. Diese Entwicklung setzte sich in den siebziger Jahren für alle Altersgruppen bei Männern und Frauen gleichermaßen fort. Von Jugendlichen einst durch Bürsten und Schrubben in einen abgetragenen Zustand gebracht, den die Industrie heute schon frei Haus liefert, sind die blauen Jeans heute nicht nur ein praktisches Kleidungsstück, sondern wie kein anderes, Kennzeichen einer dem Alltäglichen zugewandten Gegenwartsgesellschaft.

Anmerkungen

1 J. J. Tikkanen 1933 S. 292
2 A. Rosenberg 1967 S. 66
3 P. E. Schramm 1 1960 S. 160; B. Köhler 3 1900–1901 S. 146, 196
4 J. Evans 1952 S. 26
5 Zur Trauerfarbe Blau in der Tracht: P. Geiger 1916 S. 157 f.; W. Steller 1938 S. 51 ff.; K. Weinhold 1901 S. 83
6 R. Levi-Pisetzky 2 1964 S. 413
7 P. Friedrich 1973 S. 127; F. Brunello 1968 S. 200
8 J. G. Krünitz 5 1787 S. 654
8a Kurfürst Max Emanuel trug den Beinamen „Blauer Kurfürst", den ihm die Farbe seines Infanterierocks während der Türkenkriege eingetragen haben soll.
9 M. v. Boehn 4 1919[2] S. 184
10 M. v. Boehn 1921 S. 512
11 M. v. Boehn 4 1919[2] T. 39 f.
12 M. Braun-Ronsdorf 1972 S. 20 ff.
13 D. S. Katzenberg 1973 S. 164; E. Nienholdt 1961 S. 72
14 E. Thiel 1980 S. 260
15 ebd. S. 217
16 G. Kugler, H. Haupt 1983 S. 28
17 P. Martin 1963 S. 63; Ciba 1940/44 S. 1619
18 M. Bringemeier 1974 S. 85

19 Preußischblau wurde von dem Berliner Farbfabrikanten Diesbach 1704 bei dem Versuch, einen roten Farbton zu erzielen, entdeckt. Die Farbe wurde aus einem mit Alaun und Eisenvitriol versetzten Cochenilleabsud, den man mit Alkali behandelte, hergestellt. P. Ruggli 1927 S. 292; F. Brunelle 1968 S. 234 f.
20 O. v. Zaborsky-Wahlstätten 1958 S. 27 u. 33. Auf den Einfluß der blauen Militärfarbe auf die Männertracht Ostfalens seit der Zeit um 1740 weist W. Flechsig 1979 S. 18 f. hin. J. Gierl (1) 1971 S. 21
21 ebd. 1971 S. 53
22 ebd. 1971 S. 20
23 ebd. 1971 S. 77
24 J. F. Lentner 1905 S. 47; N. Gockerell, H. Kostenzer 1976 Abb. zu S. 96, 98, 102, 112, 116, 128, 130, 146–150
25 J. F. Lentner 1905 S. 153
26 O. v. Zaborsky-Wahlstätten 1940; ders. 1958; ders. (o. J.)
27 J. Gierl (1) 1971 Abb. 36 f.
28 L. Gerbing 1925 T. 6, 10–12
29 H. Schwindrazheim 1976 Abb. 11
30 H. H. Leopoldi 1957 S. 62; L. Gerbing 1925 S. 21; W. Flechsig 1979 S. 14
31 F. Prodinger, R. R. Heinisch 1983 T. 55, 66, 78
32 ebd. T. 56, 71, 72, 76, 77, 85, 91; J. Gierl (2) 1971 S. 53
33 M. Bachmann, G. Reitz 1962 S. 42 ff.; W. Stiller 1838 S. 51, 106, 137; M. Nowak-Neumann, P. Nedo 1954 S. 69, 82, 94; E. Schneider 1954 Abb. 47 S. 56 ff., 76 f., 80
34 H. Nixdorff 1977 S. 48; J. Vydra 1954 S. 23; J. Pisutowa 1966 S. 101 f.; O. Domonkos 1961 S. 235 f.
35 H. Nixdorff 1977 S. 48; J. Vydra 1954 Abb. 142–161
36 L. v. Wilckens 1979 S. 32 ff.
37 Ciba 1936/1 S. 29
38 L. Schmidt 1969 S. 51, Abb. 17, 32
39 Ciba 1960/150 S. 19
40 J. Cock-Clausen 1980 S. 258 ff.; R. Hoffmann 1982; W. D. Könenkamp 1983 S. 111 ff.

Abb. 86
Nach der Schule, Ferdinand Georg Waldmüller 1840/
1841, Öl auf Holz. Nationalgalerie SMPK Berlin

7. Grün

Maigrün

Der Herold Sicile, der in seinem 1458 erschienenen „Blason des Couleurs" die mittelalterliche Farbensprache zusammenfaßte und darstellte, verband die Farben mit dem Charakter des Menschen und stimmte sie auf die Jahreszeiten und Monate ab. Auch er sah im Grün die Farbe der Wiesen, der sprießenden Natur, des Frühlings und besonders des Maimonats und bezeichnete Grün als angemessene Farbe für die Kleidung junger Leute, verlobter Mädchen und jungverheirateter Frauen[1]. Lichtes Grün, wie es in den Bildern niederländischer Maler des 15. Jahrhunderts vorkommt[2], galt als schönste Schattierung und wurde von den Färbern für die begehrten flandrischen Tuche mit reinem Waid oder aus einer Mischung mit Wau erzeugt[3].

Besonders in Frankreich setzte man die Farbensprache im Spätmittelalter als Elemente höfischer Lebensformen in der Kleidung ein. In Übereinstimmung mit der später bei Sicile dargestellten Bedeutung wurde Grün im Frühling, mit Vorliebe im Mai getragen. Der französische König beschenkte Ende des 14. Jahrhunderts Mitglieder seiner Familie im Mai mit grünen Kleidern und ließ dazu für hohe Würdenträger des Hofes Livreen von gleicher Farbe anfertigen[4]. Ähnlich wie in Frankreich stand auch in Italien lichtes Maigrün in hohem Ansehen. „Festichino" war die Lieblingsfarbe der Florentinerin im 15. Jahrhundert. Die einheimischen Handwerker erzielten diesen Ton, indem sie den Stoff mit Wau vor- und mit Indigo überfärbten[5]. In grünen Kleidern zeigten sich adlige Damen zum jährlich stattfindenden Maifest, auf dem die Gäste der Jahreszeit entsprechend zum Blumenpflücken geladen waren[6]. Die Renaissancemode erwählte Grün als eine ihrer Lieblingsfarben. Bevorzugt getragen wurden Kleiderstoffe in zwei Schattierungen, meist in Moosgrün und lichten gelblichen Tönen, die die Reliefwirkung gemusterter Samte besonders gut zum Ausdruck brachten[7].

Von der Jägerkleidung zur Volkstracht

In seinem Jagdbuch zeichnete Kaiser Maximilian II. im 16. Jahrhundert auf, daß Grün die beste Schutzfarbe im Wald „zu Hierschen und Gembsen" sei und kleidete seine Jäger in eine Tracht, die halb grau, halb grün geteilt war[8].

Auch in den folgenden Jahrhunderten kleidete sich der Adel zur Jagd ebenso wie seine Jagdbediensteten in grüne Kleider. Eine Ausnahme machte England, wo Rot als königliche Jagdfarbe galt. Auch als zu Beginn des 19. Jahrhunderts nach dem Beispiel der Berg-

und Hüttenleute eine Uniformierung des gesamten Staatswesens in den meisten Ländern Europas einsetzte, wurde die grüne Farbe für die Kleidung der kaiserlichen Leibjäger in Österreich und allgemein bei den Forstbeamten übernommen, bei denen sie bis heute Berufsfarbe geblieben ist[9] (Abb. 88).

Im 18. Jahrhundert war z. B. in der Steiermark bereits um 1740 bei der bäuerlichen Bevölkerung der Wunsch zu erkennen, den grau-braunen Lodenrock gegen das grüne Jägerkleid einzutauschen. Dies führte anfänglich zu Kontroversen mit der Obrigkeit, die darin einen Verstoß gegen die ständischen Kleidergesetze sah. Daher wurde allen nicht zum Jägerhandwerk gehörenden Personen, insbesondere Bauern, Gärtnern, Fischern und Gerichtsdienern grüne Jägerkleidung verboten[10]. Diese aus Rock, Wams, Hosen, Hosenträgern, Hut und Strümpfen in grüner Farbe bestehende Tracht wurde auch in der 1. Hälfte des 19. Jahrhunderts getragen, aus der verschiedene Darstellungen überliefert sind[11].

Ungeachtet der obrigkeitlichen Einwände verbreitete sich der lange grüne Männerrock, der wegen seiner Verschlußart „Haftelrock" hieß, seit der Mitte des 18. Jahrhunderts zunächst in der Obersteiermark im Gebiet des Erzbergbaus zwischen Steyr, Leoben und Admont und bis zum Ende des Jahrhunderts entlang den Verkehrsstraßen nach Süden. Ende des 18. Jahrhunderts war er das Sonntagskleid reicher Bauern, während den Burschen und Knechten nur der kurze Janker aus grauem, selten aus grünem Loden zustand[12]. Nach 1800 wurde der grüne Rock, der an der vorderen Kante meist noch mit rotem Stoff gefüttert war, zunehmend auch von ärmeren Bauern und Knechten getragen. Ein Bericht über die Tracht des Krainachtals bemerkt dazu, allerdings mit einiger Kritik: „Bei dem zunehmenden Wohlstande des Landmannes fängt nun schon auch der Keuschler und fast jeder Bauernknecht an, an hohen Feiertagen in einem solchen Rocke, einem roten Brustflecken, schwarz-

Abb. 87
Der Frühling, Fr. Wentzel, Weißenburg/Elsaß, Nr. 522, um 1860, kolorierte Kreidelithographie. Museum für Deutsche Volkskunde SMPK Berlin

Abb. 88
Königlich Preußischer Förster in grüner Dieneruniform, Winckelmann & Söhne Berlin um 1850, kolorierte Kreidelithographie mit Tonplatte. Kunstbibliothek SMPK Berlin

Abb. 89
Jacke, Schwalm/Hessen, 1. Hälfte 20. Jh. Museum für Deutsche Volkskunde SMPK Berlin

Le printemps. Der Frühling

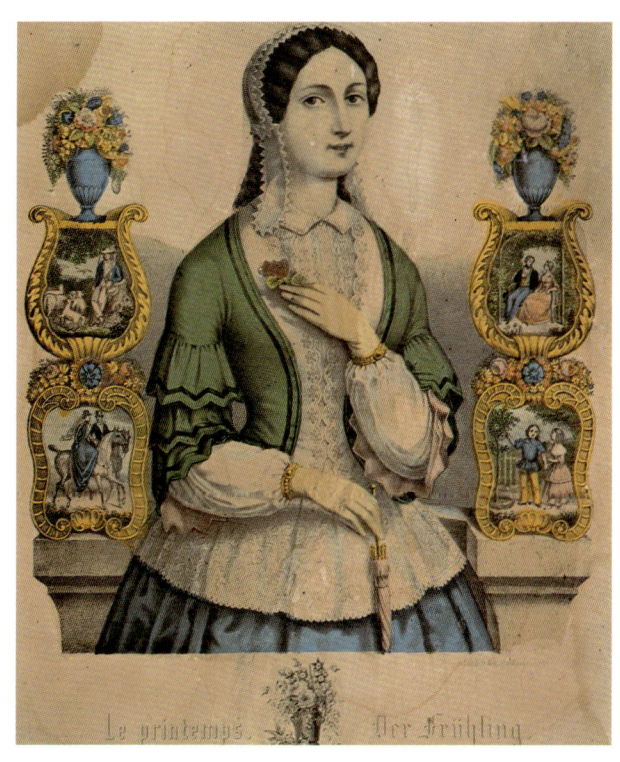

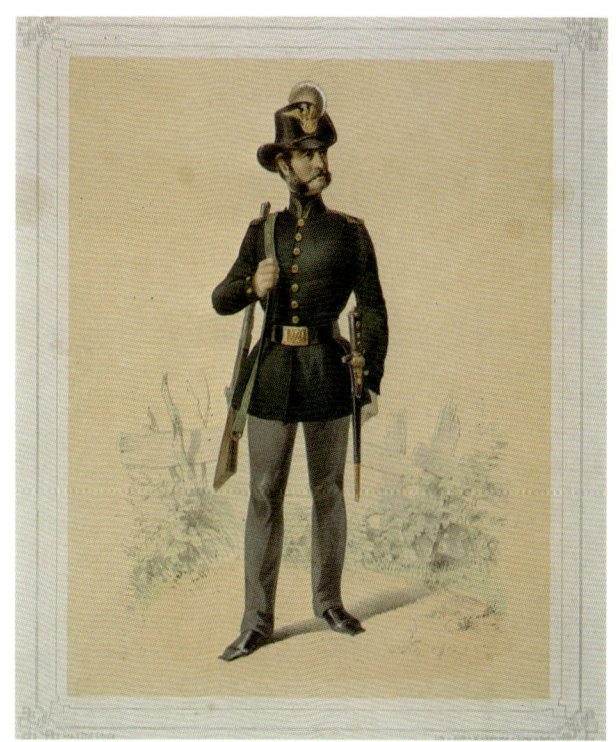

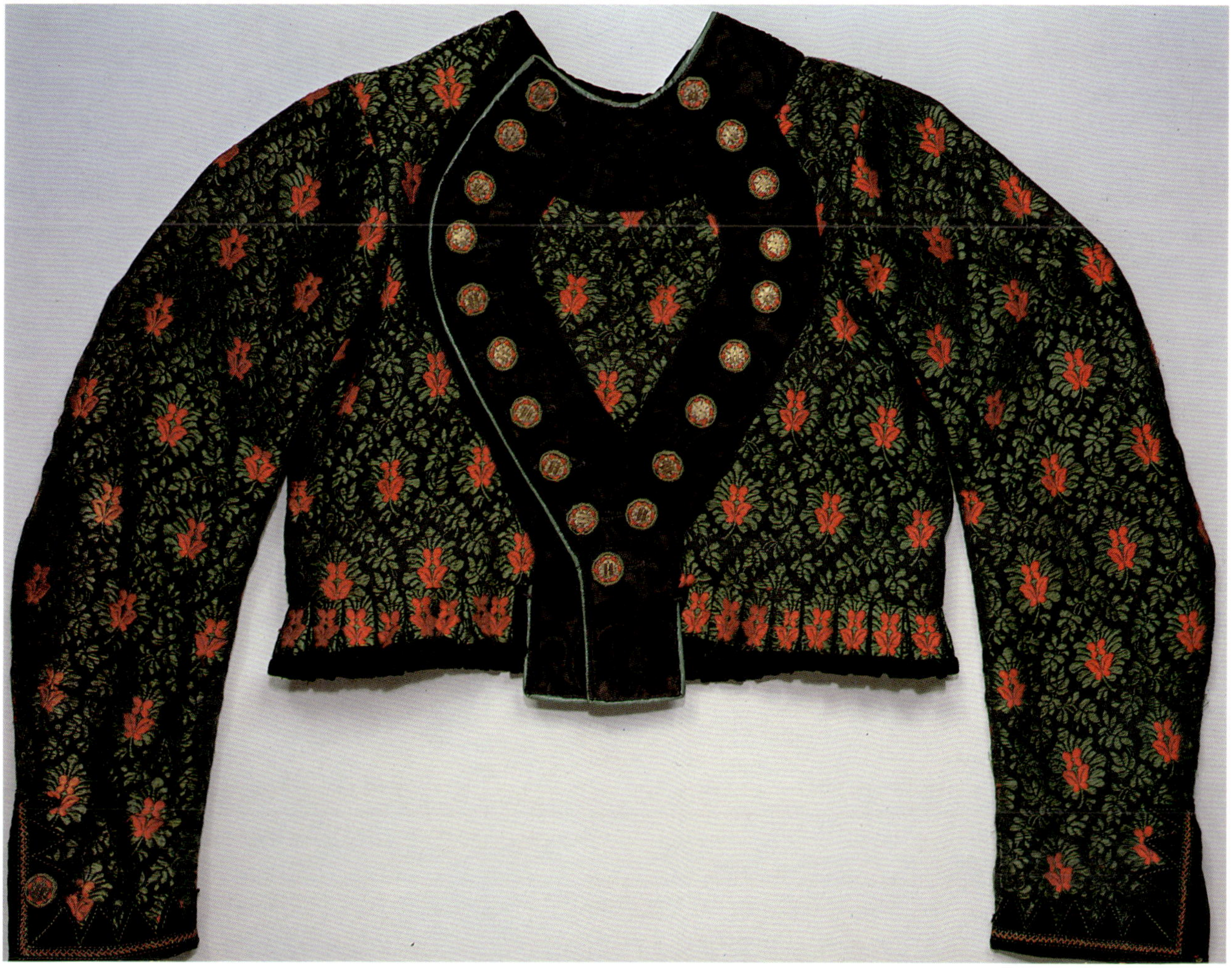

ledernen Beinkleidern, blauen Strümpfen und Bundschuhen zu erscheinen..."[13] Das Kleidungsstück blieb in den steirischen Gebirgstrachten bis zur Mitte des 19. Jahrhunderts in Mode. Kurz darauf war es mehr bei „jagdgeschniegelten Herrenleuten" als beim „Landvolk" anzutreffen[14]. Zugleich löste der kurze graue Lodenrock mit grünem Besatz, wie ihn nach dem Beispiel der Jäger auch Erzherzog Johann liebte, das grüne Gewand in den meisten Gebieten der Steiermark ab[15].

In Oberbayern war der grüne Ausputz an der grauen Lodenjoppe zunächst ebenfalls Kennzeichen und Vorrecht der Jäger. Wie Ludwig Steub 1860 anmerkte, versuchte noch in der 1. Hälfte des 19. Jahrhunderts ein pflichteifriger Landrichter das alte Standesabzeichen gegenüber den Bauern zu verteidigen, indem er einem Burschen kurzerhand die „angemaßte Zier vom Rock" schnitt, so sehr sich dieser auch auf die „Befreiungskriege und seine constitutionellen Rechte" berief[16]. Schon bald allerdings breitete sich der graue Rock mit grüner Auszier über das ganze Oberland aus. Im Unterschied dazu ging im Isarwinkel der Bauer bereits im 18. Jahrhundert in Grün gekleidet. Das traf vor allem auf die Jachenau zu, wo die Männer bis auf die weißen, aber grün bestickten Strümpfe ganz in die „jagerische" Farbe gekleidet waren[17], wenngleich Friedrich Lentner und Felix Dahn in ihrer Beschreibung der oberbayerischen Volkstracht in der Bavaria 1860 anmerkten, daß auch in den Isarwinkel bereits die graue Miesbacher Joppe vorgedrungen war[18] (Abb. 90). Das Grün der Jägerkleidung, die in Bayern als Vorbild für die Tracht anzunehmen ist, bestimmte aber in Lengries weiterhin die Kleidung der Gebirgsschützen, die hier wie an anderen Orten 1805 aufgestellt wurden, um die Grenzen gegen den Tiroler Landsturm zu sichern. In dieser Kleidung erschienen die Schützen im 19. Jahrhundert auf dem Münchner Oktoberfest, und ihre grüne Farbigkeit behielten sie bis ins 20. Jahrhundert bei[19]. Ähnlich wie in Österreich wurde es noch vor der Mitte des 19. Jahrhunderts beim bayerischen Adel Mode, sich bei der Jagd in die Gebirgstracht, vor allem die von Miesbach, zu kleiden, und zunehmend trugen sie auch die Städter, die ins Gebirge zogen.

Die grüne Hochzeit

In den Volkstrachten trat in Deutschland und Österreich die grüne Farbigkeit seit dem späten 18. Jahrhundert neben Beispielen in der Festtracht vor allem in zweierlei Gestalt auf: einmal in der bereits angesprochenen Weise als Zeichen der Jugend in der Kleidung der Unverheirateten und zum anderen in Verbindung mit der Hochzeitstracht, die im Gegensatz zum Rot der Ledigen die Zugehörigkeit zu dem neuen Lebensabschnitt markierte, der mit dem Tag der Hochzeit begann.

Grüne Hüte gehörten in verschiedenen Teilen Südtirols und Salzburgs zur Kleidung der jungen Burschen. In der Umgebung von Meran war es ein flacher Hut, der im Gegensatz zum Schwarz der verheirateten Männer als Privileg der Unverheirateten galt. Im benachbarten Eisack- sowie im Pustertal trat die gelbe Farbe in den Vordergrund, die vielfach als Nebenfarbe von Grün eingestuft wurde. Die Auszier bestand aus einem grünen Futter und gleichfarbigem Bänderbesatz[20]. In ähnlicher Weise gehörten grüne, in die Haare geflochtene Bänder bei unverheirateten Mädchen des Salzburger Vorlandes zur Prangtracht, die bei Prozessionen angelegt wurde[21].

Bereits nach der Verlobung trugen die Mädchen im Gebiet der Lausitzer Sorben um Hoyerswerda grüne Röcke, wenngleich die Farbe in anderen Gebieten erst bei der Hochzeit in Erscheinung trat. In diesem Zusammenhang sei auf die Schwalm in Hessen verwiesen, die durch ihre klaren Farbunterscheidungen für die verschiedenen Lebensabschnitte weithin bekannt ist. Wie an anderen Orten kam Grün nur in sparsamer Form als Bandbesatz am Rock sowie als Bänderschmuck und am Kopfschmuck der Braut vor, während die Tracht sonst das festliche Schwarz der Kirchgangskleidung zeigte[22]. Grüne Jacken und grüner Rockbesatz blieb auch nach der Hochzeit weiterhin die Farbe jungverheirateter Frauen und Männer, bis es mit fortgeschrittenem Alter nicht mehr schicklich galt, so viel Farbe zu zeigen·und dunkle Töne, bis hin zum Schwarz als Trauerfarbe, in den Vordergrund rückten[23] (Abb. 89).

Ein Kranz aus Rosmarin oder Myrte war nicht nur in der städtischen Kleidung, sondern auch in den ländlichen Trachten als Kennzeichen der „grünen Hochzeit" anzutreffen[24]. Bisher kaum untersucht, scheint diese Form des hochzeitlichen Schmucks auf dem Land vielfach erst eine jüngere Entwicklung gewesen zu sein. In Thüringen z. B. ersetzte der grüne Kranz aus Rosmarin das bunte Flitterkrönchen erst um die Mitte des 19. Jahrhunderts. Grüne Kränze wurden hier von der Braut im Haar und dem Bräutigam am Ärmel getragen[25]. Im Böhmerwald bestand der Putz des Bräutigams häufig aus einem Strauß von Rosmarin mit buntem Flitter verziert, der am Hut und am rechten Ärmel des Rocks befestigt war[26]. Nach dem modischen Beispiel städtischer Hochzeitssitten, die sich seit dem Ende des Jahrhunderts auf dem Land ausbreiteten, bevorzugten die Bräute zum Kranz bald grüne Myrte, die in Deutschland noch heute als angemessener Brautschmuck gilt[27].

Im Gegensatz dazu hat das vorherrschende Rot in den Hochzeits- und Festtrachten Ost- und Südosteuropas keine andere Farbigkeit aufkommen lassen. Ein gewichtiger Grund, warum die grüne Farbe sich

Bauern-Bursche & Bauern-Mädchen von Länggries.   *Jeune paysan & paysann de Laenggries.*

Münichen bey Hermann & Barth.

Abb. 90
Bauern-Bursche und Bauern-Mädchen aus Länggries
(Lenggries), aus: Felix Joseph Lipowski, Sommlung
Bayerischer National-Costüme, kolorierte Kreidelitho-
graphie, München, um 1830. Kunstbibliothek SMPK
Berlin

in den Ländern des Balkans in der Tracht nicht durchsetzte, war allerdings die Bewertung des Grün als heilige Farbe des Islam, die unter türkischer Herrschaft für die christliche Bevölkerung in der Kleidung untersagt war[28].

Anmerkungen

1 R. Levi-Pisetzky 2 1964 S. 414
2 E. Thiel 1980 Abb. 252
3 Ciba 1937/14 S. 500
4 J. Evans 1952 S. 40. Grüne Jagdkleider tragen drei Damen auf der Darstellung des Maimonats der „Très Riches Heures du Duc de Berry", um 1410, R. König, P. W. Schuppisser 1958 S. 85
5 P. Friedrich 1973 S. 127
6 R. Levi-Pisetzky 2 1964 S. 414
7 ebd. S. 413
8 K. Mautner, V. v. Geramb I 1932 S. 370
9 G. Kugler, H. Haupt 1983 S. 38 ff., 68 ff., 298 ff.; E. Berkkenhagen, G. Wagner 1981 S. 282 f.
10 K. Mautner, V. v. Geramb I 1932 S. 481 f.
11 dies. II Abb. 90, 218
12 ebd. S. 46
13 ebd. S. 149
14 L. Schmidt 1969 S. 59
15 K. Mautner, V. v. Geramb II 1935 S. 303
16 zit. nach I. Gierl (1) 1971 S. 43
17 I. Gierl (1) 1971 S. 55; dies. (2) 1971 S. 51
18 I. Gierl (1) 1971 S. 51; Bavaria 1 1860 S. 428
19 I. Gierl (1) 1971 S. 58 f.
20 J. F. Lentner 1905 S. 1 ff.; F. Prodinger, R. R. Heinisch 1983 T. 70—72, 82, 89—91
21 ebd. S. 49
22 Wegweiser 1977 S. 31
23 A. Spamer 1939 S. 64 f.
24 vgl. L. Schmidt 1969 Abb. 32; S. Ebert 1939 T. zu S. 80
25 M. Bindmann 1980 S. 21, 38 f.
26 O. v. Zabersky-Wahlstätten 1958 S. 64 f.; für den Bayerischen Wald ebd. S. 50 f.
27 M. Bindmann 1980 S. 21, 38 f.; E. Müller 1894 S. 67 ff.
28 M. Filipovič 1961 S. 68; O. König 1983 S. 61 f.

8. Schwarz

„Die Empfindung von absolutem Schwarz können wir am Tageslicht nur mit Hilfe des schwarzen Körpers erzielen, einer innen mit einem schwarzen Pigment überzogenen Hohlform, die mit einer kleinen Öffnung versehen ist..."[1] Begebe ich mich in das Innere eines so beschaffenen Raumes, werde ich ihn als wohltuende Abschirmung nach außen schätzen lernen, wenn ich meine Gedanken konzentrieren und Erinnerungsbilder hervorrufen will. Sehne ich mich aber nach Sinneserfahrung und sozialer Kommunikation, werde ich vergebens durch Starren, Lauschen und Tasten zu Ergebnissen kommen. Ich stoße in die Leere, ins Nichts und beginne, an der Abgeschiedenheit zu leiden. Wer kennt nicht den an diesem Kampf trübe gewordenen Blick eines Trauernden, der vergeblich in der Außenwelt nach den Reminiszenzen des Verstorbenen sucht. Das durch Schwarzfärbung gesteigerte und idealisierte dunkelfarbige Gewand (vgl. Kap. IV/1) stellt ein ähnliches Grenzphänomen in zweierlei Richtung dar: in bezug auf den optischen Eindruck und in bezug auf seine Funktion. Als härteste, dichteste unter den Far-

ben setzt Schwarz das „Gehäuse" Kleid am stärksten von der Umwelt ab und ruft den Eindruck einer Verkapselung hervor. Es richtet eine Scheidewand zwischen Mensch und Umwelt auf, zwischen den zarten Farben des Teints und dem beleuchteten Raum. Suchen wir nach den ideengeschichtlichen Zusammenhängen des Schwarz in der Geschichte der Bekleidung, so tritt eine Beziehung zu verschiedensten Grenzerfahrungen deutlich hervor.

Trauerkleidung

Seit der Antike ist Dunkel bzw. Schwarz als Trauerfarbe für viele Gebiete Europas belegt[2]. Es ist viel darüber gerätselt worden, ob diese Farbe mehr zur Un-

Abb. 91
Leichenzug zur Bestattung der Pfalzgräfin Hettwig 1657 in Nürnberg, Holzschnitt (?). Kunstbibliothek SMPK Berlin

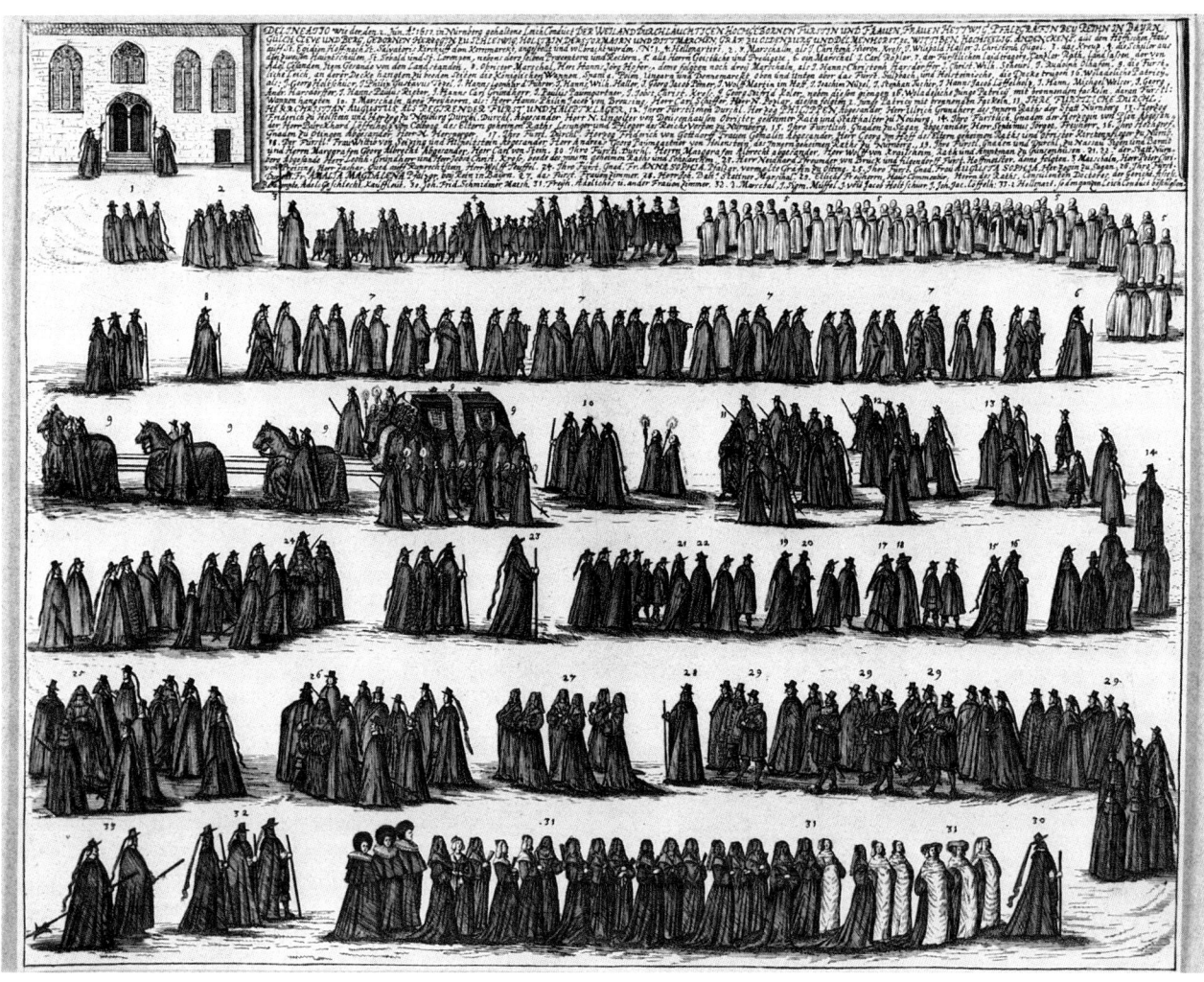

Abb. 92
Schwälmer Bäuerinnen in Voll-Trauer mit dem Trauermantel, Fotografie von Hans Retzlaff. Kunstbibliothek SMPK Berlin

kenntlichmachung diente, den möglichen Angriffen der verstorbenen Seelen zu entgehen, oder mehr als Ausdruck des Nachsterbens auf Zeit, der Teilnahme am Schicksal des Verstorbenen zu verstehen sei[3]. Eine Erklärung könnte sich nur im Zusammenhang mit den jeweiligen Vorstellungen über das Leben nach dem Tode in den einzelnen Epochen und Kulturen ergeben. Denn wenn die Hügelgräber, die Helberge aus der isländischen Saga als hell erleuchtete Festsäle vorgestellt werden, in denen die Verstorbenen ein unbeschwertes Leben führen, wäre die schwarze Trauerkleidung der Lebenden nur als persönliche Grenze erklärbar, die zum Ausdruck bringt, daß der Lebende diese Festsäle nicht zu betreten vermag. In der griechischen Antike stehen sich zwei Bilder vom Totenreich gegenüber. Für Homer ist es der Ort des Schreckens, der graue Hades, der nach Plato nur die Aufgabe hat, die Seele zu läutern, bevor sie die seligen Inseln betreten darf. Im Volksglauben aber bleibt der Tod zunächst mit Trauer und Sorge verbunden, weil die Einsicht in das Reich des Todes verwehrt wird[4].

Die wenigen Quellen zur älteren Trauerkleidung bezeugen, daß der schwarze Stoff stumpf und glanzlos, also von Wolle oder Samt, „nicht von Seidin", die Form konservativ und die Aufmachung schmucklos war[5]. Charakteristisch erscheint darüber hinaus die extreme Verhüllung beider Geschlechter, in der Antike durch schwarze Schleier, die „wie düstere Gewalten" (Euripides) den Trauernden umgaben, im Mittelalter bei den Männern durch „Clagkappen" oder andere Trauermützen, die das ganze Gesicht bedeckten, oder durch Hüte mit Gesichtsschleiern, im 18. Jahrhundert Visier genannt, bei den Frauen durch Mäntel und Leintücher, die zusätzlich Kopf und Gesicht einhüllten (Abb. 91). Hessische Bäuerinnen haben bis in die Gegenwart ein schwarzes, dichtplissiertes Gerremäntelchen bewahrt (gerren = weinen), welches bei Beerdigungen weit über den Kopf geworfen wird (Abb. 92). Als Trauerflor hat sich das verhüllende Element neben der sonst modisch gewordenen Trauerkleidung bis auf unsere Tage erhalten[6]. Erst mit dem Zeitalter der Aufklärung, in dem die alten Glaubensvorstellungen zur Farce geworden waren, nahm die Trauerkleidung besonders in der Phase der Halbtrauer immer mehr unernste Züge an (Abb. 93). Beim Spiel mit dem Trauer-Schwarz vor zarter weißer Haut wird im 19. Jahrhundert neben der würdevollen und

Abb. 93
Trauermode, aus: Illustrierte Frauen-Zeitung 1877, kolorierter Stahlstich. Kunstbibliothek SMPK Berlin

ILLUSTRIRTE FRAUEN-ZEITUNG.

19. November 1877.

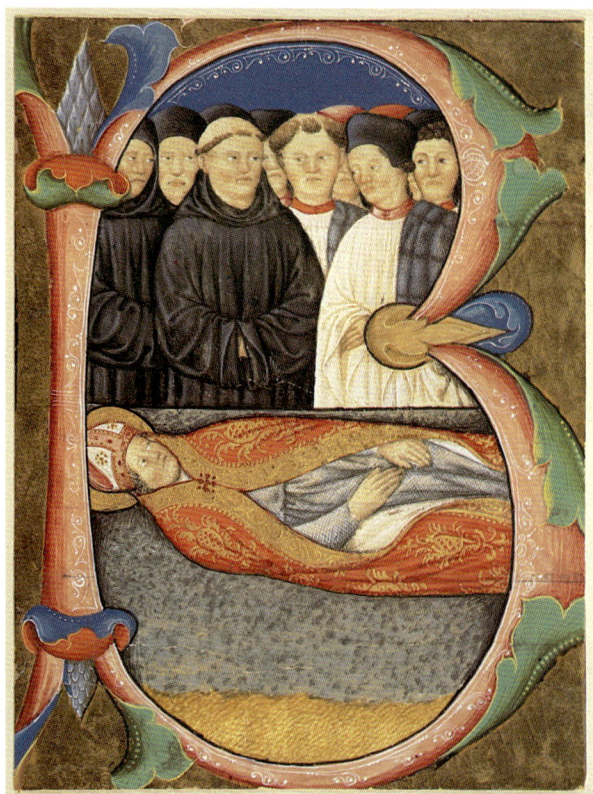

dramatischen Note dieser Farbe noch die des „Ge-
fährlichen" entdeckt; man macht die Bekanntschaft
mit der „fatal sexuality"[7].

Ordenstrachten in Schwarz

Wie aus den dunklen, ungefärbten, einfachen Stoffen
(vgl. Kap. IV/1) allmählich bestimmbare Farben für die
einzelnen Orden durch Färbung hervorgehen, wird
aus einem Kommentar des Erzbischofs von Reims aus
dem Jahr 972 deutlich: „Hat der Weber dem schwarzen Zeuge weiße Wolle beigemischt so wird deshalb
der Rock verschmäht. Auch der braune Rock wird verschmäht. Nicht minder ist ihnen auch die von Natur
schwarze Wolle nicht anständig genug, sie muß künst-
lich gefärbt sein."[8] In Schwarz gekleidet gehen folgende Mönchsorden: Die Benediktiner (gegr. 529) (Abb.
94), die Antoniter (gegr. 1095), auf ihren Mänteln tragen
sie ein blaues T-Kreuz, die Dominikaner (gegr. 1221)
tragen einen schwarzen Mantel über weißem Untergewand und Skapulier, die Augustiner-Eremiten (gegr. 1256), die Jesuiten (gegr. 1534) sind in die schwarze Alltagstracht der Priester gekleidet. Auch die entsprechenden Frauenorden tragen diese Farben. Unter
den Ritterorden sind es die Johanniter, die einen
schwarzen Mantel mit weißem Kreuz umlegen[9].
Die Schlichtheit der Ordenstrachten geht, wie in Kap.
IV/1 ausgeführt wurde, auf eine Haltung der Absage
an die persönliche Luxusentfaltung, an das Aufgehen
in der „Frau Welt" zurück. Sie kann aber nicht allein
auf die Geste der Trauer, der Sündentrauer, zurück-
geführt werden. Vielmehr liegt es nahe, die dunkle
Kleidung hier als Bild selbstgewählter „Klausur", als
Abschirmung gegen störende Sinneseindrücke (s. o.)
zu verstehen. Als Bestätigung einer vollzogenen Aktivitätsentfaltung nach innen liegen genügend Zeugnisse schon von den Gründern der Orden vor, man
denke an die philosophischen und theologischen
Schriften eines Augustinus, eines Thomas von Aquino
oder an die Schilderungen eindrucksstarker Visionen
einer Hildegard von Bingen. Diese Vorstellung oder
Erfahrung, daß die Finsternis oder das Symbol
Schwarz nicht eine absolute unüberwindliche Grenze
für den lebenden Menschen darstellt, ist schon in der
vorchristlichen ägyptischen Zeit belegt. Schwarz galt
hier als Symbol der Regeneration der Seele, der Wie-
dergeburt. Der Neophyt wurde während des Initia-
tionsritus in Schwarz gekleidet und in einen todähn-
lichen Zustand versetzt. Schaffte er es, die „schwarze
Grenze" zu überwinden, in das Lichtreich des Geistes
zu gelangen und dennoch lebendig in seinen Leib
zurückzukehren, so wurde er in weiße Kleider gehüllt
und in die Gemeinschaft der Initiierten aufgenommen[10].

Abb. 94
Beisetzung eines hl. Bischofs durch Benediktiner-
mönche, Lombardische (?) Schule, 1. Hälfte 15. Jh.,
Deckfarbe auf Pergament. Kupferstichkabinett SMPK
Berlin

Abb. 95
Bildnis Heinrichs II. von Frankreich (1518–1599) in
spanischer Tracht, Schule des François Clouet. Gemäldegalerie SMPK Berlin

Mode in Schwarz (15./16. Jahrhundert)

Die mittelalterliche Ständegesellschaft, die sich in ihrer Grundstruktur und in ihren Farben als Abbild einer himmlischen Ordnung versteht[11], befand sich in der 1. Hälfte des 15. Jahrhunderts besonders in Burgund auf dem Höhepunkt ihrer Prachtentfaltung. Mitten in dieser bunten Gesellschaft erscheint einer ihrer Fürsten — Philipp der Gute (1419–1467) — von Kopf bis Fuß in Schwarz gekleidet, in einer Farbe, die bis dahin nur von den Bürgern getragen wurde. Seiner sozialen Gesinnung nach kann es aber nicht Sympathie für die unteren Stände gewesen sein, die ihn zur Wahl dieser Farbe seit dem Ende seiner Jugendzeit bewegte. Denn er schien die heraufziehende Bedeutung des Bürgertums nicht erkannt zu haben. Sein wacher Intellekt, seine Lust und Sucht nach sinnlicher Erfahrung, seine Eitelkeit lassen vermuten, daß Philipp im Schwarz, in der wirksamsten Farbe zur Präsentation der Persönlichkeit, seine Farbe entdeckte[12]. Mit dem ausgehenden Mittelalter verklingen die leuchtenden Farben in immer gedämpfteren Tönen, bis sie wenige Jahre später neben Schwarz, Weiß und Grau nur noch ein kümmerliches Schattendasein führen. So laufen in der 2. Hälfte des 15. Jahrhunderts zwei Strömungen zusammen: Im Bürgertum ist das Schwarz der unteren Stände „wegen seiner Einfachheit"[13] zur beliebtesten Farbe geworden, während es gleichzeitig auch Vorbild durch Königshäuser und den Adel wird. Der spanische Hof, der unter Karl V., dem jungen ehemaligen Herzog von Burgund, die Führung in Europa übernimmt, richtet 1548 das Hofzeremoniell nach burgundischem Vorbild ein, verstärkt aber noch die düsteren Farben des späten 15. Jahrhunderts, die gepaart mit Gold-, Silber- und Edelsteindekor eine unnahbare Strenge und Würde hervorriefen. Diese Eigenart der dunklen Kleidung erhält durch die geometrisch stilisierten Formen noch eine wesentliche Verstärkung. Ganz sicher darf hier eine Verbindung zum mönchischen Zug des spanischen Hofes gesehen werden, der sich auch in der Abgeschlossenheit der Residenzgrundrisse widerspiegelt. Durch die spanische Hegemonie breitet sich das Hofzeremoniell rasch über Europa aus und damit auch die spanische Mode (Abb. 95–97). Diese freiwillig auferlegte asketische Geste der Kleidung war neu und ungewohnt. Viele der porträtierten Persönlichkeiten scheinen dieser „Isolation" im neuen Gewand noch nicht gewachsen gewesen zu sein, sie blicken wie verloren aus ihrer strengen Hülle heraus.

Diese Mode prägt nicht nur die Höfe anderer europäischer Länder, sondern wird allmählich auch Vorbild für die übrigen Stände noch weit über die Blütezeit der eigentlichen spanischen Mode (1550–1600) hinaus. In der thüringischen Volkstracht z. B. hat sich der kreisrund geschnittene spanische Mantel bei Män-

Abb. 97
Bildnis eines Mannes von 35 Jahren in schwarzer Schaube, oberdeutscher Maler 1527. Gemäldegalerie SMPK Berlin

Abb. 96
Bildnis einer Dame mit Mühlsteinkröse, Michiel Jansz. Mierevelt, Anfang 17. Jh. Gemäldegalerie SMPK Berlin

nern und Frauen für besondere Anlässe wie Abendmahl, Hochzeit, Beerdigung bis ins 19. Jahrhundert erhalten, während besonders in der Abendmahlstracht verschiedener deutscher Gebiete im Schwarz mit der weißen Kröse spanische Züge noch nachklingen[14].

In Italien liegt dieser neuen Mode in Schwarz noch ein anderer Aspekt zugrunde. Mit der Renaissance und dem Humanismus verbreitet sich eine Lebenseinstellung, die dem einzelnen Menschen als *faber mundi* die schöpferischen Fähigkeiten zuerkennt, die im Mittelalter nur wenige durch Stand und Fähigkeit (Regenten und Geistliche) erwerben konnten. Der Humanismus förderte durch Studium der Grammatik, Rhetorik und Poetik die sprachliche Ausdrucksfähigkeit des einzelnen; denn die eigene an Natur und Gesellschaft geschulte Erfahrung im Kontext mit alten Überlieferungen auszudrücken, wurde schon von Petrarca (1304–1374), Boccaccio (1313–1375) oder Erasmus von Rotterdam (1466/69–1536) gelehrt[15].

Die leuchtenden Farben des Mittelalters, die in der Früh- und Hochrenaissance in Italien, befreit von Ständevorschriften, von jedem einzelnen nach Geschmack und Neigung ausgekostet werden, verlieren auch hier allmählich ihre Wirkung. Selbst die einst so beliebten reich schattierten Rottöne werden nun als langweilig bezeichnet. Der italienische Edelmann, voran der republikanische Venezianer (Republik seit 1310), folgt dem burgundischen[16] und später dem spanischen[17] Vorbild. Er bevorzugte das schwarze Kleid, um durch den Kontrast des Schwarzen zum hellen Teint auf seine Persönlichkeit, auf seine Eigenheit aufmerksam zu machen.

Ein Rezept aus einem Färberbuch des Venezianers Giovanni Ventura Rosetti von 1540 mag die Anstrengungen veranschaulichen, der man sich unterzog, um seinem neuen Farbideal gerecht zu werden: „Tuch schwarz zu färben. Nimm Vitriol und Erlenrinde und bringe sie zusammen und mache, daß es sich gut durchdringe, und mit dieser Mischung wirst du eine Schicht auf dein Tuch ausbreiten drei Finger hoch von dieser Mischung, und darauf nimm Hammerschlag, und so wirst du eine Handvoll dieser Mischung und eine Handvoll Hammerschlag nehmen, und der Urheber dieses Rezeptes sagt, daß man es ähnlich machen müsse wie wenn man Maccaroni durchmischt und dieses sei für den dritten Teil dieser beiden obengenannten Mischungen und die beiden andern Teile sollen Wasser sein, so daß es bis an den Rand des Topfes geht worin diese Mischung ist; und dieses soll 24 Tage gemischt stehen, und dann wirst du dieses Wasser abgießen und aufbewahren, und dann wirst du dieses übrigbleibende Wasser für fernere vier Tage in der gleichen Weise daran gießen, und nimm es wieder weg und in gleicher Weise gieße es ein zweites Mal hinzu, und hebe diesen Bodensatz auf, denn er wird gut sein. Ebenso färbe mit dem Gall-

apfel wie es oben gesagt ist bei den andern Rezepten, und dies ist eine gute Färbung, und wenn du ein wollenes Tuch färben willst, dann halte darauf, daß die Mischung heiß sei, und wenn du Leinwand färben willst, dann soll sie kalt sein, und was übrig bleibt wirf nicht weg, denn es wird vortrefflich sein um die Zukunft zu färben, weil es besser ist als das erste Mal."[18]

Die schwarze Kleidung des 16. Jahrhunderts wird durch Kontrastierung mit Weiß in ihrer Intensität noch gesteigert. Die anfangs nur gelegentlich sichtbare weiße Kante des Hemdbündchens „wächst" sich — besonders in der spanisch-niederländischen Mode — allmählich über einen Rüschenrand zu einem mühlsteinförmigen steifen Gebilde aus (vgl. Kap. IV/2), das die kostbare Neuentdeckung des Menschen, das individuelle Antlitz, wie auf einem Tablett fast frei schwebend über dem Schwarz des Körpers zu präsentieren scheint (Abb. 96)[19].

Die lutherisch-evangelische Amtstracht

Nur innerhalb der christlichen Kirche lebt der Farbenglanz des Mittelalters noch fort, wenngleich die Stoffe der liturgischen Gewänder durchaus der jeweiligen Mode angepaßt werden (vgl. Kap. II/2). Die Farben wie der Kultus selbst können aber nicht mehr als reale Wirksamkeit, als lebendige Symbolik erlebt werden. Mit der Neuzeit haben sich die Tore zur Welt des Glaubens geschlossen. Ein Unterschied zwischen Priester und Laien ist nach Luthers Auffassung nicht mehr zu vertreten. So tragen Zwingli 1523 und Luther 1524 die schwarze Schaube, den „Luther-Talar" und das weltliche Barett, die Tracht der Laien nun auch auf der Kanzel. Noch deutlicher wird die Absage an mittelalterliche Glaubensvorstellungen bei Zwingli und Calvin. An die Stelle des Priesters als Repräsentant der Institution ist das Individuum getreten, das nur durch sein persönliches, historisches Wissen eine Erinnerungsfeier, aber keine „Messe als Mysterium" mehr abzuhalten vermag. Konsequent durchdacht und empfunden, wählten diese „Protestanten" für ihre „weltliche" Kleidung die schwarze Farbe als Zeichen der Isolation, des Auf-sich-selbst-gestellt-Seins. Die Luthertracht wird zum Vorbild der Professorentracht an protestantischen Universitäten, für Inhaber akademischer Ämter und schließlich für Bürgermeister, Juristen und Lehrer (vgl. Kap. II/1)[20]. Innerhalb der protestantischen Kirche setzt sich im 17. und 18. Jahrhundert besonders in Deutschland „Schwarz als liturgische Universal-Farbe" durch, obgleich an verschiedenen Orten farbige Meßgewänder weiter verwendet werden. Goldammer führt die allgemeine Neigung zu Schwarz auf einen wohl am stärksten durch Calvin ausgelösten Stimmungsumschwung im religiösen Bewußtsein des 17. Jahrhunderts zurück: auf die individuelle Passionsfrömmigkeit, die den leidenden und sterbenden Christus mehr als den auferstandenen in den Mittelpunkt ihrer Andacht stellt. 1733 werden in Preußen durch ein königliches Edikt die farbigen Meßgewänder endgültig untersagt. In den folgenden Jahrzehnten scheinen sich Profanisierungs- und Säkularisierungstendenzen bemerkbar gemacht zu haben, so daß am 20. März 1811 eine königlich-preußische Kabinettsorder und am 31. Januar 1817 eine Konsistorialverfügung veröffentlicht wurden, „die sich gegen die Verwendung privater bzw. bürgerlicher Kleidung bei Amtshandlungen wandten und den schwarzen Talar verbindlich einführten"[21] (Abb. 98).

So, wie die prächtigen Farben des römisch-katholischen Kultus die Kirchgänger, besonders in ländlichen Gebieten, zur Nachahmung ihrer eigenen Kleidung inspirierten, so förderte das Schwarz der protestantischen Kirchenkleidung die Beibehaltung dieser Farbe in ihren Gemeinden, besonders für die Abendmahlstracht. So schreibt J. P. Lange (1840): „In einzelnen Gegenden Süddeutschlands sollen die weltfrohen farbigen Kleider der Katholischen von den rigoureusen, dunklen Trachten der Protestanten stark abstechen."[22] In ländlichen Gegenden hat sich dieser Brauch bis heute erhalten.

Mode in Schwarz (18.–20. Jahrhundert)

Kehren wir zu Schwarz als Modefarbe zurück. In Frankreich hat sich die Loslösung von der spanischen Mode einerseits aufgrund der neuen Machtstrukturen in Europa, andererseits aber auch durch die Neigung der Franzosen zu farbigen Stoffen früh und radikal vollzogen. Während dem Bürgertum seit einer Verordnung von 1614 der schwarze Tuchanzug vorgeschrieben bleibt, blühen in den Barock- und Rokokomoden des Adels die Farben in Frankreich wieder auf. In der 1. Hälfte des 18. Jahrhunderts begegnet man Schwarz mit Gold nur gelegentlich noch am französischen Hofe als Hochzeitsrobe. Sonst wird Schwarz nur punktuell als Kontrastierung zum Hellen verwendet: als Schönheitspflästerchen auf weiß gepuderter Haut oder in Lyoner Stoffmustern zur Erhöhung der plastischen Wirkung[23]. Sonst bleibt Schwarz dem Kirchgang, kirchlichen Handlungen, der Trauer und den Armen vorbehalten. Denn ein schwarzer Anzug war beträchtlich billiger als ein farbiger. So griffen auch die jüngeren, weniger „betuchten" Leute aus höheren Ständen zu Schwarz, so daß das „Rokoko mit Abbés reich bevölkert erschien", wie M. v. Boehn ironisch bemerkt. Gegen Ende des Jahrhunderts griff auch der Adel zum Schwarz (vgl. Kap. III), da er Anlaß zum Tragen dieser Farbe aus allen genannten Gründen hatte[24].

Abb. 98
Amtskleidung für die protestantische Geistlichkeit der preußischen Länder 1811, Berlin, Schabkunstblatt. Kunstbibliothek SMPK Berlin

1789 auf der Nationalversammlung wird die Abschaffung der Ständetrachten feierlich beschlossen. Das aufstrebende Bürgertum wählt den schwarzen Tuchrock des dritten Standes zum Ehrenkleid. Er wird damit auch zum politischen Abzeichen, z. B. der Jakobiner. Aber nicht nur in Frankreich setzt sich die dunkle Farbe durch. In England entwickelt sich etwa seit 1770 aus der Reitkleidung eine schlichte Herrenmode; in Amerika ist es die puritanische Gesinnung, die die Quäker veranlaßt, einfache, dunkle Kleidung, unabhängig vom Wechsel der Mode, zu propagieren. So erscheint Franklin als diplomatischer Vertreter der jungen amerikanischen Republik in Paris im schwarzen Tuchrock und rundem Filzhut und verstärkt somit das Ideal republikanischer Freiheit in Schwarz[25].
Napoleon versuchte mit größter Anstrengung, die Farben in Anknüpfung an das Rokokokostüm wieder einzuführen, aber vergebens. „Der geradezu verheeren-

de Einbruch des Schwarz" läßt sich nicht mehr aufhalten[26]. Mitte des 19. Jahrhunderts entwickelt sich ein Kult um den schwarzen Männerrock: Frack, Gehrock, Jackett und Sakko, nach Schnitt und Ausstattung jeweils festgelegt mit Zylinder oder Glocke gepaart, wurden zum Abzeichen des vornehmen Bürgers, der die Spielregeln des Tragens genau kennen mußte[27]. Mit einigen Veränderungen und Lockerungen der Kleiderregeln hält sich die dunkle Mode, z. B. der Sakkoanzug als festliche Abendgarderobe für den Herren, bis in die fünfziger Jahre unseres Jahrhunderts. Aus der Sicht kritischer Zeitgenossen wird das Schwarz aber nicht positiv beurteilt. Bei der Schilderung mittelalterlicher Feste läßt sich J. Falke 1859 die kritische Bemerkung nicht entgehen, daß die Herren des Hochmittelalters „keinen so schwarzen, traurigen Mißklang zur allgemeinen Lust wie bei unseren heutigen Festen" verursacht hätten[28]. R. König spricht von „selbstgewählter Askese, die für Jahrhunderte das bürgerliche Zeitalter charakterisiert" hätte[29]. Kann die schwarze Herrenmode des 19. Jahrhunderts aber wirklich nur „traurig" oder „asketisch" genannt werden? Teilt sich uns beim Betrachten der Darstellung von den Dandys des 19. Jahrhunderts nicht auch ein Zug von selbstgefälliger, narzißtischer Behaglichkeit mit? Je mehr die Körperpflege den Genuß am Körper vermittelte, je sicherer fühlte man sich in seinem gewaschenen und geweißten „Eigentum", daß nach außen hin gegen die Umwelt nicht besser als durch Schwarz abgegrenzt werden konnte, um sich seines Besitzes in Sicherheit zu erfreuen. Das „mechanistisch-reduktionistische Weltbild des Materialismus"[30] andererseits konnte nur in einer Zeit praktiziert werden, in der sich jeder als „hartes Teilchen", als „schwarzer Kern" (Atom) in ein solches Räderwerk einspannen ließ oder läßt. Denn noch 1983 empfiehlt Jon Molloy, der populärste Kleiderberater Amerikas: „Je dunkler der Anzug oder das Kostüm seien, desto mehr Autorität strahle der Träger aus."[31]

Gegen Ende des Jahrhunderts erobert sich die bis dahin farbig bekleidete und „behütete" Frauenwelt auch das Schwarz als Farbe des Zeitgeistes.

Und die Landbevölkerung, die ihren Rausch der Farben schließlich auch ausgeträumt hatte, nahm sie ebenfalls willig als Festfarbe auf. Hier wie dort wird Schwarz damit auch — wie schon einmal zur Zeit der spanischen Mode — zur Farbe des Brautkleides[32].

Bis in unser Jahrhundert hält sich die dunkle Farbe. Schwarze Strümpfe und Schuhe sind bis zum Ersten Weltkrieg noch eine Selbstverständlichkeit in der Damenmode. Erst mit der Art Nouveau der zwanziger Jahre bahnt sich eine Tendenzwende an: Die Dame in Schwarz wird zum Vamp umstilisiert. Die Weltwirtschaftskrise der zwanziger Jahre führt zu einer Einschränkung auch auf modischem Gebiet. „Das kleine Schwarze", kreiert von Gabrielle Chanel, kann zu vielen

Abb. 99
Festtrachten für ältere Frauen, ab ca. 40 Jahre, in Schwarz, Cîmpulung Muscel/Rumänien, 2. Hälfte 19. Jh. Museum für Völkerkunde SMPK Berlin

Gelegenheiten getragen werden[33]. Als Modefarbe neben Weiß und Bunt tritt Schwarz in den folgenden Jahrzehnten immer wieder hervor. Dior liebte diese „Farbe" besonders. „Er suchte oft unter Bergen von schwarzen Stoffen nach dem einzigen Ton, der für ein bestimmtes Modell erforderlich ist." Denn Farbe und Schnitt waren für ihn unlöslich verbunden[33a]. Wir erinnern ferner an die für den Winter 1983/84 eröffnete Saison für den Abend in schwarzem Samt und schwarzer Seide[34].

„Maskierung" in Schwarz

Seit die Farben ihre Ständegebundenheit im 19. Jahrhundert verloren haben, seit die Gesellschaft danach strebt, neue eigene Formen des sozialen Zusammenlebens zu finden, haben sich auch neue Regeln zur Korrektur der als veraltet empfundenen Struktur eingespielt. Die junge Generation übernimmt die Rolle der Opposition gegenüber den erstarrenden Traditionen, gegenüber Spießbürgertum und Philistertum der Alten. Sie identifizieren sich oft mit der Farbe Schwarz, um ihre Negation, ihre Kritik an der absterbenden Welt zu verdeutlichen. So trugen die Freigeister der Romantik statt weißer Krawatten schwarze, „schwarz wie die Nacht . . ., wie die Hölle . . ., wie die ewige Verdammnis"[35]. Nach dem Zweiten Weltkrieg sind es die Beatniks von Greenwich-Village und San Francisco, die mit ihrer „prätentiösen Verwahrlosung" gegen die „Mittelklassenmoral" vorgehen, ist es eine Juliette Greco, die im schwarzen schlichten Pulli ihren politischen und existenzphilosophischen Protest kundgibt[36]. Die „Hells Angels" in den USA und Europa, die Rocker, die Teddy Boys, die Hippies, Skinheads und Punks, um nur einige namhaft gewordene Jugendgruppierungen zu nennen, streben, wenn auch aus unterschiedlichster Motivierung heraus, aus ihrem Selbstverständnis doch ein und dasselbe Ziel an: durch Protest aufmerksam zu machen auf die wachsende Bedrohung der Industrialisierung und Technisierung unserer Gesellschaft[37]. Die vorherrschende Farbe Schwarz wird hier nicht eingesetzt, um sich durch eine äußere Hülle gegen die Umwelt abzuschließen, um ein idyllisches Innenleben zu kultivieren (Abb. 100 und Abb. 101).
Das meist schwarze Leder, eng auf den Leib „gewachsen", die zusätzliche Bemalung, Tatauierung und Ausstattung mit Nadeln, Plaketten usw. symbolisieren eine Identifikation mit der bedrohlichsten Kraft unserer Existenz, mit der Zerstörung, mit dem Untergang, dem sich die jüngste dieser Gruppen, die Punks, trotz dieser Maske des Todes gerade persönlich entziehen wollen. Der Körper ist selbst zum abgestorbenen Kleid geworden, dem es gilt, durch Stechen, Schnüren, Verändern letzte Genüsse noch abzugewinnen.

Abb. 100
Punker-Clique, München 1983

Obgleich diese Jugendgruppierungen den schwarzen Reitern und Soldaten der Geschichte bis in die jüngste Vergangenheit[38] nicht ganz unähnlich sind, ihre Zielrichtung ist eine entgegengesetzte: Die militärischen Formationen verteidigten gerade das, was ihnen als „nationales Gut" verteidigungswürdig erschien; die „City Indians" identifizieren sich mit den historisch und regional entferntesten Gesellschaftsformen. Wollen sie damit selbst die fruchtbaren Aspekte der mitteleuropäischen Kultur verleugnen?

Abb. 101
Punkerin mit Irokesen-Frisur, München 1983

Anmerkungen

1 Ciba 1973/2 S. 2

2 vgl. G. Wagner 1969; G. Petschel 1965; O. Lauffer 1948 S. 51–89; J. Falke 1859 S. 504

3 G. Petschel 1965 S. 56 f.; G. Radke 1936 S. 52; HDA Bd. VII 1935/36 Sp. 1445; auch im Volksbrauch scheint die Bedeutung der schwarzen Kleiderfarbe zwischen Schutzfunktion und Gefahr wegen Anziehung böser Geister zu schwanken; vgl. HDA Bd. VII 1935/36 Sp. 1447

4 A. Hermann 1969 Sp. 386 f.

5 G. Radke 1936 S. 53; L. Hofmann 1939 S. 15; G. Wagner 1969 S. 89; Ciba 1944/63 S. 2321

6 Borinski 1918 S. 15; S. Loy 1922 S. 87; G. Wagner 1969; H. Heimpel 1954 S. 277; L. Bing 1964

7 A. Hollander 1978 S. 376; vgl. auch das Porträt der Comtesse Regnault de Saint-Jean-d'Angely von F. Gérard (1770–1837)

8 E. Thiel 1980 S. 98

9 J. Seibert 1980 S. 241; S. F. v. Sales Doyé 1929 s. unter den einzelnen Orden

10 A. B. Evarts 1919 S. 133

11 vgl. die Ständelehre des Bonaventura in Ciba 1938/23 S. 849

12 Zur Biographie Philipps d. Guten vgl. Biographie Nationale de Belgique 16. Bd. 1901 Sp. 220–250; J. Huizinga 1965⁹ S. 40, 75, 397; P. Post 1910 S. 77; Ciba 1944/63 S. 2313

13 Herold Sizilien 1458 zit. nach J. Huizinga 1965⁹ S. 396

14 Ausführliche Darstellungen zur spanischen Mode: Don M. Rocamora 1952 S. 68 ff.; im Elisabethan. England: Ciba 1949/88. Modische Spezialitäten: die schwarzen Seidenstrümpfe, ab 1589 maschinell gewirkt, und die schwarze Seidenstickerei auf Leinen, bes. für Hemden; über die Nachklänge der spanischen Mode: H. Dihle 1974 S. 1–20; in der Tracht: S. 14 u. M. Bringemeier 1974 S. 72; seit den 30er Jahren des 16. Jh.s bis ins 17. Jh. wird spanische Mode auch von den deutschen Studenten übernommen. Statt der alten langen Tunika tragen sie nun das schwarze „Mäntelchen aus starrer Seide", vgl. M. Bringemeier 1974 S. 58 u. R. Fick 1900 S. 32 f., ferner A. Schultz 1890 S. 74 ff.

15 vgl. dazu auch Norbert Elias. Über den Prozeß der Zivilisation Bd. 1 1978 S. 91 f.

16 „Das Beispiel Burgunds mag von Einfluß gewesen sein, hat das Schwarz doch zur Zeit der Albizzi seine Triumphe gefeiert, als burgundische Moden in Florenz willigste Aufnahme fanden", schreibt P. Friedrich 1973 S. 129. In der Malerei läßt sich der Einfluß Burgunds auf Venedig durch Antonello Messina (1430–1479) darstellen, der „vermutlich durch den von niederländischen Vorbildern beeinflußten Maler Colantonio ausgebildet wurde und Werke Jan van Eycks am Königshof von Neapel studierte. Durch seine einjährige Tätigkeit in Venedig hat Antonello die Entwicklung der dortigen Malerei nachhaltig beeinflußt." Er malte 1478 ein Bildnis eines jungen Mannes in Schwarz im Stile der niederländischen Malerei; vgl. Gemäldegalerie Berlin, Katalog 1975 S. 29 f., der auch eine Anzahl Beispiele zu italienischen jugendlichen Männerporträts in Schwarz aus dem frühen 16. Jh. abbildet (vgl. Bronzino 338, 338 A u. S 2; Franciabigio 245; Lotto 153, 182 u. 320; Meister der Magdalenen-Legende 1196).

17 Spanische Mode war schon gegen 1500 in Italien bekannt; vgl. H. Dihle 1974 S. 1, ferner Ciba 1937/17 S. 601, 610 u. 620

18 P. Ruggli 1927 S. 286 f.; weitere Angaben zu Färbereivorschriften und Rezepten vgl.: Ciba 1973/2 S. 4 ff.; Ciba 1939/38 S. 1426; Ciba 1947/74 S. 2759; B. Markowsky 1976 S. 91

19 Eine ausgezeichnete Interpretation der „barocken" Nuance des Schwarz, des innerlich durch „Todesangst", „Pessimismus" und „Welthaß" schwächlich gewordenen Menschen findet sich bei R. Alewyn 1940/43 S. 668–678. Zur Entfaltung des Schwarz im Barock vgl. Ciba 1938/22 S. 802

20 M. Bringemeier 1974 S. 44 ff.

21 K. Goldammer 1981 Sp. 133 ff.

22 J. P. Lange 1840 S. 1; vgl. auch M. Bringemeier 1978 S. 315

23 M. v. Boehn 1919 S. 536 u. 547; Ciba 1936/8 S. 262

24 J. Falke 1859 S. 519 f; M. v. Boehn 1919 S. 517; Ciba 1957/134 S. 9 f.

25 E. Thiel 1980 S. 220, 263, 278 f.

26 M. v. Boehn 1920 S. 91

27 M. v. Boehn 1920⁴; L. Kampffmeyer 1952; Ciba 1957/134 S. 16 f.; E. Thiel 1980 S. 333, 339 f.

28 J. Falke 1859 S. 509

29 R. König 1971 S. 227

30 vgl. dazu Fritjof Capra, Wendezeit 1983

31 zit. nach Tagesspiegel v. 11. 2. 83 „Kleider zum Erfolg"

32 M. Bringemeier 1954 S. 77 f.; dies. 1978 S. 316; A. Brirup 1963 S. 142; L. Taylor 1983 S. 252

33 A. Hollander 1978 S. 385

33a I. Gaenslen 1959 S. 168

34 vgl. Tagesspiegel vom 11. 9. 83 S. 44

35 E. Thiel 1980 S. 314

36 R. König 1971 S. 223

37 vgl. City Indians 1983; „Jugendstil 1982" in: Der Spiegel Nr. 17. 36. Jg. 26. 4. 82 S. 234–249; „Musik u. Mode" in: Süddeutsche Zeitung Nr. 132 11./12. 6.1983

38 Die schwarzen SS-Truppen können auf eine alte Tradition zurückblicken; es sei an die „schwarze Reiterei" des Grafen Günter von Schwarzburg (gest. 1349), das „schwarze Heer" des Mathias Corvinus, die sächsische „schwarze Garde" um 1500, die Mannen des Florian Geyer um 1525, die mit ihren schwarz gefärbten Gesichtern Schrecken einflößen sollten, die „schwarze Bande" Kaiser Maximilians, die „Totenkopfhusaren" Friedrichs des Großen oder des Herzogs von Braunschweig erinnert; vgl. R. Gross 1981 S. 166 ff.

V. Die Beziehung der Kleiderfarbe zum Menschen

Im Verlauf der Arbeit wurden vielfältige Bezugspunkte zwischen Kleiderfarbe und Individuum gestreift, die hier zusammenfassend betrachtet werden sollen. Die zufällige Wahl der Farben im Alltag mag dabei unberücksichtigt bleiben. Nicht nur das Ständesystem verleitete die Menschen unterer Schichten, sich am Höheren zu orientieren und ihnen verbotene Farben, Goldborten etc., sei es auch nur in kleinsten Mengen, in ihre Kleidung zu integrieren. Durch die Jahrhunderte wirkten auch besonders „anziehende" Einzelpersönlichkeiten unter den Regierenden und später unter den Bürgern durch ihren Geschmack prägend auf die Mode. Byron in England, Baudelaire in Frankreich und Goethe (vermittels seiner Romanfigur Werther) in Deutschland z. B. trugen zum allgemeinen Erfolg der englischen Mode bei. In unserem Jahrhundert sind es die Filmschauspieler und heutigentags die Szene-Idole der neuen Boheme, die bestimmte Modetrends setzen oder fördern. Seit der Mitte unseres Jahrhunderts tritt mit zunehmender Konfektionierung der Kleidung ein weiterer Aspekt für die Farbgestaltung in den Vordergrund. Das Kleid gewinnt immer mehr an Eigenständigkeit und wird durch nicht am Menschen orientierte Farbsysteme geprägt. Es kann z. B. als *l'art pour l'art*-Produkt, als *wearable art* beliebige Farbkombination (Abb.102), als Nachbildung einer technischen Montur einen schillernden Metallic-Look oder als faunistische Imitation Farbausschnitte aus dem Tierreich zeigen (Abb. 103).

Die Neigung, ein Idol äußerlich zu imitieren, setzt voraus, sich auch innerlich mit ihm zu integrieren; die Neigung, ein der wie auch immer gearteten Umwelt angepaßtes Kleid zu tragen, im Unpersönlichen unterzugehen. Beide Tendenzen verleugnen die eigene Identität und erinnern an Tarn- oder Warnverhalten im Tierreich.

Daneben gibt es Bestrebungen, nach „kleidsamen" Farben zu suchen, d. h. ein ästhetisches Verhältnis zwischen Kleider- und Eigenfarben herzustellen. Dies sind nicht nur die Farben vom Teint, Haar und den Augen gemeint. Der intellektuell-symbolische Aspekt, der im Mittelalter im Vordergrund stand (vgl. Kap. III), bezieht die Kleiderfarbe auf das Wesen des Trägers, das je nach seinem inneren Rang die Harmonie der Farben (Regenbogen) oder aber einen Ausschnitt zeigt. Mit zunehmender Verinnerlichung der Welterkenntnis tritt der persönliche Empfindungsbezug zur Farbe hervor und führt zu einer psychisch-tingierten Farbwahl. Mit der Aufklärung erlischt das Interesse an

Abb. 102
Wearable Art, Rolando Rasmussen, Berlin 1983

diesen nicht zähl-, wäg- und meßbaren Aspekten der Farbe. Die physiognomische Farbbeschaffenheit wird zum vorherrschenden Maßstab bei der Wahl der Kleiderfarbe[1] (Abb. 104).

1. Die Rolle der Tarn- und Warnfarben

Durch passive Farbanpassung unterscheiden sich viele Tierarten nicht von ihrem spezifischen Lebensraum. Es gibt Pelztiere, deren Felle sich im Winter passend zum Schnee, im Sommer passend zum Erdboden färben. Am deutlichsten ist der Farbwechsel bei den Chamäleons oder auch den Laubfröschen zu beobachten, die noch in der Lage sind, eine aktive Farbanpassung an ihre Umgebungsfarben vorzunehmen. Charakteristisch für die Farbtarnung ist, daß die Konturen verschwimmen und das Bild für den Betrachter sich aufzulösen beginnt. Diese Tarnung ermöglicht es den Tieren, vor Angreifern sicher zu sein oder aber „aus dem Hinterhalt" der Tarnung selbst einen Angriff zu starten[2].

In der berufsspezifischen Kleidung des Jägers und Soldaten, die aus den gleichen Motiven der Tarnung geschaffen wurde, finden wir Anpassungsfarben an das bewachsene Erdreich (Abb. 107). Inzwischen hat „die Entwicklung von infrarot-empfindlichen Spürgeräten es nötig gemacht, das Tarnprinzip über das sichtbare Spektralgebiet hinaus auszudehnen"[3]. Durch Beimischung von 3 % — 10 % spinngefärbter schwarzer Polyamidfaser oder von Viskosezellwolle zu den grün-, oliv-, khaki- und braungefärbten Stoffen wird diese Infrarotreflexion entsprechend verringert[4].

Inzwischen werden die bereits klassischen gescheckten Militärmusterungen auch ästhetisch für die Mode genutzt (Abb. 108). Der neue Trend suggeriert eine Anpassung aus pessimistischem Geiste, eine Anpassung an eine zerstörte Ökologie, an eine zertrümmerte Welt.

Anpassungsfarben, wie sie das Weiß des Müller- und Bäckerkittels an das Mehl, in früheren Zeiten das Rot der Fleischerschürze an das Blut, das Schwarz des Schornsteinfegeranzugs an den Ruß oder auch das Grau von Reisekleidung an den Staub zeigen, stellen dagegen mehr einen Schutz für die darunter getragene Kleidung dar, der durch die Übereinstimmung der Farben gleichzeitig noch ästhetisch wirken soll[5].

Im weiteren Sinne kann aber auch jede Art von freiwilliger Anpassung an die Kleidung einer Gesellschaftsgruppe, sei es an die Studenten-Couleurs, an Ständekleidung oder auch an die jeweils gültige Mode, als eine Art Tarnung, eine Anpassung, ein Sich-Verlieren an die soziale Umwelt gedeutet werden[6].

Warnfarben im Tierreich haben eine entgegengesetzte Funktion. Die grellen, gesättigten Farben, die markanten Zeichenmuster von Käfern, Schlangen, Quallen bedeuten ein „Achtung, Gefahr, Finger weg!". Denn sie sind gleichzeitig meist so giftig, daß eine Berührung schon verletzen kann. Während die Tiere mit Tarnfarben ein nervöses Verhalten an den Tag legen und vorwiegend Nachttiere sind, zeigen die mit Warnfarben ausgestatteten Gattungen in ihren langsamen und trägen Bewegungen eine erstaunliche Selbstsicherheit[7].

Warnfarben, besonders die gut sichtbaren gelborange Töne, werden als Kleiderfarben dort eingesetzt, wo es gilt, gefährdete Gruppen zu schützen: z. B. die Erstkläßler, die Straßenarbeiter und die Mitarbeiter der Stadtreinigung im Straßenverkehr (Abb. 106).

Die Geste des Warnens, der Abwehr, des Stolzes, der Überheblichkeit des bewußten Sich-Absetzens von der Umwelt, wie sie im Tierreich erscheint, finden wir als Möglichkeit auch im seelischen Verhalten des Menschen veranlagt. Diese Eigenschaft kann den einzelnen dazu veranlassen, seinen Gesichtszügen durch Schminke ein abweichendes Bild seiner selbst aufzuprägen und durch Farben und Muster seiner Kleidung den Kontrast zu seiner Umgebung deutlich zu machen. Die Jugendstile der Gegenwart, die Punk-Nachfolger z. B. mit ihren schwarz geschminkten Gesichtern, ihren stilisierten bizarren Mustern und aggressiven Farben als auch mit ihrer persönlichen Gestimmtheit auf einen fernen Helden, der sie über Tonband kontaktiert, sind ein Beispiel für die Haltung des Warnenden (vgl. Kap. IV/8). Aber auch die Mode selbst verfolgt seit den dreißiger Jahren, seit die Photographie die Modezeichnung verdrängt hat, den Weg weg von der persönlichen Physiognomie ganz auf das Kleid an sich[8]. Modezeitschriften, Filme, Schaufensterpuppen, aber auch die Modeschauen präsentieren heutigentags die rasante „Montur", während der Kopf durch phantastische Umhüllungen und Brillen maskiert wird (Abb. 105).

Beide Extreme, die ohnmächtige Verschmelzung mit der Umwelt als auch die Überzeichnung seiner Persönlichkeit nach dem Vorbild eines fremden Ego vernachlässigen die Möglichkeit einer Selbstverwirklichung. Im folgenden soll der Frage nachgegangen werden, welche Rolle die Eigenfarbe in bezug auf die Kleiderfarbe für die Darstellung der Persönlichkeit gespielt hat.

2. Eigenfarben des Menschen in ihrem Verhältnis zur Kleiderfarbe
Farbphysiognomie und Kleiderfarbe

Mit der Massenkonfektion nach dem Zweiten Weltkrieg hat sich der Sinn für eine Farbharmonie zwischen Kleiderfarben und Eigenfarben zurückgebildet. Durch die Flut von immer neuen Modefarben und der entsprechenden Werbung dafür werden im Käufer neue Bedürfnisse geweckt: stets etwas Neues zu wagen, anders zu sein, sich mit dem Schein eines „Großen" zu umgeben. Daneben lebt aber der Geist der Haute Couture und des Schneiderhandwerks noch fort, der dem einzelnen die auf den neuesten Stand gebrachten Erkenntnisse an die Hand geben will, seine persönliche Note aufs Beste zum Ausdruck zu bringen[9]. Die über zwei Jahrhunderte tradierten Thesen vom Einfluß der Kleiderfarbe auf Teint, Augen und Haarfarbe wurden bereits referiert (Kap. III „19. Jh.").

Aufgrund der Entwicklung der Farbmetrik, die die Wahrnehmung immer feinerer Abstufungen von Farbtönen weiter förderte, konnte festgestellt werden, daß jeder Mensch eine einmalige Farbphysiognomie aufweist[10]. Die Augenfarbe bleibt im allgemeinen konstant, die Haarfarbe verändert sich kontinuierlich, während der Teint am durchlässigsten ist für temporären Farbwechsel. Es scheint aber ein menschliches Bedürfnis zu sein, Abweichungen von der Norm in jedem Fall zu korrigieren. Dabei liegt die Versuchung nahe, über das Ziel hinauszuschießen, indem sich die Fragen stellen: „wie kann man eine matte Hautfarbe frischer erscheinen lassen, wie . . . Augen blauer" usw.[11] Liegt diesem Bedürfnis aber nicht ein mittelalterliches Schönheitsideal von der Erscheinung möglichst reiner Farben auch in der Physiognomie zugrunde, ein Schneewittchenbild, welches eine Haut „so weiß wie Schnee", Lippen und Wangen „so rot wie Blut" und Haare „so schwarz wie Ebenholz" hatte?

Wenn wir uns in der Kulturgeschichte umsehen, entdecken wir, daß physiognomische Eigenfarben in verschiedenen Epochen Beachtung fanden. Die Spanier hoben ihren Typ durch die weiße Halskrause (vgl. Kap. III/9) über abgedämpften Farben hervor, die Menschen des 19. Jahrhunderts ebenfalls durch Schwarz und Weiß, aber auch durch gebrochene Farbtöne, da sie von der Farbharmonielehre aus gesehen mit den nuancierten Farben der Haut, des Haares und der Augen am besten korrespondierten. Der Körper wird hier als Teil des Kleides gesehen, d. h. ästhetisch in das Gesamterscheinungsbild miteinbezogen. Richtet eine Gesellschaft ihr Augenmerk auf abgetönte Erdfarben, spricht daraus eine Haltung, die intellektuelle, „gebildete" Züge trägt. Man spricht daher auch von „vornehmer Zurückhaltung"[12] im Farbbild des 19. Jahrhunderts und meint damit, daß Temperament und Affekt, denen kräftige Farben zustehen, sich nicht mehr ausleben dürften. Diese intellektuelle Bestimmung des Menschen zum reinen Gehirn-Nervenwesen führt das Individuum nah an den Todespol. Denn wenn der Tod eintritt, erlischt jedes Farbenspiel auf dem Antlitz des Menschen. Farbe aber zeugt von seelischem Leben, denn dieses versetzt den Flüssigkeitshaushalt im Körper in Bewegung. In der Erregung

Abb. 103
Szene-Typen, München 1983

Abb. 104
Optisch-ästhetische und intellektuell-symbolische
(Bhagwan-Anhänger) Farbwahl, Berlin. Museum für
Völkerkunde 1983

Abb. 105
Mode 1983, Sylvia Cossa, Berlin 1983

Abb. 106
Kinder im Straßenverkehr mit warnfarbenen gelben
Schülermützen, Berlin 1983

Abb. 107
US-Soldaten in Tarn-Uniform, Berlin 1983

Abb. 108
Trümmer-Look, Sabine Schmitsdorf, Berlin 1983

zeigt es sich Rot (Blut), in der Erstarrung Weiß (Rückzug der Säfte) und im Ärger Grün oder Schwarz (Galle). Diese Beobachtung führte bereits Galen (130 bis 200 n. Chr.) in Anlehnung an antike Vorstellungen (Hippokrates) zu dem Schluß, eine Temperamentenlehre auszuarbeiten, die verdeutlichen sollte, wie die Menschennatur die Grundkräfte des Lebens, die Elemente widerspiegelt:

Temperament	Sanguiniker	Choleriker	Phlegmatiker	Melancholiker
reagierende Flüssigkeit	Blut	gelbe Galle	Schleim	schwarze Galle
Element	Luft	Feuer	Wasser	Erde
Farbe	Rot	Gelb	Weiß	Schwarz

Diese Typenlehre hat in veränderter Form bis in die Gegenwart gewirkt[13]. Die physiognomischen Farben tragen daher noch, wie Wackernagel es nennt[14], den Zug einer objektiven Symbolik, objektiv insofern, da sie der Mensch nicht selbst schaffen könne.
Blicken wir auf den Stimulus der flexiblen physiognomischen Farben, auf die „temperamentvolle" Psyche, müssen wir uns fragen, ob sie sich mit der naturgegebenen Farbigkeit immer begnügt. Napoleon jedenfalls mit seinem cholerischen Temperament hat Gelb über alles geliebt. Er „hinterließ eine gelbe Farbspur überall dort, wo er lange genug war, um für sich etwas herstellen zu lassen"[15]. Itten berichtet von einem Experiment, das er mit seinen Studenten durchführte. Er ließ Farbakkorde malen, die jeder persönlich „als harmonisch und angenehm" empfand. Das Ergebnis war erstaunlich. Die subjektiven Farbklänge zeigten eine merkwürdige Übereinstimmung mit dem „farbigen Gesichtsausdruck"[16].
Nun ist der Mensch aber nicht sklavisch seinen physiognomischen Farben ausgeliefert. Einerseits kann er sie direkt verändern, nicht nur durch Maskierung, sondern indem er Einseitigkeiten seiner Temperamentsstruktur ausgleicht und damit den Säftehaushalt harmonisiert. Andererseits hat er die Möglichkeit, sie durch Gegenfarben in der Kleidung ästhetisch zu ergänzen und damit Charaktereigenschaften oder Stimmungen auch zu idealisieren. Die Nazarener z. B. entdeckten, daß blondes Haar gepaart mit Grau und Karmesinrot „weibliche Sanftmut" und Liebenswürdigkeit oder vielmehr die wahre Weiblichkeit, braunes Haar gepaart mit Grün und Violett dagegen Putzliebe ausdrücken könne[17].

Farbpsychologie und Kleiderfarbe

Andere Farbbezüge ergeben sich, wenn der Mensch seine an der Außenwelt orientierte Empfindung, an der Tages- und Jahreszeit, am Anlaß seiner Betätigung, am Charakter der Landschaft etc. in der Bekleidung zum Ausdruck bringt.
Wie bereits bei der Abhandlung über die schwarze Farbe mitgeteilt wurde, tritt eine Vorliebe für dunkle Färbungen in der Kleidung nicht nur in kulturgeschichtlichem Zusammenhang, sondern auch in der persönlichen Biographie in Lebensabschnitten auf, in denen ein Bedürfnis nach Abgeschlossenheit, z. B. eine intensive gedankliche Betätigung besteht, oder wenn das Licht auf die uns anregende Außenwelt erlischt, am Abend, im Winter, im übertragenen Sinne auch im Alter und im Zustand der Trauer. Bin ich dagegen extravertiert gestimmt, habe ich Interesse für meine Umgebung, nimmt auch meine Neigung für farbige Kleidung zu. Ich will mich im Licht unter Farben auch farbig zeigen. Der Morgen, der Sommer, heiße Länder, die Kindheit, das Fest legen helle leuchtende Töne nahe[18].
Im Laufe der Jahrhunderte sind alle geschriebenen und ungeschriebenen Regeln für die Bindung der Farben an bestimmte Altersgruppen, Stände, Jahreszeiten und Anlässe aufgehoben worden. Damit ist die Möglichkeit gegeben, ad hoc erzeugte Stimmungen künstlerisch durch Farben in der Bekleidung auszudrücken. Um einen adäquaten Anhaltspunkt dafür zu gewinnen, welche Farben zu welchen Stimmungen passen, warum wir für die eine Sympathie, für eine andere Antipathie empfinden, müssen wir uns noch einmal kurz der Theorie zuwenden.
Solange es Psychologie als Wissenschaft gibt, ist auch über den Zusammenhang von Farben und seelischen Eigenschaften wie Charakter, Stimmung, Empfindung etc. nachgedacht worden[19]. Da sich uns die hier gemeinten Farben nicht über den Sehsinn mitteilen, müssen wir nach einem Verständnis zur Metaphysik erst suchen. Was ist damit gemeint, wenn ich von einem „blauen" oder „gelben" Typ spreche?
Diese Farbangaben sind nicht quantitativ gemeint im Sinne einer Kennzeichnung gleichwertiger Gruppen wie z. B. zweier Fußballmannschaften. Vielmehr wird mit dieser Farbbezeichnung auf jeweils unterschiedliche Qualitäten gedeutet.
Eine Farbenlehre, die nur die Optik, den physikalischen Aspekt der Farbe behandelt, wie sie Newton begründete, kann zur Qualität der Farbe keine Erklärung liefern. Denn Newton betrachtete alle sieben Spektralfarben als Zerlegungen des weißen Lichtes, die auch wieder im Weiß zusammenfallen können. Aussagen über den Charakter der Einzelfarben können aus seinem Farbkreis nicht abgeleitet werden, da ihrer Anordnung ein entsprechendes Bezugssystem

fehlt[20]. Goethe hat sich nicht umsonst entschieden gegen Newton gewandt, da seine Erklärung der Farbentstehung alle wesentlichen Fragen zur ästhetischen Wirkung und Symbolik offen läßt. Die Antike hatte bereits zwar Theorien zur Entstehung der Farben aus Licht u n d Finsternis hervorgebracht[21]. Der moderne Ansatz bei Goethe liegt darin, daß er die Finsternis neben der Lichtquelle als Faktor in Form der „Trübe" in seine Experimente miteinbezieht und damit die Idee „sichtbar" macht. Der sechsteilige Goethesche Farbkreis ist so gegliedert, daß sich Gelb als die hellste und Violett als die dunkelste Farbe gegenüberstehen. Aus dieser Anordnung kann abgeleitet werden, daß die einzelnen Farben von unterschiedlicher Aktivität des Lichtes oder der Finsternis zeugen[22]. Da Licht in der Natur nur in Verbindung mit Wärme auftritt, können die Farben, bei denen der Lichtanteil überwiegt, nicht nur hell, sondern auch warm (Gelb und Rot), die, bei denen der Finsteranteil überwiegt (Violett und Blau) nicht nur dunkel, sondern auch kalt genannt werden. Die Qualität der Aktivität des Lichtes und der Passivität der Finsternis — J. P. Lange nennt sie bezeichnend die Aethernacht, den ruhenden Grund[23] — veranlaßte Goethe, die Farben auch Taten (Gelb, Rot) und Leiden (Blau, Violett) des Lichtes zu nennen. Aktivität drängt an die Oberfläche. So bezeichnete schon Leonardo da Vinci Rot und Gelb als Oberflächen- bzw. Vordergrundfarben, Blau dagegen als Hintergrundfarbe. Aktivität heißt gleichzeitig auch Bewegung, Passivität Ruhe[24]. Diese angedeuteten Beziehungen der Farben zu Helligkeit, Wärme, Raum und Zeit treten hervor, wenn die Farbe im Prozeß der Entstehung aus Licht und Dunkel ins Auge gefaßt wird. Ist die Farbe in Erscheinung getreten, kann die „Ausgeprägtheit oder Eigenprägung", die „Unteilbarkeit eines jeden Farbindividuums" wahrgenommen werden[25].

Diese mit Goethe angeschauten Qualitäten und Kategorien der Farben wurden auch in anderen Erscheinungsformen der Natur gesehen, solange man sie aus dem gleichen Ursprung hervorgegangen dachte, aus Licht und Finsternis mit ihren entsprechenden „Fähigkeiten": in den vier Elementen, den Planeten, Steinen, Metallen, Tönen, den Tages- und Jahreszeiten[26] und schließlich auch im Menschen[27] mit seinem komplizierten Seelengefüge[28]. Dieses wie im einzelnen auch immer gedachte integrale Analogiesystem[29] legt es nahe, die einzelnen Erscheinungsformen, z. B. die Farbe Gelb, einen Trompetenstoß, einen hellen Vokal (I) usw. als Ausdruck einer zugrunde liegenden Kraft, z. B. einer „aktiven Gerichtetheit" zu betrachten[30]. Das Phänomen von der Synästhesie, von der Miterregung eines Sinnesorgans bei der Ansprache eines anderen, bietet eine Parallele zum Verständnis der integralen Analogie an. Es gibt Menschen, die Farben nicht nur als Seherlebnis, sondern auch als Klang, als Geschmack, als Vokal oder als Temperatur wahrnehmen und beschreiben können[31].

Die Farbpsychologie geht von diesen integralen Analogien zwischen Farbe und seelischem Zustand aus. „Was wir im weltgeschichtlichen Prozesse sehen, ereignet sich auch im einzelnen Falle", schreibt C. G. Jung[32]. Auf der Goetheschen Farbenlehre fußend, wurde eine Charakterologie des Menschen in Farben ausgearbeitet. Dabei werden einerseits die genannten Eigenschaften der Einzelfarben, andererseits auch ihre Beziehungen zueinander berücksichtigt, die Goethe je nach ihrer Stellung im Farbkreis harmonisch, charakteristisch oder aber charakterlos genannt hat; mit Begriffen also, die dem Seelenleben entlehnt sind. Dieser kurze Exkurs in die Farbenlehre sollte verdeutlichen, warum wir Farbklänge, sei es in der Malerei, sei es in der Bekleidung, als „Spiegelbilder der Verhältnisse in der tiefsten Grundlage des einzelnen" begreifen können[33]. Denn so, wie mich die Farbe Blau zwar kühl, traurig und vielleicht auch sehnend stimmt, weil sie so unerreichbar fern erscheint, werde ich auch im Zustand dieser Stimmung gern nach blauen Tönen als Ausdrucksmittel greifen; es sei denn, ich will diese Stimmung gerade durch ein Gelb oder Rot verscheuchen[34].

Dieser persönliche Empfindungsbezug zur Farbe bahnt sich in der Philosophie bereits, wie oben dargestellt wurde, im 11. Jahrhundert an. In der Praxis, das heißt in den Farben der Bekleidung, macht sich dieser Aspekt in der sogenannten Gewandfarbensprache des Spätmittelalters besonders geltend (vgl. S. 180). In der Dichtung leben die Vorstellungen von der Kleiderfarbe als Liebesanzeiger aber weiter (vgl. Anm. 46) und sind gelegentlich auch in die Praxis umgesetzt worden. Große Realisten wie Gotthelf, Keller, Tolstoi und Mann haben immer wieder ihre Figuren durch minutiöse Kleiderbeschreibungen charakterisiert[35].

Der Bezug von Gefühl und Farbe spricht auch aus Empfehlungen zur Ästhetik des 20. Jahrhunderts. Hoher Purpur vermöge festliche Stimmung, tiefer Purpur feierliche auszudrücken, und Vornehmheit, die es verbietet, starke Empfindungen zu zeigen, könne durch Sepia, Natur, Russisch-Grün, Dunkelblau, Schwarz oder Blaugrün zum Ausdruck gebracht werden[36]. Die Farbpsychologie hat Versuche unternommen, die Bevorzugung einzelner Farben in der Kleidung entsprechend zu deuten. Aus der Fülle dieser Untersuchungen sei hier nur ein Beispiel herausgegriffen: „Wer Braun vorzieht, spricht damit solide Festigkeit und vorsichtige Zurückhaltung aus. Doch wirkt Braun meist gut bürgerlich (oder gar spießbürgerlich) und in seiner erdnahen Auffassung oft ein wenig materiell. Violette Damen sind häufig empfindsam, äußerlich oder innerlich gehemmt, immer aber gespannt (im Gegensatz zum „gelösten" Gelb). Sie geben sich gern

einem unbestimmten Sehnen hin und verraten oft einen mystischen Einschlag. Das Lila, die Fliederfarbe, tragen vorwiegend ausgefallene Persönlichkeiten, welche die Ekstasen lieben und bezaubern wollen. Sie wünschen lieber mondän (demimondän) als bürgerlich zu erscheinen."[37]

Farbensymbolik und Kleiderfarbe

Orientiere ich meine Kleiderfarbe am Teint, kann ich optisch-ästhetisch Farbe an der Farbe prüfen; orientiere ich sie an meinem Gefühl, z. B. der Geneigtheit, der Begeisterung, habe ich noch ein wahrnehmbares Äquivalent in Mimik und Gestik z. B. im Lächeln, in der Ausstrahlung, welches die passende Farbwahl erschließen hilft. Darüber hinaus gibt es Aktivitätsbereiche im Menschen, die sich der sinnlichen Wahrnehmung ganz verschließen. Das sind die sog. Ideale und Tugenden, die im Denken des einzelnen betätigt werden. Will man diese geistigen Eigenschaften „sichtbar" machen, muß ein Farbsymbol als Stellvertreter erscheinen.

„Das Symbol ist dem Menschen ein Zeichen seiner Sehnsucht, mit dem, wovon er — wer weiß, wie lang — getrennt lebt, wieder verbunden zu werden; zugleich eine sichtbare Erinnerung an das Unsichtbare. Es soll ihm helfen, das andere zu erkennen, seine Verbundenheit mit ihm zu bekennen und des Andern Huld zu beschwören."[38] Im frühen Mittelalter galt das Symbol nicht als „bloßes Abbild, sondern als wirksame Gegenwart des Übersinnlichen"[39], es hatte gleichsam noch magische Funktion[40]. Mit der Neuzeit ist das Verständnis für die Realität der Ideenwelt geschwunden, so daß auch an Stelle der „echten" Symbolik die abstraktere Allegorie getreten ist. Hier wie bei der sogenannten unechten Symbolik, für die einige Nationalitätenfarben, besonders die Trikolorefarben und die Studentencouleurs gute Beispiele darstellen, ist meist erst später der Gedanken- und Empfindungsbezug in die Farbe hineingelegt worden[41]. Die mittelalterlichen Symbolbeziehungen von Farbe, Qualität und spiritueller Bedeutung mögen uns heute ebenfalls abstrakt, allegorisch erscheinen. Für den mittelalterlichen Menschen aber war durch alchemistische Tradition der Zusammenhang bestimmter Prozesse in der Welt (Makrokosmos) und im Menschen (Mikrokosmos), d. h. Schöpfungswort und Werk, noch Realität. Ludovicus ab Alcasar macht die mittelalterliche Denkweise explizit, die eine Farbe mit einer spirituellen Bedeutung verbindet. Demnach läßt sich z. B. die Farbe Lauchgrün mit dem „Heiligen Geist" wie folgt zusammenschließen: Lauchgrün deutet auf Lauch, im Lauch sind besondere Heilkräfte (nach Plinius) anwesend, welche auf bestimmte Organe wirken, die durch Untugenden, z. B. Geiz, Begierden, er-

krankt sind. So, wie die Lauchpflanze die Organe zu heilen vermag, kann der Heilige (heilende) Geist diese Untugenden tilgen.

Die Farben im Mittelalter bilden, wie im Kap. III bereits dargestellt wurde, also nicht einen eigenen Bereich, „sondern sie gehören in der Unterteilung aller möglichen Sinnträger nach Gattungen, ... zu den Qualitäten. Wie Wärme, Härte, Süße, Helligkeit, Rundheit beschreiben sie eine Beschaffenheit."[42] Die dingabgeleiteten Farbbezeichnungen wie z. B. Feuerfarbe oder Veilchenfarbe liefern einen Deutungsansatz — soweit keine weiteren Bezüge genannt sind — schon mit. Bei den „einfachen Farben" Rot, Grün, Blau, Gelb, Schwarz, Weiß muß auf vermittelnde Merkmale wie „Rot wie Blut oder Feuer" geachtet werden. Manchmal kann der Sinngehalt sich aus dem Herstellungsprozeß der Farbe oder — bei Kleiderfarben — aus den Eigenschaften des Trägers ergeben[43]. Die spirituelle Bedeutung dieser Farbe-Qualitätsbeziehung läßt sich nur am Originaltext erschließen[44].

Im Spätmittelalter scheint der Zusammenhang der Farbe mit einer spirituellen Bedeutung wieder aus dem Gedächtnis zu schwinden. Die Symbolik z. B. in der Gewandfarbensprache deutet nur noch auf die psychische Erlebnisebene hin, nicht aber mehr auf eine geistige. Die Ergebnisse der Arbeit von Gloth (1902) zur Gewandfarbensprache des Spätmittelalters sollen aber hier insofern kurz mitgeteilt werden, weil sie vom Ansatz her versuchen, die Farben über ihren jeweiligen Bedeutungsträger bis in diese Ebene des Psychischen konsequent aufzuschlüsseln[45]. „Im 14. Jahrhundert begegnet uns eine ausgebreitete Farbensymbolik, die sich besonders auffallend in der Sitte offenbart, durch das Tragen bestimmter Farben die Leiden und Freuden der Liebe öffentlich anzuzeigen." Literarisch belegt ist diese Sitte seit dem 14. Jahrhundert.

Abb. 110
Der grüne Wappenrock mit A = Amor als Devise der Liebe, Manessische Liederhandschrift 1. Hälfte 14. Jh.

Abb. 111
Sueßkint der Jude von Trunperg (Süßkind der Jude von Trimberg), Manessische Liederhandschrift, Maler des Grundstocks, 1. Hälfte 14. Jh.

Abb. 112
Wappenrock für den Herold der Grafschaft Hennegau, Burgundisches Reich. Kunsthistorisches Museum Sammlung Weltliche und Geistliche Schatzkammer Wien

Der schenke vo Limpurg

freie Künste	vorherrschende Farbe in der Kleidung	Farbe	Metall	Wochentag	theologische* und Kardinaltugenden	Planeten-götter	Tierkreis-zeichen
Grammatik	Goldgelb	Gelb	Gold	Sonntag	Hoffnung*	sol (Sonne)	Löwe
Rhetorik	Weiß (+ Silber)	Weiß	Silber	Montag	Glaube*	luna (Mond)	Krebs
Arithmetik	Rot (+ Weiß)	Rot	Kupfer	Dienstag	Tapferkeit	Mars	Widder Skorpion
Logik	Violett + Rötlich (Marienfarben)	Grau	Queck-silber	Mittwoch	Liebe*	Merkur	Zwilling Jungfrau
Geometrie	Blau (+ Rot + Weiß)	Blau	Zinn	Donnerstag	Gerechtigkeit	Jupiter	Fische Schütze
Musik	Grün (+ Rot)	Grün	Blei	Freitag	Mäßigkeit	Venus	Stier Waage
Astronomie	Schwarz (+ Violett u. Weiß)	Schwarz	Eisen	Sonnabend	Klugheit	Saturn	Wassermann Steinbock

Abb. 113
Tischplatte von Martin Schaffner mit der Darstellung
des himmlischen Universums, intellektuell-symboli-
scher Aspekt der Gewandfarben 1533

Es gibt allegorische Personifikationsdichtungen, in denen die personifizierten Tugenden in den Farben dieser Tugenden gekleidet dargestellt werden, daneben aber auch Texte, die unmittelbar auf die Sitte der Gewandfarbensprache deuten. Solange eine Empfindung oder ein Gedankenzusammenhang real erlebt und in einem Gesellschaftszusammenhang in die Praxis umgesetzt wird, bedürfen diese keiner Niederschrift und Ausmalung. Wenn ein Bedürfnis danach entsteht, deutet dies auf Verfall des Brauches hin[46]. So wird auch die Gewandfarbensprache als eine Veräußerlichung des ritterlichen Lebens interpretiert. Die Allegorisierung von Tugenden und Lastern durch Farben geht auf die Heraldik zurück, die im Mittelalter auch die Kleidung prägte (Abb. 112). Anfangs war es Sitte, daß der Ritter die Farben seiner Dame trug, d. h. sich ihren Tugenden unterwarf. Mit dem Wunsch, die eigenen Gefühle und Leidenschaften an deren Stelle zu setzen, trat die persönlich gefärbte Gewandfarbensprache auf. Grün, auf Grasgrün Bezug nehmend, deutet auf den Jahresanfang hin. Damit kommt dieser Farbe im Liebesleben die Bedeutung des Anfangs zu, des Anfangs „sommerlicher" Freuden. Bisweilen wird das grünfarbige Kleid noch mit Buchstaben besetzt, z. B. mit A = Amor, um jeden Irrtum in der Liebesbeziehungsanzeige auszuschließen (Abb. 110). (In der religiösen Dichtung dieser Zeit, die durch weltliche Liebessymbolik überfärbt ist, tritt Grün als Anfang glühender Liebe zu Christus oder als Anfang in der Weisheit auf[47].) Rot im Sinne von „Feuerrot" deutet auf brennende Liebe, Blau als „Himmelsvarb" auf Stetigkeit, Treue. Schwarz als Bild der Nacht, der toten Farblosigkeit, symbolisiert die Trauer und den Zorn (schwarze Galle?) über vergeblich geleistete Dienste. Für Weiß als Zeichen der Liebeshoffnung oder Liebesfreude hat Gloth keinen Sinnbezug nachweisen können; für Weiß als Zeichen der Keuschheit und sittlichen Reinheit bot sich die Beziehung zum Stellvertreter „reines Licht" an. Gelb (als Bild für das Gold, für die Vollendung, das Reife?) deutet auf die Begegnung, die „Erkennung" in sinnlicher Liebe hin. Gloth führt keinen Bedeutungsträger an. Braun als Farbe der dunklen Erde symbolisiert die Verschwiegenheit und Behutsamkeit in der Minne. Grau tritt in der Bedeutung von Dunkel als Zeichen des Liebesschmerzes oder der Erniedrigung, Knechtschaft auf und deutet auf die Farbe des unteren Standes hin (Kap. II/1). Durch entsprechende Farbenpaare konnte die Aussage noch differenziert werden: Grün und Blau sollten Anfang in Stetigkeit bedeuten, Weiß und Blau treues und gutes Liebesandenken, Weiß und Grün Liebe zu einer reinen schönen Frau, Weiß und Schwarz gutes Andenken in Leid, Schwarz und Grün Leid nach Liebe, Blau und Schwarz stete Reue, Rot und Grün brennende schöne Liebe, Gelb und Blau Vorsatz zu Ruhmredigkeit[48]. Parallel zu dieser welt-

lichen „minniglichen" Farbensymbolik hatte sich seit dem Hochmittelalter auch eine religiöse entwickelt, die sowohl auf die Farben der liturgischen Gewänder (Kap. II/2) als auch auf die Farben der Gewänder bei der Darstellung der Heiligen wirkte. So setzten sich für Johannes den Apostel seit der Gotik Rot und Grün als Gewandfarben durch[49], das Farbenpaar, welches in der weltlichen Symbolik brennende schöne Liebe bedeutete, in der geistlichen caritas und contemplatio und welches vom Standpunkt der Optik aus später als der „schönste Harmonie-Zweiklang" bezeichnet wurde[50].

Lange nachdem die Grundfarben durch dunklere aus der Mode verdrängt wurden, lebten die Bilder der Gewandfarbensprache als Metaphern in der Dichtung der englischen Renaissance des 16. Jahrhunderts und in Spanien im 16. und 17. Jahrhundert noch fort[51].

Dennoch hat sich das Wissen um die ursprünglichen symbolischen Zusammenhänge von Erscheinungs- und spiritueller Welt noch bis in die Neuzeit erhalten. Eine 1533 von Martin Schaffner bemalte Tischplatte zeigt ein Programm der sieben freien Künste und ihre entsprechenden Kräfte (Abb. 113). Antike Tradition, christliches Weltbild und esoterische Symboldeutung fließen hier zusammen und zeigen die Farben in ihrem symbolischen Zusammenhang mit Metall, Wochentag, Planet, Tierkreis und Tugend. Ein Spruch zu jeder Farbe gibt den entsprechenden Symbolgehalt kund. Gelb nimmt Bezug auf den Auferstandenen, Weiß auf die makellose Reinheit, Rot auf die Hitzigkeit der Liebe, Grau auf die Logik, Blau auf die Stetigkeit, Grün als Maifarbe auf die Freude, Schwarz auf das Leid. Die weiblichen Gestalten, die die freien Künste repräsentieren, tragen, wie ihre göttlichen Inspiratoren, die Planetengötter, Kleider in der genannten Hauptfarbe. Ptolemäus, der als Gelehrter, die freien Künste beherrscht, ist in eine rote Schaube gekleidet. Er wird nicht von einem Planeten, sondern von „seinem persönlichen Stern" beleuchtet. „So wird auf der Platte bis ins kleinste Detail hinein der Hauptgedanke vorgetragen, daß sich auf Erden spiegelt, was am Himmel angelegt ist . . ."[52] (s. Tabelle).

Nachdem diese makrokosmisch orientierte Denkweise von der materialistischen verdrängt wurde, riß der Zusammenhang von Farbwahrnehmung und spiritueller Bedeutung. Es bildeten sich stattdessen, wie eingangs erwähnt wurde, beliebige Bezüge von Farbe und Deutungsinhalt heraus, wie an einem Beispiel aus der Mode des 19. Jahrhunderts dargestellt werden soll. Nach der Farbe ihrer Handschuhe wurden die Träger von Rosenfarbe als Phantasten oder Dummköpfe, von Flohbraun als Philister und Stutzer, von Lila als männlich-physiognomische und von Buttergelb oder Entenpfotenfarbe als dandyhafte Typen gescholten[53]. Die gelbe Farbe z. B. wird hier nicht als Zeichen ihrer eigenen Qualität, sondern sekundär als Zeichen eines sie willkürlich bevorzugenden Menschentyps eingesetzt.

Durch den Einfluß östlicher Denkweisen wurden symbolische Farbpraktiken im mittelalterlichen Sinne in die Bekleidung einzelner Gesellschaftsgruppen wie z. B. der Bhagwan-Anhänger wieder aufgenommen. Die Rot-Orange-Töne werden hier nicht gewählt, weil sie zur Farbphysiognomie oder zur momentanen Stimmung des Trägers passen, sondern weil sie die Anhängerschaft zur Gruppe zum Ausdruck bringen sollen, nach deren Verständnis die gelb-roten Farben belebend und stimulierend auf den Träger wirken.

Das Bedürfnis, den Sinn für Symbolik zeitgemäß neu zu erschließen, macht sich in der Farbenlehre seit der 2. Hälfte unseres Jahrhunderts immer mehr bemerkbar. Denn „der in der Farbmetrik betrachtete Farbenbegriff ist nur eine künstliche Beschränkung jenes allgemeinen Farbenerlebnisses, das sich uns in der Gesamtheit seiner Vielfalt, seiner Wandelbarkeit und Beharrlichkeit als echtes Wunder offenbart ..."[54]. Der Anknüpfungspunkt wird aber nicht mehr wie im Mittelalter in einem „abstrakten" Zwischenträger, einem Eigenschaftsträger (z. B. wärmendes Feuer) gesucht, der die Farbe (Rot) mit einer Bedeutung (göttliche Liebe) erst verknüpft, sondern durch die Goethesche Farbenlehre angeregt, in der mehrschichtigen Aussagefähigkeit der Farbe selbst gesehen (vgl. S. 177). Erweiterte Fragestellungen zum Zusammenhang von Farbwahrnehmung in ihrer Wirkung auf die Lebensprozesse im Organischen schließen sich an[55]. Damit stellt sich der Forschung die Frage nach der „Lebendigkeit" und „Individualität" der Farbe selbst[56]. Diese Ansätze gehen z. T. auf die noch wenig beachtete Farbenlehre Steiners[57] zurück, der mit seiner Einteilung in Bild- und Glanzfarben und den Anregungen zu ihrer Anwendung in der Malerei und angewandten Kunst einen wesentlichen Beitrag zu einem modernen umfassenden Farbverständnis liefert. Aus seinen Anregungen zur Bekleidung wird verständlich, warum dem Menschen heute die „Bildfarben", die gedämpfteren Farben, gemäßer sind als die vom Mittelalter bevorzugten „Glanzfarben" (die Urfarben)[58].

Aura und Kleid

Wenn von psychologischen und symbolischen „Farben" auf den Menschen bezogen gesprochen wird, heißt das, daß sich diese Farben der sinnlichen Wahrnehmung entziehen. Sie umschreiben, wie dargestellt wurde, eine Stimmung, ein Gefühl oder die Art der Gedankenbetätigung. Daß dieser Umformung von Gefühlen und Gedanken in Farben nicht reine Willkür zugrunde liegt, soll ein Blick auf das Phänomen der menschlichen Aura zeigen, d. i. eine „in so zahlreichen Werken der alten Kunst wiederkehrende Zugabe eines das Haupt oder auch den ganzen Körper der dargestellten Personen umgebenden Lichtglanzes, die man, je nachdem einzelne Lichtstrahlen angegeben sind oder nicht, Strahlenkranz oder Nimbus zu nennen pflegt ..."[59]. In der Antike waren es zuerst die Götter, die mit dieser Lichtwolke umgeben geschildert und dargestellt wurden. Eine mögliche Erklärung wurde darin gesehen, daß ihre Wohnbezirke in das „feurig und hell glänzende Ätherreich" hineinragten und dessen Glanz sich mit ihnen verbände.

Dieser Lichtglanz konnte sich auf Zeit auch den Heroen mitteilen „in Momenten, wo sie hervorragende Heldenthaten verrichteten" ... „In späterer Zeit aber, als man sich der Heroisirung und Apotheosirung hervorragender Menschen, namentlich der Könige und Kaiser, in immer höherem Grade zuneigte, wollte man eben darum selbst an diesen schon bei Lebzeiten denselben übernatürlichen Lichtglanz bald nur vorübergehend, bald sogar dauernd bemerkt haben."[60] Im Mittelalter wird das Licht im Nimbus zur Farbe gemildert. „Die Farben sind die Verhüllungen des göttlichen Urlichtes bei seinem Abstieg und seiner Ausstrahlung in die unteren Welten. Auf den verschiedenen Stufen abwärts differenziert sich das göttliche Licht in den einzelnen Farben entsprechend der Aufnahmefähigkeit der Angehörigen dieser Stufen."[61] Hildegard von Bingen beschreibt die Herrlichkeit Gottes, „die ‚wie ein Strahlenstrom der Sonne erscheint'. In ihr bewegen sich drei Farben. Sie sind aber nicht in drei verschiedene Kreise geschieden, sondern jede Farbe ist in jeder gegenwärtig und wird in jeder sichtbar, drei in eins und eins in drei. Sie spiegeln das Geheimnis der göttlichen Dreieinigkeit wider."[62] Zeugnisse zu diesen Erscheinungen an Göttern und Menschen lassen sich nicht nur im Abendland, sondern seit archaischer Zeit für viele Kulturen der Welt nachweisen[63]. Collinet-Guérin ist der Frage nachgegangen, wieweit die Darstellung des Nimbus als Elementargedanke angesprochen werden könne, d. h. wie ein Verständnis für Farbe-Licht-Erscheinungen am Menschen gewonnen werden könne. Im Anschluß an Ausführungen zur assyrisch-babylonischen Magie kommt sie mit Contenau zu dem Schluß, daß „menschliche Ausstrahlungen" eine Realität seien: „Die Aura ist diese Lichtwolke, von der jedes menschliche Wesen umgeben ist. Sie ist von verschiedenen Färbungen durchsetzt, von Teilchen durchströmt, die Figuren bilden mit einem bestimmten Sinn und die die geübten Augen und Geister unterscheiden und zerlegen können."[64] Als „geübte Geister" sind die großen Visionäre, z. B. Johannes der Evangelist, Hildegard von Bingen, Joachim von Fiore, Dionysius Areopagita, Jacob Boehme und Svedenborg, gemeint[65]. Im weiteren Sinne kann auch W. Blake, der durch Svedenborg beeinflußt war, hier genannt werden (Abb.

Abb. 114
Glad Day, William Blake 1794. British
Museum London

Abb. 115
Die Auferstehung, Mathias Grünewald
(1455–1528). Museum Unterlinden Colmar

114)[66]. Johannes „beschreibt seine visionären Erfahrungen als ein Sehen ‚im Geiste', nicht mit den leiblichen Augen. Im Zustand der visionären Ekstase sind die Augen in der Regel geschlossen, das physische Sehvermögen durch das Auge ist ausgeschaltet."[67]

Aus der Gegenwart liegen Beschreibungen über Beobachtungen zur Aura von R. Steiner[68] vor, die im einzelnen angeben, in welcher Art sich die Farben ergeben. Liegt eine größere Abhängigkeit des „angeschauten" Menschen von körperlichen Bedürfnissen vor, zeigen sich dem Hellseher andere „Farben" als bei einer „hingebungsvollen Seelenstimmung" oder „wenn erfindungsreiche Naturen fruchtbringende Gedanken haben". Neben den Farben wird auch die Farbqualität beschrieben, z. B. für die 1. Art der Betätigung „Undurchsichtigkeit und Stumpfheit", für die 2. Art „Lichthaftigkeit" und für die 3. Art „funkelnder, glitzernder Charakter"[69].

Wenn Farbe und Struktur des Nimbus als Ausdruck bestimmter psychisch-mentaler Qualitäten oder sporadischer Aktivitätsentfaltung gedeutet werden, müßten diese Farben übereinstimmen mit dem, was die Psychologie als die seelischen Eigenfarben beschreibt (s. o.). Für Antike und Christentum liegen semantische Deutungen in diesem Sinne für einige Nimbendarstellungen vor[70]. In einigen dieser Fälle färbt die „Wesensfarbe" des Nimbus auch auf das Kleid ab[71]. Mathias Grünewald hat dieses Motiv im Auferstehungsbild minutiös ausgearbeitet. Das weiße Sterbegewand oder -tuch ist in die Farben der göttlichen Aureole getaucht, in lichtes Gelb um das Antlitz, in feuriges Rot um die Brust, in Blau und Violett in den peripheren Partien (Abb. 115). Nach von Negelein soll in einigen deutschen Gegenden der Volksglaube verbreitet gewesen sein, „daß sich das Leichenhemd je nach Tugenden und Lastern der es tragenden Person verfärbe"[72]. Die Farbenharmonie ist also ein Zeichen der Vollkommenheit und bleibt daher göttlichen Wesen vorbehalten. Der Mensch dagegen hat seine gottähnliche innere Farbenharmonie durch egoistische Begierden und Taten zerstört. Er hat das paradiesische Licht-Kleid „der übernatürlichen Gerechtigkeit und Unschuld" durch den Sündenfall verspielt. Kleiderfarbe kann in diesem Zusammenhang als „Ersatz für Verlorenes und Zeichen der Unvollkommenheit, der Ergänzungsbedürftigkeit des Menschen"[73] gesehen werden. Insofern können wir uns der Bemerkung Ittens anschließen, „ein psychisch-expressiv betontes Kleid würde unangenehm wirken"[74]. Denn es verstärkt die einseitig ausgeprägten „Farben" bzw. Eigenschaften, anstatt sie zu dämpfen. Das Aufspüren der Eigenfarben des Individuums und deren Ergänzung durch die Wahl der Kleiderfarben hätte demnach nicht nur einen ästhetischen Reiz, sondern gleichzeitig auch eine harmonisierende, d. h. therapeutische Funktion.

Anmerkungen

1 vgl. dazu auch J. Itten 1958 S. 363. Er bezeichnet die verschiedenen Ausdrucksebenen „sinnlich optisch" für das Körperliche, „psychisch-expressiv" für das Seelische und „intellektuell-symbolisch" für das Geistige. Ferner I. Gaenslen 1959 S. 163. Sie wirft ebenfalls die Rolle der Farbe in der Mode unter den genannten Gesichtspunkten auf.
2 Der Große Brockhaus Bd. 6 1968 S. 56 und M. u. P. Fogden 1975 S. 28 ff.
3 R. B. Finch 1954 S. 193
4 Ciba 1960/150 S. 35
5 ebd. S. 18 ff.
6 H. Bausinger 1972/73 S. 25; F. Kiener 1956 S. 35
7 M. u. Fogden 1975 S. 74 ff.
8 E. Thiel 1979 S. 175
9 vgl. dazu Kap. III 19. Jh.; ferner G. Seufert 1955 S. 270; I. Gaenslen 1959 S. 165; die Fragen zur physiologischen Wirkung von Farben durch ihre Fähigkeit zur Reflexion (kühlende Wirkung) und Absorption (wärmende Wirkung) sollen hier nicht näher behandelt werden.
10 M. L. Davis 1980 S. 134
11 ebd. u. I. Gaenslen 1959
12 I. Gaenslen 1959 S. 165
13 T. Lersch 1981 Sp. 163 Literaturangaben zur Temperamentenlehre; dazu auch P. Dronke 1974 S. 106
14 W. Wackernagel 1872 S. 178
15 F. Naumann zit. nach G. Kranz 1957 S. 16 f.
16 J. Itten 1975⁵ S. 24 ff.
17 T. Lersch 1981 Sp. 233
18 Literaturhinweise zu Kleiderfarben und persönlichen Stimmungen: I. Gaenslen 1959 S. 167; zum Alter des Trägers: J. Falke 1858 S. 75; A. Adams 1862 S. 230 f.; E. Wallner 1869 S. 24; G. M. Michaels 1924; Ciba 1938/ 26 S. 963; G. Seufert 1955 S. 267; A. Hermann 1969 Sp. 399; H. Gerndt 1974 S. 84; zu Tages- und Jahreszeiten: G. Seufert 1955 S. 265 f.; zu heißen sowie gemäßigten Zonen: I. Gaenslen 1959 S. 196; zu Alltag, Festtag: Ciba 1960/150; A. Hermann 1969 Sp. 399 f.
19 M. Lüscher 1949 S. 32 „Die psychologische Bedeutung der Farben in der Farbliteratur" gibt einen guten Überblick.
20 T. Lersch 1981 Sp. 211
21 Aristoteles: Farben entstehen aus einer Mischung von Schwarz und Weiß; Anaximenes: Farben entstehen je nachdem, ob das Sonnenlicht oder die Feuchtigkeit (Dunst, Dunkelheit) überwiegen, und weitere Beispiele vgl. H. Dürbeck 1977 S. 42 ff.
22 D. h.: „Rot-Orange-Gelb (innerhalb der farbigen Kantenspektren am Prisma) erscheint immer dort, wo in der Richtung der jeweiligen Gesichtsfeldverschiebungen das Weiß v o r Schwarz hergeht, und Violett-Tiefblau-Wasserblau treten auf, wenn Weiß h i n t e r dem Schwarz läuft; vgl. B. Hamprecht 1982 S. 783 u. 787
23 J. P. Lange 1840 S. 40
24 vgl. dazu M. Schasler 1883 S. 41; G. Kranz 1957 S. 27 ff.; R. Matthaei 1957 S. 13
25 R. Matthaei 1957 S. 15
26 Ausführliche Darstellungen zu diesen Analogien finden sich bei: A. Jeremias 1913 S. 84; O. Lasaly 1936 S. 51 ff.; G. Haupt 1941 S. 56 ff.; A. Hermann 1969 Sp. 430; W. Kirfel 1961 S. 237 ff.; D. Forstner 1967 S. 123 ff.
27 Plato ist der erste, der von Farben mit Gemütsstimmungen vergleicht; vgl. T. Lersch 1981 Sp. 160
28 Sich diese Welt des Ursprungs wieder zu erschließen, war eine Sehnsucht besonders der Romantiker. Novalis wollte seinen Ofterdingen das Land erreichen lassen, in welchem „Menschen, Tiere, Pflanzen, Gestirne, Elemente, Töne und Farben wie e i n e Familie zusammenkommen, wie ein Geschlecht handeln und sprechen". W. Steinert 1910 S. 158
29 H. Werthmüller 1950 entwickelt ein vierdimensionales Weltsystem, dessen Gestaltkräften Physis, Bios, Psyche und Nus (Geist) die Farben Schwarz-Weiß, Grün, Rot und Grau zugrunde liegen.
30 E. Benz 1974 S. 269
31 H. Zollinger 1980; H. Berthold 1954 S. 77 u. 81; C. Loef 1974 S. 162; W. Läuppi 1967 S. 27 ff.; in der Sprache der Dichter vgl. J. Peters 1968 u. W. Steinert 1910. Die Untersuchungen zur Synästhesie sind noch nicht abgeschlossen, vgl. dazu K. Pawlik 1981 S. 18
32 zit. nach H. Werthmüller 1950 S. 181; vgl. dazu auch H. Frieling 1981 S. 10; W. A. Koch 1953 S. 9
33 J. Itten 1958 S. 367; vgl. dazu auch W. A. Koch 1953 S. 9
34 Diese sehnende Stimmung ist auch die Grundhaltung des Erkenntnissuchenden. Daher ordnet C. G. Jung die blaue Farbe dem Denktyp zu; vgl. D. Brinkmann 1946 S. 21
35 K. Wiederkehr-Benz 1973 S. 7
36 G. Seufert 1955 S. 264 f.
37 W. A. Koch 1953 S. 11 f.; vgl. dazu auch über die Wirkung der Farbe auf die Psyche, M. Lüscher 1949
38 G. Kranz 1957 S. 11
39 R. Günter 1923/24 S. 85 ff.
40 zu Magie, Symbolik, Allegorie im Zusammenhang mit Farbe vgl. G. Kranz 1957 S. 36 ff.; J. A. W. Forge 1962 S. 10; die Farbempfindung einer Farbe gegenüber kann vielfältig bis ambivalent sein. Die daraus resultierenden Probleme der Polysemie der Farbensymbole in verschiedenen Kulturen ist nicht genügend auf dem Hintergrund der jeweiligen Farbtheorien und Zeichen untersucht. Wenn Gelborange bei den buddhistischen Mönchen Leben, Freude und gleichzeitig Tod bedeutet, ist das aus unserer Weltsicht ein Widerspruch, nicht aber aus der Sicht des Buddhismus, wo das Nirwana als himmlisches Paradies gilt; vgl. dazu H. Zollinger 1980 u. C. Levi-Strauss 1967 S. 109 f.
41 M. Schasler 1883 S. 46 Anm. 14
42 C. Meier 1977 S. 171 u. S. 145
43 ebd. S. 146; vgl. auch A. Hermann 1969 Sp. 431
44 C. Meier 1977
45 Er geht dabei von der Arbeit W. Wackernagels 1872 aus. Eine Zusammenfassung über „Farbensymbolik im deutschen Volksbrauch" gibt O. Lauffer 1948. Die folgenden Hinweise zu den Farben beziehen sich, soweit keine anderen Angaben gemacht werden, auf W. Gloth 1902 S. 58 ff.
46 vgl. dazu Liederbuch der Clara Hätzlerin 1840 S. XII
47 Das Rittertum stellt in seinen Idealen eine weltliche Form der klösterlich-christlichen dar. Während die Mönche (Benediktiner), das ora et labora, das „bete und arbeite", zum Leitspruch gemacht hatten, standen bei den Rittern die Minne und das Turnier bzw. der Kreuzzug im Vordergrund. Minne, das „Andenken", verlangte Andacht über die Tugenden der Frau, die Turniere und Kreuzzüge sollten den Körper stabilisieren und die Seele ermutigen; vgl. dazu K. Weinhold 1882 S. 230 ff.
48 K. Weinhold 1882 S. 256; Beispiele aus dem französischen Sprachgebiet nennt W. Gloth 1902 S. 84
49 H. Preuss 1939 S. 69 ff.; G. Haupt 1941 S. 42
50 M. Schasler 1883 S. 9
51 vgl. dazu C. Allen 1936 S. 89 ff. u. H. A. Kenyon 1914
52 A. Schneckenburger-Broscheck 1982 S. 52
53 A. Treichel 1897 S. 247
54 R. Matthaei 1957 S. 7
55 ders. 1959

56 ders. 1957 S. 10; vgl. dazu auch H. Frieling in H. Kramer
    1963 S. 213
57 R. Steiner (1921) 1980
58 ebd. S. 55 ff.
59 L. Stephani 1859 S. 1
60 ebd. S. 10 ff.
61 E. Benz 1974 S. 286
62 zit. nach E. Benz 1974 S. 282; vgl. dazu auch P. Dronke
    1974 S. 106 und C. Meier 1972
63 Die umfassendste Arbeit zu diesem Thema stammt von
    M. Collinet-Guérin 1961.
64 ebd. S. 18 u. 19 deutsch übersetzt, zitiert nach W. Weber
    1981 S. 15
65 vgl. dazu E. Benz 1974
66 E. Benz 1974 S. 300; zu dem Gemälde „Glad Day" vgl.
    A. Blunt 1938
67 E. Benz 1974 S. 267
68 R. Steiner (1904) 1961 Kap. VI „Von den Gedankenfor-
    men und der menschlichen Aura"
69 ebd. S. 163
70 W. Weidlé 1971 Sp. 324
71 A. Krücke 1905 S. 121; A. Rosenberg 1967 S. 65
    J. v. Negelein 1901 S. 59
73 Dieser Gedanke von V. Lunin (1954) wurde zit. nach K.
    Wiederkehr-Benz 1973 S. 7 f.
74 J. Itten 1958 S. 363

Verzeichnis der ausgestellten Objekte

Gemäldegalerie Berlin

Die Beweinung Christi, Puccio di Simone, Mitte
14. Jh., Pappelholz 19 x 37 cm (1059)

Bildnis Philipps des Guten, Herzog von Burgund,
Rogier van der Weyden, Nachfolge, 1. Hälfte 15. Jh.,
Eichenholz 29 x 21 cm (545 A)

Maria mit dem Kind, zwei Heiligen und zwei Engeln
(Abb. 73), Matteo di Giovanni, 2. Hälfte 15. Jh.,
Pappelholz 58 x 42 cm (1127)

Bildnis eines Ritters, Meister der Magdalenen-
Legende, Brüssel Ende 15./Anfang 16. Jh., Eichenholz 24,5 x 29,8 cm (1320)

Thronende Maria mit dem Kind (Abb. 74), Hans Memling, um 1480, Eichenholz 66 x 46,5 cm (529 D)

Bildnis eines Kardinals (Abb. 61), Bernadino dei Conti,
1499, Pappelholz 51 x 48 cm (55)

Bildnis Martin Luthers, Lucas Cranach d. Ä., 1. Hälfte
16. Jh., Rotbuchenholz 37 x24 cm (617)

Bildnis einer jungen Frau, Pietro degli Ingannati, um
1530/50, Holz 40 x 31 cm (S 8)

Bildnis eines Mannes von 35 Jahren (Abb. 97), Oberdeutscher Maler, 1527, Nußbaumholz 32 x 25,5 cm
(634)

Bildnis Heinrichs II. von Frankreich (Abb. 95),
François Clouet, Schule, 1. Hälfte 16. Jh., Eichenholz 43 x 34 cm (472)

Bildnis des Ranuccio Farnese (Abb. 67), Kopie nach
Tizian, Mitte 16. Jh., Nußbaumholz 20 x 14 cm (339 A)

Bildnis einer Dame, Andriaen Thomasz. Key zugeschrieben, 2. Hälfte 16. Jh., Eichenholz 47 x 37 cm
(1804)

Bildnis einer Dame (Abb. 96), Michiel Jansz. Mierevelt, 1619, Eichenholz 115 x 95 cm (2/62)

Bildnis des holländischen Vizeadmirals Cornelis
Tromp, Abraham Willaerts, 1. Hälfte 17. Jh., Eichenholz 38 x 32 cm (764)

Die Obsthändlerin, Quirin Gerritsz. van Brekelenkam,
Mitte 17. Jh., Eichenholz 46 x 35 cm (796 A)

Bildnis einer Dame auf einer Terrasse (Abb. 52),
Sir Peter Lely zugeschrieben, Mitte/Ende 16. Jh.,
Leinwand 48,5 x 30,5 cm (III 445)

Bildnis eines Herren mit Allongeperücke, Caspar
Netscher, 1680, Leinwand 52,6 x 45 cm (850 B)

Bildnis einer Dame, Caspar Netscher, 1679, Leinwand
52,8 x 44,6 cm (850 C)

Bildnis des Herzogs Ernst Ludwig von Sachsen-Gotha
und Altenburg (Abb. 80), Johann Georg Ziesenis,
1768, Leinwand 63 x 45 cm (1879)

Bildnis des Grafen Wilhelm Friedrich Ernst zu
Schaumburg-Lippe, Johann Georg Ziesenis, um
1770, Leinwand 78,5 x 63,5 cm (238)

Porträt des Kaufmanns Markus Levin, Daniel Nikolaus
Chodowiecki, 2. Hälfte 18. Jh., Eichenholz 22 x 17,5
cm (491 C)

**Kunstbibliothek Lipperheidesche Kostümbibliothek
Berlin**

Herr von Stadegge mit seiner Dame, in den bevorzugten Farben rot, grün und blau, Manessische
Liederhandschrift, 1. Hälfte 14. Jh., Faksimile
36,3 x 26,1 cm (10,2)

Der Schenk von Limburg in grünem Wappenrock mit
A. Amor (Abb. 110), Manessische Liederhandschrift,
1. Hälfte 14. Jh., Faksimile 34,8 x 25,1 cm (10,11))

Leichenzug zur Bestattung der Pfalzgräfin Hettwig
1657 in Nürnberg (Abb. 91), Holzschnitt (?) um 1660,
28,7 x 36,2 cm (950,6)

Acht bürgerliche Frauentrachten (Abb. 12, 13),
monogr. AMH fecit, Deckfarbenmalerei, 1. Hälfte
17. Jh. (HZL 13,20)

Straßburger Trauertracht in Weiß (Abb. 51), Kupferstich, Ende 17. Jh. 13,2 x 36,2 cm (475,6)

Adliger in grünem Jagdhabit, Stoffklebebild, Radierung ausgeschnitten und montiert, mit Seide und
Brokat staffiert und aquarelliert, 18. Jh. 24,4 x 18,4
cm (HZL 19,6)

Drei Augsburger Frauentrachten (Abb. 14, 15, 16),
Deckfarbenmalerei, Augsburg 1720/30 (HZL 79/11)

Drei Augsburger Jungfern- und Hochzeitstrachten,
Deckfarbenmalerei, Augsburg 1720/30 (HZL 79,12)

Hellebardier der Schweizergarde (Abb. 11), kolorierte
Kreidelithographie, 19. Jh. 27,6 x 20 cm (910,4)

Weißes englisches Empirekleid, N. Heideloff, London
um 1801, aquarellierte Radierung 29,8 x 24 cm
(98,14)

Napoleon und Josephine im Krönungsornat (Abb. 62,
63), aus: Journal des Luxus und der Moden, Febr.
1805, Tafel 4/5, koloriertes Modekupfer 18,9 x 10,7
cm / 18,8 x 10,7 cm (905,49)

Weiße Empirekleider nach Pariser Mode (Abb. 53),
aus: Journal des Dames 1807, Tafel 29—32,
kolorierte Radierungen, je 19,6 x 11,6 cm (381,26)

Weiße Empirekleider nach Pariser Mode, aus: Journal
des Dames 1810, Tafel 28, 30—32, kolorierte Radierungen, je 19,6 x 11,6 cm (383,26)

Lutherischer Prediger in schwarzem Talar mit weißer
Halskrause, Christopher Suhr, Hamburg um 1810,
Farbreproduktion 35 x 23,4 cm (913,13)

Amtskleidung für die protestantische Geistlichkeit der
preußischen Länder (Abb. 98), Berlin 1811, Schabkunstblatt 38,6 x 25,2 cm (913,10)

Damen in rotem und weißem Seidenkleid (Abb. 64),

aus: Journal des Dames et des Modes, Frankfurt 1813, koloriertes Modekupfer 18,5 x 10,7 cm (383,21)

Bauern-Bursche und Bauern-Mädchen aus Länggries (Lenggries) (Abb. 90), aus: Felix Joseph Lipowski, Sammlung Bayerischer National-Costume, München um 1830, kolorierte Kreidelithographie 37,3 x 26 cm (615,11)

Repsold's Leichenprocession d. 19. Januar 1830, C. & P. Suhr Hamburg, 1830, aquarellierte Kreidelithographie 22,9 x 38,3 cm (950,23)

Rosa und hellblaues Ballkleid (Abb. 77), aus: Journal des Dames et des Modes, Frankfurt 1830, koloriertes Modekupfer 20,3 x 13 cm (404,22)

Königl. Sächs. Berg- und Hüttenarbeiter in Parade mit roten, gelben und blauen Schürzen (Abb. 8), C. A. Müller, Lith. v. W. Bässler (nach G. E. Rost), kolorierte Kreidelithographie um 1840, 22,8 x 26,6 cm (926,24)

Königlich Bayerische Universitätsprofessoren der Theologischen, Juristischen u. Cameralistischen, Medicinischen und Philosophischen Fakultät in ihren Fakultätsfarben (Abb. 17, 18, 19, 20), kolorierte Kreidelithographie um 1840, ca. 34 x 26 cm (919, 1—4)

Kind in weißer Kommunionskleidung mit Schleier und Kranz, aus: Le Moniteur de la Mode, Paris 1845, kolorierter Stahlstich 27,3 x 19,4 cm (473ᵇ, 33)

Frau mit Trauerschleier („Marie Capelle verehelichte Lafarge"), Lith. v. Decker, Verlag L. T. Neumann, Wien um 1850, Kreidelithographie 34 x 23,5 cm (903ᵇ, 11)

Die Taufe (Abb. 46), R. Fleck, Lith. v. Blau, Verlag Winckelmann & Söhne Berlin, Kreidelithographie, Mitte 19. Jh. 35 x 26,7 cm (914,26)

Königlich Preußischer Förster in grüner Dieneruniform (Abb. 88), Winckelmann & Söhne Berlin, um 1850, kolorierte Kreidelithographie mit Tonplatte 40 x 30 cm (936,29)

Französischer Soldat in blau-roter Uniform, Chromolithographie nach G. H. Thomas, Mitte 19. Jh. 35,3 x 26,3 cm (991,19)

Schotte in Nationaltracht (Abb. 30), aus: Galerie Royale de Costumes; Costumes Écossais 6, Paris um 1860, kolorierte Kreidelithographie 41,5 x 28 cm (725,11)

Damen in kornblumenblauem und altrosa Kleid, aus: La Moda Elegante Illustrada, Paris um 1860, kolorierter Stahlstich 37,8 x 27,1 cm (433 a, 119)

Weiße Hochzeit (Abb. 49), aus: Allgemeine Modezeitung, Dez. 1861, kolorierter Stahlstich 20,6 x 28,6 cm (473 b, 2)

Herren in dunklen Anzügen (Abb. 44), Paris, März 1861, kolorierter Stahlstich 30,3 x 44,8 cm (477, 18)

Damen in violettem Stadt- und grünem Hauskleid,

aus: Journal des Demoiselles, Paris 1869, kolorierter Stahlstich 35,6 x 25,7 cm (443 a, 20)

Englischer Lord Chancellor in roter Parlamentsrobe, kolorierter Holzstich um 1870, 36,9 x 26,5 cm (906,24)

Schottenkaros in der Mode der 2. Hälfte des 19. Jh.s (Abb. 31), aus: El Correo de la Moda, Madrid, Dez. 1875, kolorierter Stahlstich 38,3 x 27,1 cm (449,35)

Damen in schwarzem und braunem Kleid, kolorierter Stahlstich um 1875, 31,4 x 22,6 cm (454 a, 21)

Trauermode (Abb. 93), aus: Illustrirte Frauenzeitung, Nov. 1877, kolorierter Stahlstich 39,8 x 28,1 cm (475,18)

Dame in rotem Kleid, Kostümstudie von A. v. Werner 1879, Bleistift aquarelliert 34 x 25,4 cm (HZL 27,7)

Bauer aus dem Hanauerland/Baden mit blauen Strümpfen, Vorlage zu: Blätter für Kostümkunde N. F. Bl. 148, monogr. FK 1879, Bleistift aquarelliert 39,5 x 23,4 cm (HZL 79,27)

Reformkleid in Weiß (Abb. 55), Schwarz-Weiß-Fotografie, Anfang 20. Jh. 18,7 x 9,7 cm (368,12)

Hamburgischer Senator in Amtstracht, Fotografie Dührkoop 1910, 22,3 x 14,4 cm (906,33)

Herr im Frack, Modebeilage aus: Mayfair Fashions, London Febr. 1909, Farbreproduktion 11,8 x 28,3 cm (479,15)

Schwälmer Bäuerinnen in Volltrauer (Abb. 92), Fotografie von Hans Retzlaff, 30er Jahre, 23,4 x 17,6 cm (625 a, 27)

Nachmittagskleid, asymmetrisch aufgeteilt, Modezeichnung von Herbert Mocho 1940, Bleistift aquarelliert 40,5 x 30,3 cm (HZL 55,22)

Braut in langem Spitzenkleid, Modefotografie Maywald, Paris um 1955, 24 x 18,2 cm (474 a, 50)

Herren in schwarzer Abendgarderobe (Smoking mit Glocke, Frack mit Zylinder), Bleistift aquarelliert 45,5 x 32,9 cm (HZL 31,5)

Dame in rotem Abendmantel (Abb. 65), Trude Rein, Berlin 1960, farbige Kreidezeichnung 42,8 x 28 cm (HZL 311,16)

Montagearbeiter in blauer Berufskleidung (Abb. 85), Farbdruck um 1975, 21,8 x 25 cm (925,23)

Kardinal König in rotem Kardinalsgewand, Farbdruck, Wien 1976, 31 x 23,3 cm (908a,16)

Kunstgewerbemuseum Berlin

Smoking mit Weste und Hose, Deutschland Anfang 20. Jh. (1974,74)

Frack mit Weste und Hose, Deutschland Anfang 20. Jh. (1974,74)

Gehrock, Deutschland Anfang 20. Jh. (1974,74)

2 Binder, weiß, Deutschland Anfang 20. Jh. (o. Nr.)

2 Zylinder, schwarz, Deutschland 3. Drittel 19. Jh. (o. Nr.)

1 Melone, schwarz, Deutschland 19. Jh. (o. Nr.)

Uniformrock eines Majors, dunkelblaues und rotes
  Tuch, Deutschland 1917 (1980,103)
Skihose für Damen, graubrauner Wollflanell, Deutsch-
  land 1930 (o. Nr.)
Jeansjacken, um 1974 (1981,111a-d)
Jeanshose, um 1972/73 (1981,111b)
Samtbrokat, dunkelrot, mit Goldbouclé, Italien (?)
  15. Jh. (62116)
Vierfarbiger Samt (Abb. 24), mit Granatapfelmuster,
  Venedig 15 Jh. (62,119)
Samtbrokat, in zwei Höhen geschnitten, roter Samt
  mit glatten Goldfäden und „or frisé", Italien um
  1480 (62,123)
Samt, blaues Granatapfelmuster auf gelbem Atlas-
  grund, Italien Mitte 15. Jh. (62,130)
Samt, geschnitten mit Granatapfelmotiv in Atlas,
  Italien (?) 15. Jh. (3/37)
Seidenbrokat in Blau und Gold, Spanien 14./15. Jh.
  (97,71)

Kupferstichkabinett Berlin
Beisetzung eines hl. Bischofs durch Benediktiner-
  mönche und Kleriker (Abb. 94), Lombardische
  Schule (?) 1. Hälfte 15. Jh., Deckfarben auf Perga-
  ment 16,5 x 12,6 cm (4294)
Gottvater und Maria, aus: Burgundisches Klebealbum
  Bl. 13, Marmion, Meister der Maria von Burgund
  u. a., Deckfarben auf Pergament, um 1480, 11,5 x 8
  cm (78 B13)
Christus am Kreuz mit Maria und Johannes, Berthold
  Furtmeyr, Regensburger Schule um 1480/90,
  Deckfarben auf Pergament 28,8 x 20,8 cm (14707)
Das Parlament von Mecheln (Abb. 66), Flämische
  Schule um 1520/30, Deckfarben auf Pergament
  28,5 x 17,6 cm (8483)
Bauernpaar, Kupferstich von Albrecht Dürer 1519,
  um 1600 koloriert 11,8 x 7,4 cm (Bartsch 89)

Museum für Völkerkunde Berlin, Abteilung Europa
Stoffprobe aus grau-brauner ungefärbter Wolle (Lo-
  den), Kaukasus Ende 19. Jh. (II D 69, II D 70, II D 82,
  II D 94, II D 388)
Filzstiefel für Männer, braune ungefärbte Wolle,
  Kaukasien Ende 19. Jh. (II D 356)
Alltagstracht, weiblich (Abb. 42), mit braunem unge-
  färbtem Wolloden-Mantel, Oesel, Estland, UdSSR
  Anfang 20. Jh. (II C 9; II C 683, II C 681, II C 13,
  II C 792)
Jacke mit Schulterkragen zur Männertracht, aus
  schwarzer, ungefärbter Wolle mit Ziegenhaar,
  Albanien Anfang 20. Jh. (II B 111)
Hose zur Tracht aus ungefärbter heller Harraswolle,
  gerauht, Šumiac, Mittelslowakei, ČSSR Anfang
  20. Jh. (II B 7451)

Männerhose aus naturfarbenem köperbindigem Lei-
  nen (Drillich), Karksi-Pärnumaa, Südestland, UdSSR
  Anfang 20. Jh. (II C 783)
Männerhemd aus naturfarbenem Leinen, Tetina,
  Rumänien Anfang 20. Jh. (II B 1572)
Kapuze, russischer Baschlik aus Kamelhaar-Gewebe,
  braun, ungefärbt, Gabrowo, Bulgarien Ende 19. Jh.
  (II B 5687)
Filzhut, ungefärbte braune Wolle, Mingrelier, Kauka-
  sus Ende 19. Jh. (II D 74)
Filzhut, ungefärbte schwarze Wolle, Swanetier, Kau-
  kasus Ende 19. Jh. (II D 71)
Käppchen aus weißer Baumwolle, vergilbt, gestrickt,
  Makedonien, Jugoslawien Anfang 20. Jh. (II B 5907)
Mütze, braunes Schaffell, Kaukasus Ende 19. Jh.
  (II D 79)
Männermütze mit Schirm aus Zunderschwamm, un-
  gefärbt, Umgebung von Chodsko, Westböhmen,
  ČSSR um 1975 (II B 7365)
Filzkappe, naturfarbene Wolle, Albaner, Makedonien,
  Jugoslawien 1934 (II B 866)
Filzkappe, naturfarbene Wolle, Fabrikerzeugnis,
  Albaner, Péc, Kosovo, Jugoslawien 1978 (II B 8429)
Rock, dicht gefältelt, Blaudruck mit Einsatz aus billi-
  gem ungebleichtem Leinen, Šumiac, Mittelslowakei,
  ČSSR 1. Hälfte 20. Jh. (II B 7391f)
Unterrock aus ungebleichtem Leinen, Velká n. V.,
  Mährische Slowakei, ČSSR 1. Hälfte 20. Jh.
  (II B 7199 f)
Frauenhemd mit Zierärmeln aus verschiedem groben
  ungefärbtem Hanf- u. Leinengewebe mit roten ein-
  gewebten u. gestickten Streifen, Setumaa, Estland,
  UdSSR um 1850 (II C 601)
Gürtel in Sprangtechnik, Weißrussen, Stare Konje,
  Piúsk, Polen Anfang 20. Jh. (II B 2663)
„Hüft-Speck", Bezug aus ungebleichtem Leinen, Fül-
  lung aus Holzwolle, Pilsen, Westböhmen, ČSSR
  Ende 19. Jh. (II B 6483 d)
„Hörner" zur Verstärkung einer Hörnerfrisur, Bezug:
  ungebleichtes Leinen, Füllung: Hanf, Čičmany,
  Nordslowakei, ČSSR um 1910 (II B 7226 c)
Frauenweste zur Festtracht, Futterstoff grobes un-
  gebleichtes Hanfgewebe, Jablonica, Westslowakei,
  ČSSR Anfang 20. Jh. (II B 7012)
Stola zur Festtracht (Abb. 43), weiße Baumwolle, mit
  ecru-gelber Stickerei u. Klöppelspitze aus unge-
  färbtem Seiden- u. Nesselgarn, Piešťany, West-
  slowakei, ČSSR Anfang 20. Jh. (II B 7497)
Bluse aus ungebleichtem Leinen, Šestine, Zagora,
  Kroatien, Jugoslawien um 1900 (II B 8171)
Handschuhe, gestrickt im Schachbrettmuster, aus
  brauner u. weißer ungefärbter Wolle, Rumänen u.
  Ukrainer, Maramuresch, Umgebung von Borscha,
  Rumänien Anfang 20. Jh. (II B 2401 a, b)

Handschuhe, gehäkelt aus ungefärbter dunkler Wolle, Huzulen Anfang 20. Jh. (II B 38 a, b)

Männerstiefel mit Schäften aus weißer u. dunkelbrauner Harraswolle, Trenčianska Teplá, Westslowakei, ČSSR 1920/25 (II B 7339 a, b)

Klöppelspitzen aus ungefärbtem Hanf-, Nessel-, Baumwoll-, Seidengarn, z. T. mit farbiger Verzierung, ČSSR 2. Hälfte 19. Jh. bis Anfang 20. Jh. (II B 7413,1; II B 7151,2; II B 7138 b; II B 7137c; II B 7314,2; II B 6607)

Teile eines Kopfschals mit Spitze aus ungefärbtem Leinen u. schwarzem Seidengarn, Bošáca (?), Westslowakei, ČSSR Mitte 19. Jh. (II B 6865 a, b)

Zwei Paar Ärmelteile, weiße Baumwolle mit Stickerei aus naturfarbenem Leinen- u. Seidengarn, Trenčianska Teplá, Westslowakei, ČSSR Mitte bis Ende 19. Jh. (II B 7326 a, b; II B 7324 a, b)

Schößchenjacke, braun-violette Seide mit kleinen farbigen Broschiermustern, Böhmen 19. Jh. (II B 6413)

Bluse zur Kirchgangstracht, weiß, „jungfräulich" d. h. ungewaschen, Šumiac, Mittelslowakei, ČSSR ca. 1960 (II B 73 92)

Taufhaube mit Silberstickerei, Anlegetechnik, Prag, ČSSR Mitte 19. Jh. (II B 6718)

Erstlingshäubchen, Weißstickerei, Flämisch Anfang 20. Jh. (II A 2609)

Umhang zur Trauertracht, ungebleichtes Leinen, Leinwandbindung mit Lanciermuster, Ždiar, Nordslowakei, ČSSR Ende 19. Jh. (II B 7346)

Kopftuch für Trauer mit schwarzem Kattundruck, Velká n. V., Mährische Slowakei, ČSSR Anfang 20. Jh. (II B 7255)

Haube mit großer Schleife (Taube), Stepparbeit mit Knötchenstickerei u. Spitze, Schleife mit Weißstickerei verziert, Pilsen, ČSSR, (II B 6821 h u. i)

Haube, feine Weißstickerei, Klöppelspitze, Böhmen, ČSSR Ende 19. Jh. (II B 6724)

Kragen zur Festtracht, weißes Leinen mit Spitze fein plissiert, Quimper, Bretagne Mitte 20. Jh. (II A 1671 a—f)

Trachtenpuppe mit weißer Haube und Kragen, Quimper, Bretagne Mitte 20. Jh. (II A 4498)

Männerhemd, weiße Baumwolle mit einfacher Durchbruchstickerei, Nadelspitzeneinsatz u. eingehängten Pompons, Bosnien, Jugoslawien Anfang 20. Jh. (II B 8908)

Miederrock aus handgewebtem, weißem Leinen, plissiert, Fačkov, Slowakei, ČSSR Anfang 19. Jh. (II B 6399 b)

Rock zur Festtracht, Baumwolle, weiß, dicht plissiert mit schwarzer Bündchenstickerei, Bošáca, Westslowakei, ČSSR Anfang 20. Jh. (II B 7199 b)

Weißstickereifragmente zur Festtagstracht, Böhmen, ČSSR 1860—1910 (II 7232 b, II B 6684 b, II B 6463 b, II B 6462 a)

Zwei Kragen zur Festtagsbluse, feine weiße Nadelspitzenarbeit, Jablonica, Westslowakei, ČSSR Anfang 20. Jh. (II B 7500 f, II B 7075)

Zierbänder aus feiner weißer Nadelspitze, mit Flechtband in Gold besetzt, Jablonica, Westslowakei, ČSSR Anfang 20. Jh. (II B 7073, II B 7223)

Kragen zur Festtagsbluse in Weiß mit feiner Doppeldurchbruchstickerei, Velká n. V., Mährische Slowakei, ČSSR um 1920 (II B 7690)

Kragen zur Festtagsbluse in Weiß mit feiner Loch- u. Plattstichstickerei, Spitzenbesatz, Umgebung von Kyjov, Südmähren, ČSSR Anfang 20. Jh. (II B 6564)

Kopftuch zur Kirchgangstracht, weiße Baumwolle, Weißstickerei, Durchbruch u. Klöppelspitze, Böhmen, ČSSR 1. Hälfte 20. Jh. (II B 7501)

Kopftuch zur Festtracht, weißer Tüll, Weißstickerei, Trnava, Westslowakei, ČSSR Anfang 20. Jh. (II B 7190 i)

Strickstrümpfe zur Festtagstracht, weiß, Mladá Boleslav, Böhmen, ČSSR Anfang 20. Jh. (II B 7479 a)

Spitzenhaube, weiß, flämisch Anfang 20. Jh. (II A 2597)

Unterbluse zur Festtracht, weiße Baumwolle, Mährische Slowakei, ČSSR Mitte 20. Jh. (II B 6408 g)

Unterrock zur Festtracht, weiße Baumwolle, Haná, Mähren, ČSSR Anfang 20. Jh. (II B 7172 c)

Damenunterhose, weiße Baumwolle, Häkelspitze, Kroměřiz, Haná, Mähren, ČSSR Mitte 19. Jh. (II B 7191 k)

Unterhaube, weiß in Sprangtechnik, Zliechov, Nordwestslowakei, ČSSR Anfang 20. Jh. (II B 6999/2)

Damenunterwäsche, weißer Baumwollkrepp mit eingewebtem Seidenstreifen, Sarajewo, Bosnien, Jugoslawien Mitte 19. Jh. (II B 8768, II B 8744)

Haube mit Brokatband- u. Glasperlenbesatz, Rußland Anfang 20. Jh. (II B 3646)

Haube, gelb-bunte Kelim-Weberei, Ohaba-Fargaci, Lugoj, Banat, Rumänien Ende 19. Jh. (II B 8414)

Mädchenhaube mit Goldstickerei, Kantille, Pailletten, Granaten, weißer Klöppelspitze und rosafarbener Schleife, Mladá Boleslav, Mittelböhmen, ČSSR Ende 19. Jh. (II B 6745)

Kopfschal, weiße Baumwolle mit gelber Seidenstickerei u. Klöppelspitze aus naturfarbenem Nesselgarn, Velká n. V., Mährische Slowakei, ČSSR Ende 19. Jh. (II B 8973)

Bluse u. Haube zur Festtracht, weiße Baumwolle mit gelber Seidenstickerei u. Klöppelspitze, Piešťany, Westslowakei, ČSSR um 1920 (II B 7241 a und II B 6401 a)

Festtracht in Weiß und Gelb (Abb. 60), Velká n. V., Mährische Slowakei, ČSSR Anf. 20. Jh. (II B 7417 a, Bluse; II B 8702 c, Schürze; II B 7258 b, Rock; II B 7417d, Haube; II B 7417e, Kopfschal; II B 7417g, Weste)

Schärpe zur Festtracht für Männer, schwarzer Baumwollklot mit Plattstichstickerei in gelber Seide, Piešťany, Westslowakei, ČSSR Anfang 20. Jh. (II B 6856)

Schürze zur Festtracht, dunkelbraunes Gewebe mit gelb-bunter Wollstickerei, Timişoara, Banat, Rumänien Ende 19. Jh. (II B 2760)

Schultertuch, köperbindig mit Atlasstreifen, rotbunt bedruckt mit Muster nach Kaschmir-Tüchern, Wollfransen, für Festtrachten aus Böhmen u. Mähren, ČSSR um 1880 (II B 6440)

Kaschmir-Tuch mit beigefarbenen Kunstseidenfransen, Haná, Mähren, ČSSR 2. Hälfte 19. Jh. (II B 7496)

Männerweste, roter Wollstoff, Aliko, Saaremaa (Ösel), Estland, UdSSR Anfang 20. Jh. (II C 676)

Zwei Ärmel, weiße Baumwolle mit rotbunter Baumwoll- u. Seidenstickerei, Čataj, Südwestslowakei, ČSSR um 1900 (II B 6792 a, b)

Frauenjacke zur Festtracht, rotes Tuch mit bunter Wollstickerei, Floda, Dalekarlien, Dalarna, Schweden Anfang 20. Jh. (II A 1159)

Frauen-Festtracht in Rot, bestehend aus Hemd, Weste, Manschetten, Untermanschetten, Gürtel, Tuch, Kopfschal, Strümpfen u. Schürze, Vitolište, Mariovska, Makedonien, Jugoslawien Anfang 20. Jh. (II B 8491 a—e)

Kindermütze, rotes Tuch mit grauem Krimmer, Płock, Polen 1. Viertel 20. Jh. (II B 3618)

Fischermütze, Wolle, rot mit schwarzem Wollfutter, Neapel, Italien Anfang 20. Jh. (II A 2534)

Häubchen, rotbunte Wollstickerei, Timişoara, Banat, Rumänien Anfang 20. Jh. (II B 2755)

Brauthaube mit langem herabfallenden Nackenteil, rotes Gewebe mit Goldbrokatbändern besetzt; dichte Fransen und Pompons, Galičnik, Debar, Makedonien, Jugoslawien Ende 19. Jh. (II B 3623)

Kopftücher aus Baumwollkattun, Türkischrot-Druck, Kyjov, Mährische Slowakei, ČSSR Anfang 20. Jh. (II B 6769, II B 6753, II B 6752)

Haube, gebunden aus Türkischrot-Tuch, Uhersky Brod, Mährische Slowakei, ČSSR Anfang 20. Jh. (II B 6756)

Kopftuch, Türkischrot-Druck mit pinkfarbenen Wollfransen, Tard, Umgebung Mezökövesd, Ungarn Anfang 20. Jh. (II B 3695)

Schultertuch, weißes Wollgewebe mit Rosen bedruckt, Krim-Tataren, Bachtschisarai Anfang 20. Jh. (II C 463)

Schultertuch, Seidengewebe in Rot mit Brokat-, Seidenbroschier- u. Lanciermuster, Pilsen, Mittelböhmen, ČSSR Ende 19. Jh. (II B 6726)

Russischer Bilderbogen, Chromolithographie, mit Trachtendarstellungen in Rot, Rußland Anfang 20. Jh. (II B 1225)

Kopftuch (Abb. 72), weiße Baumwolle mit Kupferstichdruck, Szenen aus dem russischen Volksleben mit Trachtendarstellungen in Rot, Rußland Ende 19. Jh. (II B 2870)

Frauenhemd mit Ärmeln aus rotem Baumwollgewebe, Großrussen Anfang 19. Jh. (II B 2898)

Überkleid ohne Ärmel, roter Kattundruck, Weißrussen, Koslowka, Smolensk, UdSSR Ende 19. Jh. (II B 2880)

Haube, Türkischrot-Druck, Großrussen Ende 19. Jh. (II B 2903)

Puppe aus Papiermaché mit Klappersteinen gefüllt, rote Bemalung, Basilikata, Italien Anfang 20. Jh. (II A 2492)

Wickelgürtel in Sprangtechnik, rote Wolle, Čičmany, Nordwestslowakei, ČSSR Anfang 20. Jh. (II B 7103)

Männerschärpe, rotes Wollgewebe, Moldavia, Rumänien Anfang 20. Jh. (II B 4258 c)

Festtracht in Purpur u. Rot (Abb. 70), Galičnik, Debar, Jugoslawien Anfang 20. Jh. (II B 8489 a—g)

Mieder zur Festtracht, violettrote Seide, Pilsen, Westböhmen, ČSSR Ende 19. Jh. (II B 6821 d)

Frauenweste zur Festtracht, Seidenbrokat mit dunkelrotem Grund, Haná, Mähren, ČSSR Anfang 20. Jh. (II B 6410 g)

Fes, gestrickt u. gefilzt, dunkelrot mit schwarzer Quaste, Türken, Makedonien, Jugoslawien Anfang 20. Jh. (II B 5869)

Frauenjäckchen, roter Seidensamt mit Schnurstickerei in Gold, Futter aus grünbunt bedrucktem Baumwollatlas, Bosnien, Jugoslawien Anfang 20. Jh. (II B 8760)

Damenschuhe, violette Seide mit Goldstickerei und Kantille, Mittelböhmen, ČSSR um 1830 (II B 6690a,b)

Vorderschürze, schmalrechteckiges Gewebe aus violettbunter Wolle, Sanoviţa, Banat, Rumänien um 1925 (II B 8736)

Frauenjacke zur Festtracht, violettgründiger Seidenbrokat mit Futter in Rosa, Dalmatien (?), Jugoslawien Ende 19. Jh. (II B 965)

Frauenhemd, weißes Leinen mit roter u. blauer Stickerei, Brustbehang aus Kaurimuscheln, roten u. weißen Glasperlen u. Münzen, Pensa, Rußland Ende 19. Jh. (II B 6047)

Männerhemd zur Festtracht (Abb. 75), weiße Baumwolle, Plattstichstickerei in Blau u. Rot, Trenčianska Teplá, Westslowakei, ČSSR Anfang 20. Jh. (II B 7338)

Frauenstrümpfe, gestrickt aus rotem Wollgarn, Böhmen, ČSSR Anfang 20. Jh. (II B 6480 a, b)

Brautmantel (Abb. 81), blaues Tuch mit Schnurstickerei u. Pailletten in Gold, Bosnien, Jugoslawien 2. Hälfte 19. Jh. (II B 3362)

Haube nach österreichischem Trachtenvorbild zum orientalisch geprägten Brautmantel, blaue Atlasseide mit Goldstickerei, datiert 1894 (II B 3362, II B 7170)

Trachtenanzug für Knaben nach dem Vorbild der englischen Mode des ausgehenden 18. Jh.s, messinggelbe Kniebundhose, schwarz-blaue Tuchjacke u. weißes Hemd, Domažlice, Chodsko, Westböhmen, ČSSR um 1925 (II B 6397 a, b; II B 7503 b)

Schürze zur Tracht (Abb. 83), Blaudruck mit bunter Wollstickerei, Fačkov, Nordwestslowakei, ČSSR um 1920 (II B 6794)

Kopftuch, Blaudruck mit bunter Seidenstickerei, Šumiac, Mittelslowakei, ČSSR Anfang 20. Jh. (II B 7416)

Miederrock zur Festtracht, Blaudruck in Gelb und Schwarzblau, plissiert, Trenčianska Teplá, Westslowakei, ČSSR um 1930 (II B 7336 b)

Kinderhemd, indigoblau gefärbt, Madeira, Portugal Ende 19. Jh. (II A 1752)

Kopfschleier, grüne Schleierseide, mit Goldborten u. Spitze, Krim-Tataren, Bachtschisarai Anfang 20. Jh. (II C 465)

Männerweste aus grünem Tuch mit Goldbortenbesatz, Herzegowina, Jugoslawien Anfang 20. Jh. (II B 235)

Frauenjacke, dunkelgrüner Seidensamt, Dalmatien, Jugoslawien Anfang 20. Jh. (o. Nr.)

Kopftuch zur Festtracht, weißes Leinen mit Plattstichstickerei aus schwarzer Seide, Klöppelspitze, Litiče, Umgebung von Pilsen, Böhmen, ČSSR um 1870 (II B 7171)

Kragen zur Festtagsbluse, weiße Baumwolle mit schwarzer Leinen- und Baumwollstickerei, Kyjov, Mährische Slowakei, ČSSR um 1920 (II B 6558)

Männerhemd zur Festtracht, weiße Baumwolle, Plattstichstickerei aus schwarzem Leinengarn, Prostějov, Haná, Mähren, ČSSR 1920/25 (II B 7194 a, b)

Bluse zur Festtracht mit Kragen, weißes Leinen, ecrufarbene Seidenstickerei u. Klöppelspitze, Prostějov, Haná, Mähren, ČSSR Anfang 20. Jh. (II B 6410 a u. II B 7217 b)

Filzhüte zur Tracht, schwarz, Portugal um 1900 (II A 2319, II A 2338)

Männerhut zur Festtracht, schwarzer Filz mit reicher Goldbortenapplikation, Vinga bei Arad, Rumänien Ende 19. Jh. (II B 8723)

Brautjacke in Schwarz, Atlasseide, Slowaken, Batschka, Banat, Jugoslawien um 1930 (II B 1023)

Festtracht in Weiß mit schwarzer Stickerei u. Wollfransenverzierung, Kučevište, Skopska Crna Gora, Makedonien, Jugoslawien um 1900 (II B 4214 u. II B 8535)

Zwei Festtrachten für ältere Frauen (ab 40 Jahre) (Abb. 99), mit schwarzer Seidenstickerei u. Goldbrokatschürze Cîmpulung Muşcel, Rumänien 2. Hälfte 19. Jh. (II B 8716 a−c, II B 8717 a−d)

Frauen- u. Kinderfesttracht in Weiß, Schwarz, Rot, Bunt, Kyjov, Mährische Slowakei, ČSSR Anfang 20. Jh. (II B 6404 a−h, Mädchenfesttracht o. Nr.)

Frauenfesttracht in Weiß, Schwarz u. Bunt, Ictar-Budinţ, Lugoj, Banat, Rumänien Ende 19. Jh. bis Anfang 20. Jh. (II B 8704 a,b,d,e u. II B 8705 u. II B 8414)

Brauttracht mit weißem Rock u. weißrotbunte Trachtenteile, Hluk, Mährische Slowakei, ČSSR Anfang 20. Jh. (II B 7173)

Frauenfesttracht in Weiß, Schwarz, Grün, Rot, Uhersky Brod, Mährische Slowakei, ČSSR Ende 19. Jh./Anfang 20. Jh. (II B 7313 a−d)

Schürze zur Festtracht (Abb. 23), schwarzer Seidenatlas mit Gold- u. Silberstickerei in Sprengtechnik, Ictar-Budinţ, Banat, Rumänien Anfang 20. Jh. (II B 8704 c)

Schürze zur Festtracht, violetter Seidenatlas mit Gold- u. Seidenstickerei, Banat, Rumänien Anfang 20. Jh. (II B 8708)

Rock, Wolle, rot, dicht plissiert zur Festtracht, Chodsko, Westböhmen, ČSSR um 1910 (II B 6394 b)

Stoffproben für Röcke zu verschiedenen Anlässen (in Anlehnung an die liturgischen Farben) und zum Kirchgang getragen, Mrákov, Chodsko, Westböhmen, ČSSR Anfang 20. Jh. (II B 7415/1−8)

Zwei Frauenjacken zur Festtracht im Winter, roter Baumwollsamt für junge, violetter Baumwollsamt für ältere Frauen, Kyjov, Mährische Slowakei, ČSSR 1930/40 (II B 6885 u. II B 6886)

Rock zur Festtracht für ältere Frauen, Baumwolle schwarz-bunt bedruckt, Haná, Mähren, ČSSR Anfang 20. Jh. (II B 7295 a)

Rock zur Festtracht für junge Frauen, weißes Baumwoll-Leinen, gefältelt, Haná, Mähren, ČSSR um 1920 (II B 7172 c)

Zwei Hauben für ältere Frauen in lila u. blaugrüner Filetarbeit, Štrba, Nordslowakei, ČSSR 1977 (II B 7665)

Haube für junge Frauen in weißer Filetarbeit, Štrba, Nordslowakei, ČSSR 1977 (II B 7666)

Zwei Hauben für junge Frauen in Blau-Silber- u. Blau-Grün, Krakovany bei Piešťany, Westslowakei ČSSR,

Haube für junge Frauen in Gelb-Rot, Umgebung von Piešťany, Westslowakei, ČSSR Anfang 20. Jh. (II B 7004 a)

Schürze zur Festtracht für ältere Frauen in Schwarz mit weißer Stickerei, Bošáca, Westslowakei, ČSSR Anfang 20. Jh. (II B 6868)

Schürze zur Festtracht für junge Frauen in Weiß mit bunter Seidenstickerei, Bošáca, Westslowakei, ČSSR Anfang 20. Jh. (II B 7199 c)

Zwei Schürzen, Wolle-Seide, rot-bunt gestreift, je breiter die farbigen Streifen, je vermögender der Besitzer, Chodsko, Westböhmen, ČSSR 2. Hälfte 19. Jh. (II B 6742 u. II B 6394 d)

Schürze, Baumwolle, rot-gelb gestreift, Kennzeichen

geringeren Vermögens, Chodsko, Westböhmen, ČSSR um 1900 (II B 7498)

Zwei Männerhemden mit üppiger u. schlichter Buntstickerei als Zeichen des Reichtums u. der Armut, Zavadka, Mittelslowakei, ČSSR, 1. Hälfte 20. Jh. (II B 7682, II B 6784)

Festtagsbluse mit Seiden- u. Metallstickerei, in Orange/Bunt als Zeichen des Reichtums, Trenčianska Teplá, Westslowakei, ČSSR um 1930 (II B 7334)

Festtagsbluse mit schlichter orange-bunter Baumwollstickerei als Zeichen der Armut, Dol. Poruba, Umgebung von Trenčianska Teplá, Westslowakei, ČSSR Anfang 20. Jh. (II B 7423)

Schößchenjacke, bordeauxrot, wattiert für den Winter, Blata, Südböhmen, ČSSR um 1900 (II B 6719)

Bluse mit Weste, bordeauxrot, verziert für den Sommer, Chodsko, Westböhmen, ČSSR Anfang 20. Jh. (II B 6395 a, b)

Zwei Hauben, Baumwolle mit gelb-orangefarbener Stickerei u. Häkelspitze für den Alltag, Umgebung von Piešťany, Westslowakei, ČSSR Anfang 20. Jh. (II B 3634 u. II B 3638)

Haube, Baumwolle mit reicher Seidenstickerei in Gelb u. Klöppelspitze in Gelb/Silber zur Festtracht, Umgebung von Piešťany, Westslowakei, ČSSR Anfang 20. Jh. (II B 6799)

Rockstoff, Baumwolle, dunkelrot/weiß gestreift, für den Alltag, Kyjov, Mährische Slowakei, ČSSR Anfang 20. Jh. (II B 6642)

Rock, Wolle, rot-weiß gestreift u. gemustert, für den Festtag, Kyjov, Mährische Slowakei, ČSSR Anfang 20. Jh. (II B 6505 c)

Frauen-Festtagstracht in Weiß-Schwarz-Bunt, Region Lugoj, Banat, Rumänien Anfang 20. Jh. (II B 8704 u. II B 8505)

Frauenrock, Wollgewebe, in leuchtenden Grundfarben gestreift, Madeira, Portugal Anfang 20. Jh. (II A 1754)

Schürze zur Festtracht, Atlasseide, bunt bedruckt, Uherské Hradiště, Mährische Slowakei, ČSSR Mitte 19. Jh. (II B 7177 b)

Frauenweste zur Festtracht in den „mittelalterlichen" Farben Rot, Grün, Blau, Kunovice, Mährische Slowakei, ČSSR Anfang 20. Jh. (II B 6621)

Knaben- u. Mädchenweste zur Festtracht in bunten Farben, Trnava, Westslowakei, ČSSR Anfang 20. Jh. (II B 7190 f u. II B 6975)

Frauenweste zur Festtagstracht mit bunter Applikation, Mezőkövesd/Ungarn Ende 19. Jh. (II B 184)

Schürzen zur Festtracht mit bunter Baumwoll- u. Seidenstickerei, Umgebung von Kyjov, Mährische Slowakei, ČSSR 1. Hälfte 20. Jh. (II B 6766 u. II B 6611)

Pelzjacke zur Frauenfesttracht mit bunter Leder-

applikation u. Seidenstickerei, Detva, Slowakei, ČSSR Anfang 20. Jh. (II B 7457)

Schürze zur Festtracht, schwarzer Seidensatin, bunte Seidenstickerei, Banat, Rumänien 1. Hälfte 20. Jh. (II B 8713)

Webband, rot-bunt, Skopje, Makedonien, Jugoslawien Anfang 20. Jh. (II B 478)

Brettchenwebgürtel, bunt bestickt, Trenčín, Westslowakei, ČSSR um 1930 (II B 7462)

Flechtwebband für Festtagshaube in leuchtenden Grundfarben, Ždiar, Nordslowakei, ČSSR Anfang 20. Jh. (II B 7484)

Haube mit Flechtwebband, Pailletten, Flitter etc. u. broschierten bunten Bändern, Zliechov, Nordslowakei, ČSSR 1. Hälfte 20. Jh. (o. Nr.)

Webband für Frauengürtel in leuchtenden Grundfarben, Hargla, Südestland, UdSSR Anfang 20. Jh. (II C 754)

Seidenbänder (Abb. 41) in leuchtenden Grundfarben mit lancierten u. broschierten Mustern, ČSSR Anfang 20. Jh. (II B 7227 c, II B 7279/1, II B 2769, II B 7285/2, II B 6505 a, II B 7271/1)

Halstuch, Wolle, handbedruckt, in leuchtenden Grundfarben, Chodsko, Westböhmen, ČSSR (II B 6725)

Schultertücher zur Festtracht (Abb. 37) in leuchtenden Grundfarben, Böhmen, ČSSR um 1900 (II B 6727, II B 6728, II B 6449)

Klöppelspitzen in kräftigen Grundfarben, Slowakei, ČSSR Anfang 20. Jh. (II B 7148; II B 7489/1,2; II B 7148/5 u. 6)

Handschuhe zur Festtagstracht mit verschiedenfarbigen Fingerlingen, Serbien, Jugoslawien Anfang 20. Jh. (II B 463 a, b)

Strümpfe, gestrickt, aus bunter Wolle, Tupe-Nurme, Muhu (Mohn), Estland, UdSSR Anfang 20. Jh. (II B 715)

Hinterschürze zur Festtracht mit bunten Baumwoll- u. Wollfransen, Region Lugoj, Banat, Rumänien um 1900 (II B 2758)

Kinderhäubchen in Grün u. Pink mit bunten Bandrosetten, Pułtuck, Polen Anfang 20. Jh. (II B 3615)

Kopfputz für Braut aus künstlichen Blumen, Flitter, Perlen etc. Kunovice, Mährische Slowakei, ČSSR Anfang 20. Jh. (II B 6633 a–e)

Haubenteil mit rot-bunter Stickerei in Seide u. Kantille, Jablonica, Westslowakei, ČSSR Anfang 20. Jh. (II B 7082)

Tauf- und Festtagsstola (Abb. 35) in bunter Wollstickerei, Vronovy bei Hluk, Mährische Slowakei, ČSSR um 1930 (II B 8217)

Tasche unter der Schürze zu tragen, Patchwork aus verschiedenartigen Seidenflicken, Pilsen, Böhmen, ČSSR 1890 (II 6821 l)

Frauenstiefel mit bunter Lederapplikation, Gouvern. Pensa, UdSSR Anfang 20. Jh. (II B 6049 a, b)

Gürtel zur Festtagstracht mit Applikation in den Grundfarben Rot, Blau, Gelb, Samen, Uleaborg (Oulin), Finnland Ende 19. Jh. (II C 1042)

Frauengürtel zur Festtagstracht mit den Nationalfarben (Trikolore), Umgebung v. Bukarest, Rumänien Anfang 20. Jh. (II B 5733)

Knabenweste zur Festtagstracht in knalligem Pink, Jablonica, Westslowakei, ČSSR Anfang 20. Jh. (II B 6763)

Frauenweste zur Festtagstracht in changierendem Pink, Chodsko, Westmähren, ČSSR 1. Hälfte 20. Jh. (II B 8262 d)

Zierstreifen mit Wollstickerei in knalligem Pink, Grün u. Blau, Umgebung v. Uhersky Brod, Mährische Slowakei, ČSSR Ende 19. Jh. (II B 6693)

Frauenmieder mit Silberborten, Kantille, Pailletten, Glasperlen u. Granaten besetzt, Chodsko, Westböhmen, ČSSR Mitte 19. Jh. (II B 7499)

Kopfband für Mädchen, rotes Band, besetzt mit Glasperlen, Pailletten, Spiegeln, Steinen etc., Blata, Südböhmen, ČSSR Anfang 20. Jh. (II B 7221)

Haubenteile mit Seiden-, Gold- u. Silberstickerei in Plattstich u. geprägten Pailletten, Umgebung v. Holič, Westslowakei, ČSSR um 1900 (II B 6586 u. II B 7460)

Haube mit Kantille und Glasperlen besetzt, Jablonica, Westslowakei, ČSSR Anfang 20. Jh. (II B 7500 d)

Brauthaube, dunkelrot-bunte Wollstickerei mit Perlen, Kaurimuscheln u. Münzen besetzt, Wollfransen, Südmakedonien, Jugoslawien 2. Hälfte 19. Jh. (II B 4231)

Brustleder, mit Münzen und Perlen besetzt, Tschuwaschen, Tjurlema, Rußland, UdSSR 2. Hälfte 19. Jh. (II B 2116)

Weste, Goldbrokat mit spanischer Spitze u. Bleischließen, Piešťany, Westslowakei, ČSSR Ende 19. Jh. (II B 6798)

Frauengürtel, bunte Wollstickerei mit weißen Perlen besetzt, Argeş, Rumänien Anfang 20. Jh. (II B 6265)

Schürze u. Kopftuch zur Festtracht, weißes Leinen mit Tülleinsätzen, Perlen u. Paillettenstickerei, Blata, Südböhmen, ČSSR Anfang 20. Jh. (II B 6396 c u. e)

Schürzenteil, Silberbrokatweberei in Kelim-Technik, Ohaba Forgarci, Banat, Rumänien Ende 19. Jh. (II B 8729)

Frauengürtel aus Gold- u. Silberlan gewebt, Rumänien Anfang 20. Jh. (II B 5738)

Zwei Frauengürtel, Brokatgewebe, Ostmakedonien, Jugoslawien Anfang 20. Jh. (II B 6281, II B 6291)

Mantel, dunkelvioletter Seidensamt mit Goldstickerei u. Anlegetechnik, Albanien 2. Hälfte 19. Jh. (II B 8317 a)

Brautjacke, rotvioletter Seidensamt mit Schnurstickerei in Gold verziert, Albanien um 1930/40 (II B 7291)

Frauenstrümpfe, gestrickt, dunkle Wolle u. Goldfaden, Aromunen, Makedonien, Jugoslawien Mitte 20. Jh. (II B 8401 a. b)

Haubenteil, Gold- u. Silberstickerei in Sprengtechnik, Jablonica, Westslowakei, ČSSR Anfang 20. Jh. (II B 7695)

Haube, Silberstickerei in Anlegetechnik, Ungarn Anfang 20. Jh. (II B 3649)

Doppelschürze mit Silber- u. Goldstickerei in Anlegetechnik, bunte Wollfransen, Banat, Rumänien Ende 19. Jh. (II B 8420)

Spitzenhaube mit Stecknadelkante verziert, flämisch Anfang 20. Jh. (II A 2597)

Gürtel mit vergoldeten Silberplatten, Sarivuoma-Samen, Tornelappmark Ende 19. Jh. (II C 1595)

Kragen eines Männerkittels, Zinndraht-Stickerei, Samen, Frostviken, Nordjämtland, Schweden 2. Hälfte 19. Jh. (II C 1365)

Taufhäubchen mit Kantille, Flitter, Glasperlen, Granaten dicht besetzt, Chodsko, Westböhmen, ČSSR Ende 19. Jh. (II B 6437)

Haube, Türkischrot-Druck mit Goldstickerei in Sprengtechnik, Glasperlen, Kaurimuscheln u. Münzen besetzt, Gouvern. Pensa, Rußland, UdSSR 19. Jh. (II B 6048)

Männerweste, dunkelblaues Wolltuch mit bunter Stickerei u. Militärknöpfen, Chodsko, Westböhmen, ČSSR 1. Hälfte 20. Jh. (II B 7503 c)

Bluse u. Haube mit Seiden- u. Gold- u. Silberstickerei in Sprengtechnik, Čataj, Westslowakei, ČSSR Anfang 20. Jh. (o. Nr. u. II B 6790)

Schürzen zu Stadttrachten in gebrochenen Modefarben des 19. Jh.s, Böhmen, ČSSR 2. Hälfte 19. Jh. (II B 6720, II B 6418, II B 6424, II B 6713, II B 7164)

Schultertücher zu Stadttrachten in gebrochenen Modefarben des 19. Jh.s, Böhmen, ČSSR 2. Hälfte 19. Jh. (II B 7436, II B 6824, II B 6450, II B 6676, II B 6442)

Museum für Deutsche Volkskunde, Berlin

Männerrock mit Weste, Tuch, braun, Süddeutschland 18. Jh. (25 C 66, 25 D 118)

Votivbild mit bäuerlichem Votanten, Öl auf Holz 42 x 28 cm, Taxenbach, Pinzgau 1837 (32 K 18)

Votivbild mit bürgerlichem Votanten, Öl auf Holz 27,5 x 19,5 cm, Erding, Oberbayern 1816 (32 K 217)

Votivbild mit adligem Votanten, Öl auf Holz 30,2 x 25 cm, Maria Gern bei Berchtesgaden, Oberbayern 1730 (32 K 209)

Dresdner Schornsteinfeger, aus: Dresdener Stadttypen, sign. G(ottlob) Moré 1895, 42,7 x 31,8 cm (58 I 72)

Kirchgangstracht für Festtage, braun, bestehend aus: Rock, Beiderwand, braun; Jacke, Samt, weinrot; Schürze, Kunstseide, weinrot, bestickt, Mardorf, Kr.

Marburg, Hessen 1930/40 (26 E 336, 26 G 429, 26 N 399)

Frauenrock für einfache kirchliche Feiertage („Sprinkel"), Beiderwand, rotviolett, grüner Bandbesatz, Mardorf, Kr. Marburg, Hessen 1930/40 (26 E 319)

Schürze zur Kirchgangstracht für hohe Festtage, Seidenatlas, weinrot, Straminstickerei und Paillettenbesatz, Mardorf, Kr. Marburg, Hessen 1906 (26 N 630)

Kirchgangstracht für hohe Festtage, grün, bestehend aus: Rock, Wolle; Jacke, Plüsch; Schürze, Kunstseide; Halstuch, Wolle gestrickt mit Kreuzstichstickerei; Kopftuch, Wolle, Mardorf, Kr. Marburg, Hessen 1930/40 (26 E 337, 26 G 432, 26 N 575, 19 M 394, 26 C 74)

Jacke und Schürze zur Festtagstracht, Seidenatlas, grün, Besatz mit Seidenband, Seiden- und Perlstickerei, Mardorf, Kr. Marburg, Hessen 1930/40 (26 G 237, 26 N 400)

Strohhut („Peerkopp") zur Lamstedter Tracht, Börde Lamstedt, Niedersachsen 19. Jh. (26 B 39)

Schultertuch, Baumwollbatist, weiß, Weißstickerei, Süddeutschland 19. Jh. (19 M 216)

Schultertuch zur Konfirmationstracht, Baumwolle, weiß, Lochstickerei, Schleife, Oberlausitz, Sachsen 1. Hälfte 20. Jh. (19 M 365)

Männerhemd (Abb. 59), Leinen, weiß, Stickerei in Doppeldurchbruchtechnik; Monogramm, Kreuzstichstickerei, Schwalm, Hessen 1924/1927 (23 A 83)

Frauenunterhose, Baumwolle, weiß, Häkelspitze, Ziegenhals, Neiße, Schlesien 19. Jh. (23 E 9)

Frauenunterhose, Baumwolle, weiß, Lochstickereispitze, Gera um 1900 (23 E 15 a, b)

Frauenhemdhose, Baumwolle, weiß, um 1910/20 (23 E 19)

Mieder, Leinen, weiß, Stickerei an den Ärmeln in Doppeldurchbruchtechnik, Schwalm, Hessen Anfang 20. Jh. (26 G 208)

Kommunionkleid, Baumwolle, weiß, mit Lochstickerei, Paris um 1870/80 (27 M 4 a, b, c)

Frauenhaube, Seidenbrokat, gelb, Gold- u. Silberstickerei, Paillettenbesatz, Schlesien 18. Jh. (26 A 135)

Linzer Goldhaube (Abb. 9), aufgenähte Goldpailletten, Besatz mit schwarzem Seidenatlasband, Umgebung Passau 1. Hälfte 19. Jh. (26 A 1225)

Schultertuch zur Lindhorster Tracht, Seidenatlas, schwarz, goldgelbe Plattstich- u. Perlstickerei, Schaumburg-Lippe 1. Hälfte 20. Jh. (19 M 230)

Goldhaube mit Seidenbändern u. Spitzenbesatz, Wallenhorst, Kr. Osnabrück 19. Jh. (26 A 1274)

Votivbild, Votantin mit Linzer Goldhaube, Ach an der Salzach, Oberösterreich 1861 (32 K 81)

Lindhorster Kirchgangstracht für Mädchen (Abb. 69), bestehend aus: Mantel (ärmellos), rote Wolle,

schwarz gemustert, Bortenbesatz; Haube, Seidenatlas, schwarz, Seiden- u. Perlstickerei; Kragen, Batist, weiß, Hohlsaumstickerei, Lindhorst, Schaumburg-Lippe 1. Hälfte 20. Jh. (26 P 10, 26 A 1322, 26 U 57)

Säuglingshaube für Knaben, Seide, rot, mit Seidenbandrosetten, Schwalm, Hessen 1. Hälfte 20. Jh. (24 F 38)

Weste für junge Burschen, Wolle, rot, mit grünem Muster, Schwalm, Hessen Anfang 20. Jh. (25 D 121)

Kirmestuch für junge Burschen, Baumwolle, rot-gelb bedruckt, Seidenbandbesatz, Schwalm, Hessen 1. Hälfte 20. Jh. (25 H 70)

Haube, Seidenatlas, rot, besetzt mit goldbroschierten Bändern, Goldstickerei, Oldesloe, Kr. Stormarn, Schleswig-Holstein 19. Jh. (26 A 838)

Haube („Schleier") (Abb. 71), Grundstoff grün, mit Seidenstickerei, rot, violett, blau, Perl- und Paillettenbesatz, Kanten mit rotem Seidenatlasband besetzt, Goßfelden, Kr. Marburg, Hessen 1. Hälfte 20. Jh. (26 A 1280)

Mädchenhaube (Abb. 71), Seidenatlas, rot-grün mit Plattstichstickerei, zwei Seidenbänder, schwarz, mit roter Seidenstickerei in Langettenstich, Schwalm, Hessen 2. Drittel 20. Jh. (26 A 1300, 21 D 22)

Zwei Mädchenhauben, Seide, rot, schwarze Seidenbänder mit Perl- und Paillettenstickerei, Mardorf, Kr. Marburg, Hessen 1930/40 (26 A 1374, 26 A 1609)

Haube, Seidenbrokat, rot, mit farbigen Metallflindern und Glassteinen besetzt, Prechtal, Schwarzwald 19. Jh. (26 A 1605)

Rock zur Mädchentracht, Tuch, rot; grüner Seidenbandbesatz, Effeltrich, Mittelfranken 19. Jh. (26 E 177)

Drei Röcke zur Mädchentracht, Leinen, dunkelblau, Saum mit rotem Seidenband und Glanzleinen besetzt, Schwalm, Hessen 1. Hälfte 20. Jh. (26 E 218, 26 E 219, 26 E 222)

Kirmesrock zur Mädchentracht, Wolle, rot, mit grünem Bandbesatz, Mardorf, Kr. Marburg, Hessen 1. Hälfte 20. Jh. (26 E 245)

Frauenrock („Schört") und Jacke, Tuch, weinrot, Rock mit Quastschnüren besetzt, Jackenärmel mit roter Plattstichstickerei und Silberknöpfen, Vierlande 19. Jh. (26 E 280, 26 G 231)

Mieder („Knöppding") zur Mädchentracht, Samt, schwarz, mit roter Stickerei und rot-gold bestickten Knöpfen, Schwalm, Hessen 1. Hälfte 20. Jh. (26 F 295)

Zweiteiliges Damenkleid, Seidenatlas, dunkelrot, Berlin um 1880 (26 H 40 a, b)

1 Paar Frauenstrümpfe, Wolle, gestrickt, rot, Sarntal, Südtirol Ende 19./Anfang 20. Jh. (26 K 167)

Miederstecker, Seide, weiß, mit farbiger Plattstichstickerei, eingefaßt mit lachsrotem Samtband, Süddeutschland 18. Jh. (26 O 352)

Bruststecker, Goldstickerei in Sprengtechnik, Kanten mit rotem Band gefaßt, Schwalm, Hessen 1. Hälfte 20. Jh. (26 O 351)

Mädchenhaube (Abb. 71), rot; blauer Grundstoff mit Metallborten, Pailletten und roten Seidenbändern besetzt, Jaad, Nösnergau, Nordsiebenbürgen, Rumänien 1. Hälfte 20. Jh. (27 F 19)

Knabenkleid, Baumwolle, rot, mit schwarzen Karos, Schleife, Oberlausitz, Sachsen um 1925 (27 U 3)

Rad mit Bindschnürchen zum „Brett" eines Schwälmer Brautmädchens, Seidenbänder, rot, mit Goldstickerei in Sprengtechnik, Schrecksbach, Schwalm, Hessen 1929 (26 V 3 a, b)

Entwurf für ein Kaschmirtuch, Rudolf Hanitsch, Leipzig, kolorierte Bleistiftzeichnung um 1870, 29 x 25,5 cm (33 W 128)

Femme de Stoerzing, dans le Tyrol (Abb. 76) (Bäuerin aus Sterzing, Tirol) mit roten Strümpfen, aus: Costumes de divers Pays, Louis Marie Lanté, Paris um 1825, kolorierter Kupferstich 31,1 x 21,8 cm (58 i 74)

Breite Seidenbänder („Sackschlupp") zur Hüttenberger Tracht, schwarzer Grund mit violetten und grünen Rosenmustern, zur Schleife gelegt; Kanten mit Pailletten und Perlborten besetzt, Kr. Gießen, Hessen Anfang 20. Jh. (21 A 47)

Schultertuch zur Hüttenberger Tracht mit violettem Streublumenmuster, bestickt mit weißen Perlen, Rosetten aus violetter Metallfolie und Goldpailletten, Metallbortenbesatz, Kr. Gießen, Hessen 1. Drittel 20. Jh. (26 T 175)

Frauenschultertuch für die Passionszeit, Wolle, violett, gestrickt, mit Kreuzstichstickerei, Mardorf, Kr. Marburg, Hessen 1930/40 (26 T 155 b)

Frauenhaube („Schleier") zur protestantischen Tracht, Wolle, violett, schwarze Seidenstickerei, Kanten mit schwarzem Seidenband eingefaßt; dazu zwei schwarze Seidenbänder mit silbernen Metallborten besetzt, Kr. Marburg, Hessen Anfang 20. Jh. (26 A 1683 a–b)

Männerweste, Wollköper, rot-blau gestreift, Mönchsgut, Insel Rügen 19. Jh. (25 D 102)

Taufhäubchen für Mädchen, Tüll, weiß, Futter und Bandrosette rosa Seide, Deutschland 19. Jh. (24 F 37)

Taufhäubchen für Mädchen, Tüll, weiß, Futter rosa Seide, Besatz mit rosa Bändchen und künstlichen Blumen, Nördlingen, Bayr. Schwaben 19. Jh. (24 F 53)

Kinderhäubchen für Jungen, Baumwolle, weiß, gestrickt, hellblaue Perlen eingearbeitet, Adorf, Vogtland, Sachsen Mitte 19. Jh. (24 F 59)

Kinderhäubchen für Mädchen, Baumwolle, weiß, gestrickt, Futter und Bänder rosa Seide, Berlin um 1900 (24 F 79)

Taufdecke, Tüll, weiß, Tüllstickerei mit hellblauer

Seide unterlegt, Waldenburg, Schlesien um 1820 (24 H 14)

Blaudruckmustertuch (Abb. 82), Baumwolle, Mecklenburg Anfang 20. Jh. (18 M 1)

Schürze zur Arbeitstracht (Abb. 83), Blaudruck auf Leinen, Schwiegershausen, Harz um 1900 (26 N 492)

Schürze (Abb. 83), Blaudruck auf Leinen, Schleife, Oberlausitz um 1900 (26 N 626)

Männerrock zur Kirchgangstracht, Tuch, schwarzblau mit blauer Wollstickerei, Messingknöpfe, Schwalm, Hessen Anfang 20. Jh. (25 G 72)

Arbeitshose und -jacke, Leinen, blau, Oberbayern 19. Jh. (25 E 55, 25 K 28)

Frauenschürze zur Werktagstracht, Baumwolle, blaugestreift, Oberharmersbach, Kr. Wolfach, Schwarzwald um 1955 (26 N 543)

Küchenschürze, Baumwolle, blau-weiß gestreift, Berlin 1920/30 (26 N 676)

Dreher (Drechsler) mit blauer Arbeitsschürze (Abb. 84), aus: 30 Werkstätten von Handwerkern, Nr. 16, J. F. Schreiber, Esslingen um 1836, kolorierte Federlithographie 34 x 40,1 cm (61 A 6)

1 Paar Haubenbänder für jung verheiratete Frauen, grün, Seide, schwarz, grüne Seidenstickerei in Langettenstich, Schwalm, Hessen 1. Hälfte 20. Jh. (21 D 6)

Haube mit Bändern für jung verheiratete Frauen, grün, Seide, schwarz, grüne Plattstichstickerei, Schwalm, Hessen 1. Hälfte 20. Jh. (26 A 1653 a,b,c)

Jacke („Drolljacke") für verheiratete Frauen, Seide, grün, mit violettem Streublumenmuster; Besatz, schwarzes Samtband; grüne Knöpfe, Schwalm, Hessen 1. Hälfte 20. Jh. (26 G 210)

Jacke („Drolljacke") für jung verheiratete Frauen (Abb. 89), Baumwolle, grün-rot gemustert, Schwalm, Hessen 1. Hälfte 20. Jh. (26 G 207)

1 Paar Tanzecken, grün, Silberstickerei in Sprengtechnik mit Rosetten aus roter Metallfolie und Goldpailletten besetzt; Kanten mit grünem Seidenband gefaßt, Schwalm, Hessen 1. Hälfte 20. Jh. (26 Q 11)

1 Paar Strumpfbänder, Baumwolle, grün, Enden mit Plattstichstickerei in Seide, Kanten mit Silberspitze umrandet, Schwalm, Hessen 1. Hälfte 20. Jh. (29 U 11)

Der Frühling (Abb. 87). Grün gekleidetes Mädchen, Friedrich Wentzel, Weißenburg, Elsaß Nr. 522, kolorierte Kreidelithographie um 1860, 37 x 27,5 cm (33 R 612)

Brautkranz und Bräutigamsstrauß aus künstlicher Myrte, grün, mit Teil eines weißen Brautschleiers, gerahmt, Berlin Ende 19. Jh. 38,5 x 28,5 cm (54 B 278)

Mantel und Haube zur Bückeburger Trauertracht (Halbtrauer), schwarz; Mantel, Seidendamast; Haube mit Seidenatlasbändern und Perlstickerei, Schaumburg-Lippe 1. Hälfte 20. Jh. (26 P 7, 26 A 1289)

Zylinder, schwarz, mit Seidenatlas bezogen, Frankfurt a. d. Oder Anfang 20. Jh. (25 A 69)

Mieder, Seidenatlas, mit Goldstickerei, Miederhaken, Silber, Oberbayern 1. Hälfte 19. Jh. (26 F 258)

Brautkleid (zweitlg.), Seidendamast, schwarz, Berlin 1908 (26 H 8)

Erksdorfer Trauertracht (harte Trauer), schwarz, bestehend aus: Rock, Tuch; Haube, Seidentaft; Jacke („Motzen"), Wollrips; Schürze, Kunstseide; Trauermäntelchen, Tuch; 1 Paar Strümpfe, Wolle gestrickt; Schuhe, Leder, Erksdorf, Kr. Marburg, Hessen 1940/50 (26 E 303, 26 A 1583, 26 G 371, 26 N 580, 26 L 5, 26 K 309, 29 B 151)

Nordsiebenbürgische Mädchentracht, bestehend aus:
— Brustpelz (Abb. 39) mit bunten Lederapplikationen und Seidenquasten (28 D 2)
— „Bortenrock", Tuch, blau, mit Bändern besetzt; Oberteil bestickt (26 i 1)
— Hemd, Leinen, weiß, schwarze Baumwollstickerei, Spitzenbesatz (23 B 113)
— Schürze, Leinen, weiß, schwarze Baumwollstickerei, Klöppelspitze (26 N 365)
— „Borten", Samt, schwarz, Perl- und Paillettenstickerei, Seidenbänder, Kunstblumen aus Papier und Metallfolie (26 A 1546)
— Stiefel, Leder, schwarz (29 B 131)
Umgebung Bistritz, Nordsiebenbürgen, Rumänien Anfang 20. Jh.

Nordsiebenbürgische Frauentracht, bestehend aus:
— Miederrock, Samt, dunkelblau, Bänderbesatz (26 i 73)
— Mieder, Samt, dunkelrot, bunte Plattstichstickerei, Messingknöpfe (26 F 360, 30 O 308)
— Hemd, weißes Leinen mit Weißstickerei (23 B 127)
— Schürze, Tüll, schwarz, bunte Plattstichstickerei (26 N 715)
— Lederstiefel, schwarz (29 B 128)
— Haube, Samt, schwarz, rosa Plattstichstickerei, Besatz mit Perlen, Pailletten und Glassteinen (26 A 1703)
Umgebung Bistritz, Nordsiebenbürgen, Rumänien 1. Hälfte 20. Jh.

Burschenkittel für die Kirmes, Leinen, blau, mit roter Wollstickerei an den Schulterpatten, Schwalm, Hessen 20. Jh. (25 C 71)

Kittel für ältere Männer, Leinen, dunkelblau, Schwalm, Hessen 1. Hälfte 20. Jh. (25 C 87)

1 Paar Frauenstrümpfe, Wolle, rot, mit bunter Wollstickerei, Weizacker, Pommern Ende 19. Jh. (26 K 219)

„Freud- und Leidtuch", Halstuch für Festtage und für Trauer mit Plattstichstickerei, farbig und weiß, Mardorf, Kr. Marburg, Hessen um 1900 (26 T 172)

1 Paar Haubenbänder mit Kreuzstichstickerei, Wolle,

bunt, Sendorf, Nordsiebenbürgen, Rumänien 1. Hälfte 20. Jh. (21 D 5)

Band zur Festtagstracht für Mädchen (Abb. 41), Seide, rot, Muster broschiert, Thalheim, Südsiebenbürgen, Rumänien 1. Hälfte 20. Jh. (21 A 21)

Drei Bänder zur Festtagstracht, Seide, bunt, broschiert mit Blumenmustern, Schwalm, Hessen Anfang 20. Jh. (21 A 7, 21 A 32 d, 21 A 39)

Schultertuch zur Hochzeit (Abb. 37), Seide, blau, mit Musterung silberweiß, gelbgold, rot, grün, Oberwolfbach, Schwarzwald um 1904 (19 M 307)

Drei Bruststecker zur Mädchen- und Frauentracht, Tuch, dunkelblau, rot, grün mit farbiger Stickerei, Nieder-Eisenhausen, Kr. Biedenkopf, Hessen um 1770 (26 O 247, 26 O 249, 26 O 251)

Tasche zur Mädchentracht, Samt, schwarz, Baumwollstickerei, Paillettenbesatz, Weizacker, Pommern Ende 19. Jh. (29 A 37)

Taschentuch mit ‚Karte vom deutsch-französischen Kriegsschauplatz 1914', Baumwolle, weißer Grund, schwarz-rot bedruckt, 1914 (19 J 128)

Männergürtel, Leder, mit Zinnstiften beschlagen, Schnalle aus Messingblech, Tirol 18. Jh. (25 M 22)

Riegelhaube, Goldstickerei, München Anfang 19. Jh. (26 A 1139)

Brusttuch, Samt, schwarz, Goldstickerei mit Pailletten, Glassteinen und Glasperlen besetzt, goldbroschiertes Band, Vierlande 1858 (26 O 366)

Frauengürtel, Samt, Goldstickerei, Paillettenbesatz und farbige Glassteine, Vierlande Mitte 19. Jh. (26 R 42)

Frauengürtel, Samt, Silberstickerei, Paillettenbesatz und farbige Glassteine, Vierlande Mitte 19. Jh. (26 R 44)

Brautkrone, „Schäpel" (Abb. 40), mit farbigen Glaskugeln, künstlichen Blumen und kleinen Spiegeln besetzt, St. Georgen, Kr. Villingen, Schwarzwald Ende 19. Jh. (54 B 8)

Brautkrone mit gestanztem Metallbesatz und farbigen Seidenbändern, Schwarzwald 19. Jh. (54 B 217)

Nationalgalerie Berlin
Nach der Schule (Abb. 86), Ferdinand Georg Waldmüller 1840/41, Öl auf Holz 75 x 62 cm (374)
Porträt des Herrn G. Maes (Abb. 57), Ludwig Knaus 1848, Öl auf Leinwand 71 x 56 cm (1194)
Porträt der Frau Clara Schmidt von Knobbelsdorff, Adolph Menzel 1848, Öl auf Leinwand 44 x 36 cm (989)

Berlin Museum, Jüdische Abteilung
Drei gelbe Stoffsterne zur Kennzeichnung der Juden nach dem Gesetz von 1941

Herzog Anton Ulrich-Museum Braunschweig

Spitzenfragment, Nadelspitze, weiß, Italien 2. Hälfte
16./17. Jh. (Spi 44)

Spitzenfragment, Nadelspitze, Leinen, weiß, evtl.
Spanien Ende 16./17. Jh. (Spi 49)

Spitzenfragment, Klöppelspitze, weiß, Venedig/
Italien 1. Hälfte 17. Jh. (Spi 169)

Spitzenfragment, Klöppelspitze, Leinen, weiß, Niederlande Mitte 17. Jh. (Spi 181)

Albenbesatz, Nadelspitze, weiß, Frankreich um 1700
(Spi 109)

Barbe, Klöppelspitze, weiß, Frankreich 1. Hälfte 18. Jh.
(Spi 120)

Zipfelmütze, Weißstickerei, Doppeldurchbruch, Plattstich, Böhmen 1. Hälfte 18. Jh. (Spi 305)

Schultertuch (Kragen), Weißstickerei (Spi 420)

Historisches Museum Frankfurt

Stoffmusterkarte mit farbigen Wollmustern der
„Fabrick von Edmund Joseph Kelleter in Aachen",
Leporello in Lederschuber um 1800 (X 17 311)

Männerweste, weiß, 19. Jh. (X 24 033 d)

Männerweste, weiß, 19. Jh. (X 24 404)

Damenkleid (zweiteilig), Seidenrips, violett, Spitzenbesatz schwarz-weiß, um 1870 (X 11 749 a,b)

Damenkleid (dreiteilig), Seidentaft, hellblau-weiß in
Streifen, weiß abgesetzt, um 1885 (X 73:90)

Buch, die Anilinfarben der Badischen Anilin- & Soda-
Fabrik Ludwigshafen/Rhein und ihre Anwendung
auf Wolle, Baumwolle, Seide und sonstigen Textilfasern, 1900 (8/1/127)

Buch, die Beizenfarbstoffe der Farbenfabriken vorm.
Friedr. Bayer & Co., Elberfeld, auf dem Gebiet der
Druckerei und Färberei, Eigenverlag 1901 (8/1/126)

Damenkleid, Batist, weiß, um 1920 (X 76:127)

Damenjacke, Schafswolle, naturweiß, 30er Jahre
(X 82:206)

Museum für Kunsthandwerk Frankfurt

Stofffragment, Seidendamast, rot, Italien 17. Jh.
(U 190)

Stofffragment, Seidenlampas, blau-gold, Rückseite
broschiert, Frankreich (?) Ende 17. Jh. (St. 252)

Stofffragment, Seide, rot-gold, Panama mit Atlas,
Anfang 18. Jh. (2141)

Männerweste, Seide, weiß, bunte Seidenstickerei,
Deutschland 18. Jh. (12 998 d)

Männerweste, Baumwollköper, weiß, Plattstichstickerei weiß; Leinenfutter weiß, Deutschland Ende
18. Jh. (14 418)

Kinderhäubchen und Jäckchen (Abb. 78), Taft, rosa
mit weißer Baumwollgaze bezogen, Tüllspitze,
Kettenstichstickerei, 1. Hälfte 19. Jh. (13 000 a,b)

Steckkissen, Seidentaft, rosa mit weißer Baumwollgaze, 1. Hälfte 19. Jh. (13 001)

Historisches Museum am Hohen Ufer Hannover

Pluderhose, Seide (Reste d. Oberstoffs), schwarz, verblichen, Unterstoff, Wolle schwarz, Einbeck Ende
16. Jh. (WM II,7)

Männerhut, Filz, schwarz, verblichen, mit polartig eingezogenem Flor, schwarz, Seidenband, braun;
span. Hutform, Einbeck 1580 (WM II,8)

Männerjacke, Seide, grün; Unterstoff, Flanell; wattiert,
gesteppt, Deutschland Anfang 17. Jh. (vor 1612)
(WM II,14 HMZSL)

1 Paar Schuhe, Leder, schwarz, Seidenschleifen, geflochtenes Goldflechtband, 17. Jh. (?) (WM II,32
HMZSL)

Männerhut, Filz, grün; Außenkrempe, grüne Seide;
Innenfutter, Baumwolle, gemustert, Brokatborten,
17./18. Jh. (VM 7074; 392)

1 Paar Frauenschuhe, gelb, Seide, Bändchenbesatz;
Innenfutter, Nappaledern weiß; Blockabsatz, 18. Jh.
(VM 7445; St)

Kinderhäubchen (Erstlingsmütze), Baumwolle (?),
weiß, Piqué- und Plattstichstickerei, Niedersachsen
Mitte 18. Jh. (VM 27027; 406)

Kinderkleid (Erstlingskleid), Leinen, weiß; Innenseite,
Leinengaze, Piquéstickerei, Niedersachsen Mitte
18. Jh. (VM 27026; 406)

Frauenjacke („Caraco"), Seidendamast, braun-grau,
2. Hälfte 18. Jh. (WM 7867; 382)

Männerrock, Seidenrips, braun/grau-türkis gestreift,
grün-weiße Seidenstickerei, Nadelmalerei mit eingearbeiteter Tüllspitze; Futter, Seidenköper, Ende
18. Jh. (VM 11700; 383)

Kniehose, Seidenrips, oliv/grau-türkis gestreift,
Bündchen seidenbestickt, Ende 18. Jh. (VM 11714;
383)

Vivatband, Seidenrips, rot, Kartuschen mit Aufschrift:
George III The 50 year 1809 Jubilee (eingewebt),
1809 (VM 8194; 381)

Kinderkleid, Baumwollmousseline, weiß, broschierte
Musterung; Empireschnitt, Anfang 19. Jh. (VM 6984;
382)

Männerweste, Leinen, weiß, Baumwollplattstichstickerei; Futter, Baumwolle, Anfang 19. Jh.
(VM 16850; 390)

Frauenkleid, Baumwollmousseline, weiß, eingewebte
Muster, weiß; Empireschnitt, um 1800/10 (VM 6986;
St)

Frack der Hildesheimer Ritterschaft (Hofuniform) mit
Epauletten, Wolltuch, rot; Aufschläge, dunkelblaues
Tuch mit Goldstickerei, Epauletten, rot; Messingknöpfe, 1. Drittel 19. Jh. (VM 17681; 16)

Mädchenkleid, Seide, rosa, in sich gemustert; z.T.
Tüllbesatz, um 1820 (VM 21793,1; 374)

Fransenschal, Seidengaze, rosa, Seidenbroschierung,
weiß, Hannover 1820/30 (VM 21793,2; 374)

Schärpe, Seidengaze, blau-grün, Seidenbroschierung, weiß, Hannover 1820/30 (VM 21793,3; 374)

Bräutigamshemd, Leinen, weiß, Kreuzstichstickerei, rot, am Halsausschnitt, Adenstedt/Kr. Alfeld 1852 (VM 28703; 377)

Frauenkleid, Seidendamast, kornblumenblau, Spitzenkragen, weiß, um 1860 (VM 32587a, b, c; St)

Frauenkleid (zweiteilig), Seidenrips, grauschwarz, Besatz mit Seidenstreifen, schwarz, Perlstickerei, 1870/80 (VM 27382; St)

1 Paar Frauenhandschuhe, Baumwolle, weiß, Durchbruchmuster, gewirkt, Alfeld/Leine Anfang 20. Jh. (VM 20869; 381)

Nachthemd ,Leinen, weiß, mit Klöppelspitze (WM II 24,25)

Kestner-Museum Hannover

Halskrause, Leinen, weiß, Ende 16. Jh. (WM II,26)

Hemd, Leinen, weiß, Leinenstickerei, Reticellaspitze (Leinen), Ende 16./Anfang 17. Jh. (WM II,25)

1 Paar Schuhe (für e. Bischof), Seidensamt, rot, seitliche Schnürung; Futter, Seide, violett (3828)

Krageneinsatz, Leinen, weiß, mit Nadelspitze (WM II,52c)

Halbschürze, Leinenbatist, weiß-gold, applizierte Klöppel-Brokatspitze, Mecheln/Belgien 1. Hälfte 18. Jh. (vor 1750) (3193)

Kasel (3833)

Diözesan-Museum Hildesheim

Chormantel, Samtbrokat, purpurrot, gold, Goldbrokat (Grund); Brokatpol ungeschnitten, roter Pol geschnitten (Muster), Italien um 1500 (o. Nr.)

Kasel, Seidendamast, violett-gold, Perlstickerei, Wappen, 15. Jh. (?)

Staatliche Kunstsammlungen Kassel, Hessisches Landesmuseum

Hochzeitskleid mit Schleier, Diadem, Kragen und Tasche, Seidenatlas, weiß, mit Atlasapplikationen; Futter, Leinen; Empireschnitt, 1826 (1958/130–134)

Männerweste, Wolle, blau, broschiert, Wollstickerei, rot, Schwalm/Hessen 1. Hälfte 19. Jh. (VK 805 a)

Frauenkleid mit kleiner Schleppe, Seidenrips, blau, creme-schwarz gestreift; Rock auf Baumwollgaze, weiß; Baumwollfutter; loser Schulterkragen, Kassel (?) um 1840 (1978/74)

Galauniform eines kurfürstl. hess. Forstmeisters: Rock, Filzhut, Achselschnüre; Tuch, grün; Epauletten, rot mit Goldstickerei; Futter, Seidenwollköper, schwarz, Hessen vor 1866 (BXIVm 851)

Uniform eines Senatspräsidenten des Oberlandesgerichts in Kassel, bestehend aus Rock und Weste; Tuch, blau; Ärmelaufschläge und Kragen rot, Silberstickerei; Futter, Seide, gelb, nach 1902 (1980/93)

Rock eines königl. preuß. Oberforstmeisters, Tuch, grün, Goldstickerei; Futter, Seidenköper, schwarz, Kassel 1926 (BXIV 832)

Kunstgewerbemuseum Köln

Stofffragment („Velours ciselé"), Seide, zyklam, petrolblauer Flor, geschnitten u. ungeschnittener Pol, Italien um 1600 (D 108)

Stofffragment, Baumwolle/Wolle/Seide, dunkelbraun, beige-graphitgrau-mahagoni, Doppelgewebe in Leinwandbindung, Italien um 1600 (D 789)

Stofffragment („Velours ciselé"), Seidenatlas, beige, mit geschnittenem u. ungeschnittenem Pol, rost, dunkel- u. hellblau, lachsrot, Italien 1. Drittel 17. Jh. (D 124)

Stofffragment, Damast, flaschengrün-weiß, Italien 1. Viertel 17. Jh. (D 753)

Stofffragment, Seidendamast, zyklamrot-lavendelblau, Italien 2. Viertel 17. Jh. (D 716)

Stofffragment, Seidensamt, bunt (purpurrot, moosgrün, blau, senfgelb, creme), geschnittener Flor, Italien 1. Drittel 17. Jh. (D 260)

Stofffragment, Seidenatlas, flaschengrün, gold-silber broschiert, Italien um 1620/40 (D 750)

Stofffragment, Brokat, tabakbraun-gold-silber, lanciert und broschiert, Italien um 1650/60 (D 674)

Kasel, Seidenatlas, grün, Schnurstickerei, gold, Italien Ende 17./Anfang 18. Jh. (D 1180)

Stofffragment, Wolldamast, rot-grün-gelb-weiß-blau, Streifen- und Rankenmuster, Frankreich (?) 18. Jh. (D 821)

Stofffragment („Bayadère"), lancierte Seide, goldgelb, gold-silber-weiß-rosenholz, Deutschland 18. Jh. (Z 661)

Deutsches Textilmuseum Krefeld

Stofffragment, Seidenrips, gelbgold, Lamé-Effekt, gepreßte Ornamente, Italien (?) 16. Jh (?) (03849)

Stoffteil eines Kleides, Seidenatlas, purpur, aufgenähte Schnüre, gold, 16. Jh. (02832)

Stofffragment, Samt, purpur, zweistufiger Samt, geschnitten, Goldbouclé, Italien (?) 16. Jh. (?) (15358)

Stofffragment, Seidenatlas, violett, gehauen, 16./ 17. Jh. (14047)

Stofffragment, Seidenatlas, weiß, gepreßt, gehauen, 16./17. Jh. (14048)

Stofffragment, Seidenatlas, lindgrün, gehauen, 16./17. Jh. (14183)

Stofffragment, Seidenatlas, violett, gehauen, Anfang 17. Jh. (02911a, b)

Stofffragment, Seidenatlas, blau, geritzt, gehauen, Anfang 17. Jh. (14182)

Stofffragment, Seidenrips, violett, durchgehende Lancierung, gold, Italien Mitte 17. Jh. (09255)

Stofffragment, Seidendamast, rot, mit Rips-Lancie-
rung, gold, Italien (?) Mitte 17. Jh. (14264)

Stoffteil eines Kleides, Seidenatlas, purpur, Schnurstickerei, gold, Plattstichstickerei, Seide, rosa, hellblau, grün, 17. Jh. (14493)

Stofffragment, Wolle (Grund), Seide (Schuß), schwarz,
Grund mit Lancierung, Leinenwandbindung (05810)

Stofffragment, Leinen, dunkelblau, leinenbindig, bedruckt, silber, Düsseldorf (?) 13./14. Jh. (00168)

Stofffragment, Seidenlampas, goldgelb, mit Leinen-
schuß, 17. Jh. (03522)

Stofffragment, Seidenrips, schwarz, Broschierungen,
gold, silber, Ende 17. Jh. (01580)

Stofffragment, Seidendamast/Atlas, blau, Broschie-
rung, weiß, gold, grün, lachs, Anfang 18. Jh. (00856)

Stofffragment, Seidenlampas, flaschengrün, mit
Broschierungen, moosgrün, lindgrün, blau, rot,
Anfang 18. Jh. (03294)

Stofffragment, Seidendamast, schwarz-cremeweiß,
Rips, 1. Hälfte 18. Jh. (01421)

Stofffragment (Abb. 28), Droguet liséré (Lampas) rotbraun, Rips- mit Kett- u. Schußlancierung, blau-
weiß, Frankreich 3. Viertel 18. Jh. (05852 a)

Stofffragment (Abb. 28), Droguet liséré (Lampas) rotbraun, Rips mit Kett- u. Schußlancierung, weiß-
grün, Frankreich 3. Viertel 18. Jh. (05801)

Frauenhaube, Seidendamast, hell-purpur, Aufdruck:
St. Vraldo (Bischofsdarstellung) 18. Jh. (?) (06663)

Marburger Universitätsmuseum für Kunst und Kulturgeschichte

Talar des Prorektors der Philipp-Universität Marburg,
Samt, rot, mit Silberstickerei, 1962

Bayerisches Nationalmuseum München

Landshuter Frauentracht (7teilig), 1860/70, bestehend
aus: Rock, Seidenatlas, schwarz, violett gemustert;
Baumwollfutter (79/21)
Hemd, Leinen mit Baumwollspitze (79/22)
Leibchen, Leinen/Seidenatlas mit Goldborte (79/23)
Mieder, Seidenatlas, Goldborten (79,24)
Kragen, Baumwolle, Lochstickerei (79/26)
Schultertuch, Seide (79/28)
Schürze, Seide (59/43)
Männerkniestrümpfe, Baumwolle, blau (62/79)

Erzbischöfliches Diözesanmuseum Paderborn

Kasel, geschorener Seidensamt, moosgrün, Kreuz
aufgesetzt, gewebt u. bestickt, rostrot-gold, Kloster
Böddeken 15. Jh. (T 350)

Pontifikalkapelle (1 Pluviale, 2 Dalmatiken), Seidendamast, kirschrot, Silberstickerei, Anfang 18. Jh.
(DS 29)

Kasel mit Stola und Manipel, Seidenrips, violett
broschiert, weiß-grün, Silberborte, Busdorf-Kirche/
Paderborn um 1780 (T 373)

Rochett, Baumwollbatist, weiß, Tüll, Bändchenarbeit
mit Maschinenspitze, 2. Hälfte 19. Jh. (T 336)

Württembergisches Landesmuseum Stuttgart

Stofffragment, Seidendamast, grün-gold, Blumen-,
Granatapfel- und Rankenmuster, vermutl. Spanien
2. Hälfte 16. Jh. (GT 5865)

Stoffbahn, Seidensamt („gehauen"), grün ‚Schlitz-
musterung, Italien Ende 16./Anf. 17. Jh. (1977/31)

Stofffragment, Seidenbrokatelle, grün-blau, Ranken-
und Blütenornamentik, Italien Mitte 17. Jh. (GT4307)

Stofffragment (Abb. 26), Seidenlampas auf Rips, blau,
Kartuschen- und Rocaillemuster, weiß-braun-
schwarz, Frankreich o. Italien 3. Viertel 17. Jh.
(GT 4006)

Stofffragment (Abb. 27), Seidendamast, weinrot, Gold-
u. Silbermusterung, Frankreich um 1710 (GT 27,141)

Stoffbahn, Seidendamast, lachsrosa, Musterung in
Silberbrokat und Seide, lindgrün, Frankreich 1700—
1705 (1972/15)

Stofffragment, Seidenlampas, grün, Spitzenmuste-
rung, weiß-fraisefarben, Frankreich 1715—1725
(GT 7,666)

Historisches Museum Basel

Bandmusterbuch, „bordures" Chr. & Ioh Bischoff in
Basel, 1. Viertel 19. Jh. Leporello mit bezeichneten
Bandabschnitten (1907/365)

Bandmusterheft: Belege für an Carlo Cutolo in Neapel
gesandte Bandkollektionen Mitte 19. Jh. Leichte,
sehr farbige Ware

Bandmusterheft „No 2 Diverse für England" 15 Blatt
Mitte 19. Jh.

Bandmusterheft „No 1 Diverse für Deutschand" Mitte
19. Jh.

Bandmusterheft „Diverses pour Paris"

Schuber mit 3 „Cartes de soie" mit eingefärbten
„Mouchettes" aus Organzin (moulinierter Seide)
1883/1888

Leporello „Cravates" in versch. Kolorit, 3. Viertel
19. Jh.

Faltkarte Schmale Kravatten in versch. Kolorit Mitte
19. Jh. (405)

Faltkarte Façonné in versch. Kolorit, ca. 1885/90
(27594)

3 Faltkarten Borten Mitte 19. Jh. (2454-6378/7555-
2816/2513-6466)

5-fache Faltkarte „Clan-Tartans" (Ecossais in der
Farbe von und für schottische Adelsfamilien) Ende
19. Jh.

3-fache Faltkarte „Modische Ecossais" 19./20. Jh. (?)
(D 1212; 10)

Faltkarte „folkloristisches Band 20407" in 3 Breiten
um 1890 (20407)

Faltkarte, Band wohl für mediterrane Länder in verschied. Kolorit Ende 19. Jh. (26802)

Blatt mit 2 schwarzen und 1 rotem Bandmuster für
  Trachten Anfang 20. Jh.
Blatt mit Band für Schweizer Trachten Ende 19. Jh.
  (17072)
Entwurf für Trachten-Samtband (Kt. Aargau) 1. Hälfte
  20. Jh.
Faltblatt mit Band mit ombriertem und moiriertem
  Streifen und verschiedenem Kolorit 19./20. Jh.
  (23876)
3-tlg. Faltblatt mit Ombré-Band in versch. Kolorit
  19./20. Jh. (23368)
Faltkarte mit 5 gaufrierten Bandmustern
Faltkarte mit Moiré-Band in versch. Kolorit (27567)
Faltkarte mit Moiré-Band in verschied. Kolorit für
  Cravates Ende 19. Jh. (27627)
3-fach Faltkarte „All Silk Moiré Double Face", Pat.
  400 Ende 19. Jh.
Blatt mit schwarzem façonniertem und moiriertem
  Bandmuster „Tisser du beau noir" Ende 19. Jh.
Blatt mit 2 schwarzen Bandmustern Gros-de-Tour.
  Ende 19. Jh.
Webbandabschnitte mit Chiné-Kettdruck um 1910–20
  aus der Basler Bandfabrik vorm. Trüdinger.
  — Wildrosen (Taft) (858 B)
  — Rhododendron (Satin) (679 B)
  — Mohn (Taffetas „Reps")
  — Kornblumen (Taffetas, moiriert)
  — Hortensien versch. Kolorit (672 B)
  — Rayé (1077/839 B)
  — Geometr. Block-Muster (1021 B)
  — Barré
Feder aus Seidenband, sog. „Pomponnette" (mit gau-
  friertem Schuss. a. 1860)
Elsässer Haubenband in 9 Farben broschierte
  Schleife um 1870

Bernisches Historisches Museum

Pumphose, plissierter Leinendrillich, naturweiß,
  Kanton Freiburg/Schweiz 18./19. Jh. (7107)
Männerweste, Leinen, piqué-bestickt, weiß, 18./19. Jh.
  (13083)
Halskrause (zum bern. Pfarrornat), plissiertes Leinen,
  weiß, Bern/Schweiz 19. Jh. (5195)
Knabenweste, Leinen, weiß, weiß bestickt, auf Leinen-
  futter, Bern/Schweiz um1820 (18549)
Talar eines Universitätsprofessors der medizinischen
  Fakultät, Tuch, schwarz, Aufschläge und Kragen,
  Samt, rot, Frankfurt a. M. 1915 (13244)

Kunsthistorisches Museum Wien, Monturdepot

Staatsfrack mit Weste, Seide, violett, gestickt, Österreich, Rokoko (U 947/U 970)
Galauniform eines Edelknaben (Abb. 68), bestehend
  aus: Rock, Kniehose, Barett, Epauletten, Schuh-

rosetten, Mantel und Gamaschen, weiß-rot, um 1900
  (U 498/U 592)
Spanische Livree eines Leiblakaien, bestehend aus:
  Samtmantel, Seidenschärpe, Barett, Schuhen und
  Kniehose, gelb, weiß, schwarz; Goldborten, Kaiser-
  licher Hof Wien um 1838 (o. Nr.)
Livree eines Kutschers des Fürsten Windisch-Graetz
  (Krain), bestehend aus: Frack, Weste, Hose und
  Zweispitz, Tuch, blau, 2. Hälfte 19. Jh. (N–LXXXIX,
  a–d)
Trauerkleidung eines Edelknaben zur Beerdigung von
  Kaiser Franz II., bestehend aus: Rock, Hose, Barett,
  Mantel und Gamaschen, Tuch, schwarz mit Posa-
  menten, 1891 (U 670/U 666)

Modesammlungen des Historischen Museums Wien

6 Biedermeierkleider in gebrochenen Nuancen, beige-
  braun, rotbraun, graugrün, bleu, violett changierend
  (M 6, M 7, M 16, M 23, M 6.484/2, M 15.074)
Brautkleid mit Schleppe (zweitlg.), Seidenatlas, weiß,
  Bandbesatz, Maschinenspitze, Perchtoldsdorf/
  Österreich 1880 (M 9.947)
Frauentageskleid (zweitlg.), Seidenatlas, bordeauxrot,
  Wien (?) ca. 1870 (M 5214)
Frauentageskleid (zweitlg.), Seidentaft, braun, Samt,
  karmesinrot, um 1880 (M 8253)
Männerrock mit Weste und Hose, Seide, hellgrün,
  schwarz (Hose), 2. Hälfte 18. Jh. (M 868/3)

Österreichisches Museum für angewandte Kunst, Wien

Stofffragment, Atlasseide, purpurfarben, Silbersticke-
  rei, Italien 13. Jh. (T 2895)
Stofffragment, Seidenbrokat, purpurfarben, Gold-
  musterung, Italien um 1400 (T 1499)
Stofffragment, Seidendamast (Lampas), dunkelrot,
  Ranken-, Palmetten- u. Strahlenmusterung, blau-
  gold, Lucca/Italien Anfang 15. Jh. (T 7257)
Stofffragment, Seidensamt, schwarz, Musterung durch
  geschnittenen/ungeschnittenen Pol, Italien 16. Jh.
  (T 3251)
Kinderkleid, gepreßter Seidensamt, dunkelrot; Futter,
  Leinen, rosa, 16. Jh. (T 2487)
Kinderkleid, geschorener Seidensamt, hellblau-
  dunkelblau; Futter, Leinen, naturfarben und Baum-
  wollsatin, 16. Jh. (F 119)
Kavaliersmäntelchen, Seidendamast, dunkelrot; Be-
  satz, Leinenbänder, bestickt, blau-gold; Schnur-
  stickerei, gold, Frankreich Ende 16. Jh. (F 221)
Kindermieder mit Laufbändern, Seidentaft, lachsrosa,
  Klöppelspitze, gold, 18. Jh. (T 2258)
Männerweste, Seidenatlas, cremeweiß, Seidenplatt-
  stichstickerei; Rückenteil, Leinen; Futter, Barchent,
  Böhmen 18. Jh. (T 5609)

Männerrock mit Weste und Kniehose, Seidenrips, mauve-zyklam, Seidenplattstichstickerei, weiß-grün-rosa; Futter, Seide, 18. Jh. (T 2215/2216/2217)

Männerkniehose, Seidenrips, lachrosa; Futter, Barchent, 18. Jh. (T 2250)

Taufdecke mit Kissenbezug, Leinen und Seidentaft, cremeweiß, Doppeldurchbruchtechnik, lachsrosa unterlegt, Österreich 1753 (T 11141 a, b)

Frauenkleid, Seidentaft, eisblau changierend; Rüschen- und Webspitzenbesatz; Seidenbandgürtel, kornblumenblau, um 1840 (T 8537)

Mantille, Seidentaft, lachsrosa, Mitte 19. Jh. (T 7958)

Salzburger Museum, Carolino Augusteum

Mieder, Seidenlampas, hellblaugrundig, weiß-rot-grün gemustert; Gold-Silberborten; Futter, Leinen, Salzburg/Österreich 18. Jh. (418/41)

Mieder mit Bruststecker, broschierter Seidendamast, schwarz; Gold-Silberborten, Seidenbänder, Salzburg/Österreich 18. Jh. (35/36)

Mieder, broschierter Seidentaft, rosa, Stickerei, weiß-braun-grün-blau; Schoß, Leder; Leinenfutter, naturfarben, Salzburg/Österreich Mitte 18. Jh. (39/36)

Winterhausrock, Seide, hellblau, wattiert, gesteppt, 2. Hälfte 18. Jh. (75/36)

Winterhausrock, gesteppte Seide, erbsgrün, 2. Hälfte 18. Jh. (78/36)

Winterhausrock, Atlas, gelb, plastische Handstepperei, wattiert, Mitte 18. Jh. (308/40)

Garnierspenzer, Seide, braun, Rüschen, Glasperlenverzierung, Österreich 19. Jh. (K 1504/49)

Garnierspenzer, Seide, grün-schwarz changierend, schwarze Bänder und Perlen, Österreich 19. Jh. (116/49)

Spenzer („Überröckl"), Satin, schwarz; Aufschläge, Samt; Futter, Leinen, Österreich 19. Jh. (114/36)

Garnierspenzer, wattierter Atlas, schwarz, Rüschen, Österreich 19. Jh. (55/36)

Spenzer („Überröckl"), Samt, braun, Rüschen, Glasperlen, schwarz, Österreich 19. Jh. (124/36)

Garnierspenzer, Seide, dunkelrot, Rüschen; Glasperlen, schwarz; Besatz, Samt; Futter, Leinen, Österreich 19. Jh. (K 1502/49)

Stift Zwettl, Kunst- und Schatzkammer

Kasel, Leinen, Gold- und Silberstickerei, Österreich um 1680 (o. Nr.)

Kasel zu rotem Pfingstornat (Abb. 21), Atlas, hellrot (Grundstoff erneuert), Gold- und Silberstickerei, Wien/Österreich 1721 (o. Nr.)

Kasel und Mitra zum sog. „Friedrichspächer Ornat" (Abb. 22), Damast, weiß mit Gold- und farbiger Seidenstickerei, Österreich 1752 (o. Nr.)

Kasel zum schwarzen Ornat, Samt, schwarz, mit Goldbrokat, Österreich 1782 (o. Nr.)

Rijksmuseum Amsterdam

Unterrock, Baumwollköper mit Weißstickerei, weiß, Zaanstreek/Holland 18. Jh. (o. Nr.)

Unterrock, Seidenatlas mit Piqué-Stickerei, weiß; Futter, Wollchintz, graublau, Zaanstreek/Holland 18. Jh. (2829)

Frauenkleid („Wentke"), Baumwolle, weißgrundig, blau bedruckt, Hindeloopen/Holland 18. Jh. (NM 4515)

Männerhausrock mit Weste, Baumwolle, zyklamrot, indisch bedruckt, blau-weiß-beige; Futter, Seide, gemustert, Holland 2. Hälfte 18. Jh. (NM 13107)

Geburtskissen, Seidenrips, hellblau-rosa, Metallnadelstickerei, Amsterdam/Holland 1771 (KOG 2613)

Männerrock, altrosa mit weißer Weste und Hose, Seidenrips, Seidenstickerei, grün-weiß-rot-hellblau; Futter, Seidenköper, cremeweiß, Holland 4. Viertel 18. Jh. (BR 331)

Knabenkleid, Piqué, weiß, Holland 19. Jh. (o. Nr.)

Taufkleid, Mousseline mit Weißstickerei, weiß, Holland 19. Jh. (o. Nr.)

Frauenkleid, Baumwollbatist, weiß, Holland 1830 (NM 5556)

Unterkleid, Holland 1830 (NM 5555)

Empirekleid, Baumwollmousseline, weiß, Platt- und Knötchenstickerei, Holland (o. Nr.)

Nederlands Kostuummuseum Den Haag

Häubchen (Abb. 79), Seidenmoiré, hellblau; Futter, Leinen, weiß, Holland 18. Jh. (KA 186-1959)

Häubchen, Seide, hellblau, rot bestickt; Leinenfutter, weiß, Holland 18. Jh. (KA 207-1977)

Häubchen, Seide, hellblau, Einwebmuster, weiß, Holland 18. Jh. (CMA 408)

Babyjacke, Baumwolle, weiß, indisch bedruckt, weinrot-blau-grün-gelb-schwarz, Holland 18. Jh. (K 240-1978)

Männerweste, Seidendamast, kardinalrot, chinesische Stickerei; Leinenfutter, weiß, Holland 2. Viertel 18. Jh. (KA 10-1963)

Babyjacke (Abb. 79), Seidenmoiré, hellblau; Seidenbänder, rosa; Leinenfutter, weiß, Holland 18. Jh. (CMC 240)

Babyjacke, Seide, lachsrosa; Futter, Baumwolle, Holland 2. Hälfte 18. Jh. (CMC 581)

Männerhose, Wollköper gewalkt, weiß, Holland 1. Hälfte 19. Jh. (Bz. SC 63)

Männerweste (Abb. 56), Baumwollpiqué, weiß, Plattstichstickerei; Futter, Baumwolle, weiß, Holland 2. Viertel 19. Jh. (KA 77-1972)

Frauenkleid, Seidentaft, rot-blau-grün-schwarz, Schottenkaro, Holland 1865 (K 37-1970)

Brautschuhe, Leder mit Glasperlenstickerei, weiß, Holland Anfang 20. Jh. (KA 183-1969 AB)

Brautkleid (Jacke und Rock), Atlas, weiß, Biesenverzierung, Holland 1903 (K 34-x-1951 AB)

Männerweste, Baumwollpiqué, weiß; Futter, Baumwolle, weiß, Holland 1908 (KA 286-1969)

Abendkleid, Crêpe Georgette, schwarz, ca. 1930 (K 107-1960)

Sommerkleid, Leinen mit Hohlsaumverzierung, weiß, Grieder & Co Zürich ca. 1946 (K 137-1956)

Abendkleid mit Pelerine, Trikot-Seide, hellrosa, Givenchy Paris 1965 (KI-1966 AB)

Minikleid mit Minimantel, Wolle, pinkfarben, Inkrustationen, zitronengrün-blau, Maarten van Dreven, Den Haag 1967 (KI-1967 AB)

Minikleid, Birmaseide, pinkfarben, befestigt an Aluminium-Halskragen, Emmy van Leersum, Amersfort 1968 (KS 2-x-1969 AB)

Minirock, synthet. Lack mit Metallspritzflecken, weiß, 1981 (K 207-1981)

Wickelbluse, synthet. Trikot, orange mit Gold-Lurex, 1970 – 1975 (K 283 -1981)

Blue Jeans, Baumwolle, blau, bestickt, violett-rot-orange-schwarz, Levi's 1970 (K 117-1975)

Maxirock und Top, Baumwolle mit Indien-Druck, rot-blau, 1973 (K 138-1973 AB)

„Phoenix-Mantel", Schweinsvelour, blau, Leder- und Wildlederapplikationen, mehrfarbig, Inkrustationen, von Seide mit Flittern, blau; Futter, Pelz, rot, Fong Leng Tsang 1974 (K 19-1979)

Festblouson, Minikleid mit Gürtel, synthet. Trikot, goldfarbig gespritzt, Mirjam de Haan 1977 (K 24-1979 AB)

Top, Plastik-Cups mit Kunststoff-Kordel, violett-rosa, 1977 (K 206-1981)

Disco-Schal, Nylon, hellrosa, 1981 (KA 573-1981)

Musées Royaux d'Art et d'Histoire, Brüssel

Frauenhaube, Leinen, weiß, mit Leinen-Nadelspitze, Südliche Niederlande 2. Hälfte 16. Jh. (D 4358)

1 Paar Handschuhe zur liturgischen Kleidung, Seide, gestrickt, grün-gold, 17. Jh. (T 926)

Männerkragen mit 2 Manschetten, Leinen, weiß, mit schmaler Klöppelspitze, südliche Niederlande um 1650 (D 891)

Männerkragen, Leinen, weiß, mit breiter Klöppelspitzenkante (Leinen), Flandern um 1660 (3378)

Albenspitze (Abb. 47), für Taufen, Klöppelspitze, weiß, Brüssel 3. Drittel 18. Jh. (407)

Musée de l'Impression sur Étoffes Mulhouse

Kleid für Christuskindfigur, Seidenbrokat, hellblau, Silberbrokat, gewebte Silberspitze, Frankreich 18. Jh. (983.426.1)

Kleid für Marienfigur, Seidentaft, gelb, Applikationen, mehrfarbig, Chenille- und Seidenstickerei, Frankreich 18. Jh. (983.426.2)

Frauenjacke („Caraco"), Seidentaft, gelb, bunte Seidenstickerei, Frankreich (?) 18. Jh. (978.324.1)

Frauenjacke („Caraco"), Baumwolle, weiß, rot bedruckt, Elsaß/Frankreich um 1780 (958.1.1.)

Kleid (f. Kind ?) ,Baumwolle, weiß, rot bedruckt; Stoff Ende 18. Jh., Schnitt 1. Hälfte 19. Jh., Frankreich (?) (981.100.1)

Stofffragment, Baumwolle, weiß, indigoblau bedruckt, England 18. Jh. (966.16.1.)

Stofffragment, Baumwolle, weiß, rot bedruckt, Jouy/Elsaß (?)/Frankreich Ende 18. Jh. (950.27.1.; 251)

Frauenrock, Baumwolle, rot, im Kaschmirmuster bedruckt, gesteppt, Elsaß/Frankreich 19. Jh. (980.675.1)

Musée de la Mode et du Costume Paris

Damenkleid à la française, Seidentaft, goldgelb, Frankreich um 1760 (S.H.C. 164)

Damenkleid à la française, Seidenatlas, altrosa, mit grünen und weißen Streifen u. Streublumen, broschiert, Frankreich um 1770 (S.H.C.)

Männerweste, Seidenrips, gelb, Seidenstickerei, rosa-grün, Frankreich um 1775/80 (77.33)

Männerrock, Seidenatlas, braun-beige, Plattstichstickerei, weiß-gelb-rosa, Frankreich um 1778 (de Galea 62.108.43)

Männerrock, Seidenatlas, zyklam (pflaumenfarben), bunte Seidenstickerei, Frankreich um 1778 (S.H.C. 218)

Hofrock des Pächters General de Vaucel, mit Kniehose, Seidenrips, oliv-braun, Seidenstickerei, weiß-rosa, Frankreich um 1780 (7631-D 11)

Männerrock Louis XVI., Seidensamt, violett-grün, Plattstichseidenstickerei, weiß-gelb-braun, Frankreich um 1780 (Roujou 59.29.1)

Damenkleid à la française mit Bruststecker, Seidenatlas, hellblau, Streifenbroschierung, rosa-grün, Frankreich um 1780 (52.6.1)

Männerrock, Seide, gelb-oliv, mit feinen blaßblauen und grauen Atlasstreifen, Frankreich um 1789 (o. Nr.)

„Revolutionsweste", Wollköper, rot, Plattstichseidenstickerei; Rücken- und Futterstoff, Baumwolle, rot, Frankreich Ende 18. Jh. (S.H.C. 1419)

Männerrock, Wolltuch, blau (uni), Frankreich Ende 18./Anfang 19. Jh. (S.H.C. 27)

Knabenuniform aus Eton/England, bestehend aus: Jacke und Weste, schwarzes Tuch, Hose, schwarz mit grauen und weißen Streifen, Hemd, weiß, gestärkter Kragen, weiß, England um 1950 (81.29.1)

Literaturverzeichnis

Adam, M. 1962
Die Farbgefüge von vier Pariser Modesaisons und die Modulation von Modefarben oder Mode. In: Die Farbe 11 S. 203—214.

Adams, Rudolph 1862
Die Farben-Harmonie in ihrer Anwendung auf die Damentoilette. Leipzig.

Alewyn, Richard 1940/43
Formen des Barock. In: Corona 10/1 S. 662—690.

Allan, C. 1936
Symbolic Color in the Literature of the English Renaissance. (= Philological Quarterly XV/1).

Arnold, Janet 1973
Three Examples of Late Sixteenth and Early Seventeenth Century Neckwear. In: Waffen- und Kostümkunde 2 S. 109—131.

1977 Elisabethan and Jacobean Smocks and Skirts. In: Waffen- und Kostümkunde 2 S. 89—110.

Bachmann, Manfred u. Günter Reitz 1962
Der Blaudruck. Leipzig.

Balland, Jürgen 1954
Die Amtstracht der Richter in Hamburg. In: Hamburgische Geschichts- u. Heimatblätter 15 S. 272—277.

Bartsch, L. 1884
Die sächsischen Kleiderordnungen unter Bezugnahme auf Freiberger Verhältnisse. In: Mitteilungen zum Freiberger Altertumsverein 20 S. 1—45.

Baur, Veronika 1975
Kleiderordnungen in Bayern vom 14. bis zum 19. Jh (= Miscellanea Bavarica Monacensia 62).

Bausinger, Hermann 1972/73
Zu den Funktionen der Mode. In: Schweizerisches Archiv für Volkskunde 68/69 S. 22—32.

Bavaria . . . 1860 —1867
Bavaria. Landes- und Volkskunde des Königreiches Bayern. 4 Bde. München.

Behnisch, Franz Joachim 1963
Die Tracht Nürnbergs und seines Umlandes vom 16. bis zur Mitte des 19. Jh.s (= Beiträge zur Landes- u. Volkskunde Frankens 1).

Benz, Ernst 1974
Die Farbe im Erlebnisbereich der christlichen Vision. In: Eranos 41.

Berckenhagen, Ekhart u. Gretel Wagner 1981
Der bunte Rock in Preußen. Katalog der Kunstbibliothek Berlin SMPK.

Berlepsch, Hermann Alexander 1850
Chronik vom ehrbaren und uralten Schneidergewerk. Nebst einer kurzen Geschichte der Trachten und Moden. Neudruck 1966. Osnabrück.

Bernstein, Martha 1921
Die Schönheit der Farbe in der Kunst und im täglichen Leben. München.

Berthold, H. 1954
Zur Psychologie der Farben- und Klangwelt. In: Die Farbe 3/3—4 S. 70—82.

Beyer, Hans 1968
Lehrbuch der organischen Chemie. Leipzig.

Bieber, Margarete 1928
Griechische Kleidung. Berlin.

1967 Entwicklungsgeschichte der griechischen Tracht. Von der vorgriechischen Zeit bis zum Ausgang der Antike. 2. rev. Aufl. Berlin.

Bindmann, Magdalena 1980
Volkstrachten zwischen Rennsteig und Rhön. In: Südthüringische Forschungen 15 S. 15—48.

Bing, Ludwig 1964
Der Trauerflor. Ein altes waldeckisches Trachtenstück. In: Waldeckischer Landeskalender 237 S. 43—46.

Biographie . . . 1901
Biographie Nationale de Belgique Bd. 16. Brüssel.

Blanch, Robert J. 1972
The Origins and Use of Medieval Color Symbolism. In: Internat. Journal of Symbology 3/3 p. 1—5

Blau, Josef 1906
Die tschechische Volkstracht der Tauser Gegend. In: Zeitschr. für österr. Volkskunde XII S. 14—44.

Bleckwenn, Ruth 1974
Beziehungen zwischen Soldatentracht und ziviler modischer Kleidung zwischen 1500 und 1650. In: Waffen- u. Kostümkunde 16/2 S. 107—122.

Blunt, Anthony 1938
Blake's 'Glad Day'. In: Journal of the Warburg Institute 2/1 S. 65—68.

Boehn, Max v. 1913
Menschen und Moden im 17. Jahrhundert. (= Die Mode Bd. 3). München.

1919 Menschen und Moden im 18. Jahrhundert. (= Die Mode Bd. 4). 2. verb. Aufl. München.

1920 Menschen und Moden im 19. Jahrhundert. 3 Bde. (= Die Mode Bde. 5—7). München.

1921 Rokoko. Frankreich im 18. Jahrhundert. Berlin.

1921/22 Farbe und Mode. (= Sonderdrucke über Mode, 2). In: Blätter des Kunstgewerbevereins 23/2.

Borinski, Karl 1918
    Braun als Trauerfarbe. (= Sitzungsberichte der Akademie München phil.-hist. Kl. 10).
Boschkov, Atanas 1972
    Die bulgarische Volkskunst. Recklinghausen.
Boucher, François 1959
    Eighteenth Century Fashion as Represented in Some World-Famous Pictures. In: Palette 2 S. 1—10.
1965 Histoire du Costume en Occident de l'antiquité à nos jours. Paris.
Braun, Joseph 1907
    Die liturgische Gewandung im Occident und Orient nach Ursprung und Entwicklung, Verwendung und Symbolik. Freiburg.
1964 Dass. Reprint. Darmstadt.
Braun-Ronsdorf, Margarete 1972
    Eine Caraco-Schoßjacke des 18. Jahrhunderts. In: Waffen- u. Kostümkunde 1 S. 15—30.
Bringemeier, Martha 1954
    Die Abendmahlskleidung der Frauen und Mädchen in der Schaumburger und Mindener Tracht. In: Rheinisch-Westfälische Zeitschrift für Volkskunde 1 S. 65—91.
1966 Wandel der Mode im Zeitalter der Aufklärung. In: Rheinisch-Westfälische Zeitschrift für Volkskunde 13 S. 5—59.
1974 Priester- und Gelehrtenkleidung. (=Rheinisch-Westfälische Zeitschrift für Volkskunde Beiheft 1).
1978 Die Brautkleidung im 19. Jahrhundert. In: Museen und Kulturgeschichte Münster. (= Festschrift für Wilhelm Hansen). S. 299—320.
Brinkmann, Donald 1946
    Zur Psychologie der blauen Farbe. In: Du 6/1 S. 20—22.
Brirup, Agnes 1963
    Von der Tracht im Delbrücker Land. In: Rheinisch-Westfälische Zeitschrift für Volkskunde 10 S. 140—153.
Brückner, Wolfgang 1982
    Farbe als Zeichen. Kulturtraditionen im Alltag. In: Zeitschrift für Volkskunde 78/1 S. 14—27.
Brunello, Franco 1968
    L'arte della tintura nella storia dell'umanità. Vicenza.
Buchwald, E. 1953
    Über Ostwalds Farbenlehre. In: Die Farbe 2/3 S. 69—90.
Büchner, Georg 1912
    Geflügelte Worte. 25. Aufl. Berlin.
Bühler, Alfred 1948
    Dying Among Primitive Peoples. (= Ciba Review 68).

Bühler, Hans Adolf 1930
    Das innere Gesetz der Farbe. Eine künstlerische Farbenlehre. Berlin.
Cetto, Anna Maria 1946
    Der blaue Mantel der Muttergottes. In: Du 6/1 S. 16—19.
Christensen, Sigrid Flamand 1934
    Die männliche Kleidung in der süddeutschen Renaissance. Berlin.
Cock-Clausen, Ingeborg 1980
    Cowboybukser. In: Folk og Kultur. S. 75—90.
Collinet-Guérin, Marthe 1961
    Histoire du nimbe des origines aux temps modernes. Paris.
Cooper, J. C. 1978
    An illustrated Encyclopaedia of Traditional Symbols. London.
Cunnington, P. u. L. Lucas 1978
    Costume of Births, Marriages and Deaths. Black.
Ciba-Rundschau 1936
    H. 1: Färberei im Mittelalter
    H. 4: Purpur
    H. 7: Der Scharlach
    H. 8: Die Lyoner Seide
1937 H. 9: Handelswege und Farbenmärkte im Mittelalter
    H. 10: Die Farbhölzer
    H. 14: Die Tuchmacherei in Flandern
    H. 17: Die Moden der italienischen Renaissance
1938 H. 22: Große Lehrer der Färbekunst in Frankreich des 18. Jahrhunderts
    H. 23: Die Ständetrachten im Mittelalter
    H. 26: Pariser Modekünstler und Schneiderwerkstätten des Rokoko
    H. 29: Die Entwicklung der Textilkunst in Spanien
1939 H. 35: Die Krawatte
    H. 38: Die Textilgewerbe im mittelalterlichen Florenz
    H. 41: Das Kinderkleid
1940 H. 44: Die Uniform
    H. 47: Krapp und Türkischrot
1944 H. 63: Moden und Textilien am Hofe von Burgund
1946 H. 66: Geflechte und Gewebe der europäischen Stein- und Bronzezeit
    H. 68: Schweizer Märkte im Mittelalter
1947 H. 72: Messen und Tuchmärkte der Champagne
    H. 74: Schwarz, das Grab der Farben
1949 H. 88: Moden und Textilien im Elisabethanischen Zeitalter
1950 H. 93: Indigo
1957 H. 131: Das Hemd
    H. 134: Das Herrenkleid

1960 H. 150: Das Arbeitskleid
1961 H. 3: Gold und Textilien
1964 H. 4: Physiologie der Kleidung
1965 H. 4: Das Sportkleid
1966 H. 1: Textiles aus Slowenien
1970 H. 4: Das Herrenhemd
1973 H. 1: Weiß als Farbe
      H. 2: Schwarzfarbstoffe

Davis, M. L. 1980
    Visual Design in Dress. Cliffs.

Delbrueck, Richard 1932
    Das spätantike Kaiserornat. In: Die Antike 8
    S. 1−21.

Delpierre, Madeleine 1978/79
    Secrets d'élégance 1750−1950. Paris.

Deneke, Bernward 1963
    Die Kostümsammlung des Historischen Museums in Frankfurt am Main. In: Waffen- u.
    Kostümkunde 22 S. 62−72, 115−127.

1971 Hochzeit. München.

Dictionnaire . . . 1969/73
    Dictionnaire des Symboles. Bde. 1−4. Paris.

Dihle, Helene 1974
    Nachklänge der spanischen Tracht. In: Waffen-
    u. Kostümkunde 16/1 S. 1−20.

Dobenek, Friedrich L. F. 1815
    Des deutschen Mittelalters Volksglauben und
    Heroensagen. In: Volkskundliche Quellen. Neudrucke europ. Texte u. Untersuchungen 4.
    Hildesheim (Reprint 1974).

Domokos, Ottó 1961
    Fejezeted a nyugatmagyarországi kikfestöipar
    történetéböl (Aus der Geschichte der Westungarischen Blaufärberei). In: Ethnographia 72
    S. 200−236.

Dronke, Peter 1974
    Tradition and Innovation in Medieval Western
    Colour-Imagery. In: Eranos 41.

Dürbeck, Helmut 1977
    Charakteristik der griechischen Farbenbezeichnungen. Bonn.

Ebert, Sigrid 1939
    Die Marburger Frauentracht. (= Beiträge zur
    Volkskunde Hessens 7).

Egg, Erich 1961
    Die Tiroler Bergmannskleidung im Wandel der
    Zeiten. In: Waffen- u. Kostümkunde 3 S. 81−90.

Eisenbarth, Liselotte C. 1962
    Kleiderordnungen der deutschen Städte zwischen 1350 und 1700. Göttingen. Berlin.

Encyclopaedia . . . 1971/72
    Encyclopaedia Judaica. 16 Bde. Jerusalem.

Evans, J. 1952
    Dress in Medieval France. Oxford.

Evarts, Arrah B. 1919
    Color Symbolism. In: The Psychoanalytic Review VI p. 124−157.

Falke, Jacob 1858
    Die deutsche Trachten- und Modenwelt. 2 Tle.
    Leipzig.

1859 Der Farbengeschmack und die Mode. In: Jahrbuch der illustrirten deutschen Monatshefte.
      S. 503−520

Favre, Adeline 1982
    Ich, Adeline, Hebamme aus dem Val d'Anniviers. Zürich.

Fellerer, Johannes 1979
    Einführung zur Ausstellung „Liturgische Kleidung". In: Das Münster 32 S. 89−90.

Fernau, Carl (pseud. Sebastian Daxenberger) 1841
    Münchner Hundert und Eins. München.

Fick, Richard 1900
    Auf Deutschlands hohen Schulen. Eine illustrirte kulturgeschichtl. Darstellung deutschen
    Hochschul- und Studentenwesens. Leipzig/
    Berlin.

Fieser, Louis u. Mary 1968
    Organische Chemie. Weinheim.

Filipović, M. 1961
    Uticaj vlastina narodnu nosnju. In: Rad vojvodanskih muzeja 10 S. 59−68.

Fillitz, Hermann 1964
    Die Schatzkammer in Wien. Wien u. München.

Fink, August 1963
    Die Schwarzschen Trachtenbücher. Berlin.

Fischer, Friedrich J. 1961
    Zur Bedeutung der Farbe Rot in der Kleidung.
    Salzburger Beleg zum Nachleben magischer
    Vorstellungen in der 1. Hälfte des 18. Jahrhunderts. In: Österr. Zeitschr. für Volkskunde.
    N.S.XV S. 11−13

Flechsig, Werner 1979
    Hauptmerkmale der ostfälischen Volkstracht
    und deren Verbreitung im 18. Jahrhundert.
    (= Veröffentl. d. Braunschweig. Landesmuseums 21).

Floerke, Hanns 1917
    Moden der italienischen Renaissance. (= Der
    Mensch d. Renaissance und seine Kleidung
    von 1300−1550.) München.

Forge, J. Anthony W. 1962
    Magische Farben. In: Palette 9 S. 9−10.

Forstner, Dorothea 1967
    Die Welt der Symbole. 2. verb. Aufl. Innsbruck.

Friedrich, Peter 1973
    Zur Farbgebung im Florentiner Kostüm des
    15. Jahrhunderts. In: Waffen- u. Kostümkunde
    2 S. 125−131.

Frieling, Heinrich 1981
    Farbe als Phänomen menschlichen Empfindens. (= RIAS-Funkuniversität 93/1).

Fries, Walter 1924/25
    Die Kostümsammlung des Germanischen Nationalmuseums zu Nürnberg. In: Anzeiger des Germanischen Nationalmuseums 25 S. 3—65. (= Festschrift für Theodor Hampe).

Gaennslen, Ines 1959
    Die Bedeutung der Farbe in der Mode. In: Die Farbe 8 4/6 S. 163—170.

Geiger, Paul 1916
    Die blaue Farbe bei den Totenbräuchen. In: Schweizerisches Archiv für Volkskunde 20 S. 156—163. (= Festschrift für Ed. Hoffmann-Krayer).

Geijer, Agnes 1947
    Medeltidens färkonst — några synpunkter. In: Fornvännen 42 S. 148—163.

Gerbing, Luise 1925
    Die Thüringer Trachten. Erfurt.

Gerndt, Helge 1974
    Kleidung als Indikator kultureller Prozesse. In: Schweizerisches Archiv für Volkskunde 70 S. 81—92.

Gids . . . 1968
    Gids voor de Kruidentuin van het Nederlands Openluchtmuseum. Arnheim.

Gierl, Irmgard 1971 (1)
    Miesbacher Trachtenbuch. Die Bauerntracht zwischen Isar u. Inn. Weißenborn. (Zugleich: Ergänzungsband zur „Trachtenkunde d. Bayerischen Gaue d. Institutes für Volkskunde München).

1971 (2)   Pfaffenwinkler Trachtenbuch; Kulturlandschaft u. Tracht in Weilheim, Murnau u. Werdenfels. Weißenhorn.

Glaue, Paul 1925
    Der „Weiße Sonntag". In: Monatsschrift f. Gottesdienst u. kirchl. Kunst 30 S. 90—100.

Gloth, Walther 1902
    Das Spiel von den sieben Farben. In: Teutonia 1 S. 44—88.

Gockerell, Nina u. H. Kostenzer 1976
    Alte Trachten aus Oberbayern u. Tirol. Rosenheim.

Goldammer, Kurt 1981
    Farbe, liturgisch (protestantische). In: Reallexikon zur deutschen Kunstgeschichte. München. Bd. VII Sp. 121—139.

1960   Kultsymbolik des Protestantismus. (= Symbolik der Religionen 7).

Goncourt, Edmond de u. Jules 1920
    Die Frau im 18. Jahrhundert. 2 Bde. München.

Gottrôn, Adam B. 1950
    Der alte Mainzer liturgische Farbenkanon. In: Archiv für mittelrhein. Kirchengeschichte 2 S. 300—308.

Grob, Walter Oscar 1972
    Farbenlehre für Malende. Zürich.

Grönwoldt, Ruth 1968
    Paramente und ihre Stifter. Italienische Paramente des Trecento in zwei französischen Kathedralen. Berlin. (= Festschrift für U. Middeldorf).

Groß, Rudolf 1981
    Warum die Liebe Rot ist. Düsseldorf.

Grosshans, Rainald 1981
    Rogier van der Weyden. Der Marienaltar aus der Kartause Miraflores. In: Jahrbuch der Berliner Museen 23 S. 49—112.

Günther, R. 1923/24
    Die Bilder des Genter und des Isenheimer Altars. Ihre Geschichte u. Deutung. II. Tl.: Die Brautmystik im Mittelbild des Isenheimer Altars. Leipzig.

Haeberlein, Fritz 1939
    Grundzüge einer nachantiken Farbikonographie. In: Römisches Jahrbuch f. Kunstgeschichte 3 S. 77—126.

Hätzlerin, Clara 1840
    Liederbuch. (= Bibliothek der gesammten deutschen National-Literatur von der ältesten bis auf die neue Zeit 8).

Hahm, Konrad 1928
    Deutsche Volkskunst. Berlin.

Hain, Mathilde 1936
    Das Lebensbild eines Oberhessischen Trachtendorfes. Jena.

Hamprecht, Bodo 1982
    Goethes Farbenlehre. Grundgedanken — Würdigung der Methode. In: Die Drei 11.

Handwörterbuch . . . 1927—1942
    Handwörterbuch des deutschen Aberglaubens. 10 Bde. Berlin.
    Zur Kenntnis von *Carthamus tinctorius* L. In: Die Kulturpflanze 9 S. 114—145

1974   Ordnung: Großglockenblumartige. In: Urania Pflanzenreich. Höhere Pflanzen 2. Leipzig/Zürich. S. 302—328.

Hanika, Josef 1961
    Der Wandel Schwarz-Weiß als Erzähl- und Brauchmotiv. In: Bayer. Jahrb. f. Volkskunde S. 46—60.

Hansson, G. A. u. A.-M. Ryd 1973
    Växtfärga. Stockholm.

Hargreaves-Mawdsley, M. N. 1963
    A History of Legal Dress in Europe until the End of the Eighteenth Century. Oxford.

Hasse, Max 1978
Die Mode. (= Sonderdr. aus d. Hdb. zur Ausstellung „Die Parler und der schöne Stil 1350—
1400". Schnütgen-Museum. Köln.)
1980 Anmerkungen zu einigen Marginalien von Renate Kroos. In: Kunstchronik 33/2 S. 41—47.

Haug, Wolfgang F. 1971
Kritik der Warenästhetik. Frankfurt/Main.

Haupt, Gottfried 1941
Die Farbensymbolik in der sakralen Kunst des
abendländischen Mittelalters. Diss. Leipzig.

Haupt, Herbert 1979
Die «Livrée» Fürst Josef Wenzels v. Liechtenstein. Ein Beitr. z. Kostümgeschichte des 18. Jh.
In: Jahrbuch d. Histor. Vereins für das Fürstentum Liechtenstein 77 S. 89—118

Hedergott, Bodo 1981
Kunst des Mittelalters. (= Bilderhefte des Herzog Anton Ulrich-Museums Braunschweig 1).

Heilfurth, Gerhard 1981
Der Bergbau und seine Kultur. Zürich u. Freiburg.

Heimpel, Hermann 1954
Seide aus Regensburg. In: Mitteilungen des
Instituts für österr. Geschichtsforschung 62
S. 270—298.

Heinz, Dora 1962
Der Paramentenschatz der Stadtpfarrkirche in
Linz. Wien u. München.

Heitz, Annekäthi, St. Jacomet u. H. Zoller 1981
Vegetation, Sammelwirtschaft und Ackerbau im
Zürichseegebiet zur Zeit der neolithischen und
spätbronzezeitlichen Ufersiedlungen. In: Helvetia archaeologica 45/48 S. 139—152.

Helm, Johannes 1971
Ordnung: Kakteenartige. In: Urania Pflanzen-
reich, Höhere Pflanzen 1. Leipzig. Zürich.
S. 293—302.

Hentschel, Kurt 1942
Irmgard färbt mit Pflanzen. Berlin.

Hermand, Jost 1971
Stänker und Weismacher. Zur Dialektik eines
Affekts. Stuttgart.

Hermann, A. 1969
Farbe. In: Reallexikon für Antike und Christentum. Stuttgart. Bd. VII. Sp. 358—447.

Herne, Gunnar 1954
Die slavischen Farbenbenennungen. Eine
semasiologisch-etymologische Untersuchung.
In: Publications de l'Institut Slave d'Upsal IX
S. 37—43, 48—56.

Heyne, Moritz 1903
Fünf Bücher deutscher Hausaltertümer. Bd. III.
Leipzig.

Hiemeleers, J. 1978
De Kruidtuin in het Openluchtmuseum.
(= Bokrijkse Berichten 15). In: Volkskunde 78
S. 206—221.

Hofenk-de Graaff, Judith H. 1969
Natural Dyestuffs. Amsterdam.
1981 Zur Geschichte der Textilfärberei. In: Documen-
ta Textilia S. 23—26. (= Festschrift für Sigrid-
Müller-Christensen). München.

Hofenk-de Graaff, Judith u. Wilma G. Th. Roelofs
On the Occurrence of Red Dyestuffs in Textile
Material from the Period 1450—1600. Vortrag
zur ICOM-Tagung Madrid.

Hoffmann, Raoul 1982
Die klassenlose Hose. Jeans: Zur Kulturge-
schichte eines Beinkleides. In: Wochenend-
Magazin der Badischen Zeitung, 4/5. 9. 1982.

Hoffmann, Werner 1982
Nutzpflanzen aus der Familie der Cactaceae, 5.
In: Kakteen und andere Sukkulenten 33 S. 234
—237, 257—258.

Hofmann, Liselotte 1939
Der volkskundliche Gehalt der mittelhochdeut-
schen Epen von 1100 gegen 1250. Zeulenroda.

Hollander, Anne 1978
Seeing through Clothes. New York.

Hubel, Achim 1976
Der Regensburger Domschatz. München/
Zürich.

Hülle, Werner 1979
Historisches über Gerichtsroben. In: Deutsche
Richterzeitung 57 S. 345—348.

Huizinga, Johan 1965
Herbst des Mittelalters. 9. Aufl. Stuttgart.

Itten, Johannes 1958
Die Farbe in der Mode. In: Die Mode in der
menschlichen Gesellschaft. Hrsg. v. R. König u.
P. K. Schuppisser. Zürich.
1975 Kunst der Farbe. 5. Aufl. Ravensburg.

Jännicke, F. (Hrsg.) 1878
Die Farbenharmonie mit besonderer Rücksicht
auf den gleichzeitigen Contrast in ihrer Anwendung in der Malerei, in der decorativen
Kunst bei der Ausschmückung der Wohnräume,
sowie in Kostüm und Toilette. Stuttgart.

de Jong, Mary C. 1968
Christening Garments and some Accessories
from the Collection of "Het Nederlands
Kostuummuseum", The Hague. In: Waffen- und
Kostümkunde 10/1 S. 134—142.
1980 Iconografie van het huwelijks-ceremonieel
vanaf de Romeinen en de outwikheling van
witte kleding voor de bruid. Diss. Den Haag.

Jostes, Franz 1912
Westfälisches Trachtenbuch. Münster.

Jüdisches . . . 1927—30
    Jüdisches Lexikon. 4 Bde. Berlin.
Kaczynski, Rainer 1979
    Über Sinn und Bedeutung liturgischer Gewänder. In: Das Münster 32 S. 94—96.
Kallbrunner, Josef 1938
    Tracht und Sitte im merkantilistischen Polizeistaat. In: Wiener Zeitschr. für Volkskunde 34 S. 1—17.
Kampffmeyer, Luise 1952
    Die Herren- und Damenkleidung in Deutschland um 1840—1870. Diss. München.
Katzenberg, Dena S. 1973
    Blue Traditions. Indigo Dyed Textiles and Related Cobalt Glazed Ceramics from the 17th through the 19th Century. Baltimore.
Kenyon, Herbert A. 1914
    Color Symbolism in Early Spanish Ballads. In: The Romanic Review V p. 327—340.
Klesse, Brigitte 1967
    Darstellung auf Seidenstoffen auf italienischen Bildern des 14. Jahrhunderts. (= Abegg Bd. 1) Bern.
Koch, Walter A. 1953
    Deine Farbe, dein Charakter. Farbentyp und Menschenkunde. Saulgau.
Koehler, Bruno 1900—1901
    Allgemeine Trachtenkunde. 7 Bde. Leipzig.
Könenkamp, Wolf Dieter 1983
    Bedürfnis und Norm in der Kleidung. In: Umgang mit Sachen. (=Tagungsband zum 23. Dt. Volkskunde-Kongreß 1981 in Regensburg).
König, Otto 1983
    Farbe als Symbol weltlicher und kirchlicher Herrschaft. In: Farbe, Material, Zeichen, Symbol. (= Forschung u. Information 33) S. 52—68.
König, René 1971
    Macht und Reiz der Mode. Verständnisvolle Betrachtungen eines Soziologen. Düsseldorf.
König, René u. P. W. Schuppisser 1958
    Die Mode in der menschlichen Gesellschaft. Zürich.
Korniss, Peter u. F. Novák 1975
    Bräutigam des Himmels. Budapest.
Kramer, Hans u. O. Matschoss 1963
    Farben in Kultur und Leben. Stuttgart. 1963
Kramer, Karl-Sigismund 1961
    Volksleben im Fürstentum Ansbach und seinen Nachbargebieten 1500—1800. (= Beiträge zur Volkstumsforschung 13 Würzburg).
    1967 Volksleben im Hochstift Bamberg und im Fürstentum Coburg 1500—1800. (= Beiträge zur Volkstumsforschung 15 Würzburg).
Kranz, Gisbert 1957
    Farbiger Abglanz. Eine Symbolik. Nürnberg.

Kresz, Mária 1957
    Ungarische Bauerntrachten 1826—1867. Berlin.
Kroos, Renate u. Friedrich Kobler 1981
    Farbe, liturgisch (katholische). In: Reallexikon zur deutschen Kunstgeschichte. München. Bd. VII. Sp. 54—121.
Krücke, Adolf 1905
    Der Nimbus und verwandte Attribute in der frühchristlichen Kunst. (= Zur Kunstgeschichte des Auslandes 35 Straßburg).
Küppers, Harald 1981
    Von Goethe zur modernen Farbenlehre. (Vortrag: an d. Joh. Wolfg. Goethe-Universität, Ffm.)
Kruenitz, D. Johann Georg 1773—1858
    Oeconomische Encyclopädie. Bde. 1—242. Berlin.
Kugler, Georg u. H. Haupt 1983
    Uniform und Mode am Kaiserhof. (= Ausstellungskatalog Schloß Habturn) Eisenstadt.
Läuppi, Walter 1967
    Farbenknigge. Bern.
Lange, Johann Peter 1840
    Die Symbolik der Farben. (=Vermischte Schriften Bd. I). Meurs.
Lauffer, Otto 1948
    Farbensymbolik im deutschen Volksbrauch. Hamburg.
Lemberg, Mechthild u. Brigitta Schmedding 1973
    Abegg-Stiftung Bern in Riggisberg. Bern.
Lentner, J. Friedrich 1905
    Über Volkstracht im Gebirge. In: Zeitschr. für österr. Volkskunde 11 S. 1—16, 145—158.
Leopoldi, Hans Heinrich 1957
    Mecklenburgische Volkstrachten. Leipzig.
Lersch, Thomas 1981
    Farbenlehre. In: Reallexikon zur deutschen Kunstgeschichte. München. Bd. VII. Sp. 158—274.
Levi-Pisetzky, Rosita 1964—1969
    Storia del Costume in Italia. 5 Bde. Milano.
Lévi-Strauss, Claude 1967
    Strukturale Anthropologie (Paris 1958). Frankfurt/M.
Lexikon . . . 1968—1975
    Lexikon der christlichen Ikonographie. 8 Bde. Freiburg.
Lipp, Franz Carl 1980
    Goldhaube und Kopftuch. Linz.
Lippmann, Edmund O. von 1919
    Entstehung und Ausbreitung der Alchemie. Bd. I. Berlin.
Loef, Carl 1974
    Farbe — Musik — Form. Frankfurt/Main.
Loy, Sebastian 1922
    Stoffe und Kleidung im Mittelalter dargestellt an Hand der mittelhochdeutschen Dichtung

unter besonderer Berücksichtigung der Dichtung von 1180−1220. Diss. Freiburg.

Lutz, Walter 1949
Das hochzeitliche Kleid. Zur Frage der liturgischen Gewänder im evangelischen Gottesdienst. (= Im Dienst der Kirche 6 Kassel).

Mannowski, Walter 1931−1938
Der Danziger Paramentenschatz. Kirchliche Gewänder und Stickereien aus der Marienkirche. 5 Bde. Berlin u. Leipzig.

Markowsky, Barbara 1976
Europäische Seidengewebe des 13.−18. Jahrhunderts. (= Katalog des Kunstgewerbemuseums Köln 8).

Martens, Eduard von 1874
Purpur und Perlen. Berlin.

1894 Weichtiere, *Mollusca*. In: Das Tierreich 1.

1898 Purpurfärberei in Zentral-Amerika. In: Verhandlungen der Berliner Gesellschaft für Anthropologie, Ethnologie u. Urgeschichte.

Martin, Paul u. H.-J. Ullrich 1963
Der bunte Rock. Stuttgart.

Matthaei, R. 1957
Über das Farbenwunder. In: Die Farbe. Bd. 6 Nr. 1/2 S. 7−22.

Mautner, Konrad u. Viktor v. Geramb 1932/35
Steirisches Trachtenbuch. 2 Bde.

Mayer, Karl 1927
Die Bedeutung der weißen Farbe im Kultus der Griechen und Römer. Diss. Freiburg.

Meier, Christel 1977
Gemma Spiritalis. (= Münstersche Mittelalterl. Schriften 34).

1972 Die Bedeutung der Farben im Werk Hildegards von Bingen. New York. Berlin. (= Frühmittelalterliche Studien 6).

Meiners, C. 1804
Göttingische Akademie Annalen. Bd. 1: Kurze Geschichte der Trachten u. Kleidergesetze auf hohen Schulen. Hannover.

Mertens, Veronika 1983
Mi-parti als Zeichen. (= Kulturgeschichtl. Forschungen I) Remscheid.

Meyer, Reinhold 1970
History of Purple as a Status Symbol in Antiquity. Bruxelles.

Meyer, Richard 1881
Die Industrie der Theerfarbstoffe. In: Slg. gemeinverständl. wissenschaftl. Vorträge. XVI. Serie. H. 368.

Die Mit allerhand . . . 1711
Die Mit allerhand curiösen und geheimen Wissenschafften angefüllte Farbe-Belustigung . . . . Nürnberg.

Mitgau, Hermann 1931
Die Studententrachten. In: Das Akademische Deutschland 2 S. 135−154.

Mohrbutter, Alfred 1904
Das Kleid der Frau. Darmstadt.

Monsarrat, A. 1973
And the Bride Wore . . . . Gentry.

Müller, Ewald 1894
Das Wendentum in der Nieder-Lausitz. Kottbus.

Müller, Ernst u. F. G. Baumgärtner 1805
Versuch einer Ästhetik der Toilette oder Winke für Damen sich nach den Grundregeln der Malerei geschmackvoll zu kleiden. Leipzig.

Müller-Christensen, Sigrid 1955
Sakrale Gewänder des Mittelalters. (= Katalog der Ausstellung im Bayerischen Nationalmuseum München).

Mützel, Hans 1906
Die Farbenharmonie der Damenkleidung auf wissenschaftlicher Grundlage. Berlin.

Mummenhoff, Ernst 1924
Der Handwerker in der deutschen Vergangenheit. (= Die deutschen Städte in Einzeldarstellungen 8) Jena.

Negelein, Julius von 1901
Die volkstümliche Bedeutung der weißen Farbe. In: Zeitschr. f. Ethnologie S. 54−85.

Nienholdt, Eva 1925
Die bürgerliche Tracht in Nürnberg und Augsburg vom Anfang des 15. bis zur Mitte des 16. Jahrhunderts. Diss. Berlin.

1961 Die Kostümsammlung im Zentral-Museum in Utrecht. In: Waffen- u. Kostümkunde 3 S. 71−80.

1972 Vom Pagenkleid. In: Waffen- u. Kostümkunde 1 S. 1−14.

Nixdorff, Heide 1977
Europäische Volkstrachten. I. Tschechoslowakei. Berlin.

Nowak-Neumann, Martin u. P. Nedo 1954
Die Tracht der Sorben in Schleife. (= Sorbische Volkstrachten 1) Bautzen.

Nuttall, Zelia 1909
A Curious Survival in Mexico of the Use of the *Purpura* Shellfish for Dyeing. In: Putnam Anniversary Volume. New York.

Nutzbares, . . . 1739
Nutzbares, galantes und curiöses Frauenzimmerlexicon. 2. Aufl. o. O.

Pawlik, Kurt 1981
Ergebnisse der Farbpsychologie. (= RIAS Berlin Funkuniversität 93/3−4).

Pedretti, Carlo 1964
Leonardo da Vinci on Painting. Los Angeles.

Peters, Johanne 1968
Symbole der sinnlichen Wahrnehmung im lyrischen Werk A. A. Bloks unter besonderer Be-

rücksichtigung der Farb- u. Lichtsymbole. Diss. Kiel.

Petschel, Günter 1965
Warum tragen wir schwarze Trauerkleidung? In: Rotenburger Schriften 23 S. 54—66.

Pišútová, Irena 1966
(Zur Geschichte des Färberhandwerks in dem Spis-Gebiet). In: Sborník Slovenského Národného Músea. Etnografia 60/7 S. 101—113.

Ploss, Emil Ernst 1967
Ein Buch von alten Farben. 2. unv. Aufl. München.

Post, Paul 1910
Die französisch-niederländische Männertracht einschließlich der Ritterrüstung im Zeitalter der Spätgotik 1350—1475. Berlin.

Preuss, Hans 1939
Johannes in den Jahrhunderten. Wort und Bild. Gütersloh.

Prodinger, Friederike u. R. R. Heinisch 1983
Gewand und Stand. Kostüm- und Trachtenbilder der Kuenburg-Sammlung. Salzburg.

Pylkkänen, Riita 1952
Vêtements mortuaires du XIIe siècle dans le musée de la cathédrale de Turku. In: Actes du Premier Congrès Internat. d'Histoire du Costume Venise S. 87—98.

Radke, Gerhard 1936
Die Bedeutung der weißen und der schwarzen Farbe in Kult und Brauch der Griechen und Römer. Diss. Jena.

Rattelmüller, Paul Ernst 1974
Dirndl, Janker und Lederhosen. München.

Reinerth, Hans 1926
Die Jüngere Steinzeit der Schweiz. Augsburg.

Reinking, Karl 1924
Über die Kenntnis des Indigos und der Küpenfärberei im Altertum. In: Melliand's Textilberichte S. 733—734.

1929 Über den Schnecken-Purpur. In: Melliand's Textilberichte S. 634—636.

Reinking, Karl u. L. Driessen 1937
Die Quellenschriften über die Färberei im Mittelalter. In: Bulletin der Internat. Föderation textilchemischer u. koloristischer Vereine 2 S. 199—205.

Reiter, Gerhard 1962
Die griechischen Bezeichnungen der Farben Weiß, Grau und Braun. Innsbruck.

Richter, Manfred 1981 (1)
Einführung in die Farbmetrik. 2. Aufl. Berlin.

1981 (2) Entwicklung der Farbmetrik. In: Die Farbe 4—6 S. 225—250.

Riter-Studnička, Hilda 1958
Die Pflanzenarten der Volksfärbekunst Bos-

niens und der Herzegowina. In: Bull. Mus. Rép. Pop. Bosnie et Herzégovina 13 S. 150—153.

Rocamora, Manuel 1952
La mode en Espagne au XVIe Siècle. In: Actes du Premier Congrès Internat. d'Histoire du Costume Venise S. 68—76.

Rosenberg, Alfons 1967
Engel und Dämonen. München.

Rubens, Alfred 1973
A History of Jewish Costume. Jerusalem.

Rühl, Eduard 1954
Die weiße Schürze. Ein Beitrag zur Volkskunde Ostfrankens. In: Bayer. Jahrb. f. Volkskunde S. 60—61.

Ruggli, Paul 1927
Die Geschichte der Färberei. (= Separatabdr. aus den Verhandlgn. der Naturforschenden Gesellschaft in Basel 38).

Ruoff, Eeva 1981
Stein- und bronzezeitliche Textilfunde aus dem Kanton Zürich. In: Helvetia archaeologica 45/48 S. 252—264.

Sales Doyé, Franz von 1929
Die alten Trachten der männlichen und weiblichen Orden sowie der geistlichen Mitglieder der ritterlichen Orden. Leipzig.

Scott, W. S. 1947
The bluestocking ladies. London.

Seler, Cäcilie 1900
Auf alten Wegen in Mexiko. Berlin.

Seiber, Jutta (Hrsg.) 1980
Lexikon christlicher Kunst. Freiburg.

Seufert, Georg 1955
Farbnamenlexikon von A—Z. Göttingen.

Sisson, Helen 1954
Color Development and its Relationship to Fashion. In: American Dyestuff Reporter 43. S. 76—78.

Sombart, Werner 1902
Wirtschaft und Mode. Beitr. z. Theorie der modernen Bedarfsgestaltung. Wiesbaden.

Spamer, Adolf 1939
Hessische Volkskunst. Jena.

Schasler, Max 1883
Die Farbenwelt. In: Slg. gemeinverständlicher wissenschaftl. Vorträge XVIII/H. 415 S. 1—48.

Schild, Wolfgang 1980
Alte Gerichtsbarkeit. München.

Schmidt, Leopold 1963
Rot und Blau. Zur Symbolik eines Farbenpaares. In: Antaios IV S. 168—177.

1969 Volkstracht in Niederösterreich. Linz. (= Niederösterreichische Volkskunde Bd. 5).

Schmitz, Gerda 1969
Alte Trachten aus Niedersachsen und West-

falen. (= Ausstellungsführer Museumsdorf Cloppenburg).

Schneckenburg-Broschek, Anja 1982
Die altdeutsche Malerei. Kassel.

Schneider, Erich 1954
Die Tracht der Sorben um Hoyerswerda. Bautzen. (= Sorbische Volkstrachten 3).

Schonert, Margret 1933/34
Deutsches Modeschaffen. In: Frau und Gegenwart 1 S. 12–15.

Schramm, Percy Ernst 1960
Der König von Frankreich. 2 Bde. 2. verb. u. verm. Aufl. Darmstadt.

Schramm, Percy Ernst u. F. Mütherich 1962–1978
Denkmale der deutschen Könige und Kaiser. (= Veröffentl. d. Zentralinstituts für Kunstgeschichte in München. 2 Bde.).

Schröder, Severin 1897
Die Farbenharmonie in der Damen-Toilette. Wien.

Schuette, Marie u. S. Müller-Christensen 1963
Das Stickereiwerk. Tübingen.

Schultz, Alwin 1879–1880
Das höfische Leben zur Zeit der Minnesinger. 2 Bde. Leipzig.

1890 Alltagsleben einer deutschen Frau zu Anfang des 18. Jahrhunderts. Leipzig.

Schwalm, Johann Heinrich 1933
Die Schwälmer Tracht im Wandel der Jahresriten und in verschiedenen Lebenslagen. In: Hessenland 46 S. 138–145.

Schweppe, Helmut 1975
Nachweis von Farbstoffen auf alten Textilien. In: Anal. Chem. 276 S. 291–296.

1976 Farbstoffe, natürliche. In: Ullmanns Encyklopädie der technischen Chemie. Sonderdruck 11.

Schwindrazheim, Hildemarie 1976
Volkstrachten in Schleswig-Holstein. Heide.

Steinbach, Hans 1952
Farbenlehre und Textilindustrie. In: Deutsche Wirkerzeitschrift 1 S. 261–262.

Steiner, Rudolf 1961
Theosophie (1904). Dornach.

1973 Das Wesen der Farben (1921). Dornach.

Steinert, Walter 1910
Ludwig Tieck und das Farbenempfinden der romantischen Dichtung. Dortmund.

Steller, Walther 1938
Schlesische Volkstrachten. Tl. 1: Die niederschlesischen Volkstrachten. Breslau.

Stephani, Ludolf 1859
Nimbus und Strahlenkranz in den Werken der alten Kunst. (= Mém. de l'Acad. d. Sciences de St. Pétersbourg VI. Sér. Sciences polit.-hist. philol. IX).

Stockar, Jürg 1964
Kultur und Kleidung der Barockzeit. Zürich/Stuttgart.

Taylor, Lou 1983
Mourning dress. A Costume and Social History. London.

Thiel, Erika 1979
Künstler und Mode. Vom Modeschöpfer zum Modegestalter. Berlin (Ost).

1980 Geschichte des Kostümes. 5. Aufl. Wilhelmshaven.

Thienen, Frithjof van 1930
Das Kostüm der Blütezeit Hollands 1600–1660. Berlin.

Thornton, Peter 1965
The Baroque and Rococo Silks. London.

Tietzel, Brigitte 1981
Paramente des 19. Jahrhunderts aus Kölner Privatbesitz. (= Katalog des Kunstgewerbemuseum Köln).

Tikkanen, Johann Jacob 1933
Studien über die Farbgebung in der mittelalterlichen Buchmalerei. Helsingfors.

Tirus, Erik 1978
Almanacka för Leksandsdräkten. Stockholm.

Tornay, Serge (Hrsg.) 1978
Voir et nommer les couleurs. Nanterre.

Trachten . . . um 1830
Trachten der Königlich Sächsischen Berg- und Hüttenleute. Freiberg.

Treichel, A. 1897
Farben im Volksmunde. In: Der Urquell N. F. I S. 245–249.

Vakarelski, Christo 1969
Bulgarische Volkskunde. In: Grundriß der Slavischen Philologie und Kulturgeschichte S. 80–93.

Velde, Henry van de 1900
Die künstlerische Hebung der Frauentracht. Krefeld.

Vischer, Friedrich Theodor 1861
Vernünftige Gedanken über die jetzige Mode. Stuttgart. (= Kritische Gesänge. N. F. H. 3).

Vogt, Hans-Heinrich 1973
Farben und ihre Geschichte. Stuttgart.

Volks-Trachten . . . 1980
Volks-Trachten aus Oberbayern, Ungarn, Jugoslawien, Rumänien. Text: H. Nixdorff. (= Ausstellungskatalog Freilichtmuseum An der Glentleiten).

Vossen, Rüdiger 1983
Zigeuner. Frankfurt a. M., Berlin.

Vreeland, Diana 1980
The Imperial Style: Fashions of the Habsburg Era. New York.

Vydra, Josef 1955
 Der Blaudruck in der slowakischen Volkskunst.
 Prag.
Wache, Luise 1966
 Die Täuflingstrachten in Österreich. Wien.
Wackernagel, Wilhelm 1872
 Die Farben- und Blumensprache des Mittel-
 alters. (= Kleinere Schriften 1).
Wagner, Gretel 1969
 Beiträge zur Entwicklung der Trauertracht in
 Deutschland vom 13. bis zum 18. Jahrhundert.
 In: Waffen- u. Kostümkunde 11/2 S. 89 –105.
Weber, Walter 1981–1982
 Symbolik in der abendländischen und byzanti-
 nischen Kunst. 2 Tle. Basel. (Tl. 1: Vom Sinn u.
 Gestalt der Aureole. Tl. 2: Anmerkungen).
Wegweiser . . . 1977
 Wegweiser durch das Museum für Deutsche
 Volkskunde. (= Schriften des Museums für
 Deutsche Volkskunde 2 SMPK Berlin).
Weidlé, W. 1971
 Nimbus. In: Lexikon der christlichen Ikono-
 graphie. Bd. III. Freiburg. Sp. 324–332.
Weinhold, Karl 1882
 Die deutschen Frauen in dem Mittelalter. 2 Bde.
 Wien.
 1901 Blau als Trauerfarbe. In: Zeitschr. d. Ver. für
 Volkskunde 11 S. 83.
Weiss, Richard 1946
 Dämonenblau und Himmelsblau. In: Du 6, H. 1
 S. 14–15.
Welti, Erika 1967
 Taufbräuche im Kanton Zürich. Zürich.
Werthmüller, Hans 1950
 Der Weltprozess und die Farben. Stuttgart.
Wessel, Emil 1930
 Beiträge zur Volkstracht der Schwalm. In: Hes-
 senland 41 S. 37–42.
Wessel, Klaus 1971
 Farbensymbolik. In: Reallexikon zur byzantini-
 schen Kunst. Bd. II. Stuttgart. Sp. 524–533.
Wiederkehr-Benz, Katrin 1973
 Sozialpsychologische Funktionen der Kleider-
 mode. Zürich.
Wilckens, Leonie von 1979
 Kleiderverzeichnisse aus zwei Jahrhunderten
 in den Nachlaßinventaren wohlhabender Nürn-
 berger Bürgerinnen. In: Waffen- u. Kostüm-
 kunde 1 S. 25–41.
Wiswe, Hans 1958
 Mittelalterliche Rezepte zur Färberei sowie zur
 Herstellung von Farben und Fleckenwasser. In:
 Niederdeutsches Jahrbuch 81 S. 49–58.
Wittig, Josef 1939

 Volksglaube und Volksbrauch in der Grafschaft
 Glatz. Neurode.
Wörterbuch . . . 1974
 Wörterbuch der deutschen Volkskunde. Begr.
 v. Oswald A. Erich u. Richard Beitl. Stuttgart.
Wolf, Georg Jakob 1924
 Die Münchnerin. München.
Wurmbach, Edith 1932
 Das Wohnungs- und Bekleidungswesen des
 Kölner Bürgertums um die Wende des Mittel-
 alters. In: Veröffentl. d. Historischen Museums
 der Stadt Köln 1) Bonn.
Zaborsky-Wahlstätten, Oskar von 1940
 Die Tracht im Gäuboden. (=Trachtenkunde der
 bayerischen Gaue. München).
Zedler, Johann Heinrich 1735
 Großes Vollständiges Universal-Lexikon. Bd. 39.
 Graz. Reprint 1962.
Zelenin, Dmitrij 1927
 Russische (Ostslavische) Volkskunde. In:
 Grundriß der slavischen Philologie und Kultur-
 geschichte. Berlin. S. 183–189.
Zepernick, Bernhard 1967
 Pflanzen zur Farbstoffgewinnung in Polynesien.
 Willdenowia. Berlin. Beiheft 5.
 1967 Bemerkungen zur Färberei der Polynesier. In:
 Baessler-Archiv. Berlin. N.F. Bd. 15 S. 329–365.
Zollinger, Heinrich 1973
 Zusammenhänge zwischen Farbbenennung
 und Biologie des Farbensehens beim Men-
 schen. In: Vierteljahresschrift der Naturfor-
 schenden Gesellschaft 118 S. 227–255.
 1980 Farben erkennen und benennen. In: Neue
 Züricher Zeitung. 12.